U0141455

日本古街道全攻略

傳統建築×昔日風華×古今歷史

TAC出版編輯部／著　童小芳／譯

東販出版

在古老街道中感受旅行的色彩

在歲月與記憶累積所造就的傳統街道中漫步。
欣賞巷弄那頭從建築中流瀉出的燈光所呈現的跨時代色彩。

武士曾闊步前進的路

金澤‧長町的武家屋敷(石川縣)

江戶時代的旅人曾走過的街道

東海道·關宿(三重縣)

「腳踏日和下馱、手拄蝙蝠傘，信步而行」所描述的便是作家永井荷風。這名散步達人手拿江戶時代末期的地圖按圖索驥，並於大正初期寫出《日和下馱》。他曾感嘆此地「令人彷彿自然而然地置身於那個時代」，也對不斷變換面貌的街道表露厭惡。他對歐風建築深惡痛絕，曾針對當時東京四谷見附新建的上智大學的教堂表示「打從心底厭憎」。對於博物館與百貨公司等新式建築亦然。

倘若看到現在的摩天大廈群，荷風先生很有可能憤慨而死，不過當我們置身於這樣的街道之中，反而覺得曾被他批得一文不值的明治大正時期的西洋建築甚是優美，還能從中感受到一種近似鄉愁的情緒。

這應該是一種時間流逝的詭計。也許在建築與街道歷經風霜而令人熟悉後，我們的感官反而會覺得安心，甚至備感自在。

作家吉田健一是位旅遊達人，他曾在《旅行的時光》中表示，京都的時間在質感上與眾不同。作為古都所積累的歲月形成層次感，充盈於旅人的時空之外。城市記憶會從街道中一點一滴溢散出來。從而在當下的旅遊時空中產生餘裕。這便是京都旅遊的美妙之處。

吉田健一說過，唯有京都是特別的，不過本書所介紹的街道中，應該或多或少都充盈著這種昔日歲月堆砌而成的底蘊。當我們漫步於古老街道時，會突然感受到別樣的旅行色彩，肯定是因為這個緣故。

飛驒高山的「古老街道」(岐阜縣)

CONTENTS

日本古街道全攻略

花街「茶屋町」的風雅 P8

祇園新橋 京都府 ·····8	西茶屋街 石川縣 ··18
先斗町 京都府 ·····12	三丁町 福井縣 ·····19
島原 京都府 ·····13	神樂坂 東京都 ·····20
東茶屋街 石川縣 ·····14	古町花街 新潟縣 ··20
主計町茶屋街 石川縣 17	丸山 長崎縣 ·········20

奧州街道 P21

青森・岩手・宮城・秋田・山形・福島

區域地圖 ·········· 23

城下町&武家町

弘前 青森縣 ·····24	岩出山 宮城縣 ·····29
盛岡 岩手縣 ·····26	白石 宮城縣 ·········30
金崎 岩手縣 ·····28	湯澤 秋田縣 ·········31
水澤 岩手縣 ·····28	米澤 山形縣 ·········31
登米 宮城縣 ·····29	角館 秋田縣 ·········32

商家町&在鄉町

黑石 青森縣 ·····38	村田 宮城縣 ·········40
金木 青森縣 ·····39	喜多方 福島縣 ·····41
增田 秋田縣 ·····39	會津若松 福島縣 ··42
世田米站 岩手縣 ··40	

宿場町

大內宿 福島縣 ·······44

港町&漁村

酒田 山形縣 ·········48

溫泉町

銀山溫泉 山形縣 ···50

農村&山村

前澤曲家集落 福島縣 52	檜枝岐 福島縣 ·····52

寺町&門前町

羽黑山 山形縣 ·······53

日光街道・水戶街道 P55

茨城・栃木・千葉

區域地圖 ·········· 57

商家町&在鄉町

栃木 栃木縣 ·····58	土浦 茨城縣 ·········63
真壁 茨城縣 ·····62	鯨之丘 茨城縣 ·····63
結城 茨城縣 ·····62	佐原 千葉縣 ·········64

寺町&門前町

成田山表參道 千葉縣66	足利 栃木縣 ·········67

城下町&武家町

佐倉 千葉縣 ·····68	大多喜 千葉縣 ·····68

中山道・甲州街道 P71

埼玉・群馬・長野・山梨・岐阜・滋賀

區域地圖 ·········· 72

宿場町

奈良井 長野縣 ·····74	太田 岐阜縣 ·········83
茂田井 長野縣 ·····78	鵜沼 岐阜縣 ·········84
下諏訪 長野縣 ·····78	赤坂 岐阜縣 ·········85
木曽福島 長野縣 ··79	柏原 滋賀縣 ·········85
贄川 長野縣 ·····79	醒井 滋賀縣 ·········85
須原 長野縣 ·····79	鳥居本 滋賀縣 ·····85
妻籠 長野縣 ·····80	海野宿 長野縣 ·····86
馬籠 岐阜縣 ·····82	木之本宿 滋賀縣 ··87

商家町&在鄉町

川越 埼玉縣 … 88	高山 岐阜縣 … 96	
桐生 群馬縣 … 92	飛驒古川 岐阜縣 … 100	
小布施 長野縣 … 93	多治見 岐阜縣 … 101	
須坂 長野縣 … 94	川原町 岐阜縣 … 101	
稻荷山 長野縣 … 95	美濃 岐阜縣 … 102	
木曾平澤 長野縣 … 95	近江八幡 滋賀縣 … 104	

城下町&武家町

小幡 群馬縣 … 109	郡上八幡 岐阜縣 … 114	
信州松代 長野縣 … 110	岩村 岐阜縣 … 116	
松本 長野縣 … 112	彥根 滋賀縣 … 118	
上田 長野縣 … 113	長濱 滋賀縣 … 119	

寺町&門前町

赤澤宿 山梨縣 … 120	善光寺前町 長野縣 122	
戶隱 長野縣 … 121	坂本 滋賀縣 … 123	

農村&山村

白川鄉 岐阜縣 … 124	青鬼 長野縣 … 127	
六合赤岩 群馬縣 … 126	遠山鄉下栗 長野縣 127	
鹽山下小田原上條 山梨縣 … 126	五個莊金堂 滋賀縣 128	

港町&漁村

堅田 滋賀縣 … 130	海津 滋賀縣 … 130	
菅浦 滋賀縣 … 130		

溫泉町

澀溫泉 長野縣 … 131	

東海道 P133
東京・神奈川・靜岡・愛知・三重

區域地圖 … 134

宿場町

足助 愛知縣 … 136	赤坂宿 愛知縣 … 137	
由比倉澤 靜岡縣 137	遠州森町 靜岡縣 137	
御油宿 愛知縣 137	關宿 三重縣 … 138	

商家町&在鄉町

下田 靜岡縣 … 142	半田 愛知縣 … 144	
松崎 靜岡縣 … 142	常滑 愛知縣 … 145	
有松 愛知縣 … 143	伊勢河崎 三重縣 146	
四間道 愛知縣 … 143		

城下町&武家町

犬山 愛知縣 … 148	伊賀上野 三重縣 151	
西尾 愛知縣 … 150	松阪 三重縣 … 152	
岡崎 愛知縣 … 150		

寺町&門前町

谷中 東京都 … 154	柴又 東京都 … 155	
淺草 東京都 … 155	一身田 三重縣 … 156	

農村&山村

花澤之鄉 靜岡縣 … 157	

北陸道 P159
新潟・富山・石川・福井

區域地圖 … 160

城下町&武家町

長町 石川縣 … 162	越前大野 福井縣 167	
村上 新潟縣 … 166		

商家町&在鄉町

高岡 富山縣 … 168	小濱西組 福井縣 171	

宿場町

越後下關 新潟縣 172	今庄宿 福井縣 … 175	
出雲崎 新潟縣 173	熊川宿 福井縣 … 176	
越中八尾 富山縣 174		

寺町&門前町

卯辰山麓 石川縣 180	井波 富山縣 … 181	
寺町台 石川縣 180	城端 富山縣 … 182	

港町&漁村

宿根木 新潟縣 … 183	加賀橋立 石川縣 184	
黑島地區 石川縣 184	三國湊 福井縣 … 185	

農村&山村

五箇山 富山縣 … 186	荻之島 新潟縣 … 189	
白峰 石川縣 … 188	加賀東谷 石川縣 189	

── OLD MAPS ──

仙北郡角館草圖 … 36
酒田町草圖 … 47
江州八幡町草圖 … 108
金澤城下草圖 … 164
出石城下町草圖 … 220
津和野城下町草圖 … 226
萩御城下草圖 … 256
臼杵城下草圖 … 312
飫肥城下町草圖 … 315

畿內・紀伊　P191

京都南部・大阪・兵庫東南部・奈良・和歌山・三重西南部

區域地圖 ········ 193

寺町&門前町

產寧坂 京都府 ····· 194	今井町 奈良縣 ··· 198
上賀茂 京都府 ····· 196	富田林 大阪府 ··· 199
嵯峨鳥居本 京都府 197	

商家町&在鄉町

伏見 京都府 ····· 200	高畑町 奈良縣 ··· 203
深草 京都府 ····· 201	五條新町 奈良縣 204
北船場 大阪府 ····· 201	宇陀松山 奈良縣 205
奈良町 奈良縣 ····· 202	湯淺 和歌山縣 ··· 206

城下町&武家町

大和郡山 奈良縣 ·208	高取 奈良縣 ····· 209

山陰道　P211

京都北部・兵庫北部・鳥取・島根

區域地圖 ········ 212

城下町&武家町

丹波篠山 兵庫縣 ·214	米子 鳥取縣 ····· 222
出石 兵庫縣 ····· 218	松江 島根縣 ····· 223
鹿野 鳥取縣 ····· 222	津和野 島根縣 ··· 224

商家町&在鄉町

倉吉 鳥取縣 ····· 228	生野銀山 兵庫縣 232
石見銀山 島根縣 ·230	平田 島根縣 ····· 233
加悦 京都府 ····· 232	

港町&漁村

伊根浦 京都府 ····· 234	美保關 島根縣 ··· 235
竹野 兵庫縣 ····· 235	

農村&山村

美山 京都府 ····· 236	板井原 島根縣 ··· 238
大杉 兵庫縣 ····· 238	所子 鳥取縣 ····· 239

溫泉町

城崎溫泉 兵庫縣 ·240	溫泉津 島根縣 ··· 241

宿場町

若櫻 鳥取縣 ····· 242	智頭 鳥取縣 ····· 243
福住 兵庫縣 ····· 243	

山陽道　P245

兵庫西南部・岡山・廣島・山口

區域地圖 ········ 246

城下町&武家町

龍野 兵庫縣 ····· 248	萩 山口縣 ····· 252
足守 岡山縣 ····· 249	長府 山口縣 ····· 258
高梁 岡山縣 ····· 250	岩國 山口縣 ····· 259
津山 岡山縣 ····· 251	

商家町&在鄉町

倉敷 岡山縣 ····· 260	古市金屋 山口縣 265
吹屋 岡山縣 ····· 264	竹原 廣島縣 ····· 266

港町&漁村

尾道 廣島縣 ····· 268	鞆之浦 廣島縣 ··· 271
室津 兵庫縣 ····· 269	豐町御手洗 廣島縣
坂越 兵庫縣 ····· 269	······ 272
玉島 岡山縣 ····· 270	濱崎 山口縣 ····· 273
下津井 岡山縣 ····· 270	

宿場町

矢掛 岡山縣 ····· 274	新庄宿 岡山縣 ··· 276
平福 兵庫縣 ····· 275	上下 廣島縣 ····· 277
大原宿 岡山縣 ····· 275	神邊 廣島縣 ····· 278
勝山 岡山縣 ····· 276	佐佐並市 山口縣 278

寺町&門前町

宮島 廣島縣 ····· 279	

COLUMN

街道的基本常識 ············ 54
日光街道的埼玉六宿 ········ 69
重要傳統建築群保存區 vol.1 ···· 70
重要傳統建築群保存區 vol.2 ··· 132
雁木構造的街道 ············ 158
街道&建築的基礎用語 ······· 190
環濠集落 ················· 210
散居村/屋敷林 ············ 244
梯田裡的集落 ············· 280
經過修復的街道 ············ 298
鋪有石板路的城鎮與村落 ····· 344
經過遷建的街道 ············ 352

南海道 P281
德島·香川·愛媛·高知·兵庫淡路島

區域地圖……… 282

商家町&在鄉町
脇町 德島縣 …… 284
貞光 德島縣 …… 286
引田 香川縣 …… 287
內子 愛媛縣 …… 288
宇和町卯之町 愛媛縣 …… 290
岩松 愛媛縣 …… 291
郡中 愛媛縣 …… 291
吉良川町 高知縣 291

港町&漁村
鹽飽本島 香川縣 ·· 292
出羽島 德島縣 … 293
外泊 愛媛縣 …… 293

農村&山村
東祖谷落合 德島縣 …… 294

城下町&武家町
安藝 高知縣 … 295
大洲 愛媛縣 … 296

西海道·琉球 P299
福岡·佐賀·長崎·熊本·大分·宮崎·鹿兒島·沖繩

區域地圖……… 300

城下町&武家町
柳川 福岡縣 …… 302
秋月 福岡縣 …… 304
神代小路 長崎縣 306
島原 長崎縣 …… 307
杵築 大分縣 …… 308
臼杵 大分縣 …… 310
佐伯 大分縣 …… 313
竹田 大分縣 …… 314
飫肥 宮崎縣 …… 316
知覽 鹿兒島縣 ··· 318
出水麓 鹿兒島縣 320
入來麓 鹿兒島縣 321
加世田麓 鹿兒島縣 322
蒲生麓 鹿兒島縣 322
首里金城町 沖繩縣 …… 323

商家町&在鄉町
筑後吉井 福岡縣 324
八女 福岡縣 …… 326
有田內山 佐賀縣 328
伊萬里大川內山 佐賀縣 …… 330
鹽田津 佐賀縣 331
肥前濱宿 佐賀縣 332
日田 大分縣 …… 334

宿場町
木屋瀨 福岡縣 336
赤間 福岡縣 …… 336
山鹿 熊本縣 …… 337

溫泉町
別府 大分縣 …… 338
湯平溫泉 大分縣 339
日奈久溫泉 熊本縣 …… 339

港町&漁村
的山大島 神浦 長崎縣 …… 340
美美津 宮崎縣 …… 341
松合 熊本縣 … 341
﨑津集落 熊本縣 341

農村&山村
新川田籠 福岡縣 342
椎葉村 宮崎縣 342
渡名喜島 沖繩縣 343
竹富島 沖繩縣 … 343

近代的街道 P345
小樽 北海道 ……… 346
函館 北海道 ……… 348
橫濱 神奈川縣 …… 350
舞鶴 京都府 …… 353
神戶 兵庫縣 …… 354
門司港懷舊 福岡縣 …… 356
長崎 長崎縣 …… 358

關於本書的使用方式

● 本書刊載的內容為2023年1～2月的資訊。費用、營業時間、公休日、菜單與商品內容等，可能會因諸多因素而變更，走訪前請事先確認。

● 本書中也介紹了實際有住戶居住的設施。有些設施內部不對外開放。參觀時請留意分寸，避免打擾到住戶或附近居民。此外，發生任何私人糾紛，敝公司概不負責，敬請見諒。

● 開館時間與營業時間是標示實際可利用的時段。如有規定最後點餐LO或最終入館的時間則另外註明。

● 各設施的開館或營業時間有可能會變更，走訪前請先確認官方網站等。此外，為了落實預防新型冠狀病毒傳染的措施，有些資訊與過去不同，也有可能隨著今後疫情的發展而變更。

● 公休日基本上僅標示固定公休日，新年假期的公休原則上不會標示。即使未特別註明，黃金週（GW）、夏季等期間也有可能休業。

● 費用為含稅價格，但有可能異動，請特別留意。此外，入館費等資訊若無特別註明，則只會標示個人走訪時大人的費用。

● 交通資訊會標示所需時間與從最近車站出發所需的時間，請作為參考基準。

■ 資料的標示方法
✆ 電話號碼
🏠 地址
🕐 開館／開園／開門時間
🕐 營業時間
📅 公休日
💰 費用
🚃 交通資訊

■ 地圖標誌
⛩ 神社
卍 寺院
🅗 住宿設施
🆁 餐廳
🅒 咖啡廳
🆂 商店
🚏 公車站

花街・茶屋町的風雅

遊宴的文化以華麗的方式連結傳統。
花街「茶屋町」曾經也是盛行歌舞音曲、和歌與俳句等
風流雅士的文化沙龍，豔麗的樣貌至今未減。

千本格子上竹簾搖曳
雍容華貴的花街

花街

祇園新橋

京都市東山區　**MAP** P.12／P.193
重要傳統建築群保存區

祇園自鎌倉時代便以祇園社（八坂神社）的門前町之姿逢勃發展，卻因應仁之亂而荒蕪。門前町於江戶初期重獲新生，一般認為當時鎖定八坂神社與清水寺的參拜客為客源的水茶屋即茶屋之濫觴。後來還開始提供酒食與歌舞音曲等，形成京都屈指可數的花街。

横跨在白川清溪的巽橋一帶，櫻花、石板路以及柳樹所交織出的風景拍照效果絕佳

明治維新前後為鼎盛時期，據說門庭若市的茶屋多達500家。昔日面貌雖隨歲月而淡去，但格子門配上駒寄（木圍欄）且屋簷前掛著竹簾的成排房屋仍保留往昔風雅形姿。而從巷弄傳出的三味線樂音，以及往來的舞伎與藝伎身影，也傳遞著花街韻味。

■ ACCESS & INFORMATION

從JR京都站搭乘市營巴士100・110・206號線需21分鐘，於祇園巴士站下車。

京都綜合遊客服務中心（京NAVI）
✆075-343-0548

傳遞古老而美好的祇園風情
新橋通

位於四條通以北，建於江戶末期至明治初期的茶屋毗連而立，千本格子外加駒寄，2樓則垂掛著竹簾，一派閑靜而沉穩。

祇園裡自成一幅畫的道路
白川南通

流經新橋通南側的白川沿岸的石板路，有著成排朱紅色的玉垣（界定神域用的木柵欄）。藝伎與舞伎所信奉的辰巳大明神與巽橋一帶則因電影與電視劇等而為大家所熟知。在櫻花盛開的季節會更加華麗。

祇園的一力亭（一力茶屋），鮮艷的紅棕色建築引人注目，也曾出現在歌舞伎《假名手本忠臣藏》中，是一家歷史悠遠的茶屋。謝絕初次來訪的客人

八坂神社被親切地暱稱為「祇園先生」以向神明祈求驅散疫病的祇園祭而聞名。位於四條通東側的朱紅色西樓門為祇園的地標

京都市祇園新橋傳統建築群保存區

祇園的主要街道
花見小路通

北起三條通，南至建仁寺，是一條貫穿祇園中心區的道路。尤其是從四條通以南鋪設了石板路，有茶屋與料亭等，利用町家而充滿京都特色的店家十分充實。

有著千鳥標記的提燈搖曳生輝
可盡覽鴨川與東山的花街

花街

先斗町

京都市中京區　**MAP** P.12/P.193

約500m的先斗町是從三條通一帶往南延伸至四條通，5月至9月會架設面向鴨川的納涼川床，形成夏季的風物詩

竹簾、紅殼格子與犬矢來，繼承這類花街文化的茶屋建築所在的街道猶存

　　17世紀初開鑿高瀨川與修建鴨川護岸工程時所鋪設的街道。可溯源至鎖定高瀨船上乘客為客源的茶屋旅籠（客棧），自明治維新以來作為花街而繁榮一時。如梳齒般延伸的巷弄一如江戶時代般狹窄。除了藝伎與舞伎的排練場與茶屋，也有多彩多姿的美食景點。

■ ACCESS & INFORMATION

從JR京都站搭乘市營巴士4‧17‧205號線需12分鐘，於四條河原町巴士站下車。

京都綜合遊客服務中心（京NAVI）
📞075-343-0548

京都**MAP**

此街道是西鄉隆盛與久坂玄瑞密議、新選組流血事件等故事的發生地

日本最古老、官方公認的花街也發揮著文化沙龍的作用

花街

島原

京都市下京區 MAP P.12/P.193

昔日新選組隊員與幕末志士經常造訪，是幕府公認的花街。採取的營業型態可區分為花魁宴客用的揚屋或茶屋，以及內有太夫或藝伎的置屋；太夫是享有極高地位的游女，甚至能進入御所，不僅能歌善舞，在江戶中期更是形成島原俳壇的文化沙龍中心。

ACCESS & INFORMATION

於JR山陰本線的丹波口站下車，徒步5分鐘。

京都綜合遊客服務中心（京NAVI）
✆075-343-0548

傳遞昔日的遊宴文化
角屋もてなしの文化美術館

角屋待客文化美術館

一般認為這幢角屋相當於今的大型料亭，為宴客場所揚屋建築的遺跡（獲指定為國家重要文化財）。已對外開放日式廳堂、庭院與收藏的美術工藝品等。

✆075-351-0024 地京都市下京区西新屋敷揚屋町32 開10:00～16:30（受理至16:00） 休週一（遇假日則翌日休）、7月19日～9月14日、12月16日～3月14日 費1000日圓（2樓的日式廳堂為特別公開，另外加收800日圓，須預約）

↑臥龍松之庭是以白砂與松樹等所構成的枯山水庭園

島原大門。建於幕末的1867年。門前的回首柳是因此地總令歸客戀戀不捨地回望而得名

於1688～1704年創業的輪違屋，作為培訓太夫與藝伎的置屋，現在仍以置屋兼茶屋的型態經營著

茶屋街上細膩的紅殼格子，
豔麗的風情猶存

茶屋町

ひがし茶屋街

東茶屋街

石川縣金澤市　**MAP** P.16/P.160
重要傳統建築群保存區

　　1820年將錯落分布於城下的茶屋集中於淺野川東岸，形成加賀藩正式承認的茶屋街。昔日曾是有將近100家茶屋林立的遊宴街，禁止武士與僧侶出入，作為富裕商人與旦那眾（供養藝伎的男客）高雅的社交場所而採用「謝絕初次來訪的客人」的形式，一片熱鬧繁

東茶屋街

街・茶屋町的電氣

有改造成咖啡館或
經手販售傳統工藝品
的商店等，形形色色
的店家林立

榮。

石板路的主要街道兩側有高度一致
的2層樓建築櫛比鱗次，有著如木蟲籠
（木格窗）般細密的紅殼格子，藩政時
代的餘韻至今猶存。此外，可付費參觀
仍保留創業當時樣貌的茶屋「志摩」與
「懷華樓」，了解金澤的茶屋文化。

ACCESS & INFORMATION

從JR北陸新幹線／北陸本線的金澤站搭乘北陸
鐵道巴士需7分鐘，於橋場町巴士站下車。

金澤市觀光協會 ☎076-232-5555

東茶屋街約有140棟房屋，其中約3分之2為傳統建築

親身感受茶屋文化
志摩

建於1820年的高規格茶屋建築，至今仍完整保留原貌。是全日本唯一被指定為重要文化財的茶屋建築。可在後方的寒村庵邊欣賞庭園邊享用抹茶。

☎076-252-5675 地金沢市東山1-13-21
時9:30～17:30(12～2月～17:00) 休無休 費500日圓

↑2樓的客室有個開闊且華貴的空間展於眼前。顧客只要背對著壁龕而坐，其正面的候客室便會成為表演舞蹈之所
←獨棟的茶室「寒村庵」

金澤MAP

東茶屋街／主計町茶屋街 MAP

淺野川沿岸的茶屋街，
點了燈的隱密小徑也別具魅力

茶屋町

主計町茶屋街

石川縣金澤市　**MAP** P.16／P.160
重要傳統建築群保存區

　　1869年形成於東茶屋街的對岸，中間夾著淺野川大橋。據說町名是因加賀藩重臣富田主計的宅邸坐落而得名。林立於淺野川沿岸的建築物大多為採用傳統出格子（凸出於壁面的格子窗）的3層樓建築，後巷隱約可聽到笛聲與太鼓聲，散發著現役茶屋的韻味。

ACCESS & INFORMATION

從JR北陸新幹線／北陸本線的金澤站搭乘北陸鐵道巴士需7分鐘，於橋場町巴士站下車。

金澤市觀光協會 ☎076-232-5555

也有泉鏡花與五木寬之等與當地淵源深厚的作家曾造訪的店家與石碑

入春後，悠緩流淌的淺野川沿岸櫻花綻放，與3層樓的茶屋建築相映成輝

明之坂。原為當地的無名斜坡階梯，後以五木寬之的小說《金澤明之坂》來命名

暗之坂。即使在白天仍略微昏暗的坡道，據說是昔日旦那眾避人耳目走訪茶屋街的隱密小徑

有將茶屋改造成和
式現代風的點心店
或咖啡館等店家，
也頗受當地人喜愛

將藩政時代的茶屋建築
與金澤藝伎的傳統傳承至今

茶屋町

にし茶屋街
西茶屋街

石川縣金澤市　**MAP** P.16／P.160

　　1820年與「東茶屋街」同時期誕
生。昔日曾是加賀藩士也經常走訪的茶
屋街，出格子十分優美的茶屋建築街道
至今猶存。在如今仍持續營業的茶屋街
中，以擁有最多藝伎而聞名。大正時代
建造的檢番（藝伎官方管理機構）與點
亮復古街燈的夜晚，風情別具一格。

面向道路的1樓正面，裝設了所謂的木蟲
籠，即間隔狹窄的出格子，從外面看不到
裡面，但從裡面看得到外面。此構造不僅
外觀優美，還考慮到隱私。7樓的日式廳
堂沒有隔間的牆壁與壁櫥等，只要拆掉隔
扇與紙拉門，便可因應大型宴會

■ ACCESS & INFORMATION

從JR北陸新幹線／北陸本線的金澤站搭乘北陸
鐵道巴士需14分鐘，於廣小路巴士站下車。

金澤市觀光協會 ☎076-232-5555

狹窄巷弄裡有綿延的紅殼格子
而充滿懷舊氣息的茶屋街

茶屋町

三丁町

福井縣小濱市　**MAP** P.160/P.171
重要傳統建築群保存區

　　位於江戶時代作為北前船停靠港而
熱鬧非凡的若狹小濱，以茶屋街之姿繁
盛一時。據說是因為城鎮長度為3丁
（約330m）而得名。如今狹窄的筆直
道路兩側仍有料亭、咖啡館、町家旅館
等明治時代以後的茶屋建築林立，可欣
賞細膩的紅殼出格子與腰壁上的裝飾。

■ ACCESS & INFORMATION

於JR小濱線的小濱站下車。

若狹小濱遊客服務中心 ☎0770-52-3844

於小濱西組地區形成重要傳統建築群保存區，
其西側一隅為昔日的茶屋町「三丁町」

這條散發著靜謐沉
穩氛圍的巷弄曾是
ＮＨＫ晨間劇《喜
代美》的外景地

坡道、石板路與巷弄餘韻猶存
舊花街

神楽坂
神樂坂

東京都新宿區　**MAP** P.135

　　以時尚且別具特色的咖啡館與餐飲店林立的街道而聞名，從街上拐進鋪有石板的狹窄巷弄中，從明治時代以來以花街之姿繁榮不已，隱身於傳統黑板圍牆之後的私房料亭與旅館等，風情萬千的風景展於眼前。

■ **ACCESS**

於東京地下鐵的神樂坂站等處下車。

石板小巷裡有料亭，還有隔著黑板圍牆可見的樹木，是充滿神樂坂特色的兵庫橫丁

邂逅技藝卓越的古町藝伎
花街

古町花街

新潟縣新潟市　**MAP** P.161

　　在自江戶時代作為海運航線據點港口而熱鬧無比的港町中蓬勃發展的花街。後巷仍保有老字號料亭與割烹等，如今仍由現役的「古町藝伎」承繼著傳統。

■ **ACCESS & INFORMATION**

從JR信越本線的新潟站搭乘新潟交通巴士需7分鐘，於古町巴士站下車，徒步5分鐘。

(公益財團法人)新潟觀光集會協會
☎025-223-8181

於江戶末期創業的料亭「鍋茶屋」。為3層樓的木造建築，有鋪設200張榻榻米的日式宴客茶室等

也深受龍馬喜愛的全球化花街
花街

丸山

長崎縣長崎市　**MAP** P.301

　　在鎖國時期有無數遊廓櫛比鱗次，是連知識分子與幕末志士都會走訪的地區。走在令人迷失方向的巷弄中，令人追憶坂本龍馬等歷史人物的足跡。

■ **ACCESS & INFORMATION**

從JR長崎本線的長崎站搭乘長崎觀光路線巴士需12分鐘，於新地中華街下車，徒步8分鐘。

長崎國際觀光集會協會
☎095-823-7423

幕末時期坂本龍馬曾光顧的史蹟料亭「花月」。可享用卓袱料理

奥州街道

陸奥・陸中・陸前・羽後・羽前・磐城・岩代

青森・岩手・宮城・秋田・山形・福島

陸奥
羽後　陸中
羽前　陸前
岩代　磐城

街道的風景會隨著季節更迭而變化的陸奧之旅

東北地區自古以來持續孕育著有別於中央政權的文化。不僅僅是地理上的，也因為天地遼闊而被視為「鄉下」的邊疆地帶，儘管如此，又或者正是因為如此，該地區多雪的「日本原始風景」也某種程度被視為憧憬的對象。

商家町黑石的中町小見世通、增田的內藏、村田與喜多方的土藏等，街道處處採用充滿雪國特色的巧思，可欣賞匠心獨具的建築。

城下町弘前與角館也是家喻戶曉的賞櫻名勝，櫻花會在雪融後齊齊綻放，武家屋敷屹立的形姿與四季分明的自然風景相融而美不勝收。

從與上杉鷹山、伊達政宗有所淵源的米澤，乃至曾是仙台藩要塞的金崎、水澤、岩出山、登米等，也很適合來場歷史與文化探訪之旅。各地皆流傳著東北偉人的故事，像是會津若松的白虎隊，文學方面則有太宰治、宮澤賢治、石川啄木、因千圓紙鈔而為人所熟知的野口英世等。

不僅限於酒田的北前船繁榮史、茅葺屋頂成排相連的大內宿，以及散發大正復古氛圍的銀山溫泉等文化遺產，在東北還可透過與說著在地語言的人們交流，抑或山川或田園等樸實無華的風景，窺見「既新且舊」地區的未來。

↻入春後，枝垂櫻爭相怒放的角館，武家屋敷通沿路有沉穩的黑板圍牆連綿。亦可搭乘人力車漫遊

↑盛岡的紺屋町，自江戶時代以來的商家與岩手銀行紅磚館等洋館相混共存

↑山居倉庫，為了預防夏季高溫而於後方栽種了成排的欅樹，可謂酒田繁榮的象徵

北海道

大間崎

松前

白神岬

龍飛崎

三厩

今別

平舘

蟹田

恐山

陸奥湾

浅虫

青森

小湊

野辺地

七戸

P.39 金木

浪岡

陸奥

P.24 弘前

黒石
P.38

八甲田山

中町こみせ通り P.156

青森県

藤島

五戸

八戸

白神山地

碇ヶ関

矢立峠

奥州道中

矢立峠

陸中

大館

金田一

福岡

一戸

久慈野田街道

久慈

宇部

野田

羽州街道

鶴形

毛馬内

花輪

鹿角街道

田山

荒屋

沼宮内

北山崎

小本

八幡平

大久保

湊

岩手山

渋民

早坂峠

小本街道

久保田
(秋田)

秋田県

刈和野

国見峠

秋田街道

盛岡 P.26

閉伊街道

岩泉

宮古

P.32
角館

雫石

郡山

二区界峠

遠野街道

山田

浜街道

本荘

花館

大曲

横手

花巻

遠野

陸中

岩手県

釜石

釜石街道

三陸海岸

金浦

金沢

鬼柳

金ケ崎 P.28

水沢 P.28

盛

吉浜

吹浦

増田 P.39

湯沢 P.31

胆沢の散居集落
P.244

世田米駅 P.40

高田

盛街道

気仙沼

P.48 酒田

新堀

下院内

勝地峠

前沢

中尊寺 P.31

一関

小泉

折立

P.29
登米

日本海

浜中

新庄

金山

山目

新庄

有壁

羽黒山
P.53

尾花沢

名木沢

栗駒山

宮城県

岩出山
P.29

高清水

古川

寺池

和淵

広淵

P.50 銀山温泉

三本木

岩切

小野

羽前

山形県

天童

立石寺

古川

高擶

飯豊の田園
散居集落
P.244

山形

笹谷峠

仙台

金華山

村上

松原

蔵王山

川崎

長町

陸前

越後米沢街道

赤湯

上山

椹下

宮

村田 P.40

出羽街道

新潟

P.31 米沢

関町

米沢街道

板谷

七ヶ宿街道

白石 P.30

坂元

桑折

新地

飯豊山

野沢

坂下

檜原

福島

黒木

中村

越後

新潟県

喜多方 P.41

塩川

会津若松 P.42

二本松

本宮

浜街道

鹿島

原町

小高

新山

岩代

P.44 大内宿

橲原

田島

会津西街道

飯土用

糸沢

山王峠

勢至堂峠

郡山

須賀川

白坂

矢吹

新田

磐城

福島県

富岡

木戸

広野

久之浜

磐城平

湯本

P.52 前沢曲家集落
P.52 檜枝岐

白河関

奥州道中

関田

勿来関

三国街道

谷川岳

燧ヶ岳

群馬県

下野

栃木県

太田原

茨城県

太平洋

城下町・武家町

弘前

青森縣弘前市
重要傳統建築群保存區

走訪質樸剛健的武家屋敷，窺探中級武士的生活

弘前是於戰國時期完成津輕統一大業的津輕為信著手城鎮區劃並由第2代藩主信枚所建造的城下町。仲町是以位於弘前城北側的若黨町為中心，被稱作御家中屋敷，為武士居住的城鎮。目前有4棟武家屋敷已對外開放。設有日本花柏樹籬、冠木門與藥醫門，茅葺屋頂加上板牆，保存著簡樸而傳統的東北武家住宅樣式。

☐ ACCESS & INFORMATION

從JR奧羽本線的弘前站搭乘土手町循環100日圓巴士需15分鐘，於文化中心前巴士站下車。

弘前市立觀光館 ☎0172-37-5501

> 建於江戶初期，為津輕氏的居城

弘前城（弘前公園）

完成津輕統一大業的津輕為信規劃，由第2代藩主信枚築城，於1611年完工並作為津輕氏的居城。之後的260年期間成為弘前藩政的據點。為日本數一數二的賞櫻名勝而遠近馳名。

☎0172-33-8739（弘前市公園綠地課）⬇弘前市下白銀町1 ⬇入園自由 ⬇弘前城天守11月24日～3月31日 ⬇收費區320日圓（本丸與北之郭4月1日～11月23日9:00～17:00）※櫻花祭期間有可能變更時間

 ⬇城郭建築與石牆、護城河、土壘等，幾乎整座城郭都保留築城時的原貌

仲町武家屋敷的街道，有日本花柏樹籬、傳統的門與綿延的黑板圍牆

> 此地務必一訪！

1 有庭院的武士住宅
旧岩田家住宅
舊岩田家住宅

江戶時代後期中級武士的住宅。經過多次改造，但柱子與屋架等主要構造部位、茅葺屋頂等幾乎都保留建造當時的樣貌。

☎0172-35-9444 ⬇弘前市若党町31 ⬇10:00～16:00 ⬇4～6月無休，7～10月的週一・四、11～3月的週三～日（睡魔祭、菊花與紅葉節、雪燈籠祭期間照常開館）、8月13日 ⬇免費

2 將藩醫的住所遷建保存
旧伊東家住宅
舊伊東家住宅

代代以藩醫為業的伊東家的住所。具備與中級武家屋敷極其相似的特色，像是設有式台構造的玄關、設有博古架的日式廳堂等。

☎0172-35-4724 ⬇弘前市若党町80 ⬇10:00～16:00 ⬇4～6月無休，7～10月的週二・五、11～3月的週一～四（睡魔祭、菊花與紅葉節、雪燈籠祭期間照常開館）、8月13日 ⬇免費

坐望岩木山

其他迷人的街道

禅林街
禪林街

弘前城西南區有33座曹洞宗的寺院鄰列於一隅。據說可溯源至1610年，第2代藩主信枚為了守護弘前城的裏鬼門而從津輕一帶將主要寺院匯集於此。
🏯弘前市西茂森

5 江戶中期富商的屋敷
石場家住宅

經手販售稻草工藝品與家用雜貨的富商住家。是該地區為數不多的商家建築遺跡，推測是建於江戶時代中期。從粗橫梁、柱子與地爐等皆可看到過往的痕跡。
📞0172-32-1488 🏯弘前市龜甲町88 🕘9:00～17:00 🚫不定期公休 💴100日圓

3 支撐茅葺屋頂的屋架
旧梅田家住宅
舊梅田家住宅

有著茅葺屋頂與樓中樓，除了閣樓所在處以外的地方沒有天花板，構造自成一格。留有墨跡而可推測出建築的建造年分與最初的居住者。

📞0172-35-4724 🏯弘前市若党町80 🕘10:00～16:00 🚫4～6月無休，7～10月的週二·五、11月的週一～四（睡魔祭、菊花與紅葉節期間無休）、8月13日、12～3月 💴免費

4 區內最古老的武家住宅
旧笹森家住宅
舊笹森家住宅

從區內東北部遷至現址，為最古老的武家住宅。格局、簡樸的地板、天花板的屋架等，處處傳遞著古式的建築樣式。

📞0172-32-5679 🏯弘前市若党町72 🕘10:00～16:00 🚫4～6月無休，7～10月的週一～四、11～3月的週一·二、週五～日（睡魔祭、菊花與紅葉節、雪燈籠祭期間照常開館）、8月13日 💴免費

8月1～7日的弘前睡魔祭中，會有以武者繪為題材、約80台大小各異的壯觀華麗之扇睡魔（扇型）及組睡魔（人型）在街上緩步前進

弘前 MAP

3 旧梅田家住宅
4 旧笹森家住宅
2 旧伊東家住宅
旧岩田家住宅 **1**
5 石場家住宅

31

亀の甲門前
亀甲橋
亀甲
北門(亀甲門)

青森県護国神社🏯
一陽橋

旧紺屋町
消防屯所

弘前市仲町重要傳統建築群保存區

津輕藩ねぷた村

四の丸

春陽橋

S 津輕塗の源兵衛

武徳殿

北の郭

21

❌県立中央高

弘前城(弘前公園)

中央高前

本丸
内濠
東内門

外濠

N

0   200m

🏯文化センター前
弘前駅

東門

盛岡

岩手縣盛岡市

近世城下町中的近代西式建築
形成各時代交錯的街道

　　宮澤賢治在其作品中將伊哈托夫IHATOV首都命名為莫里奧市，是以盛岡為原型的理想鄉。此地於江戶時代被整頓為南部藩20萬石的城下町，至今仍保有江戶時期的城鎮區劃，自江戶時代延續下來的商家錯落分布於中之橋通至紺屋町，以建於明治與大正時期的銀行群為中心的西式建築也雄偉莊嚴。而盛岡也是與宮澤賢治、石川啄木等人有淵源之地，佇立於路上的文學碑、歌碑與青銅像等也饒富興味。

■ ACCESS & INFORMATION

從JR東北新幹線／東北本線的盛岡站搭乘盛岡中心市街地循環巴士「蝸牛DENDENMUSHI」需9分鐘，於縣廳市公所前巴士站下車。

盛岡觀光集會協會 ☎019-604-3305

盛岡城遺跡公園（岩手公園），於盛岡藩南部氏的居城遺址整修而成。仍留有堅固的石牆

紺屋町 MAP

```
① 中央通り
           紺屋町番屋 ②
           岩手県庁 ◎
        県庁・市役所前 †
           盛岡市役所 ◎   ③ 釜定
   もりおか歴史文化館 ●
   盛岡城跡公園
   （岩手公園）
   もりおか啄木・賢治青春館 ●
   ござ九 森九商店 ①
   岩手銀行赤レンガ館 ●
   盛岡駅    ● 南昌荘
   北上川公園
          東北新幹線
                      仙北町駅
```

中津川沿岸的河灘柳樹搖曳。左側的白牆建築為莫蓙九 森九商店

紺屋町

曾是利用中津川的染坊匯集之地而得名，自江戶時代以來的商家與明治以後的西洋建築相混共存。

① 江戶時代的商家中陳列著各種手工製品

ござ九 森九商店
莫蓙九 森九商店

於1816年創業的家用雜貨店。全長24m的黑牆建築順著道路蜿蜒而建。經手販售掃帚、竹籃與竹篩等竹織工藝雜貨。
☎019-622-7129 ⑭盛岡市紺屋町1-31 ⑲8:30～17:30 ⑯週日

② 翻修成瀰漫大正浪漫氛圍的交流體驗設施

紺屋町番屋

建於1913年，被列為盛岡市景觀重要建築物的消防局遺跡。經過耐震與翻修工程，以交流體驗設施之姿重新開業。1樓為咖啡館與雜貨販售，可在此享用原創咖啡與自家栽培的香草茶、自製甜點等。
☎019-625-6002 ⑭盛岡市紺屋町4-34 ⑲10:00～17:00（咖啡館16:30LO）⑯週一（遇假日則翌日休）

【中津川沿岸的白牆】

位於有北上川與奧州街道經過的水陸運輸交會，保留著古色古香的街道，建於明治時代的「盛岡町家」櫛比鱗次。

④ 鉈屋町一帶的資訊發訊地
もりおか町家物語館
盛岡町家故事館

利用明治時代至昭和前期所造的町家、酒藏等4棟建築，以及稱作「下屋」的巷弄空間，舉辦商店、展覽與各種活動。

☎019-654-2911 ㊤盛岡市鉈屋町10-8 ㊗9:00～19:00(入館～18:30) ㊡第4個週二(遇假日則翌日休)

↑右側的建築為盛岡市消防本部第2分團

↑大正倉庫的1樓為「時空商店街」，盛岡品牌的商品一字排開。還有供應雫石町熱門商店松果的義式冰淇淋

大慈清水是一口共用水井，湧自來自大慈寺。每口井皆有既定用途，第一口井用於飲用、第二口井用於洗米、第三口井用於清洗蔬菜與餐具，第四口井則用來洗腳

③ 南部鐵器的老店
釜定

自明治時代延續下來的南部鐵器工坊。產品包括鐵壺、鍋子、平底鍋、開瓶器與風鈴等，透過傳統手工藝使其兼具工具的機能性與雅緻的設計。

☎019-622-3911 ㊤盛岡市紺屋町2-5 ㊗9:00～17:30 ㊡週日

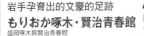
↑也有製作簡約而現代的南部鐵器

西洋建築也值得關注

盛岡的地標
岩手銀行赤レンガ館
岩手銀行紅磚館

曾操刀設計東京車站的辰野金吾在東北地區僅存的作品。已對外開放創建之初的金庫室與接待室等。

☎019-622-1236 ㊤盛岡市中ノ橋通1-2-20 ㊗10:00～17:00(入館～16:30) ㊡週二 ㊎300日圓

岩手孕育出的文豪的足跡
もりおか啄木・賢治青春館
盛岡啄木與賢治青春館

建於1910年的舊第九十銀行，已對外開放石川啄木與宮澤賢治度過青春時期的盛岡街道，及兩人的初版書籍與手寫書信等。

☎019-604-8900 ㊤盛岡市中ノ橋通1-1-25 ㊗10:00～18:00 ㊡第2個週二 ㊎免費

鉈屋町 MAP

N 0 200m
青龍水 大慈寺
大慈寺小
浮島公園跡 大慈清水 ④
御蔵下町史料館 光寺
もりおか町家物語館 酒藏
敬治桜 「大正藏」
～時空の商店街～
盛岡駅 東北本線 長松寺
仙北町駅 北上川

武家町

金ケ崎
金崎

岩手縣金崎町 **重要傳統建築群保存區**

守護仙台藩北側的武家町，
仍保有江戶時代的樣貌

　　這座武家町坐落於由北上川與膽澤川所形成的舌狀高地，是以仙台藩大町氏的屋敷所在的要塞為中心修建而成。面向綿延呈鉤形、枡形與弓形且充滿城下町特色的街道，有日本花柏與羅漢柏的樹籬與為了防風栽種的屋敷林（防風林）相連成排，還有茅葺的武士住宅佇立其後等，綠意豐沛的街道猶存。

☐ ACCESS & INFORMATION

於 JR 東北本線的金崎站下車。

金崎町觀光協會 ☎0197-42-2710

曾出任山林奉行職的大松澤家，如今成了咖啡館餐廳「侍屋敷大松澤家」

↑片平丁。舊大沼家，仍保有主屋、馬廄與庭園。重現了仙台藩特有的三戶住宅形式

↑曾是仙台藩直屬家臣的細目家。模擬土牆的杜鵑花樹籬十分壯觀

城下町

水沢
水澤

岩手縣奧州市

培育出 3 位偉人，
為古代陸奧的歷史舞台

　　約 1220 年前，曾與蝦夷首領阿弖流為作戰的坂上田村麻呂在此地修建膽澤城作為鎮守府，在藩政時代則是伊達藩留守氏用以保衛北方的城下町。武家屋敷與明治初期的近代和式住宅散布於日高小路、吉小路與新小路。此外，此地亦是孕育出高野長英、後藤新平與齋藤實 3 位偉人的城鎮，其紀念館與故居皆已對外開放。

☐ ACCESS & INFORMATION

於 JR 東北本線的水澤站下車。

（一般社團法人）奧州市觀光物產協會
☎0197-22-7800

日高小路是一條參道，綿延至祈求防火的日高神社

↑曾在西博爾德門下學習蘭學且歷經「蠻社之獄」的高野長英的舊宅（未對外開放）

↑奧州市武家住宅資料館，僅次於筆頭家臣的96石著稱的內田家有對外開放

城下町

登米

宮城縣登米市

保有武家屋敷與近代建築的「宮城的明治村」

　　為登米伊達氏的城下町，作為北上川船運的據點而繁榮一時。目前仍保留著南北向貫穿城鎮中心的武家屋敷道，及其東側坐擁町屋等的老街。於明治時代設立登米縣，並建設西式的公共設施，舊水澤縣廳廳舍、舊登米高等尋常小學與舊登米警察署廳舍皆保存至今。

漫長白牆相連成排的武家屋敷林立於前小路上。這些屋敷至今仍作為住所使用

🔲 **ACCESS & INFORMATION**

從JR氣仙沼線的柳津站搭乘登米市市民巴士需13分鐘，於登米三日町巴士站下車。另有從仙台站出發的東日本急行高速共乘巴士，到登米明治村巴士站需1小時30分鐘。

登米市觀光物產協會 📞0220-52-4648

⬆在春蘭亭400多年前的武家屋敷中，可圍著地爐享用春蘭茶或抹茶等

⬆由隈研吾氏操刀設計的登米懷谷館新館。展示與伊達家有關的武具與藝術品

城下町

岩出山

宮城縣大崎市

年輕伊達政宗所修整傳承著京都文化的城下町

　　伊達政宗在遷居至仙台青葉城之前的12年間，以此城鎮作為總據點。岩出山城在關原之戰後，成為奉政宗的四子宗泰為初代家主的岩出山伊達家所居住的要塞，因為來自京都冷泉家的嫁娘，讓和歌等京都文化也得以流傳。內川的水渠是政宗為了兼顧城堡防禦而開鑿，其沿岸步道「學問之道」為市民的散步步道。

🔲 **ACCESS & INFORMATION**

於JR陸羽東線的有備館站下車。

岩出山觀光協會 📞0229-72-0027

作為伊達家家臣子弟之學習所的舊有備館及庭園。回遊式池泉庭園可欣賞四季紛呈的景色

照片提供：大崎市教育委員會

城下町

白石

宮城縣白石市

片倉小十郎的城下町，
溝渠與水道中有鯉魚悠游

　於雄偉的藏王連峰山腳下擴展開。曾輔佐伊達政宗的知名參謀片倉小十郎景綱便是在這座城下町中為白石城奠定了基礎。城中的溝渠澤端川與館堀川，及從中分流出來的多條水道，流淌於市內，梅花藻搖曳而鯉魚優游其中。昔日有武家屋敷林立的街道上水聲潺潺，增添了幾分風情。在戊辰戰爭期間也成了奧羽越諸藩結盟對抗新政府軍之地，是歷經動盪時代的城鎮。

ACCESS & INFORMATION

於JR東北本線的白石站下車。或從JR東北新幹線的白石藏王站搭乘宮城交通巴士需8分鐘，於白石站前巴士站下車。

白石市觀光協會 ☎0224-22-1321

白石溫麵UMEN，據說是一名孝子為顧胃不佳的父親所構思的。是以麵粉與鹽水而未使用油所製成的特產

白石MAP

- ❶片倉家中 武家屋敷(旧小關家)
- 沢端川
- 白石城三之丸跡
- 神石白石
- 白石駅
- 歷史探訪ミュージアム❷
- 神明社
- 城下広場
- 益岡公園
- 白石城
- 白石市役所
- 日片城本丸跡
- 未申櫓跡
- 辰巳櫓跡
- ヨークベニマル
- 巽曲輪跡
- ❸片倉家御廟所
- 兀山遺跡
- 館堀川
- 0　　200m
- N
- 113

30

片倉家中武家屋敷

澤端川發揮三之丸外堀(外圍護城河)的作用。入春後，武家町通上的櫻花林蔭道美不勝收

❶ 享保年間建造的中級武士宅邸
片倉家中武家屋敷
(旧小関家)
片倉家中武家屋敷　(舊小關家)

片倉氏家臣小關家的屋敷遺跡，保留於曾是白石城三之丸外堀的澤端川河畔。一般認為是1716～1736年的建築，將約290年前中級武士的簡樸生活樣貌傳承至今。
☎0224-24-3030(白石城管理辦公室) ⓐ白石市西益岡6-52 ⓣ9:00～17:00(11～3月～16:00) ⓧ無休 ⓨ200日圓

❷ 展示與片倉家有關的物品
歷史探訪ミュージアム
歷史探訪博物館

位於白石城旁，2樓展示著城堡的歷史資料、模型、盔甲等與片倉氏有關的物品。
☎0224-24-3030(白石城管理辦公室) ⓐ白石市益岡町1-16 ⓣ9:00～17:00(11～3月～16:00) ⓧ無休 ⓨ免費入館、立體高清劇場400日圓

❸ 代代城主的祠堂
片倉家御廟所

片倉家歷代城主的墓地。第3代家主小十郎景長於1680年遷移了初代與第2代家主的墓，並以阿彌陀如來的坐像作為墓碑。
☎0224-22-1343(白石市教育委員會) ⓐ白石市福岡藏本愛宕山 ⓣⓧ自由參觀

透過傳統工法忠實地復原江戶時期名城的樣貌

白石城

仙台藩的支城。17～19世紀後半葉成為伊達家重臣片倉氏的居城。於1818～1830年付之一炬後又重建，1995年以純木構造復原了當時的面貌。
☎0224-24-3030 ⓐ白石市益岡町1-16 ⓣ9:00～17:00(11～3月～16:00) ⓧ無休 ⓨ400日圓

↑三階櫓(天守閣)與門皆恢復昔日樣貌

※白石城、立體高清劇場(歷史探訪博物館3樓)、片倉家中武家屋敷(舊小關家)的通用券為800日圓

城下町

湯沢
湯澤

秋田縣湯澤市

充斥著關於小野小町的傳說，被譽為「東北之灘」的酒鄉

為小野小町的出生地，流傳有許多傳說。「七夕繪燈籠祭」會有美人圖繪燈籠在鎮上緩步前進，據說是為了寬慰嫁到秋田藩佐竹南家的京都公主而舉辦的祭典。在這座因院內銀山而繁榮一時的城鎮裡，仍保有自江戶時代以來的城鎮區劃與武家屋敷的建築遺跡，且為銘酒的產地，傳統建築酒藏散布各處。

🏠 ACCESS & INFORMATION

於JR奧羽本線的湯澤站下車。

湯澤市觀光物產協會 ☎0183-73-0415

為了管理銀山並保衛藩界，內町的御屋敷町裡有秋田藩多位重臣的屋敷林立

⬆創業400年的釀酒廠。代表品牌「福小町」於2012年的IWC上榮獲「Champion Sake」

⬆於1874年創業的釀造廠。「兩關」為代表品牌，酒藏為有形重要文化財

城下町

米沢
米澤

山形縣米澤市

充滿戰國時代名將氣節的城下町

米澤城遺址周邊遍布著與上杉謙信、景勝、鷹山、直江兼續、伊達政宗等人有關的史蹟和銅像。其中最著名的是致力於財政改革的米澤藩第9代藩主鷹山，為了重振困窘的藩財政，他秉持著「有志者事竟成」的精神，鼓勵栽植漆樹、桑樹與紅花，並推廣米澤織、米澤鯉、五加、笹野一刀雕等。這份功績一直傳承至今。

🏠 ACCESS & INFORMATION

於JR山形新幹線／奧羽本線／米坂線的米澤站下車。

米澤觀光集會協會 ☎0238-21-6226

最後一代米澤藩主上杉茂憲伯爵的宅邸，為全櫸木構造，可享用米澤牛與鄉土料理「獻膳料理」

⬆米澤城遺址，與上杉家有關的史蹟散布。入春後，護城河沿岸有200株櫻花樹綻放

⬆於1597年創業的地酒「東光」的釀酒資料館與小賣部

武家町

角館

秋田縣仙北市
重要傳統建築群保存區

陸奧的武家屋敷通，
寬廣的道路與櫻花令人震撼

　　角館領主蘆名氏於1620年修築的城下町，以名為「火除」的廣場為中心，於北側配置武家屋敷林立的內町，南側配置町民居住的外町。城鎮區劃與長達11m的武家屋敷通的路寬，都保留著建造初期的原貌。蘆名氏家系斷絕後，則由京都公家出身的佐竹北家統治，武家屋敷群以黑板圍牆相隔的枝垂櫻也是源於京都文化的傳入。現今夏季的綠蔭、秋季紅葉及雪景等四季色彩，仍將城鎮點綴得美麗動人。

☐ ACCESS & INFORMATION

於JR秋田新幹線／田澤湖線的角館站下車。

仙北市觀光資訊中心「角館站前藏」
☎0187-54-2700

TOWN 巡禮　**風雅的人力車體驗**

乘坐人力車穿梭於武家屋敷通，隨著伕夫（車夫）的城鎮導覽悠哉地巡覽，感覺起來分外優雅。可從角館樺細工傳承館的對面搭乘。

角館人力社

☎090-2970-2324 ⏰9:00〜17:00 ㊡無休（冬季僅接受預約）💺2人座1輛15分鐘4000日圓〜、30分鐘7000日圓〜

約400株絢爛的櫻花

沿著黑板圍牆
綿延的武家屋敷通，
種有樹齡超過200年
的枝垂櫻與冷杉等

內町（武家町）

成排房屋至今仍沿襲藩政時代末期的房屋布局。厚重黑板圍牆綿延不絕的武家屋敷通上有6家武家屋敷已對外開放。

❶ 角館現存最古老的武家屋敷
武家屋敷「石黑家」
武家屋敷「石黑家」

石黑家是曾服侍佐竹北家的名門，擔任掌管財務的管家。為僅次於家老的門第，也是角館現存規格最高且最古老的武家屋敷。至今尚未對外開放的部分仍有其子孫生活著。

☎0187-55-1496 ⊕仙北市角館町表町下丁1 ⊛9:00～17:00（12～3月～16:00）㊡無休 ¥500日圓

◐配置了人造山、巨石與廡殿頂等的庭園（左）。石黑家是角館唯一允許進入日式廳堂內參觀的武家屋敷（右）

❷ 高規格的武家屋敷
角館歷史村・青柳家
角館歷史村・青柳家

曾服侍佐竹北家的青柳家。坐擁高雅的藥醫門，屋齡約200年的寄棟造主屋搭配茅葺屋頂、豪華日式廳堂，與有多達600種植物的廣大庭園。

☎0187-54-3257 ⊕仙北市角館町表町下丁3 ⊛9:00～17:00（12～3月～16:30）㊡無休 ¥500日圓

❖宅邸內也有飲茶室與用餐區

❸ 電影《黃昏清兵衛》的外景地
岩橋家

在1900年發生大火的前幾年，屋頂已從茅葺改成木羽葺，因而免於延燒波及。庭院裡有推估樹齡逾300年的槲樹等，各種樹木枝繁葉茂。

☎0187-43-3384（仙北市文化財保護室）⊕仙北市角館町東勝樂丁3-1 ⊛9:00～17:00 ㊡12月～4月初旬 ¥免費

❹ 下級武士的簡樸屋敷
松本家

俸祿雖屬下級武士門第、學問卻極出色的學者世家。亦為曾任角館鄉校教授，並以自身著作《烏帽子於也》教學的須藤半五郎故居。

☎0187-43-3384（仙北市文化財保護室）⊕仙北市角館町小人町4 ⊛9:00～16:00 ㊡11月中旬～4月初旬 ¥免費

❺ 唐破風的玄關十分優美
河原田家

於1891年搬遷至此地時所建造的住屋，但仍保有江戶時期武家屋敷的樣式。

☎0187-55-1500 ⊕仙北市角館町東勝樂丁9 ⊛9:00～17:00（最終受理至16:30）㊡無休 ¥300日圓

❻ 枝葉扶疏的庭園別具特色
小田野家

小田野家是繪製《解體新書》插畫的小田野直武的分家。在1900年的大火中焚毀後又經過重建，因此構造簡樸。

☎0187-43-3384（仙北市文化財保護室）⊕仙北市角館町東勝樂丁10 ⊛9:00～17:00 ㊡12月～4月初旬 ¥免費

N
100m

外町（町人町）

味噌、醬油與釀造廠等林立，為商人的町人町。另有以明治～大正時期和式現代風的倉庫與屋敷打造的用餐區與商店。

⑦ 主屋為明治中期的建築物
あきた角館西宮家
秋田角館西宮家

西宮家從武士搖身一變成了富裕的地主。建於明治至大正時代的主屋作為日式甜點店，5棟倉庫則作為餐廳或藝廊，販售古布、陶瓷器與和紙等。

📞0187-52-2438 🌏仙北市角館町田町上丁11-1 🕐10:00～17:00，北倉庫午餐11:00～14:00 🈺無休

↑建於1894年，宅邸內最古老的倉庫。展示與西宮家相關的文獻與工具

⑧ 江戶末期的商家
外町史料館たてつ
外町史料館田鐵

利用建於江戶末期的倉庫，對外公開曾經營和服店的田鐵家所使用的餐具與和服等生活用品。相鄰的角館櫻皮細工中心則有販售樺木工藝品等。

📞0187-53-2639 🌏仙北市角館中町25 🕐10:00～17:00 🈺無休

⑨ 磚造的座敷藏
安藤釀造本店

1716～1736年以地主之姿遠近馳名的安藤家所創建。製造並販售天然釀造的無添加味噌、醬油與醃漬物，皆是投注1～2年的漫長時間並1桶桶檢視發酵狀況培育而成。

📞0187-53-2008 🌏仙北市角館町下新町27 🕐8:30～17:00 🈺無休

➜生醬油可享用醬油原本的味道與風味，濃郁的家傳醬油則是經過3年多的熟成

地圖標示：
❶武家屋敷「石黑家」
❷角館歷史村・青柳家
❸岩橋家
❹松本家
❺河原田家
❻小田野家
平福記念美術館
舊石黑（惠）家
角館樺皮細工中心 武家屋敷店
唐土庵 武家屋敷店
武家屋敷の茶屋
角館樺細工伝承館
角館人力社
佐竹歷史文化資料館
角館鄉校弘道書院跡
茶香喜
大村美術館
アート＆クラフト香月
ねこのみせ 滑川
白瀧神社
古泉洞
にしのみや
後藤福進堂
そばきり長助
青龍神社
食処かくのだて『さくら小路』
遊び庵
月の菜
町家ホテル角館
角館觀光タクシー
食彩 町家館
渡邊家住宅
有頂天喫茶
花輪ホルモン「暫屋」
三千里
藤寿し
高橋旅館
平和觀光タクシー
みちのく懷かしの味 あきたプリン亭
外町史料館たてつ
さなづら本舗「福寿」
食堂いなほ
物產館角館の四季
報身寺
成就院 藥師堂
源八
八柳商店
常光院
かくのだて溫泉 町宿ねこの鈴
かくのだて溫泉
まち角
浜田謹吾の墓
角館草履
あきた角館西宮家❼
角館そば
中華料理 祐樓
藤木伝四郎商店
本明寺
西覺寺
学法寺
田町武家屋敷ホテル REGAL RITZ
安藤釀造本店❾
安藤釀造レンガ造藏座敷
舊角館製糸工場
角館駅
東北
田町武家屋敷通り
松木內川
横町橋
角館洋菓子＆喫茶 プチ・フレーズ

享保年間（1716～1736）
仙北郡角館草圖（部分）

秋田縣公文書館收藏

角館城

佐竹氏居館

商家町 & 在鄉町

商家町

黑石
黑石

青森縣黑石市
重要傳統建築群保存區

雪國的智慧流傳不息，
小見世簷廊綿延不絕的商人町

　　位於連結弘前與青森且有海濱街道之稱的街道上，小見世簷廊綿延不絕的中町有酒坊、和服店與米店等櫛比鱗次，與前町、橫町等商人町同為津輕氏所修築的黑石城下之核心。小見世簷廊是於町家與商家的屋簷前方所打造的屋頂，以求保護行人免於冬日暴風雪與夏日陽光曝曬，可說是藩政時代所構思出的木造拱廊。門面寬廣而格子細膩的商家也別具風情。

☐ ACCESS & INFORMATION

於弘南鐵道的黑石站下車。

黑石觀光協會 ☎0172-52-3488

設於建築物靠主要街道那側的屋簷，在青森與秋田稱作小見世KOMISE，在新潟等地則稱作雁木

黑石MAP

中町小見世通

於2020年完成無電線杆化的中町小見世通。道路兩側還鋪設了石板人行區

1 可參觀庭園並試飲
鳴海釀造店

中町小見世上自1806年延續下來的酒坊。「菊乃井」為代表品牌，可參觀庭園或試飲常態展示的3種以上的酒。
☎0172-52-3321 ⊕黑石市中町1-1 ⊗8:00～17:00，週六・日9:00～16:00 ⊛不定期公休

2 風格獨具的大型商家
高橋家住宅

於1751～1763年從事米的批發、製造並販售味噌與藥物的富商。仍保有藩的重要人物私訪的賞月室、米藏、味噌藏與文書藏。獲指定為國家重要文化財。
☎0172-52-5374 ⊕黑石市中町38-1 ⊗9:00～16:00 ⊛11月底～4月中旬、其他日子不定期公休

3 活用錢湯的交流據點
松の湯交流館
松之湯交流館

利用前錢湯打造而成的遊客服務中心，有株穿透屋頂、樹齡約350年的松樹聳立其中。也是市民休閒的好去處，還附設亞洲咖啡館。
☎0172-55-6782 ⊕黑石市中町33 ⊗9:30～18:00 ⊛無休

4 巨大的酒林為辨識標記
中村龜吉
中村龜吉

於1913年創業。「玉垂」與「龜吉」為代表銘酒，用以宣告釀造出新酒的酒林（杉木球）直徑2.1m、重達1500kg，令人印象深刻。
☎0172-52-3361 ⊕黑石市中町12 ⊗8:30～17:00 ⊛週六・日與國定假日

在鄉町的街道，作為經濟與文化的地方據點而蓬勃發展

在鄉町

金木

青森縣五所川原市

太宰治出生長大的城鎮，傳出津輕三味線的旋律

太宰治在小說《津輕》中寫道，「金木町是一座沒有明確特色卻像都市般隱約有些矯揉造作的城鎮」。津輕平原在藩政時代開墾了新的稻田，從明治至大正期間孕育出無數大地主與富商。太宰的故居「斜陽館」便是明治時代新興地主兼營金融業的津島家的豪宅。

ACCESS & INFORMATION
於津輕鐵道的金木站下車。

五所川原市觀光協會 ☎0173-38-1515

太宰治的故居「斜陽館」為其作品之起點。紅磚圍牆環繞，以大量青森檜打造而成，是和洋折衷的豪宅。

⬆太宰治疏散避難的住所「舊津島家新座敷」。為津島家的別屋，太宰與妻子避難時的住家。他在此寫出《潘朵拉的盒子》等

⬆介紹津輕三味線歷史與民謠等鄉土藝能。還可聆賞震撼十足的現場演奏

在鄉町

增田

秋田縣橫手市 重要傳統建築群保存區

隱身於大雪地區，豪華絢爛的「內藏」

橫手市傳統住屋的特色在於稱作「內藏（室內倉庫）」的座敷藏。此城鎮在江戶時代作為縣內最大的菸葉與桑蠶產地而繁榮不已，商人在主屋後側修建的豪華內藏與其他土藏（白牆倉庫）有所不同，被用來作為家庭專用起居室。可從現在仍有人居住的建築欣賞其設計巧思，是運用了從表面難以想像、在當時是最先進的灰泥技術。

ACCESS & INFORMATION
從 JR奧羽本線的十文字站搭乘羽後交通巴士需8分鐘，於增田藏之站巴士站下車。

增田町觀光協會 ☎0182-45-5541

佐藤又六家，已對外開放
建於明治初期的住所與內藏

⬆觀光物產中心藏之站。是介紹舊石平金物店傳統建築的設施

⬆山吉肥料店裡昭和時期的內藏，重達1t的門、黑灰泥加上格子工藝無比豪華

照片提供：增田町觀光協會

世田米駅

世田米站

岩手縣住田町

連接內陸與沿岸地區的驛站中商家與「倉庫群」猶存

位於岩手縣東南部。在藩政時代作為盛街道（從水澤連結至沿海地區的盛町）上的驛站，從內陸地區運出稻米、雜糧與麻布等，從沿岸則運出鹽與海產，作為物資搬運的中繼站而繁盛不已。「每每想起來，都覺得世田米是座令人愉悅的城鎮」，於1920年來訪的柳田國男曾如此描述的街道與土藏群猶存。

ACCESS & INFORMATION

從JR東北新幹線／東北本線的盛岡站搭乘岩手縣交通巴士約需1小時45分鐘，於世田米站前巴士站下車。

住田町農政課 ☎0192-46-3861

居民交流據點設施「町屋世田米站」，以擁有100多年歷史的建築物翻修而成

⬆養馬業盛行，也會舉辦馬市，因此道路規劃得較寬

⬆氣仙川流經城鎮的中心區，沿岸有成排土藏林立

商家町

村田

宮城縣村田町 重要傳統建築群保存區

以紅花繁榮一時的倉庫之城，沉穩的土藏造商店與大門相對

作為連接仙台與山形街道的岔路，且為仙台藩鼓勵栽培之紅花與藍草的集散地相當熱鬧，是透過與江戶、上方貿易致富的城鎮。如今城鎮中心區仍保有傳遞當時榮景的豪奢土藏造商店，沉穩土藏造商店與大門交錯的街景令人印象深刻。海參牆與左右對開窗等精巧設計，也具有防火意識。

ACCESS & INFORMATION

從JR東北本線的大河原站搭乘宮城巴士需18分鐘，於村田中央巴士站下車。另可從仙台站搭乘宮城交通高速巴士需32分鐘，於村田町公所前巴士站下車。

村田城鎮建設股份有限公司 ☎0224-87-6990

商家的建築「村田商人YAMASHO紀念館」，大門設於村田建築樣式獨樹一格的土藏造商店旁

⬆緊鄰道路休息站「村田」的村田町歷史未來館。務必從此處展開街道漫步

⬆創業300年的釀酒廠：大沼酒造店。特別純米辛口酒「乾坤一」為原創品牌

喜多方

福島縣喜多方市
重要傳統建築群保存區

坐擁約 4000 座各式倉庫，是充滿夢想的倉庫與拉麵之城

　　此城鎮坐落於會津盆地西北部，以前被稱作「北方」，為喜多方拉麵的發源地，也以倉庫之城名聞遐邇。拜來自飯豐山群峰的伏流水與穀物所賜，酒、味噌與醬油的釀造業蓬勃發展，自江戶時代以來，街道上除了土藏造商店，還有座敷藏、家產藏、穀藏、釀造藏等形形色色的倉庫林立。昔日甚至有「40多歲尚未建倉為男人之恥」的說法，據說現在市內約有4000座倉庫。

ACCESS & INFORMATION

於 JR磐越西線的喜多方站下車。

（一般社團法人）喜多方觀光物產協會
☎0241-24-5200

舊嶋新商店1號藏～3號藏，商品藏、味噌藏與醬油藏等櫛比鱗次，全長達70m

喜多方 MAP

喜多方市小田付重要傳統建築群保存區

- ❹旧甲斐家藏住宅
- ❹旧嶋新商店
- 三十八間藏
- 滿福寺卍
- 小原酒造❶
- おたづき蔵通り
- ❷大和川酒藏 北方風土館
- ◎喜多方市役所
- 喜多方レトロ横丁商店街
- ❸若喜商店
- ❺喜多の華酒造場
- 喜多方駅 磐越西線 ◎会津若松駅

0　　　500m　　N↑

小田付藏通

小田付藏通，憑藉原本經營米店與當舖的大森邸與小原酒造等的釀造業而發展起來

❶ 日本第一款音樂酒
小原酒造

於1717年創業。是釀造「藏粹（經典）」的釀酒廠，據說是聽莫札特音樂發酵而成。亦可參觀酒藏並試飲。

☎0241-22-0074 ⓗ喜多方市南町2846 ⓣ9:00～16:30 ⓗ無休

❷ 對外開放各時代的酒藏
大和川酒藏 北方風土館
大和川酒藏 北方風土館

於1790年創業的釀酒店。對外開放江戶至昭和時期建造的酒藏與座敷藏。除了展示釀酒的工具，亦設有試飲區。

☎0241-22-2233 ⓗ喜多方市寺町4761 ⓣ9:00～16:30 ⓗ無休

❹ 有黑灰泥牆的奢侈座敷藏
旧甲斐家藏住宅
舊甲斐家藏住宅

幕末憑藉釀酒業乃至製麴與製絲業致富的富商。此建築是在喜多方較為罕見的黑漆藏造樣式，有鋪了51片榻榻米的座敷藏與西式的螺旋階梯等。

☎0241-22-0001 ⓗ喜多方市一丁目4611 ※自2023年4月起展開保存修繕工程而不開放參觀

❸ 紅磚倉庫與座敷藏
若喜商店

自1755年延續至今的天然味噌與醬油釀造廠。磚造倉庫為明治時代的建築，陽台式門廊的入口與座敷藏皆是採用柿紋與欅樹等奢侈的木材打造而成。

☎0241-22-0010 ⓗ喜多方市三丁目4786 ⓣ9:00～17:00 ⓗ無休

商家町・城下町・宿場町

会津若松
會津若松

福島縣會津若松市

**坐擁倉庫、洋館與木造商家，
會津武士精神生生不息的街道**

　　從白虎隊自刃之地飯盛山可展望鶴城，已修復幕末當時的紅瓦。昔日戰國武將蒲生氏鄉所修築的城下町，實施了以織田信長的「樂市」為基礎發展而成的「十樂」制度，鼓勵製造漆器與釀酒。此城鎮在藩政時代作為會津五街道的起點而熱鬧不已，歷經戊辰戰爭後，誓言重建的商人所新建的洋館與土造商店等，仍保存於野口英世青春通至七日町通之間。

七日町通

七日町通是因每月逢七的日子會舉辦市集而得名。建於右前方的是澀川批發店

此地務必一訪！

ACCESS & INFORMATION

於JR只見線的七日町站下車。

會津若松觀光局 📞0242-23-8000

復古的JR七日町站。車站內還有會津的市町村特產直銷商店

會津若松 MAP

● 会津若松駅
七日町駅
❸ 鶴乃江酒造
七日町通り
白木屋漆器店
旧第四銀行会津支店
❷ 鈴木屋利兵衛
❶ 渋川問屋
野口英世青春館
末廣酒造 ❹
嘉永蔵
❺ 福西本店
只見線
257
英世青春通り
375
会津若松市役所
会津工高⊗
121
会津松平氏庭園 御薬園 ❻
桂林寺通り
福島県立博物館・
鶴ヶ城
松城城址・ 城址公園
(鶴ヶ城)
N
0　　500m

---

❶ 前海產批發店的鄉土料理

渋川問屋
澀川批發店

利用建於明治至大正時代的前海產批發店的店鋪與倉庫打造而成的鄉土料理店。可享用使用鯡魚乾或鱈魚乾製成的料理，或是在喜慶之日與新年品嚐、料多實在的鄉土湯品料理「KOZUYU」等。
📞0242-28-4000 地会津若松市七日町3-28 營11:00～21:00 休無休

❸ 女性杜氏釀造的「百合」

鶴乃江酒造

於1794年創業的酒藏。「會津中將」與母女杜氏所釀造的「百合」，是在招待前總統川普的美日首腦晚餐會中端出的大吟釀，因而聲名大噪。
📞0242-27-0139 地会津若松市七日町2-46 營9:00～18:00 休無休

❷ 會津漆器的老店

鈴木屋利兵衛

江戶時期以海參牆與黑灰泥建造的見世藏中，從傳統工藝品會津繪、鐵鏽塗等復原漆器，乃至重箱、湯碗、飾品等，日常可用的漆器製品一列排開。
📞0242-22-0151 地会津若松市大町1-9-3 營10:00～18:00 休不定期公休

❹ 可參觀酒藏

末廣酒造 嘉永蔵
末廣酒造 嘉永蔵

於1850年創業的釀酒廠。酒藏為3層樓的木造建築，有著挑高的大廳等，可入內參觀。還附設咖啡館。
📞0242-27-0002 地会津若松市日新町12-38 營9:30～16:30 休第2個週三

鋪了磚塊的野口英世青春通上有座「野口英世青春館」與咖啡館，坐落於會陽醫院遺址，英世便是於該院接受左手手術並以書生身分入門學醫

鶴ヶ城城址公園
鶴城城址公園

此名城在戊辰戰爭中曾遭受長達約1個月的激烈攻防戰。從於2011年復原為紅瓦屋頂的天守閣可飽覽市街，且城堡每晚都會點燈直到9點。

📞0242-27-4005(鶴城管理辦公室) 🚇会津若松市追手町1-1 🕐8:30～17:00(入場～16:30) 🈵無休 💰410日圓(天守閣博物館與茶室麟閣的通用券為520日圓)

⬆廊下橋橫跨於鶴城的本丸與二之丸之間的護城河

6 歷代藩主熱愛的庭園
会津松平氏庭園 御藥園
會津松平氏庭園 御藥園

最初源於室町時代蘆名氏所建造的別墅。會津松平氏成為藩主後，為了救人脫離疫病而開始栽種藥草。可在江戶時代的池泉回遊式庭園裡散步。

📞0242-27-2472 🚇会津若松市花春町8-1 🕐8:30～17:00(入園～16:30) 🈵無休 💰330日圓

5 塗黑灰泥的商家建築與倉庫
福西本店

於明治～大正時代繁盛一時的富商的宅邸。內有沉穩藏造樣式的主屋與座敷藏等極其奢華的構造。黑牆而顯穩重的土藏造商店中有販售會津的名產。

📞090-9422-2924(會津若松城鎮建設股份有限公司) 🚇会津若松市中町4-16 🕐10:00～17:00(冬季～16:00)，入館皆截至30分鐘前 🈵無休 💰500日圓

╲ 西洋建築也值得關注 ╱

會津首座文藝復興風格的建築裡的漆店
白木屋漆器店

此店創業於1648～1652年。1914年建造的3層樓土藏造建築物裡，照明與階梯扶手等皆散發大正現代的氛圍。

📞0242-22-0203 🚇会津若松市大町1-2-10 🕐9:30～17:30 🈵週三(8～11月無休)

舊第四銀行會津分行，是作為郡山橋本銀行若松分行而建，為昭和初期的建築。模擬希臘神殿的圓柱令人印象深刻

宿場町

宿場町

大内宿
大内宿

福島縣下鄉町
重要傳統建築群保存區

茅葺屋頂的古民房群，
完整保留了舊宿場的成排房屋

　　作為連接會津若松城下與日光今市宿的會津西街道的宿場町而繁榮不已，且為會津藩、庄內藩、米澤藩等參勤交代或搬運稻米的道路而發揮著重大作用。明治維新後，隨著新道路的開通使往來變得冷清，不過宿場（驛站）的住屋皆為半農半宿，茅葺房屋得以完整保存。如今街道沿路仍佇立著約40家古民房，其中約30家的茅葺屋頂被住戶保留下來。有手工蕎麥麵店、茶屋與鄉土玩具伴手禮店等，熱鬧程度不遜於往昔。

▨ ACCESS & INFORMATION

從會津鐵道的湯野上溫泉站搭乘共乘巴士猿游號需20分鐘，於大內宿入口巴士站下車。

大內宿遊客服務中心
☎0241-68-3611

 TOWN 巡禮

 可盡覽宿場町

　　若要俯瞰大內宿全景，不妨前往位於北側湯殿山的子安觀音堂。登上石階後，從高地眺望的景色格外迷人。

大內宿見晴台
大內宿展望台

↑子安觀音堂，建於可一覽大內宿的高地

宿場町的面貌

44

從展望台眺望大內宿全景。是旅遊指南或手冊裡常見的景致

全長約450m的街道，猶如電影的布景般。兩側的湧泉水渠裡冰鎮著彈珠汽水與啤酒

↑大內宿的名產高遠蕎麥麵（青蔥蕎麵），以青蔥代替筷子來品嚐十割蕎麥麵

① 地爐火令人懷念的本陣
大內宿町並み展示館
大內宿街道展示館

以本陣重建而成，保留了藩主專用的玄關、上段之間、浴池、雪隱（廁所）等，展示著傳遞當時風俗習慣的生活工具與照片展板等。地爐一整年都燃燒著木柴。
📞0241-68-2657 地下鄉町大內山本8 時9:00～16:30 休無休 費250日圓

高倉神社的第一座鳥居，社內祭祀著反叛平家的高倉宮似仁王

地圖標示
子安觀音堂●　　●大內宿見晴台
卍正法寺　　　　嚴島神社●
　　　　　　　　大內宿弁財天●
　　　　　　　　R淺沼食堂　●三伊
葉屋 分家S　　　　S加登屋
本家美濃屋S　　　Sます屋
　　　　　　　　S本家 葉屋
本家玉屋R
脇本陣 石原屋R　　S吉田屋
大和屋R　　　　　R分家美濃屋　C茶房やまた
松葉屋S　　　　　S玉木屋
　　　　　　　　C山形屋
大內宿町並み展示館①
大內宿 玉川屋S
　　　　　　　　R大黑屋
本家えびすや S　　S分家えびす屋
高倉神社一の鳥居●　　●火見櫓
富士屋S　　　　S松川屋
脇本陣富屋S
田沼商店(扇谷分家)R　　H蔵の民宿 本家扇屋
大內宿 金太郎そば山本屋R　R松本屋
そば処こめや R　　H民宿伊勢屋
糸屋S　　　　　R大內宿 萬屋
　　　　　　　　S南仙院 本家
新富士屋S
　　　　　　　S松美屋
　　　　　　下鄉町大內宿重要傳統建築群保存區
扇屋分家S
吉見屋S　　　　②S三澤屋久右衛門
　　　　　　　大內宿 三澤屋
　　　　　　　C分家玉や
　　　　　　　　👥大內宿入口
N
0　　50m
S南仙院 分家
(131)
大內宿觀光案內所ℹ

② 品嚐名產「高遠蕎麥麵」
大內宿 三澤屋
大內宿 三澤屋

茅葺屋頂的古民房，可用青蔥作為筷子，享用搭配蘿蔔泥與柴魚片製成而樸實無華的「高遠蕎麥麵」。
📞0241-68-2927 地下鄉町大內山本26-1 時9:30～16:00 休週四(遇假日照常營業)

③ 色彩繽紛的絹織物雜貨
本家 叶屋

販售五顏六色的蔬菜或花卉等圖案的絹織製沙包、吊飾、山葡萄藤編包與漬物等。
📞0241-68-2954 地下鄉町大內山本48 時8:30～16:00 休不定期公休(12～3月須洽詢)

↑大內宿的名產新五郎，將粗略搗輾過的米飯串成串，塗上十年味噌(荏胡麻味噌)後以炭火燒烤而成

湯野上溫泉駅↓

明暦年間（1655〜1658）
酒田町草圖 部分

酒田市文化資料館收蔵

港町・倉庫群

酒田

山形縣酒田市

北前船所孕育出的富商之城，有大規模米藏比鄰而建

以最上川河口處庄內平原的稻米與紅花等為基礎，透過北前船與西行航線讓物資往返於京都、大阪與江戶，因而盛極一時的港町，甚至有「西有大阪，東有酒田」之美譽。傳唱著「即便富不及本間老爺，仍志在成為閣老爺」的俗謠，還有號稱日本第一大地主的本間家與鐙屋（船運行）等，以及至今猶存的「三十六人眾」多名富商的宅邸、別墅與米倉庫等，訴說著酒田商人的繁榮盛況。

☐ ACCESS & INFORMATION

於 JR 羽越本線的酒田站下車。

酒田觀光物產協會 ☎0234-24-2233

因北前船而蓬勃發展的城鎮

有揚起白帆的北前船與西式白牆木造六角燈塔，是座歷史悠久的公園。可將酒田港、最上川與出羽三山盡收眼底，是落入日本海的夕陽觀賞勝地。亦為賞櫻名勝。

日和山公園

☎0234-26-5745（酒田市維護課）⊕酒田市南新町1 ⊛⊕自由參觀

> 山居島是夾在最上川與新井田川之間的中州，有12棟木造倉庫林立其中

此地務必一訪！

❶ 白牆與土藏造的米倉庫
山居倉庫

建於1893年的稻米保存倉庫。為了預防夏季高溫而栽種了成排櫸樹，是直到2022年都還在使用的低溫倉庫。有附設庄內米歷史資料館、遊客服務中心與物產館等。

☎0234-24-2233（酒田觀光物產協會）⊕酒田市山居町1-1-20

酒田夢之俱樂
☎0234-22-1223 ⊛9:00～17:00(11月底～3月～16:30) ⊛無休

庄內米歷史資料館
☎0234-23-7470 ⊛9:00～17:00(12月～16:30) ⊛12月29日～2月底 ⊕300日圓

> 用以卸貨的碼頭。有候通往倉庫的通道，附頂棚而可遮雨擋雨

❷ 結合武家與商家的屋敷
本間家旧本邸
本間家舊本邸

1768年，本間家第3代家主光丘為了藩主酒井家而建，作為迎接幕府巡視使的宿舍。2000石規格的長屋門的武家屋敷與商家構造的主屋並排而立。

☎0234-22-3562 ⊕酒田市二番町12-13 ⊛9:30～16:30(11～2月～16:00) ⊛12月中旬～1月下旬、換展期間(不定期公休) ⊕900日圓

※本間家舊本邸與本間美術館的通用入館券為1700日圓

山居倉庫

④ 欣賞舞孃的舞蹈表演
舞娘茶屋 相馬樓
竹久夢二美術館

以茅葺大門配上朱紅色圍牆而華貴不已的料亭「相馬屋」修復而成，在樓內可欣賞舞孃的舞蹈並享用美食。另有房間展示竹久夢二的作品。

☎0234-21-2310 ⓐ酒田市日吉町1-2-20 ⓑ10:00～16:30(入樓～15:30)※平日採完全預約制。舞孃舞蹈表演欣賞14:00～。竹久夢二美術館與樓內的參觀無須預約 ⓒ不定期公休 ⓓ含舞蹈表演欣賞的入樓券為1800日圓

⑤ 傳遞料亭文化
山王くらぶ
山王倶樂部

建於1895年的前料亭，用以介紹酒田的料亭文化與歷史。保留極其奢華的房間設計，吊飾「傘福」也華麗不已。

☎0234-22-0146 ⓐ酒田市日吉町2-2-25 ⓑ9:00～17:00(入館～16:30) ⓒ12～2月的週二(遇假日則翌日休) ⓓ410日圓(湊町酒田的傘福展期間為800日圓)

③ 展示本間家的收藏品
本間美術館

主要展示庄內藩酒井家與米澤藩上杉家等的御賜之物。有借鳥海山為遠景的池泉回遊式庭園與京風建築「清遠閣」，皆是為了因應丁持(搬運貨物的壯丁)冬季失業所建。

☎0234-24-4311 ⓐ酒田市御成町7-7 ⓑ9:00～17:00(11～3月～16:30)，入館皆截至30分鐘前 ⓒ12～2月的週二・三(遇假日則翌日休) ⓓ1100日圓

⑥ 奉行所的遺址
酒田町奉行所跡
酒田町奉行所遺跡

以前是酒田町奉行辦公的地方，東側設有庄內藩的米藏等。展示復原了冠木門與當時奉行所的複製品。

☎0234-24-2994(酒田市文化政策課) ⓐ酒田市本町1-3-12 ⓑⓒⓓ自由參觀

酒田MAP

溫泉町

銀山溫泉
銀山溫泉

山形縣尾花澤市

懷舊的溫泉街，
瀰漫著大正浪漫氛圍

　　群山環繞的銀山川兩岸，有成排建於大正與昭和時期的溫泉旅館林立，皆為3～4層樓的木造和風建築。據說是延澤銀山的礦工於1596～1614年發現的，作為溫泉療養地而熱鬧不已。目前有13家旅館，傳統唐破風樣式的玄關、戶袋（窗板收納處）及裝飾牆面的鏝繪（浮雕壁畫）也是看點。被深雪覆蓋而宛如祕境的靜謐感頗受喜愛，黃昏時分會點亮煤氣燈，瀰漫一股懷舊韻味。

ACCESS & INFORMATION

從JR奧羽本線的大石田站搭乘花笠巴士需36分鐘，於銀山溫泉巴士站下車。

銀山溫泉服務中心 ☎0237-28-3933

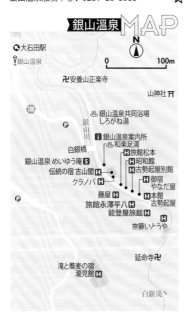

銀山溫泉 **MAP**

- ↰大石田駅
- ♨銀山溫泉
　　卍安養山正楽寺
　　　　　山神社 ⛩
　　　　♨銀山溫泉共同浴場
　　　　　しろがね湯
　　　　ℹ銀山溫泉案内所
　　　　♨和楽足湯
　　　　　　　H旅館松本
　　白銀橋　　　　H昭和館
　銀山溫泉 めいゆう庵 S　　H古勢起屋別館
　伝統の宿 古山閣 H　　　H御宿
　　クラノバ　　　　　やなだ屋
　　　　　　　H本館
　　藤屋 H　　　古勢起屋
　　旅館永澤平八 H
　　　能登屋旅館 H
　　　　　　旅籠いとうや
　　　　　　　延命寺 卍
　　滝と蕎麦の宿
　　　瀧見舘 H
　　　　　　白銀滝

傍晚景色更添風情

在冬季格外受到人們喜愛的溫泉，無色透明且泉質為鈉鹽化物與硫酸鹽

傳統的老字號旅館

能登屋旅館

創業於明治時代。望樓與陽台上的鏝繪皆為復古的4層樓木造建築，但館內為和式現代風。設有洞窟型浴池與展望型浴池等。
☎0237-28-2327 ⑭尾花沢市銀山新畑446

伝統の宿 古山閣
傳統旅宿 古山閣

唐破風屋頂的玄關、木欄杆與裝飾屋簷的鏝繪等，皆為老店風格。旁邊新館「CLANUOVA」的客房皆為西式房間。
☎0237-28-2039 ⑭尾花沢市銀山新畑423

旅館 永澤平八

建於1925年的3層樓木造旅館。有山景房與川景房，經過翻新的浴室為包場的半露天浴池。
☎0237-28-2137 ⑭尾花沢市銀山新畑445

農村 & 山村

山村集落

前沢曲家集落
前澤曲家集落

福島縣南會津町 重要傳統建築群保存區

日本農家山村的原始風景，曲家民房至今猶存

　　大雪地區與農耕馬生活在同棟建築內的昔日民房即稱作「曲家」。前澤地區於1907年遭逢燒毀所有房屋的大火，之後又齊齊重建。目前留下來的13棟傳統曲家皆維持原貌而呈彎曲的L形，至今人們生活的氣息猶存。

ACCESS & INFORMATION

從會津鐵道／野岩鐵道的會津高原尾瀨口站搭乘會津巴士需34分鐘，於前澤向巴士站下車。亦可從會津高原尾瀨口站或會津鐵道會津線的會津田島站搭乘免費方案的南會津接駁計程車（2小時，須預約 ☎0241-62-2250）。

前澤景觀保存會 ☎0241-72-8977

春天有櫻花、初夏有花菖蒲與溪蓀盛開，入秋後的蕎麥田裡有白花齊放

↑可參觀曲家內部的前澤曲家資料館。可體驗集落的生活

↑前澤故鄉公園裡有花菖蒲園、水車小屋與唐臼小屋等

山村集落

檜枝岐

福島縣檜枝岐村

位於尾瀨玄關口的溫泉地，雄偉大自然環繞四周

　　人口約500人的小山村，隱身於標高939m的崇山峻嶺之中。溫泉勝地坐落於以尾瀨國立公園與會津駒岳而聞名的山區旅遊，不僅限於旅館與民宿，連一般家庭裡也有引入溫泉。此地為日本屈指可數的大雪地區，降雪時期較早，也是盛行冬季運動之地。

ACCESS & INFORMATION

從會津鐵道／野岩鐵道的會津高原尾瀨口站搭乘會津巴士約需1小時30分鐘，於檜枝岐巴士站下車。

尾瀨檜枝岐溫泉觀光協會 ☎0241-75-2432

家家戶戶的屋頂皆統一為鏽紅色的檜枝岐村。據說是日本人口密度最低的村莊

↑江戶時代延續至今的奉納歌舞伎。檜枝岐歌舞伎舞台位於鎮守神神社境內，由村民出演

↑板倉是樣式與正倉院一致的防火用穀物倉庫，遠離民房而建

門前町

羽黑山
羽黑山

山形縣鶴岡市

出羽三山的宿坊集落「手向」，為山區修練的聖地

　　羽黑山、湯殿山與月山的出羽三山，以日本極少數的修練山區馳名。於6世紀開放作為修練道場，江戶時代因「講中（遊山拜廟團體）」蔚為風潮，故相當於三山入口的羽黑山麓，提供道路指引或住宿的修練者也增加，曾有300多家的宿坊林立。現今仍有宿坊以掛著注連繩的冠木門接納修練者、參拜者與登山客，持續傳承信仰歷史。

ACCESS & INFORMATION

若要前往主要的宿坊街，從JR羽越本線的鶴岡站搭乘庄內交通巴士需30分鐘，於羽黑隨神門巴士站下車。

羽黑町觀光協會 ☎0235-62-4727

羽黑山大鳥居，高約24m、最上方笠木的寬度約32m

羽黑山 MAP

H勝坊坊
黃金堂
鶴岡駅／羽黑山大鳥居
H富田坊
H春照坊
福王寺稻荷神社
羽黑荒町
羽黑山三光院
田村坊
大江坊
桜小路
羽黑山 隨神門
五重塔
二の坂茶屋
生田坊H
いでは
文化記念館
京田川
出羽三山神社
出羽三山 歷史博物館
羽黑山頂
羽黑山
羽黑山 自動車道
吹越神社
權現森山神社
荒澤寺・ビジター
センター前
羽黑山荒澤寺
N
0　500m

（手向地區的宿坊群）

手向地區為羽黑山的門前町，是宿坊櫛比鱗次的宿坊街。街道肅穆而沉穩。

① 繼承了1400多年的歷史
羽黑山 荒澤寺正善院 黃金堂
羽黑山 荒澤寺正善院 黃金堂

黃金堂裡奉有33座聖觀世音菩薩為本尊，相傳是源賴朝為了祈求征討奧州勝利而建。堂內安設了80多座佛像，傳遞著出羽三山的歷史與信仰。獲指定為國家重要文化財。
☎0235-62-2380 ⏲鶴岡市羽黑手向231 🕘9:00～17:00（最終入堂截至16:30）📅4月16～18日、5月2～4日、5月第3週日、8月6～31日、9月23日（秋分之日）、11月中旬～4月中旬（依降雪狀況而異）💴黃金堂300日圓

② 學習山岳信仰與修驗道
いでは文化記念館
Ideha文化記念館

傳遞出羽三山之歷史與文化的紀念館。可觀賞以死亡與重生為主題的常設展、介紹山伏修行的影片等。
☎0235-62-4727 ⏲鶴岡市羽黑町手向院主南72 🕘9:00～16:30、12～3月9:30～16:00 📅週二（7、8月與GW無休）💴400日圓

繼子坡，在出羽三山神社樹齡300～600年的杉樹林蔭道中綿延的石階

優美的國寶五重塔，為出羽三山之象徵

⛩ 出羽三山神社

人們深信巡覽羽黑山、月山與湯殿山是一場追溯死亡與重生的「脫胎換骨之旅」，羽黑山頂上有座合祭三神的大社殿「三神合祭殿」，2446階的石階參道綿延約1.7km。
☎0235-62-2355 ⏲鶴岡市羽黑町手向字手向7 🕘休💴自由參拜

↑國寶羽黑山五重塔，據說是東北地區最古老的塔。相傳為平將門所創建

街道的基本常識

本書參考日本全國傳統建築群保存區協議會的劃分，如下所示般進行了分類並介紹。傳統的街道中，有些會在歷史的進程中形成兼具多種特色的城鎮，比如既是城下町又是宿場町。

以武家為中心的街道
城下町＆武家町
【城下町、武家町、陣屋町、山麓集落等】

城下町是戰國時期至江戶時期以城郭為中心所形成的都市，由武家町、町人町與寺社地所構成。薩摩藩內在地武士團體所居住的山麓集落，還有以陣屋為中心的陣屋町，也曾形成類似城下町的都市。

以街道宿場為中心的街道
宿場町
【宿場町、街道集落等】

於近代修築五街道與脇街道後，便於各地設置作為據點的宿場。除了公共旅館兼休息所的本陣、脇本陣與問屋場（類似驛站），還有專為一般旅人而設的旅籠、茶館與商店等櫛比鱗次，好不熱鬧。

結合商業與產業的街道
商家町＆在鄉町
【商家町、釀造町、燒物町、礦山町等】

商家町是活用作為交通據點的地利來匯集物資，以商業區之姿繁榮起來。街道沿路有商家的町家與土藏林立。各地也出現在鄉町，即透過煤礦、釀酒與陶瓷器等特產的生產，在地方上蓬勃發展。

以茶屋為中心的街道
茶屋町＆花街
【茶屋町、料亭町、花街等】

近世至近代期間，茶屋町與花街作為武家與富裕町民的娛樂場所得以發展。街道上有茶屋建築櫛比鱗次，1樓是成排相連的出格子，2樓則加高並設置日式廳堂，將花街特有的華麗風情傳承至今。

以寺社為中心的街道
寺町＆門前町
【寺町、門前町、寺內町、講中宿、宿坊群等】

於寺社的境內或門前所形成的城鎮。有商店或旅館林立的門前町、由信徒建立自治集落的寺內町、宿坊等參拜者的住宿設施雲集的宿坊群與講中宿，根據信仰形態或時代，孕育出特色各異的城鎮。

以溫泉旅館為中心的街道
溫泉町
【溫泉町】

昔日氛圍猶存的溫泉町，自古作為溫泉療養或休養之地而為人熟知。3、4層樓的木造建築、外湯與伴手禮店林立的街道上，穿著浴衣熙來攘往人們的木屐聲，散發出日本特有的溫泉風情。

海洋、河川的港町與漁村集落的街道
港町＆漁村
【港町、河岸町、漁村、船主集落等】

日本到了近世船運蓬勃發展，於海邊或河川的港口形成商家或倉庫林立的港町。各地至今仍保有成排傳統房屋猶存的純樸漁村。幕末成為開港地的橫濱與長崎則有瀰漫異國情緒的街道延展。

以農村、山村的集落為中心的街道
農村＆山村
【農村集落、山村集落、養蠶集落等】

在大自然環繞中生活的農村或山村，隨處可見隨著地區氣候、地形或產業而孕育出風格獨具一格的傳統民房。養蠶住宅與茅葺民房等木造建築與大自然融為一體的集落景觀喚起懷舊之情。

小京都與小江戶

具備與京都相似的特色或風情的地方都市會被稱作「小京都」，目前已有26座市町與京都參加並組成「日本全國京都會議」。山陰的小京都津和野為其中之一，群山環抱且舊武家町歷史悠久的街道都令人聯想到京都。另一方面，仍保有江戶風情的則稱作「小江戶」。以埼玉的川越較具代表性，透過船運等加深與江戶的聯繫，並會喚起江戶情懷的藏造之城為人所知。

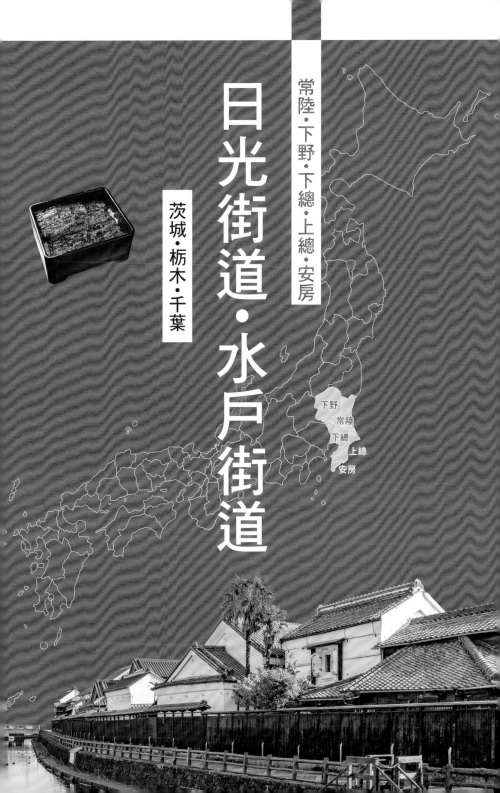

日光街道・水戸街道

茨城・栃木・千葉

常陸・下野・下總・上總・安房

下野
常陸
下總
上總
安房

保衛江戶東部與海上的要衝。通往常陸、下野、房總等城鎮

日光道中（日光街道）為江戶時代修築的五街道之一，是從江戶通往祭祀德川家康的日光東照宮的主要道路。於1636年開通。街道沿途設置了江戶的千住乃至鉢石等21座宿場，宇都宮以北則進一步延伸至通往奧州的奧州道中（奧州街道）。從江戶通往下總的途中，現今的埼玉縣內有6座宿場町，以「日光街道的埼玉六宿」之姿，成為城鎮漫步的景點。

日光例幣使街道也是前往日光參拜的重要道路之一。栃木也曾是其中的宿場町，巴波川沿岸有白牆土藏毗連而立，以倉庫之城為人所知。

藩政時代的常陸、下野與房總等國，除了水戶德川家的35萬石外，多為譜代治理的小藩。其中18世紀水野氏入封的結城、松平氏與西尾氏等人曾治理過的土浦，以及土井氏修建了城堡的佐倉等，皆是城下町風貌至今猶存的城鎮。

佐原是於江戶時代勘測日本全境並為日本地圖奠定基礎的伊能忠敬的出生地而聞名，是憑藉利根川的水運而盛極一時的商業都市。小野川為利根川的支流，沿岸有別具韻味的建築群櫛比鱗次。

⬆佐倉的武家屋敷町。佐倉曾是對幕府而言至關重要之地，也往往由幕府的要員擔任城主，是各藩中培育出最多老中的地方

⬆栃木町的巴波川河畔有倉庫林立。日光例幣使街道沿途的嘉右衛門町被選定為重要傳統建築群保存區

⬇佐原的街道，江戶時代的餘韻猶存。小野川與街道沿途有古老的商家與町家櫛比鱗次

越後
新潟県

福島県
岩代
磐城

巻機山
谷川岳
三国峠

白河街道
猪苗代湖
郡山
大内宿
那須岳
白河
白坂
白河関
磐城平
芦野
越堀
鍋掛
勿来関
神岡
足洗
高萩

会津西街道
山王峠
横川
五十里
高原新田
藤原
大原
大桑
今市
高徳
鉢石
板橋
文挾
大沢
鹿沼
楡木
金崎
合戦場
P.58
栃木 P.67足利
八木
太田
館林
野木
古河
中田
栗橋
関宿

日光白根山
男体山
足尾銅山
日光東照宮
徳次郎
氏家
白沢
宇都宮
雀宮
石橋
小金井
新田
小山
間々田

奥州道中
太田原
佐久山
喜連川

下野
栃木県

上野
群馬県

三国街道
高崎
倉賀野

中山道
秩父往還
武蔵
埼玉県
川越
熊谷
忍
吹上
幸手
杉戸
粕壁
越ヶ谷
草加
千住
板橋
内藤新宿
江戸
東京都
品川

川越街道
青梅街道

甲州道中
甲斐
山梨県
小仏峠

相模
大山
天山街道
中原街道
神奈川
神奈川県

東海道
東京湾

三河
岡県
箱根峠

伊豆
下田

浜街道
小木津
助川
森山
大橋
沢
水戸
長岡
小幡
片倉
竹原
府中(石岡)
稲吉
中貫
中村
荒川沖
牛久
若柴
藤代
取手

常陸
茨城県

P.63鯨ヶ丘
結城 P.62
真壁 P.62
筑波山

水戸街道
土浦 P.63
霞ヶ浦
北浦
鹿島灘
卍鹿島神宮

木下街道
高岡
木下
佐原 P.64
成田山新勝寺
成田山表参道 P.66
佐倉 P.68
成田街道
御成街道
成田
千葉県
東金
銚子湊

日光例幣使街道
日光東往還
日光道中

下総
上総

安房
鋸山
清澄山
相模湾
太平洋

大和田
我孫子
小金
八幡
船橋
行徳

大多喜 P.68

57

商家町 & 在鄉町

在鄉町・宿場町

栃木

栃木縣栃木市
重要傳統建築群保存區

坐擁街道交通網與巴波川水運
為北關東屈指可數的商業地區

　　栃木自江戶時期以來一直是交通要
道，陸路與水路都發揮著莫大的作用。
自各地匯集物資，並建造收納用的倉
庫。進而成為通往日光東照宮之日光例
幣使街道的宿場町，作為重點商業都市
而蓬勃發展。巴波川成為船運的水道，
從事船運貿易的富商競相於兩岸建造白
牆土藏且極盡奢華。巴波川沿岸及主要
街道上仍保有白牆土藏群與見世藏等，
令人懷想起往昔的繁榮景象。

☐ ACCESS & INFORMATION

於JR兩毛線／東武日光線的栃木站下車。

栃木市觀光協會 ☎0282-25-2356

TOWN
巡　禮

乘船巡遊巴波川

可搭乘由船夫撐著竹竿操縱船隻的傳統小
船，享受約25分鐘的遊覽。船夫不僅會提
供倉庫街道的導覽，還會表演高歌「栃木
河岸船夫歌」。從船上眺望的景色格外引
人入勝。

蔵の街遊覽船
倉庫街遊覽船

☎0282-23-2003 ⑲栃木市倭町2-6 倉庫街
遊覽船等候區 ⑩10:00～16:00(最終受理至
15:50)、12～2月10:00～15:00(最終受理
至14:50) ⑭天候惡劣時 ⑯1000日圓

(巴波川與土藏)

巴波川是昔日以
小船運送貨物的水運
要道。江戶時期建造
的白牆土藏林立，
醞釀出獨特風情

嘉右衛門町，是於
1573～1592從足利
遷居至此的岡田嘉右
衛門所開發

此地務必一訪！

1 在歷史老店享用味噌田樂
油伝味噌
油傳味噌

1781年以油店起家，從幕末開始釀造味噌。名產為田樂的茶館後側有4棟明治中期建造的土藏，已登錄為國家有形文化財。

☎0282-22-3251 ⏚栃木市嘉右衛門町5-27 ⏰10:00～16:00（餐飲11:00～15:00）⏹週二（遇假日照常營業）

➡豆腐、芋頭與蒟蒻的田樂拼盤為700日圓。偏甜的味噌十分美味

2 對外開放有550多年歷史的代官屋敷
岡田記念館
岡田紀念館

於戰國時代在此建造屋敷的岡田家，現任家主為第26代。該屋敷已打造成紀念館並對外開放。是連家主名諱「嘉右衛門」都成為町名的名門，江戶時代也曾作為本陣。

☎0282-22-0001 ⏚栃木市嘉右衛門町1-12 ⏰9:30～17:00（入館～16:30）⏹週一～四（遇假日或有預約時開館）⏦800日圓

岡田家第22代家主的隱居之所：翁島別邸。建於1924年，極盡奢侈的結構十分壯觀

平柳河岸，昔日曾是巴波川的卸貨場。轉載至小船上的物資會運至此處

油伝味噌中適味
油伝味噌 ❶

S おた福堂
庚申塔
野尻家の石蔵
栃木市嘉右衛門町傳統建築群保存
卍 妙唱寺
嘉右衛門町伝統的建造物群保存地区拠点施設「ガイダンスセンター」
長江商店
S onze｜オンズ
神明神社
平澤商事
翁島（岡田記念館別邸）
天海家住宅店店舗
❷ 岡田記念館
C 物華 工藝と喫茶
嘉右衛門橋
生菓子処 廣田ひろ多菓子舗
R Lydie tells a smal
香取屋
野口栄造商店
平柳河岸
鏝野家住宅店舗
日光例幣使使
万町

栃木高校記念図書館（養正寮）
ワイン食堂 Sauvage R
蔵の街ダイニング蒼 R
福富写真館
R 三友
栃木市役所
井上神社
岡安恒武旧居跡
下野n/なす R
栃木 なす H
とちぎ R
栃木グ ホテル H
旧日光例幣使街道
伊勢屋餅菓子店 R
❸ 栃木市立文学館
悟理道珈琲工房 C
Oyik! C
山本有三ふるさと記かな半旅館
栃木市立美術館 横山郷土館 ❹
茶房蔵や C
山本有三文学碑
蔵の街市民ギャラリー ❻
あだ
とちぎ蔵の街
S 飯塚洋服店
とちぎ山車会館
栃木市郷土参考館
北蔵カフェひが C
S 八百重
赤相屋 R
S FROGS GARDEN
コエド市場 C
S 都賀屋蒟蒻店
蔵の街大通り
ゲストハウス蔵の街 H
舟見茶屋
懸い処斎 C
小家～KOMUGI～
バーラートチギ C
吉屋信子の文学碑
中田家住宅店舗
五十畑荒物店
山本総本店 S
京都すずなり屋スターバックスコーヒー C
冨士屋本店 R
❼ 塚田歴史伝説館
毛塚紙店 R
蔵の街遊覧船（乗り場）
自家焙煎キャリオカコーヒー
三桝家本店 S
栃木駅

0
N

嘉右衛門町傳統建築群保存區的據點設施「遊客嚮導中心」，是利用建於江戶末期的味噌工廠的建築物打造而成

③ 以白色搭配淺綠的洋館
栃木市立文学館
栃木市立文學館

這座格外顯眼的復古洋館是以1921年建造的町公所翻修而成的文學館。介紹與栃木有淵源的作家。

☎0282-25-5400 ⓓ栃木市入舟町7-31 ⓣ9:30～17:00(入館～16:30) ⓦ週一(遇假日則翌日休)、假日的隔天(遇週六・日與國定假日則開館) ⓨ常設展220日圓(企劃展則依展覽內容而異)

④ 明治時代的富商建築
横山郷土館
横山郷土館

橫山家在同間店裡兼營麻布批發與銀行。店鋪兩側有成排以岩船石與紅磚等砌成而沉穩的石藏。店鋪兼住所、倉庫與洋館皆為國家有形文化財。

☎0282-22-0159 ⓓ栃木市入舟町2-16 ⓣ9:00～17:00(入館～16:30) ⓦ週一(遇假日則翌日休) ⓨ300日圓

⑤ 展示歌麿的複製畫
とちぎ歌麿館
栃木歌麿館

以店鋪兼住所的老舊見世藏翻修而成的建築物，為縣指定有形文化財。館內展示著浮世繪大師喜多川歌麿的作品的複製畫等。

☎0282-25-3003 ⓓ栃木市万町7-1 ⓣ9:00～17:00 ⓦ週一(遇假日則翌日休)、假日的隔天(遇週六・日則開館) ⓨ免費

⑥ 3棟倉庫並排而成的畫廊
蔵の街市民ギャラリー
倉庫街市民畫廊

以倉庫街美術館改名並翻新而成。建於約200年前的土藏也是栃木市為數眾多的倉庫中最古老的土藏群。

☎0282-21-2304(栃木市綜合政策課) ⓓ栃木市万町3-23 ⓣ9:00～17:00 ⓦ週二 ⓨ免費(展覽室與挑戰商店須收費)

⑦ 巴波川沿岸的土藏群
塚田歴史伝説館
塚田歷史傳說館

8座相連的倉庫巍然而立，猶如倉庫街之象徵。塗黑的船板牆倉庫為明治時代經手販售木材的富商塚田家所有，現在作為紀念館對外開放。

☎0282-24-0004 ⓓ栃木市倭町2-16 ⓣ9:30～17:00(入館～16:30) ⓦ週一(遇假日照常開館) ⓨ700日圓

倉庫街大道上5座相連的倉庫。塗黑的見世藏與沉穩的白牆土藏比鄰而立

在鄉町

真壁

茨城縣櫻川市 **重要傳統建築群保存區**

作為經濟核心地區繁盛一時，保留各種已登錄的文化財

於平安時代成為真壁氏的城下町，藩政時期則以木棉的聚集地之姿蓬勃發展，成為周邊的經濟核心地區。1837年的大火以後，見世藏與土藏等日益增加。隨著明治時期製絲業的發展，出現藥醫門與西洋建築等形形色色的建築物，目前該地區有102座建築已登錄為有形文化財。

上宿通上舊豬瀨家的藥醫門。相傳是明治初期建造，特色在於精緻結構與氣宇軒昂的構造

□ ACCESS & INFORMATION

從JR水戶線的岩瀨站搭乘櫻川市營巴士「山櫻花GO」需35分鐘，於下宿巴士站下車。

櫻川市商工觀光課 ☎0296-55-1159

⬆真壁傳承館的歷史資料館，展示著近現代真壁地區的歷史資料

⬆舊真壁郵局，是1927年作為銀行而建造的建築物

町家群・城下町

結城

茨城縣結城市

隨著江戶時代的經濟振興，作為結城紬的據點而繁榮

作為結城氏與水野氏的城下町而開拓的城鎮。水野氏於江戶時代推動經濟對策，此城鎮作為結城紬與農產品的聚集地而蓬勃發展。自古以來盛行養蠶與絹織物的生產，到了江戶時代，結城紬成為最頂級的紬品而備受珍視。城下町的街道上仍保有結城紬的批發店、見世藏構造的建築物、酒藏等29件國家登錄有形文化財。

商人居住的大町，仍保留無數建於明治至大正時代的見世藏與土藏

□ ACCESS & INFORMATION

於JR水戶線的結城站下車。

結城市觀光協會 ☎0296-34-0421

⬆有店鋪兼住所的商店建築樣式「見世藏」分布各處的浦町

⬆結城藏美館的「袖藏」，透過資料介紹結城的歷史

商家町・城下町

土浦

茨城縣土浦市

於櫻川河口修築的城下町，沉穩的土藏造町家錯落其中

土浦城是座平城形式的城堡，位於櫻川流入霞浦的河口處。漂浮在多層護城河中的本丸形似烏龜而被稱作「龜城」。城下町在水戶街道沿途發展起來，中城町裡現在仍保有多座江戶時代至明治時代期間建造的町家。可參觀商家沉穩的見世藏造建築與土藏等寶貴的形姿。

ACCESS & INFORMATION

於JR水戶線的土浦站下車。
土浦市觀光協會 ☎029-824-2810

土浦街角倉庫「野村」為體驗與喫茶設施，是江戶後期至明治初期建造的倉庫

↑郁文館，曾是土浦藩的藩校。現在僅存正門

↑修築於江戶時期的土浦城的本丸與二之丸遺址，已整頓成龜城公園

在鄉町

鯨ヶ丘
鯨之丘

茨城縣常陸太田市

以栽培菸草而繁盛的高地城鎮防火住屋與七條坡道風情猶存

佐竹氏居城所在的馬背狀高地，看起來就像漂浮在海上的鯨魚，因而被稱作鯨之丘。江戶時期作為棚倉街道的宿場町、明治時期作為菸葉的聚集地而繁榮不已。曾遭逢多次大火，街上有採行防火措施的商家與上藏毗連而立。有7條從街道延伸至高地下面的坡道，獨特的景觀也別具風情。

ACCESS & INFORMATION

於JR水郡線的常陸太田站下車。
常陸太田市觀光物產協會 ☎0294-72-8194

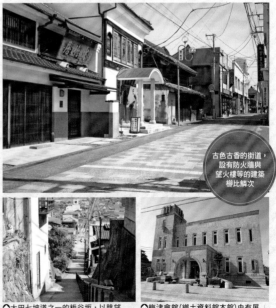

古色古香的街道，設有防火牆與望火樓等的建築櫛比鱗次

↑太田七坡道之一的板谷坂，以眺望視野絕佳著稱

↑梅津會館(鄉土資料館本館)中有展示無數歷史與民俗資料

商家町

佐原

千葉縣香取市
重要傳統建築群保存區

曾因立根川水運繁榮的商家群
河川沿岸的景觀別具韻味

　　此城鎮在江戶時代曾是利根川水運的物流據點，小野川兩岸及其周邊有河岸批發店與釀造廠等工商業住宅櫛比鱗次。至今仍有令人聯想到當時盛況的商家林立，別具深趣的景觀猶存。在活用這些街道的城鎮建設上不遺餘力，因而於1996年被選定為關東第一個重要傳統建築群保存區。繼承家業並持續經營的商家也不在少數，享有「生氣蓬勃之城」的美譽。

小野川沿岸的街道

伊能忠敬舊宅前的卸貨場「DASHI」，現在用作觀光船的乘船處

此地務必一訪！

ACCESS & INFORMATION

於 JR 成田線的佐原站下車。

水鄉佐原觀光協會 ☎0478-52-6675

西洋建築也值得關注
圓頂為辨識標記的西式磚造建築
佐原三菱館

建於1914年，作為舊川崎銀行的佐原分行。已對外開放建築內部。是採用圓頂樣式的磚造洋館，內部為挑高的開放空間，2樓四周有迴廊。

☎0478-52-1000 ⑩香取市佐原イ1903-1 ⑯10:00～17:00 ⑭第2個週一（遇假日則翌日休）⑲免費

---

① 忠敬住了30多年的家
伊能忠敬旧宅
伊能忠敬舊宅

伊能忠敬度過17歲至49歲的住宅。伊能家過往皆以釀造業等為業，其店鋪、主屋與土藏等仍保留至今。主屋是忠敬於1793年所設計。獲指定為國家史蹟。

☎0478-54-1118 ⑩香取市佐原イ1900-1 ⑯9:00～16:30 ⑭無休 ⑲免費

② 介紹完成實測地圖的偉業
伊能忠敬記念館
伊能忠敬紀念館

館內介紹製作出日本首張以實測繪成的全國地圖之伊能忠敬的為人與成就，並展示他用過的測量器具、實測圖「伊能圖」與日記等。

☎0478-54-1118 ⑩香取市佐原イ1722-1 ⑯9:00～16:30 ⑭週一（遇假日照常開館）⑲500日圓

人物FILE

伊能忠敬

1745 ～ 1818年。江戶時代的商人兼測量家。從50歲開始邁向測量之路，走遍日本全國進行測量，完成了「大日本沿海輿地全圖」。為日本地圖奠定了基礎。

伊能忠敬紀念館收藏

6 小野川沿岸的商家遺跡
旧油惣商店
舊油惣商店

横跨在小野川上的忠敬橋附近的商家遺跡。店鋪在1900年的大火之後經過重建，但仍保留1798年建造的土藏。

☎0478-50-1212（香取市商工觀光課）🚃香取市佐原イ503 🕒💰內部不對外開放

7 從醬油店變成佃煮名店
いかだ焼本舗 正上
筏燒本舖 正上

1800年以油店之姿創業，後改為醬油店，現在則從事醬油加工品與佃煮的販售。名產是西太公魚的佃煮「筏燒」。

☎0478-54-1642 🚃香取市佐原イ3406 🕒9:00（週日10:00）～17:00（週六・日～16:00）🈺無休

4 有防火意識的商人住宅
福新呉服店

於1804年創業的和服店。店鋪為切妻平入構造的2層樓建築，後方緊鄰著平房、中庭與土藏，四周圍繞著防火牆。

☎0478-52-3030 🚃香取市佐原イ505 🕒9:30～17:30 🈺週三

8 格子令人難忘的雜貨店
中村屋商店

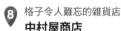

這家雜貨店位於香取街道與小野川沿岸道路交叉口的街角。為1855年的建築，設有格子門與格子窗，形姿別具格調。

☎0478-55-0028 🚃香取市佐原イ1720 🕒10:00～16:00 🈺週三

5 江戶的面貌猶存
小堀屋本店

於明治時期重現江戶時期的町家樣式，是棧瓦葺切妻造2層樓木造建築。

約有300年歷史的佐原大祭。高達4m的大型人偶所乘坐的山車會隨著佐原傳統樂曲在街道上緩步前進

佐原MAP

香取市佐原重要傳統建築群保存區

8 中村屋商店
4 福新呉服店
6 旧油惣商店
3 さわら十三里屋
5 小堀屋本店
2 伊能忠敬記念館
小江戸さわら舟めぐり
1 伊能忠敬旧宅
7 いかだ焼本舗 正上
千葉萌陽高
忠敬橋
S 中村屋乾物店
佐原町並み交流館
佐原三菱館
八坂神社
小鄉佐原山車会館
上仲町局
下堀通り
關戶局
佐原駅
開運橋
成田線
香取駅
香取街道
銚座通り
横宿通り
中橋
共榮橋
樋橋
0 150m
N

門前町

成田山表参道
成田山表参道

千葉縣成田市

與歌舞伎淵源匪淺，
充滿傳統與新意的門前町

　　成田山新勝寺的門前町，該寺是為了祈求平定發生於平安時代的平將門之亂而建造的。江戶時代的歌舞伎演員初代市川團十郎篤信成田山信仰，並以成田屋的名義，演出不動明王的節目，以此在庶民之間掀起一股成田山參拜熱潮。從成田站延伸約800m的表參道上，有歌舞伎演員的機關鐘與歷史性建築，因眾多參拜來客而熱鬧不已。近年來則受到成田國際機場的影響而充滿國際色彩。

☐ ACCESS & INFORMATION

於JR成田線的成田站或京成本線的京成成田站下車。

成田市觀光協會 ☎0476-22-2102

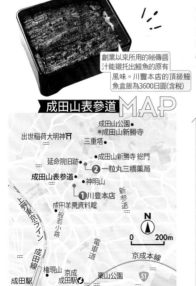

創業以來所用的祕傳醬汁能襯托出鰻魚的原有風味。川豐本店的頂級鰻魚盒飯為3600日圓(含稅)

成田山表参道 MAP

成田山公園●
出世稻荷大明神鳥居　●成田山新勝寺
　　　　　　三重塔鳥居
延命院旧跡　　●成田山新勝寺 總門
成田山表参道　②一粒丸三橋藥局
　　　　　　●神明山　　新參道
　　　　　●①川豐本店
成田羊羹資料館
　　　　　船形小路
　　　　般若小路
　　　　　　　　電車道
上越東京ライン
成田線
權現山　京成
　　　成田駅
成田駅　　栗山公園　京成本線 51

N　0 200m

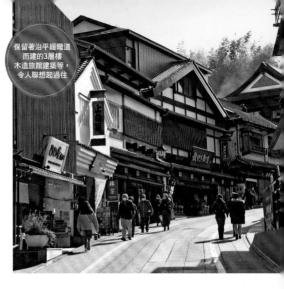

保留著沿平緩彎道而建的3層樓木造旅館建築等，令人聯想起過往

① 成田的元祖鰻魚專賣店
川豐本店
川豐本店

以成田首家鰻魚專賣店之姿，於1910年創業。是採用入母屋造、金屬板葺的3層樓木造建築，已登錄為國家有形文化財。
☎0476-22-2711 地成田市仲町386 營10:00～17:00(LO) 休無休

② 傳承17代的和漢方藥局
一粒丸三橋藥局
一粒丸三橋藥局

自江戶時代以來便往前往成田參拜的途中製造並販售藥品。網羅了300多種和漢草藥與藥草等，皆是依循當時同樣的作法製成。
☎0476-22-0011 地成田市仲町363 營9:30～19:00 休週四

◀「腸胃藥 成田山一粒丸」，繼承了自創業以來代代相傳的製法。連二宮金次郎都愛用

成田山新勝寺

於940年開寺。弘法大師奉自己雕刻的木造不動明王像為本尊，作為守護關東的聖地而備受人們信崇。1座寺廟裡有5棟重要文化財是極其罕見的，亦是相當熱門的能量景點。
☎0476-22-2111 地成田市成田1 休無 營自由參拜

5棟皆為國家重要文化財，精彩看點無數的名剎

↑重要文化財的三重塔與安置本尊的大本堂

日本最古老的學校與建於足利氏宅邸遺跡的寺院

學校設施

足利

栃木縣足利市

歷史與文化紛呈，一派沉穩的街道

　　足利是開創室町幕府的足利氏的發祥地，亦為紡織業之城，有座象徵紡織文化的足利織姬神社。足利站周邊則有已列為日本遺產的足利學校、足利氏宅邸遺跡內的鑁阿寺，以及提供觀光導覽、伴手禮的販售與休息空間的太平記館等設施分散四處，非常適合在鎮上漫步。在此區可以欣賞石板小徑上古老建築林立而享有「東方小京都」美譽的景觀。

📋 **ACCESS & INFORMATION**

於JR兩毛線的足利站或東武伊勢崎線的足利市站下車。

足利市觀光協會 📞0284-43-3000

通往鑁阿寺的大日大門通。有店鋪、足利尊氏像與古老倉庫等

足利 MAP

❷鑁阿寺（足利氏宅跡）

N
0　　200m

❶史跡 足利學校
卍善德寺
太平記館
足利まちなか遊学館
足利市立美術館
通1丁目
伊勢神社
八雲神社
大日大門通り

足利織姬神社
足利市站
兩毛線
足利站
佐野站
渡良瀨川
桐生站
208
293

忠實復原了江戶時代的樣貌並已對外開放

❶ 走訪日本最古老的學校
史跡 足利学校
史蹟 足利學校

創校史雖有多種說法，但最早的紀錄是室町時代關東管領所修築的。1549年方濟·沙勿略介紹該校到海外。📞0284-41-2655 🏠足利市昌平町2338 ⏰9:00～17:00（10～3月～16:30），皆受理至30分鐘前 🚫第3個週三（11月第2個週三，遇假日則翌日休）💰420日圓

入德門是通往足利學校的第一道門。匾額上的「入德」是紀伊德川家第11代藩主德川齊順所書

❷ 中世紀武家屋敷的面貌猶存
鑁阿寺

源姓足利氏第2代義兼於1196年供奉大日如來為其起源，第3代義氏修築堂塔伽藍，並選定為一族的祠堂。除了國寶的本堂，其他寶貴建築物也傳遞出足利氏的威望。

📞0284-41-2627 🏠足利市家富町2220 ⏰9:00～16:00 🚫無休 💰境內免費，一切經堂300日圓（僅限週日與國定假日一切經堂開放的情況），參拜本堂須事先預約（收費）

城下町

佐倉

千葉縣佐倉市

有土壘與樹籬環繞四周的
武家屋敷櫛比鱗次

　　佐倉城建於沿馬背狀延展的高地頂端，作為江戶幕府的重要防衛據點，並由老中土井利勝等有權有勢的大名擔任城主。從大手門穿過寒鴉坂，有一條武家屋敷通，林立著舊河原家住宅、舊但馬家住宅與舊武居家住宅3棟武家屋敷。也務必到城下町風情猶存的新町通散步。

ACCESS & INFORMATION

於JR總武本線的佐倉站或京成本線的京成佐倉站下車。

佐倉市觀光協會 📞043-486-6000

城下町

大多喜

千葉縣大多喜町

風情萬種的房總小江戶，
有歷史性建築散落各處

　　大多喜城位於房總半島的中央，是昔日有德川四天王之稱的本多忠勝所修建的名城。城鎮裡處處保有作為10萬石城下町而繁榮不已時的面貌，亦有「房總小江戶」之稱。歷史性建築也多不勝數，像是曾擔任大多喜藩御用商人的渡邊家的住宅、自江戶時代延續下來的大屋旅館、土藏造樣式的商家與釜屋等。

ACCESS & INFORMATION

於夷隅鐵道的大多喜站下車。

大多喜町觀光協會 📞0470-80-1146

土壘與樹籬環繞四周的舊河原家住宅。可連同相鄰的舊但馬家與舊武居家一併參觀

↑美麗竹林環繞四周的「寒鴉坂」。另有「武士古徑」的別稱

↑自然景觀豐富的佐倉城址公園，仍保有天守閣遺跡與乾溝壕等建築遺跡

建於1849年的渡邊家住宅，為國家重要文化財。修建當時為茅葺構造

↑藥醫門是大多喜城中僅存的建築遺跡。位於二之丸遺址的大多喜高中前

↑1781～1789年創業的豐乃鶴酒造。為明治建築，已登錄為有形文化財

日光街道的埼玉六宿

連接江戶與日光的日光道中(日光街道)。埼玉縣內有6座宿場町，保留不計其數的史蹟。

↑有座太鼓形的百代橋橫跨在草加松原上

與《奧之細道》有淵源之地

草加

埼玉縣草加市 **MAP** P.73

從江戶日本橋出發的第2座宿場町，松尾芭蕉的《奧之細道》中也有提到。順著綾瀨川沿岸延伸的松樹林蔭道「草加松原」，自江戶時代以來便是日光街道上的名勝而遠近馳名，已被指定為國家名勝。宿場町名產「草加煎餅」也傳承至今。

🚌於東武晴空塔線的獨協大學前＜草加松原＞站下車

☎048-922-0151(草加市觀光協會)

於宿場開設400週年修復高札場

杉戶

埼玉縣杉戶町 **MAP** P.73

杉戶宿是從江戶日本橋出發的第5座宿場，開設於1616年。有老字號酒藏、厚重倉庫猶存的米穀批發店等，別具歷史感的古民房聚落分布其中。於2016年修復了高札場，持續傳遞昔日宿場町的氛圍。

🚌於東武晴空塔線／東武日光線的東武動物公園站下車

☎0480-32-3719(杉戶町觀光協會)

↑修復了高札場，掛著寫有法令的布告牌

將古民房與倉庫加以翻新

越ヶ谷
越谷

埼玉縣越谷市 **MAP** P.73

在日光街道上，越谷宿的規模僅次於千住宿。德川家康與秀忠經常來此獵鷹，越谷御殿就建在現在的御殿町。舊街道沿途仍有老舊的商家與倉庫分散各處，還有活用舊大野家住宅打造而成的複合設施「秤屋」等經過翻修的古民房。

🚌於東武晴空塔線的越谷站下車

↑沉穩的商家建築散落各處

作為水運與陸運的要衝而繁榮

幸手

埼玉縣幸手市 **MAP** P.73

早在修築日光街道之前，此城鎮便是透過利根川水系發展的水運與鎌倉街道的「中道」等的交通要道，因而繁盛一時。亦是與前往日光東照宮參拜的歷代將軍會行經的日光御成道交會之處。還有不少歷史悠遠的寺社，比如成為將軍休憩之所的聖福寺等。

🚌於東武日光線的幸手站下車

☎0480-43-1111(幸手市觀光協會)

↑作為咖啡館活用的岸本家住宅主屋

↑仍保有日光街道上的路標

傳遞宿場歷史的倉庫與寺院

粕壁

埼玉縣春日部市 **MAP** P.73

距離日本橋約36㎞。從江戶出發的旅人大多會在粕壁宿度過第一夜。昔日旅籠櫛比鱗次的舊街道如今成了粕壁大道，寺院聚集的寺町、藏造樣式的住家等，都還保留著宿場町的面貌。

🚌於東武晴空塔線／URBAN PARK Line的春日部站下車

☎048-763-2455(春日部市鄉土資料館)

日光街道上唯一一座關所

栗橋

埼玉縣久喜市 **MAP** P.73

設有與東海道箱根、中山道碓冰同等重要關所的宿場町。舊街道沿途有古民房、關所遺跡、靜御前的墓地等景點散布。栗橋宿的鎮守八坂神社中的狛鯉守護獸，也是一大看點。

🚌於JR宇都宮線／東武日光線的栗橋站下車

☎0480-21-8632(一般社團法人 久喜市觀光協會)

↑位於宿場町北部的八坂神社

重要傳統建築群保存區 LIST vol.1 vol.2見P.132

便於保存並活用傳統的街道

城下町與宿場町等日本各地歷史悠久的現存街道，會由市町村制定保存活用計畫，從中判斷對國家而言具有較高價值的，則會被選定為重要傳統建築群保存區。

截至2023年12月5日，已有105個市町村的127個地區獲選為重要傳統建築群保存區。鎖定約3萬件傳統建築及環境物件並加以保護，由市町村進行修繕與環境美化事業、防災設備安裝事業等，還會提供補助與稅制優惠措施等支援。

編號	都道府縣	地區名稱等	類別	頁面
1	北海道	函館市元町末廣町	港町	P348
2	青森	弘前市仲町	武家町	P24
3	青森	黑石市中町	商家町	P38
4	岩手	金崎町城內諏訪小路	武家町	P28
5	宮城	村田町村田	商家町	P40
6	秋田	橫手市增田	在鄉町	P39
7	秋田	仙北市角館	武家町	P32
8	福島	喜多方市小田付	在鄉町·釀造町	P41
9	福島	下鄉町大內宿	宿場町	P44
10	福島	南會津町前澤	山村集落	P52
11	茨城	櫻川市真壁	在鄉町	P62
12	栃木	栃木市嘉右衛門町	在鄉町	P58
13	群馬	桐生市桐生新町	製織町	P92
14	群馬	中之條町六合赤岩	山村·養蠶集落	P126
15	埼玉	川越市川越	商家町	P88
16	千葉	香取市佐原	商家町	P64
17	新潟	佐渡市宿根木	港町	P183
18	富山	高岡市山町筋	商家町	P168
19	富山	高岡市金屋町	鑄造師町	P168
20	富山	高岡市吉久	在鄉町	P168
21	富山	南礪市相倉	山村集落	P186
22	富山	南礪市菅沼	山村集落	P186
23	石川	金澤市東山東	茶屋町	P14
24	石川	金澤市主計町	茶屋町	P17
25	石川	金澤市卯辰山麓	寺町	P180
26	石川	金澤市寺町台	寺町	P180
27	石川	輪島市黑島地區	船主集落	P184
28	石川	加賀市加賀橋立	船主集落	P184
29	石川	加賀市加賀東谷	山村集落	P189
30	石川	白山市白峰	山村·養蠶集落	P188
31	福井	小濱市小濱西組	商家町·茶屋町	P19／P171
32	福井	南越前町今庄宿	宿場町	P175
33	福井	若狹町熊川宿	宿場町	P176
34	山梨	甲州市鹽山下小田原上條	山村·養蠶集落	P126
35	山梨	早川町赤澤	養蠶集落	P120
36	長野	長野市戶隱	宿坊群·門前町	P121
37	長野	鹽尻市奈良井	宿場町	P74
38	長野	鹽尻市木曾平澤	漆工町	P95
39	長野	千曲市稻荷山	商家町	P95
40	長野	東御市海野宿	宿場·養蠶町	P86
41	長野	南木曾町妻籠宿	宿場町	P80
42	長野	白馬村青鬼	山村集落	P127
43	岐阜	高山市三町	商家町	P96
44	岐阜	高山市下二之町大新町	商家町	P96
45	岐阜	美濃市美濃町	商家町	P102
46	岐阜	惠那市岩村町本通	商家町	P116
47	岐阜	郡上市郡上八幡北町	城下町	P114
48	岐阜	白川村荻町	山村集落	P124
49	靜岡	燒津市花澤	山村集落	P157
50	愛知	名古屋市有松	染織町	P143
51	愛知	豐田市足助	商家町	P136
52	三重	龜山市關宿	宿場町	P138
53	滋賀	大津市坂本	里坊群·門前町	P123
54	滋賀	彥根市河原町芹町地區	商家町	P118
55	滋賀	近江八幡市八幡	商家町	P104
56	滋賀	東近江市五個莊金堂	農村集落	P128

截至2023年12月5日

中山道・甲州街道

武藏・上野・信濃・甲斐・飛驒・美濃・近江

埼玉・群馬・長野・山梨・岐阜・滋賀

飛驒　信濃　上野
　　　　　　武藏
美濃　　甲斐
近江

武州與上州穿過信濃路與木曾路，通往江州的山國與湖國

江戶時代修整的五街道中，以中山道、甲州道中（甲州街道）為主幹道的地區。

中山道是從江戶的日本橋通往近江的草津宿，共計有67座宿場。沿途街道上的城鎮隨處可見昔日宿場町的面貌，不過其中又以信州木曾路的奈良井、妻籠與馬籠的街道仍保有濃厚江戶時代的風情。從中山道分支出來的北國街道的海野宿，以及東近江路的木之本宿，都有傳統的街道綿延。

上州與信州保留許多與真田氏有淵源的地方。由真田昌幸所修建的上田城下，以及由真田信之所治理的信州松代中，都有一些與其淵源匪淺的景點值得一訪。以女城主之鄉廣為人知的城下町岩村，以及受惠於清流的郡上八幡，皆有江戶時代的商家與町家林立，屹立的形姿煞是迷人。

商家町中，以藏造之城及「小江戶」之姿為人所知的川越、優美商家群林立的高山、護城河邊緣處有白牆土藏相連成排的近江八幡等，皆可欣賞傳遞著昔日繁華景況的街道。

飛驒山區中的白川鄉則有座與五箇山一同被登錄為世界遺產的合掌造之鄉。該村落還有日本原始風景之美譽，是務必一訪的好地方。

↑八幡堀沿岸有白牆土藏林立的近江八幡

越中

五箇山
富山縣
越中西街道
越中東街道
奧穗高岳

加賀
石川縣

白川鄉 P.124

白川街道

飛驒古川 P.100
高山 P.96

乘鞍岳

飛驒街道

飛驒

荘川

御嶽山
P.95 木曾
P.74 奈良

油坂峠 白鳥
下呂溫泉

日本海

若狹湾

福井縣 越前

今庄宿
栃ノ木峠
中河內
椿坂
敦賀

上保街道

郡上街道

郡上八幡 P.114

美濃

岐阜縣

P.79 木曾福島

P.79 須原

野尻
三留野
妻籠
P.102 美濃
落合 P.82 馬籠

若狹
熊川
水坂峠
朽木
P.130 海津

東北近江街道路 P.87
塩津街道

北國脇往還

木之本宿

菅浦 P.130
P.119 長浜
P.85 不破關
柏原
醒井 P.85
鳥居本 P.85
番場
米原

近江

P.85 今須
関ヶ原
美江寺
岐阜
加納
御嶽
關
川原町 P.101
太田 P.83
鵜沼 P.84
多治見 P.101

中山道

大湫
細久手
大井
中津川
岩村 P.116
根羽

伊那街道

北小松
P.118彦根
P.104 近江八幡
P.130 堅田
P.123坂本
大津
京都
京都府

守山
武佐
五個莊金堂 P.128
愛知川
高宮
草津

滋賀縣
三重縣

伊勢

美濃路
起

名古屋

尾張
愛知縣

P.352 日本大正村

三河

山城
伊賀

石部
水口
土山
關宿
鈴鹿峠

浜名湖

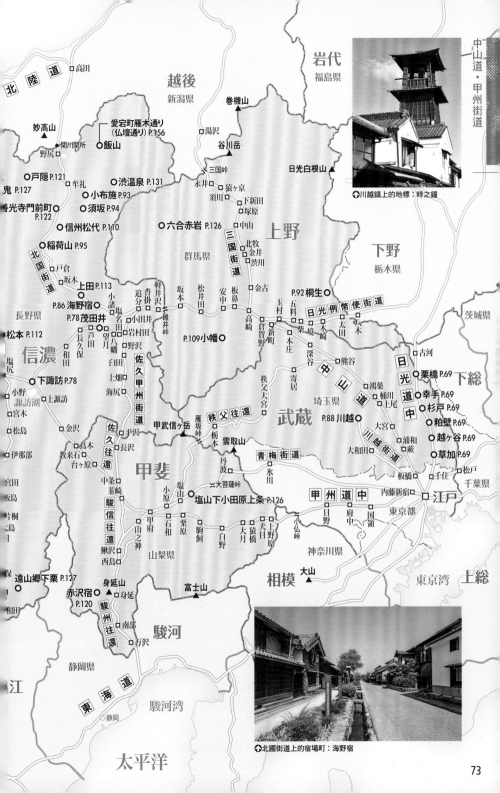

越後
新潟県

岩代
福島県

北陸道

高田

妙高山▲
関川関所
野尻
飯山

巻機山▲

愛宕町雁木通り
(仏壇通り) P.156

湯沢
谷川岳▲
三国峠
日光白根山▲

戸隠 P.121
鬼 P.127
善光寺門前町 P.122
稲荷山 P.95
信州松代 P.110
須坂 P.94
小布施 P.93
渋温泉 P.131

牟礼
永井
猿ヶ京
須川
下新田
塚原
中山
北牧
金井
渋川

六合赤岩 P.126

三国街道

上野
群馬県

下野
栃木県

北国街道

戸倉
坂木
上田 P.113
P.86 海野宿
P.78 茂田井
小諸
追分
沓掛
軽井沢
坂本
松井田
安中
板鼻
高崎
倉賀野
新町
本庄
深谷
熊谷
金古
玉村
五料
柴境
木崎
太田
八木

P.92桐生

日光例幣使街道

日光道中

古河
栗橋 P.69
幸手 P.69
杉戸 P.69
粕壁 P.69
越ヶ谷 P.69
草加 P.69

下総

長野県
松本 P.112
塩尻

信濃

小野
諏訪湖
宮木
松島
伊那部
宮田
坂島
片桐
日
保
和田

下諏訪 P.78
上諏訪
金沢
蔦木
教来石
台ヶ原
中条
韮崎
甲府
石和
山之神
鰍沢
西島

佐久甲州街道

甲武信ヶ岳▲
雁坂峠

秩父往還

佐久往還

追分
岩村田
八幡
望月
芦田
長久保
和田
臼田
上畑
海尻
平沢
長坂

小幡 P.109

小海
野沢

碓氷峠

雁坂峠
栃本
雲取山▲
丹波
大菩薩峠
氷川
大山▲

秩父大宮
寄居

武蔵
埼玉県

P.88 川越
鴻巣
桶川
上尾
大宮
浦和
板橋
和田仏
千住
松戸

中山道

川越街道

青梅街道

甲州道中

甲斐

塩山下小田原上条 P.126
塩山
小原
甲府
石和
駒飼
白野
大月
犬目
猿橋
上野原
小仏峠
日野
府中
国領
内藤新宿

江戸
東京都

駿信往還

身延山
身延
南部
万沢

赤沢宿 P.120
遠山郷下栗 P.127

駿州往還

富士山▲

山梨県

相模
神奈川県

駿河

静岡県

東海道

静岡

駿河湾

太平洋

東京湾

上総

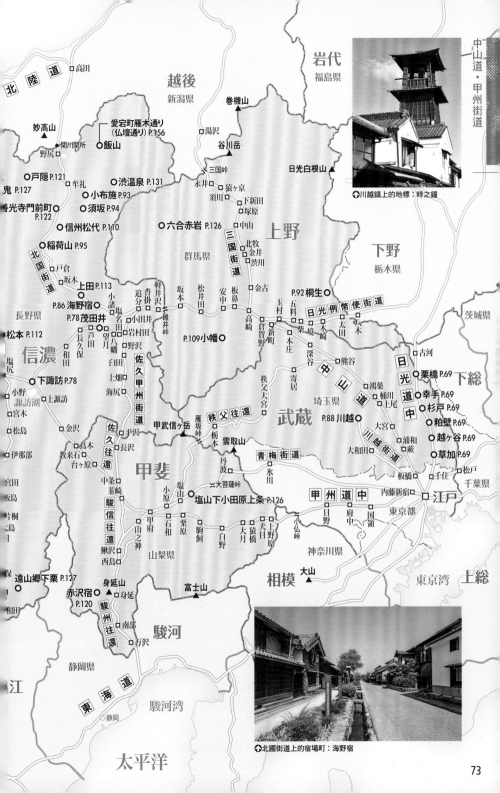
↑川越鎮上的地標：時之鐘

↑北國街道上的宿場町：海野宿

73

宿場町

宿場町

奈良井

長野縣鹽尻市
重要傳統建築群保存區

號稱木曾路規模最大的宿場町
享有奈良井千軒之美譽

　　坐落於中山道中央，從江戶數來第34座宿場町。為陡峭的木曾谷中相連的木曾十一宿之一，附近有險關鳥居峠，被譽為「奈良井千軒」，一片人聲鼎沸。街道綿延了約1㎞，沿路的建築大多是旅籠風格的町家，採用的是2樓往道路那側突出的「出梁造」樣式。除了本陣、脇本陣、問屋場與旅籠，還有名產曲物（圓曲狀木製容器）與漆器等木工類店家櫛比鱗次。仍保有濃厚往昔宿場的風情。

ACCESS & INFORMATION

於JR中央本線的奈良井站下車。

奈良井宿遊客服務中心 ☎0264-34-3160

附近一帶自古以來便是漆器產地。宿場裡有成排經手販售木曾漆器的店家

奈良井宿的五平餅是圓形的。沾取芝麻或核桃等醬汁來品嚐

以樹齡超過300年的木曾檜建造而成的木曾大橋。以無橋墩的橋來說，是日本屈指可數的大橋

保有濃厚的昔日色彩

宿場街景猶存的街道。經手販售漆器等的店家以及自江戶時期以來的旅館，至今仍掛著招牌營業

① 千本格子風情十足
御宿 伊勢屋

在江戶時代曾作為小型問屋場的旅籠，旅宿則是創業於1818年。既有採用奈良井宿代表性建築樣式的舊時建築，亦有新館。
☎0264-34-3051 ⑩塩尻市奈良井388 休不定期公休

② 奈良井獨樹一格的町家構造
中村邸

於江戶後期建造的前漆梳批發店。主屋鄰街而土藏在後方的配置為奈良井宿典型的町家，亦為國家重要文化財。
☎0264-34-2655 ⑩塩尻市奈良井311 開9:00～17:00（12～3月～16:00）休無休（12～3月週一、假日的隔天休）費300日圓

⑤ 驅退疫病的神明
鎮神社

為了平息江戶前期在宿場蔓延的疫病而創建此社。每年8月11、12日會舉辦例行祭典。
☎0264-34-3160（奈良井宿遊客服務中心）⑩塩尻市奈良井

③ 下榻江戶時期的旅籠
ゑちごや旅館
越後屋旅館

於宿場時代經營旅籠、至今仍經營旅館的創業230餘年旅館。保留千本格子、箱式樓梯、旅籠暗燈等旅籠時代風貌。1天限定2組住宿。
☎0264-34-3011 ⑩塩尻市奈良井493 休不定期公休

④ 宿場時代的問屋場建築
上問屋史料館

江戶時代的問屋場建築，負責管理宿場的驛馬與壯丁，已被指定為國家重要文化財。展示著昔日所使用的生活用具與古文書等約400件物品。
☎0264-34-3101 ⑩塩尻市奈良井379 開10:00～17:00（3·11月～16:00）休不定期公休，12～2月 費300日圓

民宿いかりや町田
S 斎
H BYAK
Nara

大宝寺卍 ● 横水水場
奈良井郵便局☐ おやきてすから R
相模屋そば処 R
奈良井宿本陣跡 仲町 ⑦ 徳利屋
火の見櫓 ●
池の沢水場 i 奈良井宿観光案内所
御宿 伊勢屋 ① S 日野百草本舗
上問屋史料館 ④ ③ ゑちごや旅館
かなめや

鍵の手水場
そば処かぎの手 R
卍
荒川不動尊

中村邸 ② S 宿場cafe
いずみや

才田屋漆器店 S

そば処山なか R S 奈良井民芸館

奈良井宿高札場
宮の沢水場 上町
鎮神社 ⑤

中央本線

百草本舗

↓木曽福島駅

中山道杉並木 6
二百地蔵
奈良井駅
八幡宮
贄川駅

中央本線

楽々亭

専念寺

町水場
屋 H あぶらや旅館

民宿しまだ

房

水辺のふるさと
ふれあい公園

尻市奈良井重要傳統建築群保存區

木曽の大橋

宿場由南至北劃分為上町、仲町與下町3個地區。本陣設於中心區的仲町，道路最為寬敞

宿場各處皆設有引用山澗水等的水場。自古以來為宿場的居民與旅人潤喉解渴。照片攝於橫水水場

6 大樹林立的木曾路特有的街道
中山道杉並木
中山道杉木林蔭道

舊中山道的杉木林蔭道，在鬱鬱蔥蔥的森林中綿延不絕。江戶時代的風貌猶存，有二百尊地藏石佛像出現在杉木林蔭道的盡頭處。是從位於宿場北側的八幡宮石階途中延伸出來的。

7 在脇本陣經營的蕎麥麵店
德利屋
德利屋

前身為旅籠，在江戶時代曾作為脇本陣，明治時期以後，島崎藤村與正岡子規也曾下榻於此。現為手工蕎麥麵店，亦可細品嚐鄉土料理。
☎0264-34-2189 ⏹塩尻市奈良井516
🕐11:00～16:00 ⊗不定期公休

宿場町

茂田井

長野縣佐久市／立科町

酒坊的白牆土藏
優雅相連的間之宿

　　作為中山道的望月宿與蘆田宿之間的「間之宿」，在江戶時代熱鬧不已。在大名大隊出行等宿場應付不來時，發揮著臨時宿場的作用。茂田井地區為優良稻米的產地，街道沿途有2棟白牆土藏與圍牆成排相連的老字號酒坊。還有路旁的水渠與窄巷，皆留有江戶時代的過往痕跡。

☐ ACCESS & INFORMATION

從JR北陸新幹線／小海線的佐久平站搭乘千曲巴士需31分鐘，於茂田井入口巴士站下車。

佐久市觀光課 ☎0267-62-3285
立科町產業振興課 ☎0267-88-8412

街道上有武重本家酒造的白牆連綿。1868年創業，有30棟建築已登錄為國家有形文化財

⬆於1689年創業的大澤酒造。改造了酒藏來展示民俗資料等

⬆位於街道途中的一里塚遺跡。完成於江戶初期，作為旅人旅途中的地標

宿場町・門前町

下諏訪

長野縣下諏訪町

宿場町、溫泉街與門前町的
風情交融的湖畔城鎮

　　位於諏訪湖的北岸，在江戶時代是中山道與甲州街道交會的交通要道，作為中山道唯一的溫泉宿場町而繁榮昌盛，消除了無數旅人的疲勞。甚至是日本最古老神社之一的諏訪大社下社的門前町，是座歷史悠久的城鎮。街道沿途佇立著江戶時期創業的溫泉旅館與歷史性建築，令人不禁聯想到旅籠時代。

☐ ACCESS & INFORMATION

於JR中央本線的下諏訪站下車。

下諏訪觀光協會 ☎0266-26-2102

建於舊中山道沿途的旅館「Minatoya」創業於江戶中期，與甲州街道的交會處相當近

⬆江戶後期建造的舊商家：伏見屋邸。現在活用來作為休憩設施等

⬆位於諏訪大社秋宮附近的本陣：岩波家。仍保有部分建築與庭園

中山道越過險關碓冰峠後，從輕井澤起是往信濃路。從贄川宿則為木曾谷之旅。

宿場町

木曾福島
木曾福島

長野縣木曾町

中山道上設置關所之處，
自古即為木曾谷的中心地區

　　有御嶽山聳立於西邊、木曾駒岳屹立於東邊，自古以來作為木曾谷的中心區繁榮不已。於江戶時代成為中山道的宿場，並設置了4大關所之一的福島關所。宿場町設於木曾川東岸，西岸則打造成代官的陣屋町。雖因昭和初期的大火導致建築物燒毀大半，但上之段地區仍保留著江戶末期的町家建築。

木曾福島是作為中山道的關所而繁榮的城鎮。上之段地區仍保有舊時的風情

☐ ACCESS & INFORMATION

於JR中央本線的木曾福島站下車。
木曾御嶽觀光局 ☎0264-25-6000

↑福島關所資料館。位於取締「入鐵砲與出女」的福島關所遺跡附近

↑山村氏的宅邸「山村代官屋敷」，其於江戶時代曾治理附近並擔任關所的代官

宿場町

贄川

長野縣鹽尻市

位於木曾路北方入口的宿場町

　　從江戶數來第33座中山道的宿場町，亦為尾張藩藩領的北境，因此設置了贄川番所（警備人員的執勤室）。雖然老舊街道大多毀於祝融，仍可參觀1854年建造的深澤家住宅，以及經過修復並成為資料館的贄川關所等。

☐ ACCESS & INFORMATION

於JR中央本線的贄川站下車。
鹽尻市觀光中心 ☎0263-88-8722

宿場町

須原

長野縣大桑村

受惠於清澈湧泉的水船之鄉

　　自戰國時代延續下來而歷史悠久的宿場町。江戶後期與明治時期曾遭遇大火，宿場內保留了不少明治時期以後的歷史性建築。此地亦為自古以來的湧泉地，屋簷前擺著以圓木挖空製成的水船，且潺潺清水增添了清涼的意趣。

☐ ACCESS & INFORMATION

於JR中央本線的須原站下車。
大桑村觀光協會 ☎0264-55-4566

妻籠

長野縣南木曾町
重要傳統建築群保存區

在木曾路的宿場町盡情感受
江戶時代中山道的風情

　　中山道的宿場町，位於深山木曾谷的西南端。到了明治時期因沒能跟上鐵道與國道的開發而衰退，但在昭和後期推動宿場町復原保存活動後，恢復了昔日街道與熱鬧榮景。如今作為中山道上最具江戶風情的宿場而大受歡迎。規模較小的旅館風傳統建築櫛比鱗次，經營著伴手禮店或餐館，因尋求五平餅與木工藝品等木曾名產的觀光客而熱鬧。

🗒 ACCESS & INFORMATION

從JR中央本線的南木曾站搭乘南木曾町地區巴士需7分鐘，於妻籠巴士站下車。

南木曾町觀光協會 ☎0264-57-2727

有座水車小屋的石板坡道。後方可見的高札場是江戶時代的公共告示牌

歷史資料館，介紹木曾路的歷史等。另有提供脇本陣奧谷、妻籠宿本陣通用的3館優惠票券

散發著江戶風情

此地務必一訪！

1 建於明治時期的檜木造豪邸
脇本陣奧谷
脇本陣奧谷

代代作為脇本陣與問屋場的林氏（商號：奧谷）的宅邸。於1877年木曾五木禁伐令解除後，使用檜木建造而成。亦為島崎藤村的初戀情人ゆふ小姐的出嫁地。
☎0264-57-3322 🏠南木曾町吾妻2190 🕘9:00～17:00(受理～16:45) 🈳無休 💴600日圓

※脇本陣奧谷、妻籠宿本陣與歷史資料館3館的通用券為700日圓

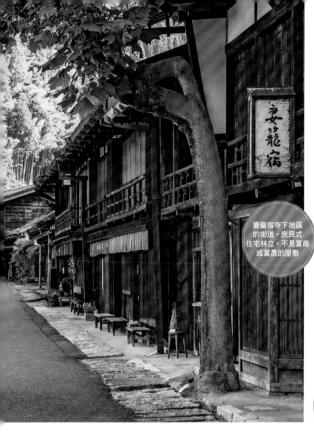

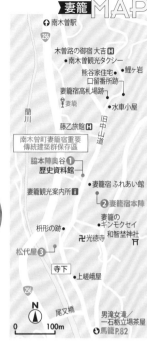

↑南木曽駅

木曽路の御宿 大吉 H
●南木曽観光タクシー

熊谷家住宅　●鯉ヶ岩
口留番所跡
妻籠宿高札場跡
↑妻籠　　●水車小屋

蘭川　　旧　●藤乙旅館
中
山
道

南木曽町妻籠宿重要
傳統建築群保存區

脇本陣奥谷 ❶
歴史資料館

妻籠観光案内所 ℹ　●妻籠宿 ふれあい館

❷妻籠宿本陣

妻籠の
●ギンモクセイ
枡形の跡●　卍光徳寺　和智埜神社 ⛩

松代屋 ❸

寺下

●上嵯峨屋

256

N

0　　100m

尾又橋

男滝女滝／
一石栃立場茶屋
↓馬籠 P.82

蘭川

圓形の街道。庶民式
住宅林立，不見富商
或富農的屋敷

妻籠宿寺下地區
的街道。庶民式
住宅林立，不見富商
或富農的屋敷

❷ 忠實地恢復了江戶後期的面貌
妻籠宿本陣

文豪島崎藤村母親的娘家，藤村的兄長被收養並擔任最後一代家主。於明治時期被拆除，但在1995年根據江戶後期的房間布局加以復原。
☎0264-57-4100 📍南木曽町吾妻2190 🕐9:00〜17:00（受理〜16:45）🈳無休 💰300日圓

❸ 下榻旅籠風情的宿場旅館
松代屋

於1804年創業的旅館，位於妻籠宿中央。建築物仍保有宿場時代的面貌，客房基本上是采用以隔扇加以區隔的傳統風格。晚餐會以淡水魚或蕎麥麵等當地美食招待客人。
☎0264-57-3022 📍南木曽町吾妻807

根據不出售、不出租且不破壞的居民憲章，保留著江戶後期的街道

TOWN
巡禮

中山道健行

中山道位於妻籠宿與馬籠宿之間，自然景觀豐富且保有江戶時代的風貌，可如昔日旅人般享受健行的樂趣。全長約9km的道路經過修整後，成為中山道信濃路自然步道，可欣賞木曽的山巒、溪谷與瀑布等風景名勝。從妻籠到馬籠峠有段漫長的緩坡，馬籠峠到馬籠則有段較短的陡坡。

↑位於路線中段的一石栃立場茶屋

↑男瀑布，據說宮本武藏曾在此修行

宿場町

馬籠

岐阜縣中津川市

與島崎藤村有淵源之地
散布於懷舊的坡道上

　　中山道的宿場皆開設於木曾谷南端的山脊沿線。從江戶至大正時期曾遭逢多次火災，但目前已風情萬種地重現了江戶時期的街道。伴手禮店與餐飲店沿著石板坡道林立，好不熱鬧。馬籠為文豪島崎藤村出生的故鄉，島崎家則代代作為本陣。「藤村紀念館」建於本陣舊址，小說中出現的屋敷與寺院等與藤村有所淵源的景點也多不勝數。

☐ ACCESS & INFORMATION

從JR中央本線的中津川站搭乘往馬籠的巴士需25分鐘，於終點站下車。

馬籠遊客服務中心 ☏0573-69-2336

令人有穿越時空之感的街道。亦可享受在風雅旅館的住宿

馬籠 MAP

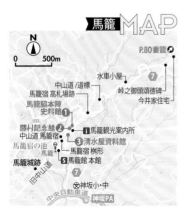

N
0　　500m

P.80 妻籠

水車小屋
中山道/道標
馬籠宿 高札場跡
馬籠脇本陣史料館 ❶
　　　　　　　　峠之御頭頌德碑
　　　　　　　　今井家住宅
藤村記念館 ❷
中山道 馬籠宿　❸ 清水屋資料館
馬籠宿の池　馬籠觀光案內所
馬籠宿 桝形
馬籠城跡　Ⓢ 馬籠館 本館
　　　　　　　　❼
舊中山道　　神坂小・中
中央自動車道　神坂PA

別具風情的坡道

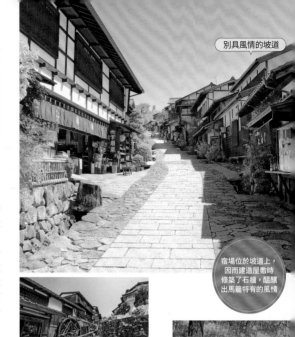

宿場位於坡道上，因而建造屋敷時修築了石牆，醞釀出馬籠特有的風情

↑石階旁有水車轉動的風景令人備感親切。水車目前被用於水力發電

❶ 已復原脇本陣的上段之間
馬籠脇本陣史料館

建於馬籠脇本陣的遺址，展示傳遞舊時樣貌的工具類。已恢復並公開脇本陣的「上段之間」，曾提供大名與幕府重臣住宿，為本陣的預備設施。
☏0573-69-2108 ⓐ中津川市馬籠4253-1 ⓣ9:00～17:00 ⓗ不定期公休 ⓨ300日圓

❷ 展示藤村的作品原稿
藤村記念館
藤村紀念館

文學館佇立於獲認定為日本遺產的島崎藤村宅（馬籠本陣遺址）。藤村祖父母的隱居之所、藤村紀念堂、陳列藤村相關物品的展覽室、紀念文庫等至今猶存。
☏0573-69-2047 ⓐ中津川市馬籠4256-1 ⓣ9:00～16:45（12～3月～15:45）ⓗ12～2月的週三 ⓨ500日圓

❸ 與藤村有淵源的官員宅邸
清水屋資料館

原一平的宅邸，他曾擔任馬籠宿的官員，後來成為在島崎藤村的小說《嵐》中登場的「森先生」之原型。展示著藤村的書信、歷史資料與藝術品等。
☏0573-69-2558 ⓐ中津川市馬籠4284 ⓣ9:00～17:00、12～3月9:30～16:30 ⓗ不定期公休 ⓨ300日圓

82

宿場時代約有20家旅籠林立而熱鬧滾滾。古老的町家建築仍保有宿場的風貌

木造建築林立

宿場町

太田

岐阜縣美濃加茂市

太田之渡因候船人群喧鬧不已為東美濃地區的政治經濟中心

木曾川為中山道的三大險關之一，人們會在橫渡激流的「太田之渡」候船，江戶時代便在此設置宿場作為旅宿。位於飛驒街道與郡上街道的分岔點，也是木曾川的交通與物流據點，還設置了尾張藩的代官所等，作為東美濃的政治經濟中樞繁榮不已。國道繞過了宿場町，因此枡形等宿場時代的道路至今猶存。隨處皆有木造的傳統建築林立，散發江戶時期的風情。

◻ ACCESS & INFORMATION

於JR高山本線的美濃太田站下車。

美濃加茂市觀光協會 ☎0574-25-2111

木曾川的渡船「太田之渡」，因為太田橋的架設而於昭和初期遭廢止

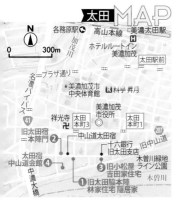

① 宿場的脇本陣猶存
旧太田脇本陣林家住宅 隱居家
舊太田脇本陣林家住宅 隱居家

建於1769年。曾作為太田宿脇本陣的林家宅邸中，隱居家已對外開放。也因1882年板垣退助在演說地岐阜遭歹徒襲擊的事件發生前幾晚曾下榻此處而馳名。
☎0574-28-1110(美濃加茂文化之森) ⓐ美濃加茂市太田本町3-3-33 ⏰9:00～16:00 ⓧ週一(遇假日則翌日休) ¥免費

② 以本陣壯觀度著稱的門
旧太田宿本陣門
舊太田宿本陣門

1861年仁孝天皇的皇女和宮為了與德川家茂成婚而前往江戶之際新建的。沉穩的門兩側附加了半道牆。
☎0574-25-2111(美濃加茂市商工觀光課) ⓐ美濃加茂市太田本町3-4-12 ⏰ⓧ¥自由參觀

建於1907年的十六銀行舊太田分行。為塗刷了灰泥的土藏造建築，2樓的窗戶有防盜用的格子

③ 活用旅籠建築作為休息所
旧小松屋吉田家住宅
舊小松屋吉田家住宅

利用江戶時代旅籠的建築打造的休息所。可在日式廳堂放鬆休息，展示著美濃加茂市出身的文學家坪內逍遙的資料。
☎0574-25-2111(美濃加茂市商工觀光課) ⓐ美濃加茂市太田本町2-6 ⏰8:30～17:00 ⓧ週二(遇假日則翌日休) ¥免費

④ 太田宿的觀光據點
太田宿中山道会館
太田宿中山道會館

太田宿的觀光設施，集結了介紹太田宿歷史文化的展覽室、用餐區與物產小賣店等。也會不定期舉辦活動。
☎0574-23-2200 ⓐ美濃加茂市太田本町3-3-31 ⏰9:00～17:00 ⓧ週一(遇假日則翌日休) ¥免費

太田 MAP

N
0　　300m

各務原駅　高山本線　美濃太田駅
ホテルルートイン美濃加茂
太田駅前
名鉄バイパス
プラザ通り
美濃加茂市中央体育館　科学 昇月
41
祥光寺　太田本町3　美濃加茂市役所　太田本町1
旧太田宿本陣門 ②
中山道太田宿
十六銀行 舊太田支店　207
太田宿中山道會館 ④
木曾川綠地ライン公園
③ 旧小松屋吉田家住宅
① 旧太田脇本陣林家住宅 隱居家
太田大橋
木曾川

宿場町

鵜沼

岐阜縣各務原市

中山道美濃十六宿之一，
重建江戶時代的旅籠建築

　　從中山道的江戶出發的第52座宿場町，位於現今各務原市東部的市街區。街道沿路原有本陣、脇本陣、旅籠與農家等林立，卻因1891年的濃尾地震導致建築幾乎全毀。大安寺大橋的西側留有唯一倖免於難的舊旅籠，明治時期以後重建的町家建築與其比鄰而立，形成古色古香的街道。對面的町屋與脇本陣近年來經過修復與復原等，宿場町的重建正在進行中。

ACCESS & INFORMATION

於名鐵各務原線的鵜沼宿站或JR高山本線的鵜沼站下車。

各務原市觀光協會 ☎058-383-9925

鵜沼宿以大安寺大橋為界，劃分為西町與東町，本陣設於西町

鵜沼MAP

翠池
中山道鵜沼宿町屋館 ❶
鵜沼宿本陣跡
中山道鵜沼宿脇本陣 ❷
梅田家住宅
坂井家住宅
菊川酒造
舊中山道鐵門
坂祝バイパス
大安寺大橋
舊中山道
鵜沼バイパス
鵜沼四町
名務ヶ原驛
イオンタウン各務原鵜沼
ザ・ビッグエクストラ
高山本線
鵜沼宿驛 名鐵各務原線
鵜沼驛
N
0　　　200m

中山道鵜沼宿町屋館

保留於大安寺大橋附近的老舊街道。江戶至昭和初期的大規模町屋建築林立

❶ 以老舊町屋建築修復而成
中山道鵜沼宿町屋館

已對外開放於江戶時代經營旅籠的武藤家於明治時期建造的舊宅。由主屋、附屬屋與別屋所組成，還會舉辦鵜沼宿歷史資料的展覽。
☎058-379-5055 ⓐ各務原市鵜沼西町1-116-3 ⓣ9:00～17:00 ⓗ週一(遇假日則翌日休)、假日的隔天(遇週六・日與國定假日則翌日休) ⓨ免費

舊大垣城鐵門是從各務原市蘇原的老舊屋敷遷移過來的。根據遷建時的調查，已釐清是大垣城本丸的門

❷ 重現宿場時代的樣貌
中山道鵜沼宿脇本陣

根據繪於江戶末期的《鵜沼宿住宅圖》，復原曾作為宿場脇本陣的坂井家的建築。重現了主屋、設置了爐灶的土間與門等，可仔細觀察昔日沉穩的建築。

↑相傳松尾芭蕉曾留宿於脇本陣並留下了俳句。腹地內立有芭蕉的俳句碑

☎058-379-5055 ⓐ各務原市鵜沼西町1-137 ⓣ9:00～17:00 ⓗ週一(遇假日則翌日休)、假日的隔天(遇週六・日與國定假日則翌日休) ⓨ免費

舊街道南側也有坂井家住宅與梅田家住宅等老舊房屋毗連而立

宿場町

赤坂

岐阜縣大垣市

老舊房屋散布於因水運而繁榮的宿場

　　此宿場作為杭瀨川水運與華嚴寺參拜道起點繁盛一時。皇女和宮於1861年下嫁時曾在此寄宿，因事前發出的「嫁入普請（出嫁修繕）」，街道沿路的老舊建築皆大規模翻修。可看到設於河港的常夜燈等舊時的建築遺跡。

ACCESS & INFORMATION 於養老鐵道養老線的東赤坂站或美濃赤坂站下車。
大垣觀光協會 ☎0584-77-1535

宿場町

柏原

滋賀縣米原市

廣重的浮世繪中所描繪的店家佇立

　　位於與美濃交界處的宿場町。是東西綿延約1.5km的大規模宿場，販售特產伊吹艾的店家林立，好不熱鬧。「龜屋佐京商店」至今猶存，歌川廣重《木曾海道六拾九次》中描繪的舊時樣貌，與周邊的傳統住屋一起營造出宿場風情。

ACCESS & INFORMATION 於JR東海道本線的柏原站下車。
一般社團法人琵琶湖之素DMO ☎0749-51-9082

宿場町

醒井

滋賀縣米原市

水景備感療癒之湧泉豐富的宿場町

　　宿場的老舊街道沿著清流地藏川延伸。醒井的清水源於地藏川，相傳是滌洗日本武尊體內之毒的靈水。宿場附近的豐富湧泉自古以來消除了旅人的疲勞。入夏後則有梅花藻的白花綴飾河川水面。

ACCESS & INFORMATION 於JR東海道本線的醒井站下車。
一般社團法人琵琶湖之素DMO ☎0749-51-9082

宿場町

鳥居本

滋賀縣彥根市

中藥的商家傳承著宿場的歷史

　　北國街道分支出來的交通要道。街道沿路有格子構造的町家與土藏林立，且保留著特產「道中合羽（遮雨斗篷）」的招牌。建於枡形附近的古建築是江戶中期的商家，至今仍持續製造並販售隨身胃藥「赤玉神教丸」。

ACCESS & INFORMATION 於近江鐵道本線的鳥居本站下車。
彥根觀光協會 ☎0749-23-0001

海野宿

長野縣東御市
重要傳統建築群保存區

**旅籠與養蠶農家的傳統建築
林立於宿場用水流經的街道**

海野宿的街道沿著千曲川延伸，1625年作為連接信濃與越後的北國街道的宿場町而開設。作為將在佐渡開採的黃金送往江戶的運輸路線，與北陸諸多大名參勤交代必經之路，繁榮不已，街道上有旅籠與驛馬屋敷櫛比鱗次。明治時期以後搖身一變成為養蠶之城，旅籠屋構造一部分被改造成養蠶所。一如宿場時代，有民用水流經街道中央，與江戶時期的建築別具特色的養蠶民家和諧相融。

ACCESS & INFORMATION

於信濃鐵道的田中站或大屋站下車。

信州東御觀光協會 ☎0268-62-7701

佇立於宿場路邊的雙體道祖神。
被視為集落守護神等而受人信仰

海野宿 MAP

N
0　　200m

東御市海野宿重要傳統建築群保存區

🚃大屋駅
旧北国街道
海野宿滞在型交流施設うんのわ
馬の塩嘗め石
双体道祖神
❶海野宿本陣跡
しなの鉄道
海野宿玩具館❸
❷海野宿資料館
白鳥神社⛩
田中駅🚃
⓲
Ｐ
水村喜一郎美術館
千曲川

北國街道的宿場町

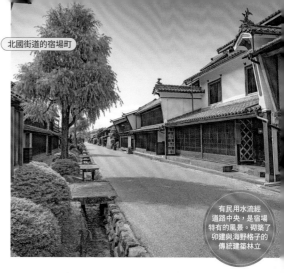

有民用水流經道路中央，是宿場特有的風景。砌築了卯建與海野格子的傳統建築林立

❶ 保有本陣面貌的門

海野宿本陣跡
海野宿本陣遺跡

江戶前期開設宿場時還沒有本陣，直到江戶中期因相鄰的田中宿遭受洪水危害，才將其兼作問屋場的本陣遷移至海野宿。如今本陣的建築已不復存在，但保留了問屋場的門。

☎0268-62-7701（信州東御觀光協會）🏠東御市本海野

❷ 海野宿最具代表的建築

海野宿資料館

已對外開放建於江戶時代的旅籠屋造建築。明治時期以後成為養蠶農家而經過改造，可欣賞海野宿獨樹一格的建築。

☎0268-64-1000 🏠東御市本海野1098 ⏰9:00～17:00（10～12月～16:00）休12月21日～2月 ¥200日圓

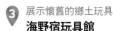

❸ 展示懷舊的鄉土玩具

海野宿玩具館

利用江戶後期的建築，展示由長野市收藏家所捐贈的日本各地民間工藝玩具。含括部分提倡農民藝術運動的山本鼎所製作的樣本。

☎0268-62-1207 🏠東御市本海野855-1 ⏰9:00～17:00（10～12月～16:00）休12月21日～2月 ¥200日圓

位於旅籠建築屋頂頂部的「排氣口」，是養蠶農家為排出蠶室內的煙霧而增設。旅籠屋構造與養蠶構造和諧相融，是海野獨特的建築

木之本宿

滋賀縣長濱市

「眼睛神」的古雅門前町
北國街道上傳統商家林立

自中世紀以來作為木之本地藏院（淨信寺）的門前町而繁榮不已，到了江戶時代則作為北國街道（東近江路）與北國脇往還交會的宿場町而蓬勃發展。鎮坐於宿場町中央的木之本地藏院以眼睛神而聞名，也是豐臣秀吉在賤岳之戰中設置大本營的歷史舞台。曾遭逢祝融，沿著街道綿延的町家皆為江戶中期以後的建築。老字號酒坊與舊本陣等櫛比鱗次，傳統的商家街道保留至今。

☐ ACCESS & INFORMATION

於JR北陸本線的木之本站下車。

長濱觀光協會北部辦公室 ☎0749-53-4133

木之本從室町時代至昭和初期每年都會舉辦2次牛馬市集，街道沿途的民宅則會提供住宿

木之本宿 MAP

意冨布良神社
小溜池
馬場 平四郎
木之本牛馬市跡
牛馬市の里
木ノ本駅
2 山路酒造
伝馬所の跡
元庄屋 上坂五郎右衛門家
3 木之本地藏院
木之本札／辻跡
旧木之本宿本陣
竹内家住宅
1 冨田酒造
問屋跡地
みぎ京いせみち
ひだり江戶なごや
道石碑
北陸本線
303
8
長浜駅
日吉神社
0 200m

② 曾作為脇本陣的酒坊
山路酒造

以「桑酒」與「北國街道」等品牌而聞名，據說是創業於1532年。於江戶時代作為脇本陣，後來還兼作驛馬所。街道沿路的大型主屋旁皆設有氣派的門。

☎0749-82-3037 ⓙ長浜市木之本町木之本990 ⏰9:00～18:00 休週三

① 創業480餘年的老字號酒藏
冨田酒造
富田酒造

一般認為早在戰國時代便已在此地從事釀酒業，且以品牌「七本鎗」為人所知。江戶中期建造的主屋等佇立於廣大的腹地中。

☎0749-82-2013 ⓙ長浜市木之本町木之本1107 ⏰9:00～18:00 休不定期公休

③ 日本三大地藏之一
木之本地藏院
木之本地藏院

相傳創建於675年的古刹。以眼睛神為人所知，境內佇立著一尊模仿祕佛本尊、高達6m的大地藏菩薩像。

◯供奉單眼閉著的替身蛙作為眼睛的守護神

☎0749-82-2106 ⓙ長浜市木之本町木之本944 ⏰8:00～17:00 休無休 ¥境內免費，戒壇巡禮300日圓

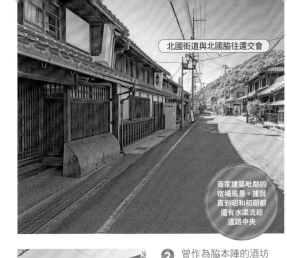

北國街道與北國脇往還交會

商家建築毗鄰的宿場風景。據說直到昭和初期都還有水渠流經道路中央

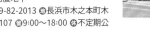

舊木之本宿本陣竹內家住宅。代代作為木之本宿的本陣，於明治時期開設了藥局。江戶中期建造的主屋則是宿場內規模最大的住屋

商家町 & 在鄉町

商家町・城下町

川越

埼玉縣川越市
重要傳統建築群保存區

雄偉的藏造街景，
傳遞著「小江戶」的繁榮

　　川越位於埼玉縣的中南部，昔日曾是守護江戶城北部的要衝。歷代的川越藩主皆為親藩或譜代大名。江戶前期連同城下町一起修築了新河岸川的船運，作為物資進出江戶的商業之城而繁榮。現在的川越一番街仍保有濃厚的江戶時代商家町色彩。以厚牆配上黑灰泥的沉穩土藏造建築林立，與時之鐘同為「小江戶」川越較具象徵性的風景而聞名。

⬚ ACCESS & INFORMATION

從西武新宿線的本川越站搭乘東武巴士需4分鐘，於一番街巴士站下車。或從JR川越線的川越站搭乘東武巴士需7分鐘，於一番街巴士站下車。亦可利用東武東上線的川越市站。

川越站遊客服務中心 ☎049-222-5556

TOWN 巡禮

搭乘人力車在城鎮中漫遊

亦可搭乘人力車遊覽川越的城鎮。備有以藏造之城為中心、豐富多彩的行程，車夫還會提供導覽。會在埼玉里索那銀行川越分行倉庫街出張所（舊八十五銀行總店本館）前等處候客。

川越人力車いつき屋
川越人力車 ITSUKIYA
☎080-1086-0088
🏠川越市喜多町
2-1 ⏰9:30～17:30
（會依季節而異）
❌不定期公休 💰
區間費用4000日
圓～(2人)、包車
30分鐘9000日
圓～(2人)

（藏造街道）

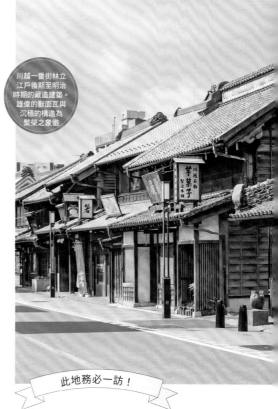

川越一番街林立江戶後期至明治時期的藏造建築。雄偉的獸面瓦與沉穩的構造為繁榮之象徵

此地務必一訪！

❶ 江戶風情猶存的街道
一番街（藏造りの街並み）
一番街（藏造街道）

商店街上至今仍有30多棟江戶後期以後建造的藏造商家。留存的土藏造商店有著厚牆與黑灰泥的防火構造，名產番薯點心店、工藝品店與餐飲店林立。
☎049-222-5556（川越站遊客服務中心）🏠川越市幸町

一番街上有許多店家販售使用川越特產番薯製成的點心，比如番薯饅頭、番薯片、番薯羊羹等

在一番街還可買到川越特產的木棉織物「川越唐棧」。吳服笠間的錢包與手機殼

② 至今仍在街上報時的鐘樓
時の鐘（鐘つき堂）
時之鐘（鐘樓）

為川越城主酒井忠勝於江戶前期所建的鐘樓，用以向城內的人們報時。現在的鐘樓是於1894年重建之物。獲選為希望保存下來的「日本音風景100選」。

☎049-222-5556（川越站遊客服務中心）🏠川越市幸町15-7

利用自動敲鐘機，每天敲響4次，分別為早上6點、正午、下午3點與6點

③ 打造藏造之城開端的住宅
大澤家住宅

建於1792年，為吳服太物（棉麻製吳服）的商家。在1893年的川越大火中倖存，因此川越商人在那之後便紛紛建造藏造樣式的商家。目前仍保有大火之前的藏造樣式。☎049-222-7640（小松屋民間工藝店）🏠川越市元町1-15-2 🕙10:30～17:00 ⏸週一（遇假日則翌日休）💴200日圓

④ 在商家建築中介紹商人町
服部民俗資料館

利用明治中期川越大火後所建的商家建築打造而成的資料館。展示江戶時代以後川越的商務與生活相關資料。也會舉辦雛人形等季節展。☎049-222-0337🏠川越市幸町6-8 🕙11:00～17:00 ⏸不定期公休 💴免費

⑥ 當地作家的各色陶器成排
陶舖やまわ
陶舖YAMAWA

在明治建築的土藏造商店內展示並販售當地作家的陶藝作品。還陳列出成排在自家窯爐中燒製的陶器、以川越的「倉庫街」為設計的原創商品及玻璃器皿。☎049-222-0989🏠川越市幸町7-1 🕙10:00～18:00 ⏸不定期公休

⑤ 可親身感受川越祭
川越まつり会館
川越祭會館

此設施約有370年歷史，可親身感受每年10月於倉庫街為舞台所舉辦的川越祭。館內展示著在川越祭中拖行的2台山車，還會播放祭典的影片。2024年3月改裝後重新開業。☎049-225-2727🏠川越市元町2-1-10 🕙9:30～18:30（10～3月～17:30），入館皆截至30分鐘前 ⏸第2、4個週三（遇假日則翌日休）💴300日圓

⑦ 被用來作為私人迎賓館
旧山崎家別邸
舊山崎家別邸

建於1925年，作為在川越經營老字號點心店「龜屋」的山崎家的隱居之所。建築物已成為國家重要文化財，庭園則列為國家登錄紀念物（名勝地）。☎049-225-2727🏠川越市松江町2-7-8 🕙9:30～18:30（10～3月～17:30），入館皆截至30分鐘前 ⏸第1、3個週三（遇假日則翌日休）💴100日圓

⑧ 販售古早零嘴與番薯甜點
菓子屋横丁
菓子屋橫丁

石板路上約有30家點心店比鄰而立。懷舊的古早味小零嘴、川越名產番薯點心等可邊走邊吃的點心也很豐富。☎049-222-5556（川越站遊客服務中心）🏠川越市元町

> 創業於大正時期的玉力製菓的肉桂糖，是傳統的好滋味

西洋建築也值得關注
藏造之城的文藝復興建築
八十五銀行本店本館
舊八十五銀行總店本館

1918年建於藏造街道上的復古現代風銀行建築。為埼玉縣最早成立的銀行，現為埼玉里索那銀行川越分行倉庫街出張所。☎049-222-5556（川越站遊客服務中心）🏠川越市幸町4-1

⑨ 日本罕見且現存的近世御殿建築
川越城本丸御殿

川越城建於1457年。本丸御殿為藩主松平齊典於1848年所建，玄關、日式宴客茶室以及遷建並修復的家老詰所（值勤室）皆保留了下來。

☎049-222-5399 ㊙川越市郭町2-30-1 ⏰9:00～17:00（入館～16:30）㊡週一（遇假日則翌日休）、第4個週五（遇假日照常開館）㊎100日圓

⑩ 從江戶城遷建的客殿與書院
喜多院

相傳創建於平安前期的古剎。遷建自江戶城內的客殿（德川家光誕生之間）與書院（春日局化妝之間）猶存，是江戶大火後倖存的江戶城的寶貴建築遺跡。

☎049-222-0859 ㊙川越市小仙波町1-20-1 ⏰9:00～16:30（週日與國定假日～16:50）、11月24日～2月9:00～16:00（週日與國定假日～16:20），皆受理至30分鐘前 ㊡2月2・3日、4月2～4日 ㊎400日圓

菓子屋橫丁 ⑧
觀音寺卍
玉力製菓 Ⓢ
札の辻
本町通り
川越人力車いつき屋
川越城本丸御殿 ⑨
新河岸川
川越城大手門跡
③大澤住宅
川越まつり会館 ⑤
②時の鐘（鐘つき堂）
一番街（藏造りの街並み）
陶舗やまわ ⑥
行傳寺卍
④服部民俗資料館
旧八十五銀行本店本館
市民館
卍法善寺
⑦旧山崎家別邸
原田家住宅
川越市川越重要傳統建築群存保區
仲町
呉服笠間 Ⓢ
龜屋本店
卍妙昌寺
大正浪漫夢通り
連馨寺卍
成田山
熊野神社
川越別院卍
連雀寺卍
三井病院
本川越病院
出世稻荷神社
喜多院 ⑩
川越女子高
小江戶藏里
鶴ヶ島駅
東武東上線
川越市駅
和光市駅
西武新宿線
本川越駅
狹山駅

N
0 ── 300m

其他迷人的街道

大正浪漫夢通り
大正浪漫夢通

昔日名為川越銀座商店街，曾是縣內最繁華的街道。後因商業中心南移而盛況不再，但進入平成時期後，拆除了老舊不堪的拱廊，並以大正浪漫為主題重新整修一番。3層樓木造的大正建築、昭和初期的西洋建築、藏造樣式或傳統的町家等交織而立，傳統的商店與餐飲店仍持續營業。

㊙川越市仲町、連雀町

充滿懷舊氣息的商店街。也被用作電影與電視劇的外景地

↖建於1927年的舊武州銀行川越分行。現為川越商工會議所

91

製織町

桐生

群馬縣桐生市
重要傳統建築群保存區

在東部的織物之城
邂逅懷舊的狹窄後巷

群馬縣東部的桐生自古便是織物產地。1591 年以桐生天滿宮為起點整備了町場「桐生新町」。町內開始舉辦織物等的市集，最終發展成織物的一大產地，享有「西有西陣，東有桐生」的美譽。現在的本町 1、2 丁目附近仍保留著昔日長條狀的土地區劃，狹窄的巷弄散發著別樣的風情。江戶後期至昭和初期的町家、土藏與鋸齒屋頂的織物工廠錯落分布。

▣ ACCESS & INFORMATION

從 JR 兩毛線的桐生站或上毛電鐵的西桐生站徒步 20〜25 分鐘。

(一般社團法人)桐生市觀光物產協會 ☎0277-32-4555

本町通及其周邊有傳統的町家、倉庫與織物工廠等分散各處

桐生 MAP

長福寺卍　桐生が岡公園　桐生天滿宮 🗼
寂光院(桐生陣屋跡)卍
御嶽神社 🗼　　　旧金芳織物工場 ●
桐生陣屋空堀跡　
桐生西宮神社 🗼　　❶旧曾我織物工場
●大川美術館　山手通り
桐生歷史文化資料館　　❶有鄰館
　　　　　　　　酒屋小路
西桐生駅
上毛電鐵
　　桐生市桐生新町重要傳統
　　建築群保存區
❸
伊勢崎駅
桐生駅
兩毛線　足利駅

0　　　500m

憑藉織物繁榮的城鎮

本町 2 丁目的酒屋小路。附近交錯的巷弄，好似要將江戶時代長條狀的土地區劃縫合

❶ 有效活用老店的倉庫群
有鄰館

保存並修整了 11 棟江戶至昭和時期的倉庫，比如矢野本店的酒藏、味噌藏與醬油藏等。利用其獨特的氛圍來作為舞台、音樂會場或藝廊等。
☎0277-46-4144　⊕桐生市本町 2-6-32
⊕9:00〜21:00　⊛週一(遇假日則翌日休)　⊛免費

這座磚造倉庫是市內規模最大的磚造建築。南入口的拱狀石砌結構等仍維持舊時面貌

❷ 石砌舊織物工廠
旧曾我織物工場
舊曾我織物工廠

以大谷石建成的織物工廠，有著 5 座相連的鋸齒屋頂。建於 1922 年，還有明治時期的主屋與倉庫佇立。於 1970 年左右停止織物的業務。
☎0277-46-1111(桐生市文化財保護課)　⊕桐生市本町 1-7-15

舊金芳織物工廠，建於 1919 年，是頂著鋸齒屋頂的織物工廠。現為烘焙咖啡館

憑藉市場繁榮一時的城鎮

小布施

長野縣小布施町

江戶的文化與商業大放異彩，以栗與北齋馳名的北信濃城鎮

於千曲川右岸的扇形地區開拓的城鎮。江戶時代於谷街道沿路開設市場，千曲川的船運也很發達，肩負著北信濃的經濟中樞。當地的富商高井鴻山曾邀請葛飾北齋來此，其晚年的一些肉筆繪大作目前仍保留於小布施。展示北齋作品的北齋館周邊則有古老土藏造餐飲店與商店匯集，別具韻味的小徑綿延，名產栗子點心的老店也分散各處。修整得美輪美奐的風雅街道也頗受歡迎。

ACCESS & INFORMATION

於長野電鐵的小布施站下車。

小布施文化觀光協會 ☎026-214-6300

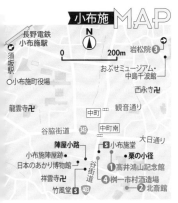

延伸至江戶時代小布施陣屋遺跡附近的陣屋小路

小布施 MAP

長野電鐵
小布施駅
◎須坂駅
〇小布施町役場
龍雲寺卍
雁田田
200m
N
岩松院 ③
おぶせミュージアム・中島千波館
西永寺卍
觀音通り
中町
中町南
大日通り
谷脇街道 343
陣屋小路
小布施陣屋跡
日本のあかり博物館
祥雲寺卍
竹風堂 S
⑤ 小布施堂
⑤ 栗の小径
① 高井鴻山記念館
④ 桝一市村酒造場
② 北齋館
谷街道 403

栗之小徑

連接北齋館與高井鴻山紀念館的栗之小徑。鋪滿了特產栗子的木片

2 展示北齋的作品
北斎館
北齋館

收藏並公開葛飾北齋遺留於町內的作品。除了祭屋台穹頂畫等肉筆繪，還有展示錦繪、版畫等類型廣泛的作品。
☎026-247-5206 地小布施町小布施485 時9:00～17:00(1月1日10:00～15:00)，入館皆截至30分鐘前 休12月31日 費企劃展1000日圓(特別展費用另計)

---

4 與北齋有淵源的酒藏
桝一市村酒造場

創業於江戶中期的酒坊，第12代當家便是曾邀請北齋的高井鴻山。生產以木桶釀造的純米酒等，店內櫃台處備有可供品飲的Teppa組合。
☎026-247-2011 地小布施町小布施807 時9:30～17:00 休無休

---

1 曾支援北齋的富商之館
高井鴻山記念館
高井鴻山紀念館

高井鴻山是位富豪農商，也是熱愛詩詞書畫的知識分子，曾邀請北齋與無數文人墨客來到小布施。江戶時期沙龍兼書齋的木造建築與倉庫裡展示著與鴻山相關的各種物品。
☎026-247-4049 地小布施町小布施805-1 時9:00～17:00(最終入館截至16:30) 休無休，會因換展等而臨時休館 費300日圓

---

3 北齋晚年的肉筆繪傑作
岩松院

創建於1472年的曹洞宗寺院。本堂裡有一幅葛飾北齋於89歲時繪製的穹頂畫《八方睨視鳳凰圖》，用色極其絢麗，為北齋晚年的大作。
☎026-247-6560 地小布施町雁田615 時9:00～16:30(11月～16:00，12～3月9:30～15:30) 休有法事的日子(參照官網) 費500日圓

商家町

須坂

長野縣須坂市

以製絲業聞名於世的倉庫街
可認識此地近代的繁榮景況

　　江戶時代的須坂為堀氏所統治的須坂藩裡的陣屋町，亦為谷街道與大笹街道交會的交通據點。位於長野盆地東側，作為匯集山間與平原兩區物資的商業地熱鬧非凡。明治至昭和初期作為舉世聞名的製絲之城蓬勃發展，街上林立著成排絲業雄偉的倉庫。舊谷街道的橫町通等處皆保留著倉庫街，並以美術館或博物館之姿對外開放建築物。

☐ ACCESS & INFORMATION

於長野電鐵的須坂站下車。

信州須坂觀光協會 ☎026-215-2225

改造自明治中期的蠶繭倉庫的觀光據點：「倉庫街道觀光交流中心」

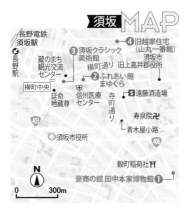
須坂 MAP

横町通

橫町通（舊谷街道）上保留無數舊製絲家的土藏造建築，令人懷想起因製絲業而繁盛的過去

① 北信濃首屈一指的富商的屋敷
豪商の館 田中本家博物館
富商之館 田中本家博物館

據說財力超過須坂藩的富商的屋敷。坐擁約3000坪的腹地，在江戶時代的土藏中展示田中家代代相傳的藝術品等，亦可參觀日本庭園。還附設飲茶室與小賣店。
☎026-248-8008 ⑮須坂市穀町476 ⑲11:00～15:30 週六・日與國定假日10:00～16:00 ⑭週二（遇假日則翌日休），會因換展等臨時休館 ⑲900日圓

② 參觀織布的現場示範
ふれあい館 まゆぐら
蠶藏交流館 MAYUGURA

以舊田尻製絲明治時期的蠶繭倉庫遷移並翻修而成的休息設施。展示著養蠶與製絲的資料。
☎026-248-6225 ⑮須坂市須坂387-2 ⑲9:30（3月10:00）～17:00、11～2月10:00～16:00 ⑭無休 ⑲免費

③ 在古建築鑑賞民間工藝作品
須坂クラシック美術館
須坂古典美術館

建築物是自江戶時代經營吳服生意的商家在明治初期建造的屋敷。展示著日本畫家岡信孝所捐贈的日本畫與古民間工藝收藏品。
☎026-246-6474 ⑮須坂市須坂371-6 ⑲9:00～17:00 ⑭週四（遇假日照常開館）⑲300日圓

④ 與製絲大王有淵源的宅邸
旧越家住宅（山丸一番館）
舊越家住宅（山丸一番館）

須坂的製絲大王越壽三郎氏為了兒子夫妻而購買，為明治時期的宅邸。展示著近代西洋畫家吉田博描繪製絲工廠群的畫作（複製品）。
☎026-245-0001 ⑮須坂市春木町435-2 ⑲9:30～17:00、11～3月10:00～16:00 ⑭無休 ⑲免費

照片提供:信州千曲觀光局

商家町・宿場町

稲荷山

稲荷山

長野縣千曲市　**重要傳統建築群保存區**

土藏造建築林立的街道上，仍保有主要商業地區的面貌

於16世紀末修築了稻荷山城與町場，到了江戶時代，作為連結長野盆地與松本盆地的北國西街道（善光寺街道）上的宿場町而熱鬧不已。到了近世則盛行生絲與纖維製品的貿易，從而發展成北信濃屈指可數的商業地區。橫貫城鎮的善光寺街道及其隱密小徑上，林立著沉穩的土藏造商家與土藏，可窺探昔日商業都市的繁榮盛況。

ACCESS & INFORMATION

從JR篠之井線的稲荷山站徒步25分鐘。

信州千曲觀光局 ☎026-261-0300

善光寺街道上的祕徑「田町藏道」。有沉穩的土藏毗連而立，是城鎮具象徵性的風景

↑荒町的土藏群。保存區主要是從荒町延展至治田町，長達850m左右

↑稲荷山宿的生活館，是以稻荷山生絲出口之先驅的松林家的宅邸修復而成
※為了實施耐震補強工程，休館至2026年1月左右

漆工町

木曽平沢

木曽平澤

長野縣鹽尻市　**重要傳統建築群保存區**

受惠於優質的山林資源，木曾山中孕育出的漆器之城

位於贄川宿與奈良井宿之間，是中山道沿路的漆工町。於江戶時代憑藉木曾漆器的生產而繁榮一時，至今仍以日本屈指可數的漆器產地聞名。約850m的街道穿過集落，沿路林立著傳統木造建築的漆器店。

ACCESS & INFORMATION

從JR中央本線的木曽平澤站下車。

鹽尻市觀光中心 ☎0263-88-8722

林立於中山道沿路的漆器店。店鋪後方有座中庭，再往後則是塗漆作業場「漆藏」

↑昭和前期建造的巢山家住宅。巢山家代代從事漆器製造。已登錄為國家有形文化財

↑木曾漆器館裡，形形色色的木曾漆器作品一列排開，還展示著製作漆器的工具類等

商家町

高山

岐阜縣高山市
重要傳統建築群保存區

飛驒的工匠與富商所創建，
商家群甚是優美的城鎮景觀

　　金森長近於16世紀末修築了高山城與城下町，高山的城鎮由此誕生。到了江戶中期以後成了幕府的直轄地，商人與職人日益活躍，林業與工商業皆有飛越性的發展。富商們促使獨特的文化遍地開花。上町與下町一帶為舊商人地區，仍保有江戶至明治與昭和時期的商家。出格子與低矮屋簷成排相連，形成高山特有的優美街景，林立著店家與餐飲店，好不熱鬧。

ACCESS & INFORMATION

於 JR 高山本線的高山站下車。

飛驒高山觀光集會協會
☎0577-36-1011

上三之町的街道，形成舊商家町之中心。古老町家的酒坊與工藝品店等櫛比鱗次

建築&土木COLLECTION

低矮屋簷

屋簷較低且有小簷或遮陽簷的町家比鄰而立，打造出「古老街道」獨具一格的景觀。

天窗

縫隙緊鄰並排、門面狹窄而縱深較長的建築上，為了採光而設置天窗。

出格子

從窗戶稍微往外突出而看起來像凸窗的格子窗。發揮著圍籬與天窗的作用。

三町用水

為了守護擁擠町家免受祝融之災的防火用水。從住家的屋簷下流過，夏天也會用來灑水。

三町的「古老街道」

96

三町

此地區以上二之町、上三之町為中心，是江戶至明治時期富商居住的北部商人町。有町家毗連而立，是高山的觀光據點。

> 商人町中，安川通以北為下町（現在的三町），以南則稱作上町

1 網羅飛驒高山的歷史文化
飛驒高山まちの博物館
飛驒高山市博物館

利用江戶時代富商的倉庫，透過高山祭與城下町的變遷等各種主題介紹高山的魅力。高山祭的機關人偶不容錯過。
📞0577-32-1205 🏠高山市上一之町75 🕐9:00～19:00，庭園與廣場7:00～21:00 🈲無休（會臨時休館）💴免費

2 現存唯一一座武家屋敷
角正

建於250多年前，是飛驒高山現存唯一的武家屋敷。此店已傳承12代，初代是於江戶時期隨著郡代一起從江戶派來的廚師，有紀錄顯示，他曾在江戶料理老店「八百善」修業。供應源於茶懷石的精進料理。
📞0577-32-0174 🏠高山市馬場町2-98 🕐11:30～13:30（最終入店），17:30～19:00（最終入店）🈲不定期公休

> 可將庭園一覽無遺的獨立茶室。是細細品味以茶懷石為基礎的精進料理的理想空間

3 與傳統連結的用餐區
久田屋

沉穩的町家造店鋪是建於江戶時代末期。以料理旅館之姿創業，使用嚴選的在地食材，將飛驒傳統料理的好滋味傳承至今。
📞0577-32-0216 🏠高山市上三之町12 🕐10:30～15:00 🈲不定期公休

4 延續自江戶時代的名店
洲さき
洲咲

自江戶時代延續下來的店，已傳到第10代當家。汲取金森宗和所創的宗和流本膳的設計巧思，供應傳承200多年的細膩茶懷石佳餚。
📞0577-32-0023 🏠高山市神明町4-14 🕐11:30～14:00，17:00～19:00（最終入店）🈲不定期公休

> 可從其屹立的形姿感受幕領時代歷史

高山陣屋

飛驒於1692年成為幕府的直轄領地後，此處便成為肩負飛驒行政中樞的公所。此後直到迎來明治維新為止的176年期間，從江戶派遣了25任代官或郡代到此陣屋。
📞0577-32-0643 🏠高山市八軒町1-5 🕐8:45～17:00（11～2月～16:30）🈲無休 💴440日圓

⤴每天早上會在門前舉辦陣屋前早市

> 於春秋兩季舉行的高山傳統例行儀式。有機關人偶等乘坐其上且絢爛豪華的花車會在市內遊行，被譽為「移動的陽明門」。春日祭典（山王祭）與秋日祭典（八幡祭）分別在市區南部與北部舉辦。這些花車打造於江戶中期，平成時期也有打造新的

下二之町大新町

下二之町大新町

商家町以南的下二之町與越中街道沿路的大新町地區。飛驒工匠親手打造的豪奢明治建築町家至今猶存。

⑤ 飛驒名匠打造的最高傑作
吉島家住宅

吉島家代代以醸酒為業。如今所見的建築為1905年大火後重建的，負責的工匠師傅便是被譽為名匠的西田伊三郎。在建築界享有「吉島家為民宅的最高境界」之美譽。

📞0577-32-0038 📍高山市大新町1-51 🕐9:00～17:00(12～2月～16:30) 🚫12～2月的週二 💴500日圓

⑥ 發揮名匠手藝的豪邁傳統美學
日下部民藝館

日下部家於幕領時代以商家之姿繁榮一時。日下部民藝館亦為重要文化財，建於1879年。是工匠師傅川尻治助採用粗木構式等江戶時代的沉穩建築樣式打造而成的住宅。

📞0577-32-0072 📍高山市大新町1-52 🕐10:00～16:00(會依季節而異) 🚫週二 💴1000日圓

↑未使用一根釘子，以長約13m的橫梁組合而成，挑高空間令人歎為觀止

TOWN 巡禮
搭乘人力車在城鎮中漫遊

搭乘人力車巡覽精彩景點，還可聆聽對城鎮瞭如指掌的導遊的導覽。可在市中心或中橋岸上搭乘。

ごくらく舎
極樂舍

📞0577-32-1430 📍高山市若達町1-31 🕐8:30～18:00、11～3月9:30～17:00 🚫無休 🚶2人座漫遊行程15分鐘4000日圓～

商家町

飛驒古川
飛驒古川

岐阜縣飛驒市

白牆土藏甚是優美的街道
被譽為「高山的內廳」

　　位於高山市以北約15km處，與高山一樣，是金森氏於16世紀末左右模擬京都建成的城下町。城下町內以瀨戶川為界，以北為武家地區，以南則為町人地區。於江戶前期成為幕府的天領（幕府直轄的領地）後，以商家町之姿繁榮。城下町特有的棋盤狀城鎮區劃與商家街道至今猶存。鮮豔鯉魚悠游其中的瀨戶川、岸邊的白牆土藏群、町家林立的壹之町通等，皆洋溢著昔日風情。

ACCESS & INFORMATION

於JR高山本線的飛驒古川站下車。

飛驒市觀光協會 ☎0577-74-1192

飛驒工匠文化館，介紹以高超技藝著稱的飛驒木匠的傳統與技術

飛驒古川MAP

飛驒市役所
たんぼの湯
高山本線
飛驒市文化交流センター
誓願寺
飛驒古川まつり会館
飛驒市觀光案内所
上人塚
飛驒の匠文化館
円光寺
飛驒古川駅
高山駅
渡辺酒造店
白壁土藏街
三嶋和ろうそく店 ③
壱之町通
貳之町通
瀨戶川
宮川
真宗寺
弐之町通
飛驒古川さくら物産館
本光寺
荒城川
① 八ツ三館
N
0　　　200m

瀨戶川與白牆土藏街

鯉魚悠游其中的瀨戶川與白牆土藏醞釀出別樣風情。可於河川沿岸修整的步道散步

① 飛驒工匠建造、登錄為有形文化財的旅宿
八ツ三館
八三館

創業於江戶後期的老字號料亭旅館。飛驒工匠精心設計的明治建築招月樓及其他3棟建築皆被指定為國家登錄有形文化財。
☎0577-73-2121 地飛驒市古川町向町1-8-27

② 建於土藏街上的酒藏
渡辺酒造店
渡邊酒造店

創業於1870年的老字號釀酒廠，生產在飛驒長年備受喜愛的銘酒「蓬萊」。
☎0577-73-3311 地飛驒市古川町壱之町7-7 營9:00～16:30 休無休

③ 在傳統的商家建築中營業
三嶋和ろうそく店
三嶋和蠟燭店

日本為數不多製造日式蠟燭的店家。創業於約240年前的江戶中期，使用以野漆樹的果實榨出的天然蠟，並以和紙作為蠟燭芯等，這些作法都一如往昔。
☎0577-73-4109 地飛驒市古川町壱之町3-12 營9:30～17:00 休週三，其他日子會臨時休業

壹之町通與貳之町通上，有榮獲景觀設計獎（由觀光協會頒發，用以表揚傳統建築）的住宅，以及由居民親手修繕的町家櫛比鱗次

燒物町

多治見

岐阜縣多治見市

歷史悠久的美濃燒產地，街道仍保有陶器批發街的樣貌

　　位於東美濃地區，是以織部與志野等樣式而聞名的美濃燒的核心產地。自古以來便是陶瓷器產地，作為美濃燒的集散地而繁盛一時。穿過城鎮中心區的本町織部街上，至今仍有成排明治至昭和初期建造的陶瓷器批發店建築，活用這些建築打造而成的陶瓷器店、骨董店與餐飲店等櫛比鱗次，好不熱鬧。

☐ ACCESS & INFORMATION

於JR中央本線的多治見站下車。

多治見市觀光協會 ☎0572-51-8156

本町織部街為舊陶瓷器批發街。歷史性建築搖身一變成了新商店

⬆多治見市馬賽克瓷磚博物館，展示著龐大的磁磚組合
©Akitsugu Kojima

⬆西浦紀念館，利用江戶時代的倉庫來介紹多治見的陶瓷器文化

商家町

川原町

岐阜縣岐阜市

鵜飼之城的復古街道，曾作為長良川的河港而繁榮

　　川原町是從橫跨在長良川上長良橋南岸的鵜飼觀覽船乘船處往西擴展的湊町、元濱町與玉井町這3個町的總稱。長良川自古水運發達，江戶時代的街道林立著木材商與美濃和紙批發商的商家與倉庫。川原町一帶仍保有江戶時期的面貌。岐阜團扇與香魚點心等的伴手禮店與町家咖啡館櫛比鱗次而熱鬧不已。

川原町一帶有舊商家的町家與倉庫林立。町家構造的現代雜貨店與餐飲店也與日俱增

☐ ACCESS & INFORMATION

從JR東海道線的岐阜站搭乘岐阜巴士約需15分鐘，於長良橋巴士站下車。

岐阜觀光集會協會 ☎058-266-5588

⬆川原町川燈塔，傍晚會點燈，彷彿是在通知鵜飼船

⬆從川原町通往旁邊的巷弄延伸。仍保有舊時別具韻味的風情

商家町

美濃

岐阜縣美濃市
重要傳統建築群保存區

美濃和紙在江戶頗負盛名，和紙批發店皆砌築了卯建

位於岐阜縣中央處的長良川沿岸。17世紀初與城下町同步開拓了河港「上有知湊」，從江戶至明治時期作為物資集散地蓬勃發展。特產的美濃和紙為其主要的貿易產品。最高級的障子紙有口皆碑，在江戶也大受歡迎。現在的目之字通一帶仍有經營和紙批發店的富商的町家比鄰而立。住家屋頂兩端皆為商家的建築樣式，或是為了象徵財富而砌築了華美的卯建。

☐ ACCESS & INFORMATION

於長良川鐵道越美南線的美濃市站或梅山站下車。

美濃市觀光協會 ☎0575-35-3660

＼將美濃和紙的傳統延續至現代／
和紙燈飾形成的現代幻想世界
美濃和紙あかりアート館
美濃和紙燈飾藝術館

展示市內每年秋季舉辦的「美濃和紙燈飾藝術展」的獲獎作品。可欣賞使用美濃和紙製成、柔和不已的燈飾世界。
☎0575-33-3772 ⬤美濃市本住町1901-3 ⬤9:00~16:30(10~3月~16:00) ⬤週二(遇假日則翌日休)、假日的隔天 ⬤200日圓(與舊今井家住宅的2館通用券為400日圓)
➡建築為昭和初期建的舊美濃町產業會館
➡現代且別具特色的和紙燈飾，亮光在室內浮現

卯建的街道

此地務必一訪！

① 砌築了市內最古老的卯建
旧今井家住宅・美濃史料館
舊今井家住宅・美濃史料館

曾擔任庄屋(村長)並兼營和紙批發，是市內規模最大的商家。建於江戶中期，於明治時期擴建。不用華美裝飾，砌築了市內形式最古老的卯建。美濃史料館會舉辦與美濃市的歷史與文化相關的展覽。
☎0575-33-0021 ⬤美濃市泉町1883 ⬤9:00~16:30(10~3月~16:00) ⬤12~2月的週二(遇假日則翌日休)、假日的隔天 ⬤300日圓(與美濃和紙燈飾藝術館的2館通用券為400日圓)

卯建是附設於屋頂兩端作為防火牆。後來漸漸變得奢華

② 鑑賞美濃和紙的作品
町並みギャラリー山田家住宅
街道藝廊山田家住宅

以於江戶中期開業的町內醫生的住宅改造而成的藝廊。偶數月會展示美濃和紙的撕紙貼繪作品。
☎0575-33-1122(美濃市美濃和紙推廣課) ⬤美濃市俵町2161-1 ⬤僅偶數月開館10:00~16:30(10、12、2月~16:00) ⬤週二 ⬤免費

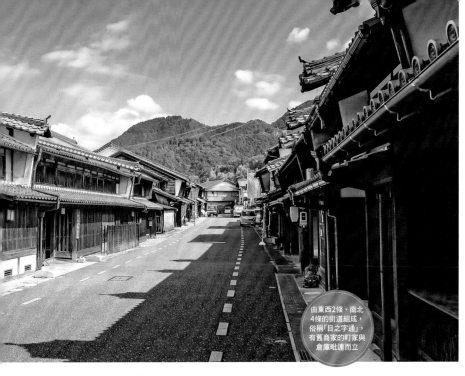

由東西2條、南北4條的街道組成，俗稱「目之字通」，有舊商家的町家與倉庫毗連而立

平田家（左）與古川家於明治初期砌築的卯建，簷飾更具裝飾性

③ 有著獨特卯建的老字號酒藏
小坂酒造場

生產銘酒「百春」的釀酒廠。店鋪為江戶中期的建築，有平緩彎曲的圓鼓屋頂，構造沉穩。有兩端與中間3條卯建，從街道那側可以看到中間那條卯建。

☎0575-33-0682 地美濃市相生町2267 營9:00～17:00 休無休

④ 物資往來的港口
上有知湊

江戶時代作為運送物資的玄關口而建造的河港，一直使用到明治時代。目前仍保留著高9m的燈塔與石階等。

☎0575-33-1122(美濃市美濃和紙推廣課) 地美濃市港町

朱紅色欄杆美麗耀人的美濃橋，是日本現存最古老的吊橋

美濃 MAP

長良川
美濃橋
小倉山城跡
小倉公園
④上有知湊
本玄寺卍
泉町
揚鐮Ⓢ
美濃市文化会館
来昌寺卍
↓梅山駅
殿町
宝勝院卍
美濃市美濃町重要傳統建築群保存區
①旧今井家住宅・美濃史料館
美濃糴紙あかりアート館
NIPPONIA美濃商家町Ⓗ
番屋(美濃市観光案内所)ⓘ
目之字通り
時代軒菓舗
目之字通り
願念寺卍
③小坂酒造場
Ⓢ信洲屋
②町並みギャラリー
山田家住宅
円通寺卍
Ⓢ美濃市駅
0 200m

103

商家町

近江八幡

滋賀縣近江八幡市
重要傳統建築群保存區

富商屋敷與土藏毗連而立
是近江商人的故鄉

　　此城鎮的歷史可追溯至安土桃山時代豐臣秀次於琵琶湖東南山麓所建造的八幡山城。秀次引入了琵琶湖的水、鑿設用以搬運物資的八幡堀、鼓勵自由貿易等，奠定了商業町基礎。最終，近江商人將銷路擴大至其他國家，並於江戶與大阪開設大型商店，十分活躍。時至今日的街景仍是由這些富商的本家、總店與倉庫所構成。白牆土藏林立的八幡堀，以及近江商人屋敷櫛比鱗次的新町通，皆保有濃厚的商家町風情。

☐ ACCESS & INFORMATION

從JR東海道線的近江八幡站搭乘湖國巴士需5分鐘，於新町巴士站下車。

近江八幡站北口遊客服務中心 ☎0748-33-6061

TOWN
巡禮
搭乘屋形船巡遊護城河

可搭乘風雅的屋形船巡遊白牆土藏與石牆成排並立的八幡堀。從水上仰望土藏群的風景別有風情。春有櫻花、夏有柳樹、秋有紅葉，東有雪景，為此地增添色彩。
八幡堀めぐり
八幡堀巡覽

☎0748-33-5020 ㊤近江八幡市多賀町743（乘船處）⏰10:00～16:00 ㊡無休（天候不佳時停駛）㊎1500日圓

於江戶時代開鑿的八幡堀，載著物資的船隻來來往往。商家的土藏群為往日的遺跡

八幡堀沿岸的土藏群

近江商人宏偉的本家林立於新町通上。從屋敷的圍牆探出頭來的松樹更添幾分風采

白雲館是明治初期建造的舊八幡東學校

> 此地務必一訪！

① 對外開放典型的近江商家
旧西川家住宅
舊西川家住宅

國家重要文化財。販售蚊帳與草蓆，江戶、大阪與京都皆有店鋪。建於江戶中期，劃分為店鋪與住所。內部作為史料館開放。

☎0748-32-7048（近江八幡市立資料館）⚑近江八幡市新町2-19 🕘9:00～16:00 ❌週一（遇假日照常開館）、假日的隔天 💴300日圓（與鄉土資料館、歷史民俗資料館的3館通用券為500日圓）

⬆歷史民俗資料館，與鄉土資料館、舊西川家住宅組成近江八幡市立資料館

新町通。左側的建築即為鄉土資料館

② 江戶末期的堅固屋敷
旧伴家住宅
舊伴家住宅

近江商人伴庄右衛門的屋敷。建於江戶末期，明治時期以後被用作學校、公所、圖書館等，現在已成為市內指定文化財。

☎0748-32-1877（公益財團法人八幡教育會館）⚑近江八幡市新町3-15 🕘9:00～17:00（入館～16:30）❌週一 💴400日圓

Map labels:

N
100m

八幡山ロープウェー
八幡山ロープウェー前
常磐神社
圓満寺
琴平神社
稲荷神社
日牟禮八幡宮
近江兄弟社高⊗
旧吉田邸
寺本邸
かわらミュージアム
鍛冶屋町
ASSERIE_epattache
近江つけもの 山上日牟禮 S
八幡堀めぐり
旅籠 八… H
近江兄弟社中⊗
ハイド記念館
H ゲストハウス澪
クラブハリエ 日牟禮館 R
京料理 宮前 R
ヴォーリズ記念館
R 京料理 宮前
白雲橋
八幡堀八幡山ロープウェー口
西川甚五郎本店史料館 ④
cafe issui
喜兵衛 R
西川甚五郎邸 ③
白雲館
R 初雪食堂
玉木町
卍 蓮照寺
新町
C 江湖庵
尾賀商店 Little Birds Hostel
玉水太明神⊕
和た与 S
近江兄弟社 メンターム資料館
卍 宝積寺
C 近江八幡
旧尾賀邸
旧西川家住宅 ①
玉木
卍 西川庄六邸
C 八幡郵便局
願故寺
歷史民俗資料館
森五郎兵衛邸
旧扇吉もろみ蔵
村岡邸(旧岩瀬医院)
郷土資料館
御食事処みつわ
R 町屋じゅらく
文化伝承館
近江八幡まちなか研究所
旧伴家住宅 ②
大橋来壽堂
H kolmio hotel - MACHIYA INN
近江兄弟社 別館
なつかし館
旧中村邸
C
小幡
●ボーダレス・アート・ミュージアムNO-MA
正栄寺 卍
カフェアンドダイニング ヤマヤ
御菓子司 紙平老舗 S
小幡町資料館前
八幡池田局⊕
KISAKU-キサク- R
C bistro だもん亭
R TABLEMOTHER
卍 善住寺
卍 正福寺
近江八幡出町局
近江八幡駅⊙

近江八幡市八幡重要傳統建築群保存區

---

③

八幡堀沿岸的大豪宅
西川甚五郎邸

西川株式會社創始人西川家的宅邸。初代於1587年開設總店，直至昭和前期都作為宅邸使用。腹地有700坪，光是建築物的占地就達200坪，十分廣闊。

☎0748-32-2909(西川文化財團) 地近江八幡市大杉町17 開內部一般不對外開放。每年2次(春、秋)特別開放(收費)

④
介紹西川家的發展史
西川甚五郎本店史料館

以西川甚五郎邸腹地內保存下來的土藏加以改造，展示貴重的古文書與古物。介紹西川家「從蚊帳到被褥」的450多年歷史。

☎0748-32-2909(西川文化財團) 地近江八幡市大杉町14 開10:00～17:00 休週二 費免費

西洋建築也值得關注

近江兄弟社創業者的宅邸
ヴォーリズ記念館
沃里斯紀念館

威廉・梅瑞爾・沃里斯的宅邸，他是明治後期從美國來到日本的社會企業家兼建築師，也是近江兄弟社的創始人。館內有介紹沃里斯的生涯。

☎0748-32-2456 地近江八幡市慈恩寺町11 開10:00～16:00(須電話預約) 休週一、假日、12月15日～1月15日、其他日子不定期公休 費500日圓

♦沃里斯所設計的雅致洋館

---

⑤
從江戶時代起在江戶的日本橋開店
西川庄六邸

創業於安土桃山時代的商家的宅邸。是經手販售蚊帳、棉花、砂糖與扇子等的富商，建築物則是建於江戶中期。

地近江八幡市新町2-8 開內部不對外開放

日牟禮八幡宮。一般認為是創建於西元131年的古社。於平安時期從宇佐八幡宮恭請神明來此祭祀而成為八幡宮。此神社自中世紀以後備受近江商人尊崇，成為其地名的由來

江州八幡町草圖（部分）

滋賀縣立圖書館收藏

城下町 & 武家町

城下町

小幡

群馬縣甘樂町

小而整潔的優美街道，
為織田氏 2 萬石的城下町

群馬縣甘樂町的中心區，江戶初期由織田信長的次男信雄統治。直到松平氏入封為止，織田氏的統治橫跨8代，延續了152年。第3代的信昌時期於小幡建造陣屋與町家，還修築留存至今的水渠雄川堰。城鎮的南部為舊武家地區，中小路的武家屋敷群與大名庭園的樂山園仍保有往日風情。雄川沿岸北部的舊町人地區則有於明治時期繁榮起來的養蠶農家林立，入春後，櫻花林蔭道爭相怒放。

☐ ACCESS & INFORMATION

從上信電鐵的上州福島站搭乘計程車約需8分鐘（約3.3km），徒步40分鐘。

甘樂町產業課 ☎0274-64-8320

利用大正末期建造的醬蠶倉庫打造而成的甘樂町歷史民俗資料館。建於武家地區與町人地區的邊界附近

小幡 MAP

```
        N
0   200m
          養蠶農家群的街並み  ↑ 上州福島駅
                          大手門
          甘楽町
          歴史民俗資料館
              ●中小路
        食い違い郭
      小幡陣屋        ●①高橋家長屋門
小幡城址  ●御殿前通り  ●松平家大奥
  ●③楽山園
          城町薬師堂の石仏      雄
                            川
甘楽                       堰
総合公園              46  龍門寺卍
              ②松浦氏屋敷
```

中小路的武家屋敷群

昔日有武士熙來攘往的中小路。道路兩側可看到舊時的石牆與武家屋敷的建築遺跡

① 武家屋敷的穩重大門
高橋家長屋門

小幡藩勘定奉行的官邸遺跡，白灰泥的長屋門猶在。中小路沿途有圍牆與石牆相連，保留著舊時武家屋敷的樣貌。還可參觀腹地內的武家庭園。
☎0274-64-8324(甘樂町教育課) ⓜ甘楽町小幡823-1 ⏰❎自由參觀

② 上級武士的屋敷修復而成
松浦氏屋敷

以建於18世紀末至19世紀初的武家屋敷修復而成。松浦氏是在松平氏時代擔任過老中的名門。另有一座從雄川堰引水的庭園。
☎0274-64-8324(甘樂町教育課) ⓜ甘楽町小幡734-1 ⏰9:00～17:00（11～2月～16:00)，入館皆至截至30分鐘前 ❎無休 ❎免費

③ 群馬縣內唯一的大名庭園
樂山園

織田氏於江戶初期所打造的藩邸庭園。此名園為池泉回遊式庭園，借熊倉山等山巒為遠景，還配置了呈五角形的露天小茶棚等多座茶屋。
☎0274-74-4795 ⓜ甘楽町小幡648-2 ⏰9:00～17:00(11～2月～16:00)，入園皆至截至30分鐘前 ❎無休 ❎300日圓

中小路上的石牆為交錯式石牆。一般認為是用於戰時防禦

江戶末期以後，小幡開始盛行養蠶與製絲業。昔日町人地區的雄川堰周邊仍保有養蠶農家與商家的建築

信州松代

長野縣長野市

**真田氏10萬石的城下町，
藩政時代的史蹟散布各處**

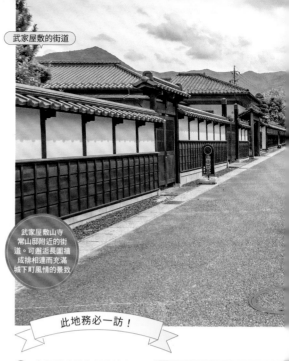

武家屋敷的街道

松代於戰國時代曾成為川中島之戰的舞台。武田信玄為了備戰而修築了海津城（松代城），於江戶時代被作為松代藩主的居城。真田信之於1622年成為真田家的初代藩主，此後真田家的時代一直延續至明治時期。以10萬石的城下町之姿繁榮一時，城鎮裡如今仍留有無數舊時的建築遺跡。有松代城遺跡、真田家御殿的真田邸、藩校的文武學校、武家屋敷、商家與古剎等，隨處可邂逅這些遺跡。

武家屋敷山寺常山邸附近的街道。可邂逅這長圍牆成排相連而充滿城下町風情的景致

ACCESS & INFORMATION

從JR北陸新幹線信越本線／信濃鐵道北信濃線／長野電鐵長野線的長野站，搭乘Alpico交通巴士需35分鐘，於松代站巴士站下車。

城鎮漫步中心 ☎026-285-0070（週三休）

真田寶物館裡展示著真田家傳下來的古文書、武具與家具日用品等

信州松代 MAP

松代城跡　松代駅
矢澤家表門
松代藩主真田家墓所
長國寺卍
❸ 文武学校
真田宝物館
❶ 真田邸
❹ 旧樋口家住宅
まち歩きセンター
❷ 旧白井家表門
旧前島家住宅
真田勘解由家
象山神社
❼ 旧横田家住宅
大英寺卍
龍泉寺
倉澤家屋門
佐久間象山宅跡
❺ 寺町商家（旧金箱家住宅）
象山記念館
❻ 山寺常山邸
0　300m

此地務必一訪！

❶ 有御殿建築與優美的庭園

真田邸

江戶末期第9代藩主幸教建造的城外御殿，作為其母親的隱居之所。明治維新後成為真田家的私宅，後來轉讓給市政府。是松代城中唯一保留舊貌的建築。
☎026-215-6702 ⛩長野市松代町松代1 🕘9:00～17:00（11～3月～16:30），入場皆截至30分鐘前 休無休 💴400日圓

圍起真田邸廣大腹地的土牆。宅邸內除了主屋，還有7棟土藏，以及四季分明而美不勝收的廣闊日本庭園

武將武田信玄所建，由真田家統治的城堡

松代城跡
松代城遺跡

武田信玄為了川中島之戰而命山本勘助築城，歷代松代藩主於江戶時代以此城作為居城。近年修復了城門、木橋、石牆與護城河等。亦為賞櫻勝地。
☎026-278-2801（松代文化設施等管理辦公室）⛩長野市松代町松代44 🕘9:00～17:00（11～3月～16:30），入場皆截至30分鐘前 休無休 💴免費

↑武田氏時代的城名為海津城

⑤ 活用商家建築作為交流據點

寺町商家（旧金箱家住宅）
寺町商家（舊金箱家住宅）

從江戶末期至昭和初期經營當鋪等的商家的屋敷。利用明治至大正時期的建築物作為交流據點，並活用作為餐飲店、體驗教室或藝廊等。

☎026-214-5013 ⓐ長野市松代町松代1226-2 ⓣ9：00～17：00（入場～16：30）ⓗ無休 ⓨ免費

⑥ 滿是紅葉的庭園十分壯觀

山寺常山邸

與佐久間象山以及鎌原桐山並稱為松代三山的山寺常山上的宅邸。坐擁松代城下最大的正門、被譽為近代和風建築之傑作的書院，以及配置著池塘的庭園等。

☎026-278-0260 ⓐ長野市松代町松代1493-1 ⓣ9：00～17：00（11～3月～16：30），入場皆截至30分鐘前 ⓗ無休 ⓨ免費

② 正面寬20m的武家屋敷門

旧白井家表門
舊白井家正門

白井家是曾擔任御金奉行等職務的中級武士，以其江戶後期建造的正門遷建並修復而成。門的內部設有免費休息所。

☎026-278-1651 ⓐ長野市松代町松代204-3 ⓣ9：00～17：00（11～3月～16：30）ⓗ無休 ⓨ免費

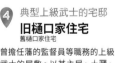

③ 培育文武雙全的藩士

文武学校
文武學校

由鼓勵文武雙修的第8代藩主幸貫所籌畫，於1855年開辦的藩校。有文學所、劍術所、柔術所與弓術所等珍貴的建築遺跡，傳遞著創建之初的樣貌。

☎026-278-6152 ⓐ長野市松代町松代205-1 ⓣ9：00～17：00（11～3月～16：30），入場皆截至30分鐘前 ⓗ無休 ⓨ400日圓

⑦ 江戶後期的武家屋敷

旧横田家住宅
舊橫田家住宅

建於江戶後期的中級武士屋敷。部分重現了2層樓茅葺屋頂的主屋、隱居屋、庭園與菜園等，可了解中級武士的生活。

☎026-278-2274 ⓐ長野市松代町松代1434-1 ⓣ9：00～17：00（11～3月～16：30），入場皆截至30分鐘前 ⓗ無休 ⓨ400日圓

④ 典型上級武士的宅邸

旧樋口家住宅
舊樋口家住宅

曾擔任藩的監督員等職務的上級武士的屋敷。以其主屋、土藏、正門與圍牆等修復而成。有泉水流經腹地中央且配置著庭園，環境十分清幽。

☎026-278-2188 ⓐ長野市松代町松代202-1 ⓣ9：00～17：00（11～3月～16：30），入場皆截至30分鐘前 ⓗ無休 ⓨ免費

松本

長野縣松本市

北阿爾卑斯山環抱的城下町
在倉庫之城的商店街上漫步

　　松本位於長野縣中央處，在明治時期以前曾肩負信濃的中樞。石川氏於安土桃山時代入封後，曾修整松本城與城下町。漆黑的國寶天守至今仍聳立於城鎮中心。往女鳥羽川南部延伸的中町通一帶昔日是町人地區。街道上明治時期之後重建、有著白牆與海參牆的土藏造店鋪毗連而立。工藝品店等老店與時尚餐飲店相混共存，是熱火朝天的倉庫商店街。

☐ ACCESS & INFORMATION

於JR篠之井線的大糸線／Alpico交通上高地線的松本站下車。

松本市遊客服務中心(松本站) ☎0263-32-2814
松本市觀光資訊中心 ☎0263-39-7176

中町通的女鳥羽川對岸為繩手通，是長屋風格的個性派商店街

松本 MAP

浅井洌邸跡
こまくさ道路
松本神社 ⛩
高橋家住宅 ❷
国宝 旧開智学校校舎
北松本駅
松本城公園
国宝 松本城
北門大井戸
林昌寺 卍
148
松本市立博物館
松本市役所
安立寺 卍
惠光院 卍
正行寺 卍
女鳥羽川
大篠糸線井線
松本市時計博物館
繩手通商店街
池上邸土藏
松本市美術館
アルピコ交通
上高地線
松本駅
松本駅
まつもと市民芸術館
63
0　　400m
N

坐擁倉庫的城鎮

中町通是從幕末至明治時期歷經多次大火後誕生的倉庫街。這些倉庫被活用作為形形色色的新舊店鋪

❶ 土藏造建築林立的商店街
中町通り
中町通

在江戶時代是貫穿町人地區的舊善光寺街道，現在則是一條土藏造樣式的商店街。有傳統工藝品店、點心鋪、時尚酒吧與復古茶館等林立。

❷ 在松本很珍貴的武家屋敷
高橋家住宅

建於江戶時期的武家屋敷。已修復成幕末至明治初期的樣貌並對外開放。特色為以田字形隔間劃分訪客用與家人用的空間、大量的柱子與低矮的屋簷等。

☎0263-33-1818 ⓐ松本市開智2-9-10 ⓗ週六・日與國定假日9:00～17:00(入館～16:30)※12～2月僅週日 ⓗ週一～五(遇假日照常開館) ⓨ免費

西洋建築也值得關注

新潮的明治學校
国宝 旧開智学校校舎
國寶 舊開智學校校舍

於1873年開辦的小學校舍。現存的校舍是1876年建造的擬西洋建築。使用了舶來品玻璃等。

☎0263-32-5725 ⓐ松本市開智2-4-12 ⓗ9:00～17:00(入館～16:30) ⓗ3～11月的第3個週一、12～2月的週一(遇假日則翌日休) ⓨ400日圓

※因耐震工程休館中，預定2024年11月9日重新開館

從5層6樓的天守可將北阿爾卑斯山盡收眼底

国宝 松本城
國寶 松本城

天守建於16世紀末，是日本現存的5層6樓城堡中最古老的。上部塗白灰泥而下部漆成黑色的外牆十分醒目。於江戶時代增建了月見櫓等。

☎0263-32-2902 ⓐ松本市丸の内4-1 ⓗ8:30～17:00，GW與夏季8:00～18:00(最終入場皆截至30分鐘前) ⓗ無休 ⓨ700日圓

↑與北阿爾卑斯山的借景相映成輝

上田

長野縣上田市

舊北國街道柳町

保留於真田氏發祥地的
舊宿場街道別具韻味

　　長野縣東部的城鎮，是戰國武將真田氏設置據點的所在地。真田昌幸於1583年在上田盆地中央修建了上田城。到了江戶時代則作為北國街道的宿場町而繁榮一時。舊北國街道沿途的柳町完善地保存著舊時風情。街道上有千本格子的町家與白牆土藏櫛比鱗次，令人聯想起旅籠、商家與問屋場林立的城下町時代。如今有老字號酒藏、味噌釀造廠、人氣蕎麥麵店等比鄰而立，因觀光客而熱鬧滾滾。

舊北國街道沿途的柳町，有傳統的町家與倉庫並列成排。亦可享用上田名店的好滋味

ACCESS & INFORMATION

於北陸新幹線／信濃鐵道線／上田電鐵別所線的上田站下車。

上田市觀光城市推廣課 ☎0268-23-5408
(一般社團法人)信州上田觀光協會 ☎0268-71-6074

位於JR上田站前廣場的真田幸村騎馬像。幸村是真田昌幸的次男

上田 MAP

柳町
旧北国街道

上田城
材木屋敷跡
岡崎酒造❶
上田城跡公園
上田市立博物館
真田神社
❸池波正太郎
真田太平記館
大手通り
上田市役所◎
上田高◎
141 妙光寺
上田藩主居館跡❷
アリオ上田
北國街道
上田城
本陣問屋場跡
北陸新幹線
しなの鉄道
上田市立美術館
141
79
宗吽寺
上田駅

① 創業超過350年的酒藏
岡崎酒造

自江戶前期在柳町持續釀酒，是釀造銘酒「龜齡」的釀造廠，第12代當家是為數不多的女性杜氏。目前仍保有袖卯建與格子造等傳統店面構造。
☎0268-22-0149 ⑲上田市中央4-7-33 ⑱9:00～16:00 ⑭無休

② 仍保留著藩主居館的門
上田藩主居館跡
上田藩主居館遺跡

真田昌幸長男且成為初代上田藩主的真田信之於三之丸遺址建造的居館遺跡。正門、土牆與護城河仍留存，正門被用來作為上田高等學校的正門。
☎0268-23-5408(上田市觀光城市推廣課) ⑲上田市大手1-4-32 ⑱⑭⑱參觀僅限外觀

③ 介紹真田作品與作家
池波正太郎
真田太平記館

介紹《真田太平記》的作者池波正太郎及其作品的魅力。亦可參觀池波氏生前的心愛之物與影像館。
☎0268-28-7100 ⑲上田市中央3-7-3 ⑱10:00～18:00(入館～17:30) ⑭週三、其他日子請參照官網 ⑱400日圓

上田城跡公園

真田氏所修築的居城，現為櫻花綻放時的休憩所

真田昌幸於戰國時期所建，後來的上田藩主仙石氏重建成現在的樣貌。仍保留著護城河與櫓等，附近一帶則整頓成公園。公園內建有祭祀歷代藩主的真田神社。
☎0268-23-5408(上田市觀光城市推廣課) ⑲上田市二之丸6263-イ ⑱公園內24小時可入園

❶春季櫻花與秋季紅葉都美不勝收

郡上八幡

岐阜縣郡上市
重要傳統建築群保存區

水渠縱橫交錯的水鄉城下町，一直以來支持著人們的生活

　　此地有長良川等3條河川匯流，也受惠於湧泉，可謂清流之城。戰國末期建造之八幡城的城下町，到了江戶前期，第3代郡上藩主遠藤常在火災後重新整修了城下。當時便依循城鎮區劃讓水渠網遍及各處，除了防火，也用作生活用水。吉田川北岸的柳町、職人町與鍛冶屋町等處都還保留著城下的街道，這些用水流過道路兩側，町家則毗連而立。

🔲 ACCESS & INFORMATION

從長良川鐵道越美南線的郡上八幡站徒步至郡上八幡城下町廣場周邊還需20分鐘。
從JR東海道本線的岐阜站搭乘岐阜巴士(高速巴士)需1小時9分鐘，於郡上八幡城下町廣場下車。

郡上八幡觀光協會 ☎0575-67-0002

有天空之城的美稱，
是座白牆木造模擬天守

郡上八幡城

源於1559年遠藤盛數於八幡山修築的堡壘。後來的領主稻葉氏將其建造成正式城堡。因明治維新淪為廢城，但於昭和初期重建了天守。因漂浮於晨霧中的夢幻風景而被稱為「天空之城」。
☎0575-67-1819 ⊕郡上市八幡町柳町一の平659 ⊕9:00～17:00(11～2月～16:30)、6～8月8:00～18:00 ⊛12月20日～1月10日，會臨時休館 ⊛400日圓

⬆建於標高353m的八幡山山頂

谷中水小道

此地務必一訪！

町家建築加上水渠、柳樹與鋪路石而風情萬種的「谷中水小道」，是水鄉最具象徵性的風景

1 水邊舒適宜人的步道
やなか水のこみち
谷中水小道

水渠沿著鋪滿圓石的道路流淌，還有柳樹與大型町家林立，形成韻味十足的風景。另設有飲水區與洗滌區。

長良川的支流吉田川，東西向流過市街的中央。從該河川中汲取的民用水在城鎮裡孕育出獨特的水文化

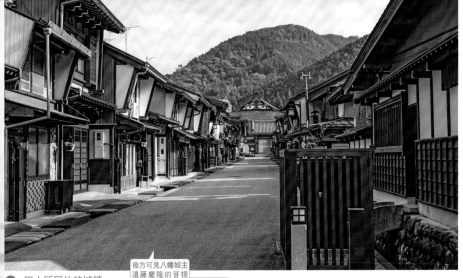

後方可見八幡城主遠藤慶隆的菩提寺：長敬寺。創建於江戶時代初期

2 職人所居住的城鎮
職人町／鍛冶屋町

江戶時代的職人町。街道上的房屋為大正時期以後的建築，但有不少是承襲近世的町家形式。水渠流經道路兩側，還有昔日遺留的防火用桶子懸掛在屋簷前，形成一派恬靜的風景。

3 瀰漫懷舊氛圍的商店街
大手町

為昔日的町人地區，仍保留著設有袖壁與格子的町家。傳統的商店、伴手禮店與餐飲店等比鄰而立。

4 八幡山麓的舊武家地區
柳町通り
柳町通

江戶時代的武家地區。大正時代的大火後，將區劃細分重建町家形式的住宅。如今仍有民用水流過，與鄰家接壤處設有袖壁的住宅建得十分密集。

建於柳町通的安養寺。於明治時期遷至八幡城三之丸遺址

5 歷史悠久的湧泉
宗祇水

獲選為「日本名水百選」之首的湧泉。室町時代的連歌2大歌人宗祇與東常緣曾在湧泉畔互相對歌。
☎0575-67-0002(郡上八幡觀光協會)

西洋建築也值得關注╱

復古的舊町公所
郡上八幡旧庁舎記念館
郡上八幡
舊廳舍紀念館

1936年建造的八幡公所舊廳舍。現在是遊客服務中心，另有輕食區與伴手禮小賣店。
☎0575-67-1819 ⑩郡上市八幡町島谷520-1 ⑱8:30～17:00 ⑭無休 ⑭免費

郡上八幡 MAP

郡上市郡上八幡北町重要傳統建築群保存區

岩村

岐阜縣惠那市
重要傳統建築群保存區

日本三大山城岩村城的城下町
近世至近代的街道綿延不絕

　　岩村城的城下町緊鄰信濃與三河，自古便是交通要衝，中世至今約有700年的歷史。城堡西北部至今猶存的城下町，是於從江戶時代擔任岩村藩主的親藩松平氏的時期重新整修的。將武家地區配置於岩村川右岸，町人地區則位於左岸，明治時期後町人地區擴大至岩村站一帶。舊町人地區本通一帶為保存區，枡形以北有江戶時代的商家與町家，以南則是明治與大正時期的成排房屋。

ACCESS & INFORMATION

於明知鐵道明知線的岩村站下車。

岩村町觀光協會 ☎0573-43-3231

位於形附近的高札場。木札上掛著法令與掟書等

日本三大山城之一，壟罩霧中的「霧之城」

岩村城跡
岩村城遺跡

江戶諸藩的府城，坐落於標高717m的最高處。一般認為是鎌倉時代的武將遠山景朝所建，到明治時期為止已存續約700年。本丸與二之丸等處的石牆至今猶存。
☎0573-43-3231（岩村町觀光協會）㊞惠那市岩村町城山 開休費自由參觀

↑亦是織田信長與武田信玄激戰的舞台

岩村町本通

此地務必一訪！

1 對岩村藩有功之人的宅邸
木村邸

於江戶中期至末期繁榮一時的批發商屋敷。曾在藩的財政困窘時籌集御用金等，多次拯救藩脫離危機。可供參觀的宅邸仍保留藩主出入的玄關、上段之間與茶室等江戶時代的樣式。
☎0573-43-3231（岩村町觀光協會）㊞惠那市岩村町329-1 開10:00～16:00（12～2月～15:00）休週一（遇假日照常開館）費免費

岩村藩主也經常造訪此屋敷。亦有展示舊時的家具日用品等

2 展示在岩村製造的火繩槍
加納家（鉄砲鍛冶）
加納家（步槍鍛造）

加納家從初代至第3代都為了藩而擔任步槍鍛造的職務。屋內展示初代所製造的火繩槍、槍彈、工具類與古文書等。
☎0573-43-3231（岩村町觀光協會）㊞惠那市岩村町851-1 開週六・日與國定假日10:00～16:00（12～2月～15:00）費免費

岩村名產卡斯提拉的老店松浦軒本店附近。這一帶有不少樓中樓式而別具江戶風情的町家

⑤ 貫穿町人地區的主要街道
岩村町本通り
岩村町本通

東西向約 1.3 km 的道路上，有江戶時代至明治與大正時期的老舊町家林立，城下町的風情猶存。還有不少餐飲店與伴手禮店。

⑥ 在歷史性建築中欣賞藝術
いわむら美術の館（旧柴田家）
岩村美術館（舊柴田家）

活用明治建築住宅打造而成的美術館。主要展示曾在岩村生活的畫家原田芳洲的畫作。可同時欣賞美術作品與明治時期古建築的魅力。
☎0573-43-3231(岩村町觀光協會) ⑩恵那市岩村町1584-2 ⑩10:00～16:00(12～2月～15:00) ⑯週五(遇假日照常開館) ⑲免費

經過修復的太鼓櫓。建於江戶時代，位於岩村城山麓的藩邸附近，用以向城下報時

③ 江戶後期的富商的屋敷
江戶城下町の館 勝川家
江戶城下町之館 勝川家

經手販售木材與年貢米，從江戶末期興盛起來的商家。建築物為江戶後期建造的町家建築，仍保有書院、茶室與傭人房等。還可欣賞江戶繪畫與能面等展示。
☎0573-43-3231(岩村町觀光協會) ⑩恵那市岩村町320 ⑩10:00～16:00(12～2月～15:00) ⑯週二(遇假日則翌日休) ⑲免費

④ 介紹染布的製程
土佐屋「工芸の館」
土佐屋「工藝之館」

以江戶時代染布業者的屋敷復原而成。有可學習當時藍染製程的染布工廠，以及介紹土佐屋的土藏展覽室。
☎0573-43-3231(岩村町觀光協會) ⑩恵那市岩村町269-1 ⑩10:00～16:00(12～2月～15:00) ⑯週三(遇假日則翌日休) ⑲免費

岩村 MAP

城下町・商家町

彦根
彦根

滋賀縣彦根市
重要傳統建築群保存區

由井伊家統治了260多年
琵琶湖東岸雄偉的城下町

　　彦根藩35萬石的城下町。為譜代筆頭大名所治理的大藩而繁盛一時，於江戶前期形成大規模的城下町。城下有三重護城河環繞，重臣的屋敷配置於內堀與中堀之間，中堀與外堀之間則為武家地區與町人地區。町人地區還擴展至外堀之外，外圍則配置足輕（步兵）屋敷守護城堡。町家林立於城下東南角的河原町與芹町，仍保有町人地區的面貌。本町與城町中有商家、芹橋則有足輕屋敷分布各處。

☐ ACCESS & INFORMATION

於JR東海道本線的彦根站或近江鐵道本線的彦根芹川站下車。

彦根觀光協會 ☎0749-23-0001

夢京橋城之路，是有江戶時代商家風格的商店林立的觀光據點

彦根MAP

> 芹町的街道

老舊町家林立的芹町。町人地區作為江戶時代連接城下與中山道之街道蓬勃發展

❶ 散發樸素懷舊氛圍的商店街
花しょうぶ通り商店街
花菖蒲通商店街

位於重要傳統建築群保存區的商店街。江戶至昭和前期建造的町家建築的商店與寺廟等櫛比鱗次，有無數城下町遺留的死胡同「Dontsuki」延伸。

❷ 守護城下的看守所
旧彦根藩足軽組辻番所
舊彦根藩足輕組辻番所

設於足輕屋敷十字路口的辻番所，是彦根唯一現存的建築。面向道路的轉角處設有2扇監視窗。

☎0749-26-5833(彦根市文化財課) ⓪彦根市芹橋2-5-19 ⓦ週六・日與國定假日 10:00~16:00 ⓗ不定期公休 ⓨ免費

照片提供：彦根市文化財課

国宝 彦根城
國寶 彦根城

從廢城令與戰火中倖存譜代大名井伊氏的名城

井伊直孝廢除石田三成的佐和山城，於1622年建城，為井伊氏第14代的居城。現存的天守、多聞櫓與附櫓為指定國寶，還有已列為國家名勝的大名庭園。

☎0749-22-2742 ⓪彦根市金亀町1-1 ⓦ8:30~17:00(彦根城、玄宮園、開國紀念館的最終入場皆截至16:30) ⓗ無休 ⓨ800日圓(包含玄宮園)

◐耗費約20年的歲月建造而成

長浜
長濱

滋賀縣長濱市

秀吉所修築的城下町熱鬧非凡
舊街道沿路有成排商家的房屋

豐臣秀吉是在琵琶湖東北的這座城鎮中首度成為擁有城堡的大名。他在建造長濱城的同時，修築了城下町，為該城鎮奠定基礎。到了江戶時代則作為北國街道（東近江路）的宿場町、大通寺的門前町，以及琵琶湖的港町而發展。黑壁廣場周邊的北國街道沿路有老舊商家林立，砌有江戶至明治時期白灰泥牆、黑灰泥牆或船板圍牆。亦是伴手禮店與餐飲店多不勝數的觀光據點，好不熱鬧。大通寺門前則下町風情猶存。

ACCESS & INFORMATION

於JR北陸本線的長濱站下車。

長濱觀光協會 ☎0749-53-2650

於明治時期經營吳服生意的安藤家的宅邸。建於明治後期至大正初期

長濱 MAP

木之本駅↑
長濱別院 大通寺❷
44
卍本願寺
北國街道
大通寺公園
❸湖北觀光情報センター
曳山博物館
山内一豐屋敷跡碑
❶黑壁スクエア
長浜駅
舊長浜本陣吉川家（明治天皇行在所）
長浜城歷史博物館
豐公園(長浜城)
長浜鐵道スクエア
北陸本線
長濱文化芸術会館
ヤンマーミュージアム
琵琶湖
卍徳勝寺
0　　400m
長濱港
N
彦根駅↓

北國街道

黑壁廣場周邊的北國街道，有商家建築毗連而立。淨琳寺的太鼓櫓孕育出獨特景觀

❶ 觀光設施錯落分布於古鎮
黑壁スクエア
黑壁廣場

以明治建築黑壁銀行改造而成的「黑壁玻璃館」為中心，周邊匯集約23個觀光景點之總稱。有玻璃商店、畫廊、物產店、餐廳與體驗教室等，是豐富多彩的觀光聖地。
☎0749-65-2330（黑壁股份有限公司）
⊕長浜市元浜町12-38 ⊙10:00〜17:00 ⊛依店家而異

❷ 桃山文化的寶貴建築
長濱別院 大通寺
長濱分寺 大通寺

真宗大谷派（東本願寺）分寺，又稱長濱御坊。有據判為伏見桃山城遺跡的本堂與日式宴會茶室，還重建自長濱追手門的側門等。
☎0749-62-0054 ⊕長浜市元浜町32-9 ⊙10:00〜16:00 ⊛冬季的平日（12月中旬〜1月）⊜500日圓

❸ 讓商家重生的設施
湖北觀光情報センター
湖北觀光資訊中心

活用屋齡逾300年的町家建築打造而成的遊客服務中心。可取得長濱與湖北一帶的觀光或活動資訊，還有販售優惠的通用入場券等。到長濱散步前順便來一趟會方便許多。
☎0749-65-0370 ⊕長浜市元浜町14-12 ⊙9:30〜16:30 ⊛無休

長浜城歷史博物館
長濱城歷史博物館

長濱城是羽柴（豐臣）秀吉於安土桃山時代修建的城堡，到了江戶時代前期淪為廢城。於1983年模擬舊時的面貌重建了天守，並以內部作為歷史博物館對外開放。
☎0749-63-4611 ⊕長浜市公園町10-10 ⊙9:00〜17:00（受理至16:30）⊛無休 ⊜410日圓

秀吉的第一座居城遺跡
從展望台可一覽湖北

↑從展望台盡覽城鎮與琵琶湖

寺町 & 門前町

山村集落・講中宿

赤沢宿
赤澤宿

山梨縣早川町
重要傳統建築群保存區

連接2座聖山的講中宿，
旅籠佇立於深山集落中

連結身延山與七面山2大聖地的參拜道路上唯一一座宿場町。自中世紀以來便繁榮不已，到了江戶時代團體參拜的「講」蔚為流行，集落的旅籠因團體旅客熱鬧滾滾。全盛期1天約有1000人來訪，直到昭和30年代因開通了另一條路線的高速公路使訪客銳減。9間旅籠大多關閉。集落中連綿的石板坡道上，如今屋簷下懸掛著講中札的昔日旅籠仍分散各處。

📖 ACCESS & INFORMATION

從JR身延線的下部溫泉站搭乘早川共乘巴士需26分鐘，於七面山登山口的赤澤入口巴士站下車，徒步30分鐘。

早川町觀光協會 📞0556-48-8633

旅籠的屋簷下懸掛著招布板（講中札），寫著常來訪的「講」的名稱

赤澤宿 MAP

🚩下部温泉駅
喜久屋
（歷史文化公園休憩处）
江戶屋旅館❶
卍妙福寺
清水屋❷
Ｈ旅館大黑屋
Ｈ旅館萬屋
早川町赤澤重要傳統建築保存區

N
0 ——— 100m

山間的講中宿

> 明治初期有38戶居民生活，還有9家旅籠營業。其中6家旅籠至今猶存

❶ 下榻於昔日的講中宿
江戶屋旅館

自古以來在赤澤持續營業的旅館。懸掛於屋簷下的講中札「招布板」、為了講的團體旅客而設置長板凳的入口土間等，處處留有講中宿的面貌。住宿須1週前預約。
📞0556-45-2162 🏠早川町赤沢158

❷ 從2樓可將宿場一覽無遺
清水屋

以旅籠改造而成的遊客服務中心兼休息所。販售當地的特產與工藝品，還設有飲茶區。
📞0556-45-3232 🏠早川町赤沢193
🕙10:00～15:30 ❌週三、冬季休業

集落裡除了車道外，還有一條很陡的石板步道綿延，風情無限。務必徒步參觀

戸隠

戸隠

長野縣長野市
重要傳統建築群保存區

靈山戸隠山麓的山岳聖地，
歷史悠久的宿坊集中於神域

　戸隠山流傳著天外飛來天岩戸的傳說，是自古以來的山岳聖地，平安時期則作為修驗道場遠近馳名。有由奧社、中社、寶光社、九頭龍與火之御子社5社所組成的戸隠神社鎮坐於山腳。到了江戸時代，戸隠信仰也擴及庶民，參道上宿坊櫛比鱗次，形成門前集落。有著茅葺屋頂的宿坊至今猶存，講述著此地悠遠的歷史。門前有販售名產戸隠蕎麥麵與特產竹織工藝品的店家林立，好不熱鬧。

ACCESS & INFORMATION

從JR北陸新幹線信越本線／信濃鐵道北信濃線／長野電鐵長野線的長野站，搭乘Alpico交通巴士約需1小時，於戸隠寶光社巴士站下車。到中社大門巴士站時還要再5分鐘。

戸隠觀光協會 ℡026-254-2888

有鬱鬱蒼蒼的巨木環繞四周的中社，是戸隠的參拜與觀光中心地區

戸隠 MAP

N
0 500m

◉奧社・九頭龍社
戸隠スキー場
㊡戸隠神社 中社
㋛山小屋どんぐり
小鳥ヶ池
戸隠觀光情報センター
❶宿坊極意
㋠旅館 橫倉
㊇戸隠中社
戸隠大門
㊇中社
長野市戸隠重要傳統
建築群保存區
戸隠
神告げ温泉
湯行館
戸隠神社 火之御子社㊇
水源池
戸隠神社
宝光社 ㊇
㊇戸隠神社寶光社
❷越志旅館
㊋武井旅館
㋡戸隠そば博物館
とんくるりん
㉛長野駅

中社的宿坊群

自江戸時代延續下來的宿坊錯落分布於中社鳥居附近，迎接參拜來客

① 由當家擔任神官的宿坊
宿坊極意

宿坊的歷史可追溯至中世紀。代代擔任聚長，負責照料參拜者的住宿或進行代禱。建於腹地內、有著茅葺屋頂的神殿與庫裏皆重建於江戸後期，已登錄為國家有形文化財。
℡026-254-2044 ㉒長野市戸隠3354

② 屋齡250年的茅葺建築
越志旅館

寶光社的門前。此宿坊兼任戸隠神社的聚長，代代招待著參拜的遊客。神殿裡安設佛像，還收藏有佛具與佛畫。
℡026-254-2007 ㉒長野市戸隠宝光社2332

形成門前町的
戸隠神社的2大社

戸隠神社 中社
戸隠神社 中社

祭神天八意思兼命在天岩戸傳說中是想出開啟岩戸之法的智慧之神。以護佑學業成就與商業繁盛等相當靈驗而聞名。境內有樹齡超過800年的三本杉與御神木，綠樹成蔭。社殿則有近年修復的河鍋曉齋的「龍之天井繪」。
℡026-254-2001(戸隠神社社務所) ㉒長野市戸隠中社 開休費自由參拜自由

◆在戸隠五社中是核心般的存在

◆祭祀著中社的御子神「天表春命」

戸隠神社 宝光社
戸隠神社 寶光社

爬上270多級石階，前方的社殿即為戸隠五社中最古老的神社，建於江戸末期。寺院式建築仍保有神佛習和時代的餘韻，雕刻巧奪天工。
℡026-254-2001(戸隠神社社務所) ㉒長野市戸隠3506 開休費自由參拜

門前町

善光寺門前町

長野縣長野市

與「善光寺先生」共存共榮 參拜人潮如雲的門前町

　　相傳善光寺是於642年遷移至現址，作為庶民信仰的聖地而廣受推崇。在中世紀期間形成門前町，江戶初期則成為北國街道的宿場町並蓬勃發展。仲見世從仁王門延伸至本堂，沿路有土藏造樣式的佛具店與信州名產店林立，好不熱鬧。仲見世通後側則擴展出宿坊街，古建築比鄰而立，一派閒靜風雅。從仁王門往南延伸的中央通上也有充滿門前町特色的和風街道綿延。

ACCESS & INFORMATION

從JR北陸新幹線信越本線／信濃鐵道北信濃線／長野電鐵長野線的長野站徒步25分鐘。

(公益財團法人)長野觀光會議局
☎026-223-6050

中央通是通往善光寺的表參道，有瓦屋頂與土藏造樣式的店鋪林立

善光寺門前町 MAP

N
0　200m

日本忠靈殿
(善光寺史料館)
長野縣立美術館
卍善光寺
大勸進卍　卍寬慶寺
駒返り橋
(善光寺七橋)
善世榮S　なで牛　城山小
桜小路
善光寺仁王門
大本願 本誓殿　表參道
THE FUJIYA GOHONJIN
信州大
善光寺
上堀小路
善光寺郵便局
大門
長野駅　ぱてぃお大門

善光寺仲見世通

照片提供：善光寺

綿延至本堂的石板路仲見世通。自江戶時代就有露天店家林立，到了明治時期則出現常設店鋪

1 讓倉庫重生的商業設施
ぱてぃお大門
帕忒奧大門

為了保留門前町特有的景觀，針對附近一帶的倉庫與商店加以改造，催生出表參道沿路的商業設施。獨具特色的商店與各式的餐飲店齊聚一堂。
☎026-238-1717 ⦿長野市長野大門町55 ⊗依店家而異

2 舊本陣的古典建築
THE FUJIYA GOHONJIN

創業於江戶時期，是加賀藩前田家參勤交代時經常投宿的旅館。裝飾藝術風格的建築物是大正時期重建的。現為義式餐廳&婚禮場地。
☎026-232-1241 ⦿長野市大門町80 ⊗不定期公休

3 將旅館的一部分用作郵局
善光寺郵便局
善光寺郵局

前身為老字號旅館的五明館曾是脇本陣，且深受作家池波正太郎喜愛，此郵局即改造自其服務台部分。建築物建於1932年。
☎026-234-4761 ⦿長野市長野大門町515

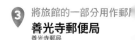

善光寺

安設了絕對祕佛的本尊相傳是日本最古老佛像

創建於飛鳥時代，不問宗派或身分、救濟世人的庶民寺。本尊「一光三尊阿彌陀如來」是絕對祕佛，模擬其打造的「前立本尊」每7年公開1次。
☎026-234-3591 ⦿長野市長野元善町491-イ ⊗依設施而異 ⊗無休 ⊗境內可自由參觀(內陣、山門、經藏、戒壇巡禮、史料館皆須收費)

國寶本堂重建於1707年

照片提供：善光寺

122

坂本

滋賀縣大津市
重要傳統建築群保存區

誕生於比叡山山麓的門前町
里坊石牆成排相連蔚為壯觀

　　位於比叡山東麓的坂本為比叡山與日吉大社的門前町，自古便繁盛不已。散布各處的54座里坊為街道的特色。里坊為延曆寺僧侶在村落建造的隱居之所，廣大腹地中還有優雅的庭園。環繞腹地的石牆則是由被譽為名匠的當地石牆工匠透過穴太積的工法修砌而成。以大小不一的天然石巧妙砌成的石牆十分壯觀，在日吉大社參道的日吉馬場也看得到。

ACCESS & INFORMATION

於京阪石山坂本線的坂本比叡山口站或JR湖西線的比叡山坂本站下車。

坂本觀光協會 ☎077-578-6565

滋賀院遺跡的庭園，為遠近馳名的名園。可從宸殿的緣廊一側觀賞

坂本 MAP

大津市坂本重要傳統建築群保存區

- 卍城光院
- 卍延命寺
- 樹下宮本坊 ・史蹟 日吉古墳群
- 太平記碑文
- 卍實成院
- 天龍川
- 流護因神社 卍
- 薬樹院 卍
- 律院 卍 大将軍神社 卍
- 4 日吉大社
- 旧竹林院
- 大宮橋
- 穴太衆積みの石垣
- 坂本駅
- 比叡山坂本ケーブル
- 日吉東照宮 卍
- 戒蔵院 卍
- 十三体石仏群
- 1 滋賀院門跡
- 御殿馬場
- 3 慈眼堂
- 大覚寺 卍 47
- 最乗院 卍
- 坂本比叡山口駅
- 京阪坂本電鉄線
- 石山坂本線
- N 200m

中山道・甲州街道　善光寺門前町／坂本

日吉馬場

以穴太積砌成的堅固石牆，大小不一的石子皆維持天然的形狀。安土城也採用這種手法

① 高規格的延曆寺的本坊
滋賀院門跡
滋賀院門跡遺跡

延曆寺的本坊，代代擔任天台座主的皇族直到江戶末期都以此地為住所。建築物是於江戶初期從京都法勝寺遷建。廣大的境內有內佛殿、宸殿、書院、庫裏與土藏等佇立。
☎077-578-0130 ⓐ大津市坂本4-6-1 ⑳9:00~16:00 ⑭無休 ⑭500日圓

② 四季彩綴著引入了清流的庭園
旧竹林院
舊竹林院

里坊之一，除了主屋，還有1912～1926年建造的2棟茶室與四阿（涼亭建築）。約3300m²的庭園為國家名勝，紅葉時期還會點燈。
☎077-578-0955 ⓐ大津市坂本5-2-13 ⑳9:00~17:00（受理~16:30）⑭週一（遇假日則翌日休）⑭330日圓

從竹林院的主屋2樓眺望庭園的綠意。入秋後還可盡情欣賞色彩斑斕的紅葉

③ 延曆寺高僧的墓所
慈眼堂

建於江戶前期，慈眼大師天海的墓所。天海上人曾侍奉德川家康等3代將軍，盡力復興延曆寺。堂內安設其木造坐像，境內有江戶時期後的天台座主墳墓。
☎077-578-0130（滋賀院遺跡）ⓐ大津市坂本4-6-1 ⑳⑭⑭境內可自由參觀（堂內不開放參觀）

④ 「山王先生」的總本宮
日吉大社

延曆寺的門前町，鎮坐於石砌之鄉坂本。以祭祀大山咋神的東本宮、恭請大己貴神來此祭祀的西本宮（兩宮的本殿皆為國寶）為中心，建造無數以建築之美著稱的社殿。
☎077-578-0009 ⓐ大津市坂本5-1-1 ⑳9:00~16:30 ⑭無休 ⑭300日圓

山村集落

白川鄉
白川鄉

岐阜縣白川村
重要傳統建築群保存區

茅葺屋頂的合掌造集落，
以「日本原始風景」備受喜愛

　　飛驒地區西部的白川鄉是日本為數不多的山岳大雪地區。自江戶時代盛行養蠶，適合氣候風土與養蠶的合掌造民房十分發達。陡斜屋頂可承受雪的重量，寬廣的閣樓空間則作為養蠶工作室等，是兼具多功能性的住宅。白川村的荻町集落中仍留有約60棟合掌造民房，人們代代在此生活。與同為合掌造集落的富山五箇山（P.186）一起被列為世界文化遺產。

▢ ACCESS & INFORMATION

從JR高山本線的高山搭乘濃飛巴士等需50分鐘，於白川鄉巴士總站下車。

白川鄉觀光協會 ✆ 05769-6-1013

TOWN
巡 禮

從展望台將村落一覽無遺

城山天守閣展望台

2座展望台之一，天守閣的用餐區有對外開放。為俯瞰集落的絕佳地點。有接駁巴士運行，往返於和田家附近與展望台之間。
接駁巴士
✆ 05769-5-2341（白山計程車） ⏰9:00～15:40（每隔20分鐘一趟） 💰單程200日圓

合掌造民房

此地務必一訪！

合掌造民房皆一致朝向南北方，是為了抵抗地區特有的強勁北風風壓

1 高規格的合掌造建築
和田家

於江戶時代擔任名主（村長）與番所官員的世家。一般認為建築物建於江戶時代中期，已獲指定為國家重要文化財。號稱是白川鄉規模最大的合掌家屋，可欣賞粗壯的梁柱、附設式台的玄關等雄偉構造。
✆ 05769-6-1058 📍白川村荻町997 ⏰9:00～17:00 休不定期公休 💰400日圓

2 由石川的宮大工所建造
神田家

約200年前從和田家分家出來。江戶時代後期，宮大工耗費10年建造而成的家屋，十分壯觀。
✆ 05769-6-1072 📍白川村荻町796 ⏰9:00～17:00（9:00～10:00與16:00～17:00僅接受預約） 休週三（遇假日照常開館） 💰400日圓

3 展示茸生活用具
長瀬家
長瀬家

5層樓而雄偉不已的合掌家屋。1樓有500年前的佛壇，還展示著藝術品與生活用具。
✆ 05769-6-1047 📍白川村荻町823-2 ⏰9:00～17:00 休不定期公休 💰400日圓

 合掌造民房大集合

野外博物館 合掌造り民家園
野外博物館 合掌造民家園

遷建、保存並對外開放村內各地25棟合掌造家屋。除了展示介紹村落歷史與文化的實物及照片，亦可體驗稻草工藝與蕎麥麵製作等（須預約）。

☎05769-6-1231 地白川村荻町2499
時8:40～17:00(入園～16:40)、12～2月9:00～16:00(入園～15:40) 休12～3月的週四(遇假日則前一日休)
費600日圓

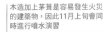

木造加上茅葺是容易發生火災的建築物，因此11月上旬會同時進行噴水演習

白川郷MAP

鳩谷八幡神社　白川橋
五箇山IC
お宿すみれ荘 H
白川郷IC
東海北陸自動車道
白山白川郷ホワイトロード
荻町の吊橋
合掌乃宿 孫右ェ門 H
本覚寺 卍
一茶 H
であい橋
飛騨清見IC
野外博物館 合掌造り民家園 ❹
お宿のだにや H

白川村荻町重要傳統建築群保存區
360
荻町城跡展望台
城山天守閣展望台
i 白川郷観光協会
白川郷
庄川
❶和田家
❷神田家
❸長瀬家
卍明善寺
白川八幡神社

N
0　　　200m

125

在白砂川左岸的斜坡上延展的集落。主幹道沿路皆有石牆砌成的養蠶民家林立

山村・養蠶集落

六合赤岩

群馬縣中之條町　重要傳統建築群保存區

出梁造大型養蠶民家，仍保有近代養蠶集落的景觀

　　群馬縣西北部的山間集落，從明治至昭和30年代期間憑藉養蠶而蓬勃發展。南北貫穿集落的主幹道上，現仍保存著許多幕末以後建成的2～3層大型養蠶農家。1樓為住宅，2樓以上則是寬敞的養蠶作業場，梁柱突出於外牆的出梁造是住家的特色。

🗌 ACCESS & INFORMATION

從JR吾妻線的長野原草津口站搭乘六合地區路線巴士需8分鐘，於赤岩入口巴士站下車，或再往前約4分鐘的南大橋巴士站下車。

中之條町觀光協會 ☎0279-75-8814
赤岩交流之家 ☎0279-95-3008

⬆3層樓木造土藏造樣式的湯本家。藏匿高野長英的房間至今猶存

⬆養蠶民家的建築物。2樓有個因出梁造所產生的陽台空間

山村・養蠶集落

塩山下小田原上条
鹽山下小田原上條

山梨縣甲州市　重要傳統建築群保存區

有著獨特突起屋頂的切妻造養蠶型農家錯落其中

　　鹽山下小田原地區的上條集落中，集中保留了江戶中期至明治時期建造的茅葺民房。讓屋頂中央部位逐漸堆高的「上突屋頂」是在盛行養蠶的明治時期以後增設的，在設於閣樓的蠶室發揮採光與通風的作用。為了進一步增加產量而在主屋之外的獨棟建築中建造的蠶室也保留至今。

🗌 ACCESS & INFORMATION

從JR中央本線的鹽山站搭乘甲州市民巴士大菩薩峠登山口線需16分鐘，於小田原橋巴士站下車。

甲州市生涯學習課 ☎0553-32-5069

如今茅葺屋頂大部分被覆蓋在白鐵皮下，不過上突屋頂這個特色猶在

⬆江戶後期建造的「Moshi Moshi House」，有著上突屋頂。現在是住宿設施

⬆建於集落南方的金井加里神社，相傳是創建於戰國時期的古社

青鬼

長野縣白馬村　重要傳統建築群保存區

隔著梯田坐望北阿爾卑斯山 小集落裡仍流傳著善鬼傳說

　　此集落位於白馬村東北部標高約750m的山腰上。斜坡上林立著江戶後期至明治時期建造的14棟茅葺大型民房（覆蓋白鐵皮）。東面有片砌了石牆的廣闊梯田，人們至今仍珍惜地使用江戶末期所開鑿的青鬼堰來澆灌梯田。隔著梯田與民房，坐望白馬的市街與北阿爾卑斯山雄偉的山巒。

☐ ACCESS & INFORMATION

從 JR 大糸線的白馬站搭車約需10分鐘（約5km）。
白馬村觀光局資訊站
☎0261-85-4210

集落中的青鬼神社裡，祭祀著會好心借出飯桌與碗的善鬼大人，據說這也是地名的由來

⤴明治後期建造的降籏家。命名為「善鬼之館」並對外開放

⤴獲選為「日本梯田百選」的風景。栽培著特產的紫米

遠山鄉下栗
遠山鄉下栗

長野縣飯田市

標高 1000m 斜坡上的集落，有「日本的提洛爾」之美譽

　　南信州的小集落，位於標高800～1000m的高地。在最大傾斜度達38度的陡峭斜坡上，九彎十八拐的道路蜿蜒，且沿途有住宅與耕地分布。集落前方是重巒疊嶂的南阿爾卑斯山。江戶時代人口約為300人，現在僅餘80人左右，不過至今每年12月仍會莊嚴地舉辦傳統的「霜月祭」。

☐ ACCESS & INFORMATION

從 JR 飯田線的飯田站搭車約需1小時（約37km）。
遠山鄉觀光協會　☎0260-34-1071

集落中也有住宿設施，附近設有可一覽集落的展望景點

五個莊金堂

五個荘金堂

滋賀縣東近江市
重要傳統建築群保存區

有錦鯉悠游的溝渠通過 近江商人雄偉的本宅前

位於琵琶湖東岸湖東平原的中央，自古作為附近一帶的中心區而繁榮。整片水田地帶延展開來，仍維持古代土地劃分制度「條里制」的土地區劃。於江戶初期成為大和郡山藩領，形成以陣屋與寺社為中心的農村集落。江戶後期出現不計其數以全國各地為舞台的近江商人，到昭和前期都活躍不已。街道上有富商的本宅與寺社林立，環繞屋敷周圍的白牆、板牆與溝渠則營造出別樣的風情。

ACCESS & INFORMATION

於近江鐵道本線的五箇莊站或JR東海道本線的能登川站下車。

東近江市觀光協會 ☎0748-29-3920

在溝渠中悠游的鮮豔錦鯉讓觀光客賞心悅目

五個荘金堂 MAP

能登川駅
④金堂まちなみ保存交流館
N
0 300m
あきんど通り
①中江準五郎邸
藤井彦四郎邸③
⑤NIPPONIA五個荘 近江商人の町
五箇荘駅
観峰館
②外村繁邸
⑥東近江市 近江商人博物館・中路融人記念館
弘誓寺
寺前・鯉通り
大城神社
金堂城跡
光澤寺
東近江市 ぷらざ三方よし（五個荘観光案内所）
海老塚跡
蔵福寺
8
八幡神社
東近江市五個荘金堂重要傳統建築群保存區
旧中山道
青蓮寺

※中江準五郎邸、外村繁邸與藤井彥四郎邸的3館套票為1000日圓，再加上東近江市近江商人博物館的4館套票為1150日圓

寺前的鯉通

此地務必一訪！

❶ 「百貨之王」一族的屋敷
中江準五郎邸

三中井一族於明治時期創業，戰前於中國與朝鮮半島等處經營百貨公司，其本宅已對外開放。採用池泉回遊式庭園，池子周圍配置了石燈籠與巨石，屋內則展示著鄉土玩具小幡人偶等。

☎0748-48-3399 地東近江市五個莊金堂町643 開10:00～16:30 休週一（遇假日則翌日休）費400日圓

❷ 孕育出作家的商人屋敷
外村繁邸

明治後期於東京日本橋與高田馬場開設木棉吳服批發店並活躍一時的近江商人本宅。在作家外村繁的故居，利用倉庫打造外村繁文學館。

☎0748-48-5676 地東近江市五個莊金堂町631 開10:00～16:30 休週一（遇假日則翌日休）費400日圓

近江商人屋敷

弘誓寺周邊的寺町鯉通的街道。寺院與商人屋敷比連而立的形姿一派幽靜

5 在知名富商屋敷體驗住宿
NIPPONIA 五個莊 近江商人の町
NIPPONIA五個莊 近江商人之町

此包棟旅館改造自近江代表的富商外村宇兵衛於江戶末期建造的宅邸。另有活用倉庫打造而成的劇院房，最多可入住10人。
☎080-7000-7068 ⓐ東近江市五個莊金堂町645

6 認識近江商人並鑑賞畫作
東近江市近江商人博物館・中路融人記念館
東近江市近江商人博物館・中路融人紀念館

用影片、立體透視模型等詳述近江商人的成功軌跡。中路融人紀念館中則展示曾描繪無數滋賀風景且與東近江市淵源匪淺的日本畫家中路融人作品。
☎0748-48-7101 ⓐ東近江市五個莊竜田町583 ⓘ9:30～17:00(入館～16:30) ⓚ週一(遇假日則週二・三休)、假日的隔天(週六・日・一除外) ⓨ300日圓

中江準五郎邸附近的「商人通」，有白灰泥牆與船板圍牆環繞的土藏林立。令人遙想以行商起家並在各地獲得成功的近江商人的繁榮盛況

3 極盡奢侈的客殿與庭園
藤井彥四郎邸
藤井彥四郎邸

开發出「SKI YARN」、一代致富的藤井彥四郎的舊宅。內有屋敷、土藏與羊館，介紹著近江商人的事蹟。細部設計精巧的客殿及從該處眺望的庭園皆美妙絕倫。
☎0748-48-2602 ⓐ東近江市宮荘町81 ⓘ10:00～16:30 ⓚ週一(遇假日則翌日休) ⓨ400日圓

4 將商人屋敷化作接待場所
金堂まちなみ保存交流館
金堂街道保存交流館

「中江」為三中井百貨公司經營者一族，將其四兄弟中的三男富十郎的宅邸對外開放。會開設季節展或販售物產品，還可享用咖啡小憩片刻。
☎050-5801-7101 ⓐ東近江市五個莊金堂町904 ⓘ10:30～16:30 ⓚ週一・二(遇假日則翌日休) ⓨ免費

港町 & 漁村

港町・商家町

堅田

滋賀縣大津市

於中世紀掌握了琵琶湖的特權
成為號稱近江最繁榮的港町

　　位於琵琶湖最狹窄部位的西岸,以滿月寺浮御堂的優美湖岸風景而聞名。從中世紀至近世,掌握了琵琶湖的漁業權與自由通行權而極盡繁榮,建立起被譽為「堅田千軒」的強大自治都市。享有1000餘年歷史的寺社、沿途街道上餘留的權貴的舊屋敷、如迷宮般的狹窄後巷、溝渠與船塢的史蹟等,令人懷想起舊日時光。

近江八景之一的「滿月寺浮御堂」。風光明媚的風景受到許多文人墨客的喜愛並為之吟詠

ACCESS & INFORMATION

於JR湖西線的堅田站下車。

堅田觀光協會 ☎077-572-0425

⬆ 明治初期於湖上關所所在地建造的木造出島燈台

⬆ 鄉土屋敷裡的茶室「居初家天然圖畫亭」。江戶時期打造的庭園甚是風雅

港町

菅浦

滋賀縣長濱市

湖光山色環繞的昔日陸上孤島

　　位於琵琶湖北岸、葛籠尾半島的前端、西側的海灣處。於中世紀組織了自治村落「惣」,為監視而建的四足門仍保留於集落的東西兩端。湖岸通上堆疊著消波石塊,瀰漫出一股港町的風情。

ACCESS & INFORMATION 從JR北陸本線的永原站搭車約需13分鐘(約9km)。

長濱觀光協會 ☎0749-53-2650

港町・宿場町

海津

滋賀縣高島市

湖岸上的石堆呈現出獨特的景觀

　　自古以來被視為湖上交通要道的港町,亦作為西近江路的宿場町而蓬勃發展。湖岸上綿延不絕的石堆,最初是江戶時代的當地代官為了預防大浪對住家與街道造成嚴重損壞而建造的石牆。是海津最具象徵性的湖岸風景。

ACCESS & INFORMATION 從JR湖西線的牧野站搭乘國境線巴士需分鐘,於海津1區巴士站下車。

琵琶湖高島觀光協會 ☎0740-33-7101

溫泉町・宿場町

渋温泉
澀溫泉

長野縣山之內町

**與浴衣身影很搭的石板溫泉街
湧出武將曾用以療傷的古湯**

一般認為是行基於奈良時代發現的溫泉，已有1300年歷史，相傳也是信玄的祕密溫泉。到了江戶時代，松代真田藩於此地設置了本陣，亦是草津街道的宿場町，因旅人與溫泉療養客而熱鬧不已。平緩彎曲的石板路上，仍保有不少建於明治至昭和初期的3～4層樓老字號木造旅館。建築物經不斷翻修與擴建，構造複雜且饒富韻味，加上9座外湯，散發著溫泉街古老而美好的魅力。

ACCESS & INFORMATION

從長野電鐵的湯田中站搭乘長電巴士需4分鐘，於澀溫泉巴士站下車。

澀溫泉旅館公會 ☎0269-33-2921

在橫湯川沿岸延展開來的澀溫泉街。寺社錯落其中，岔路的狹窄後巷也別具風情

澀溫泉MAP

```
開花湯
一番湯・初湯
二番湯・笹の湯
三番湯・綿の湯
湯田中駅
澀溫泉　旧臨仙館
澀湯橋　横湯川
源泉館 湯本旅館②
真田家旧本陣つばたや③
沓野澀溫泉
六番湯・目洗いの湯
渋温神社
歴史の宿 金具屋①
八番湯・神明滝の湯
九番湯・渋大湯
七番湯・七操の湯
十番湯・
横湯大獅子
四番湯・竹の湯　金具橋
五番湯・松の湯
沓野
N   0   200m
```

歷史之宿 金具屋

4層樓木造溫泉旅館「歷史之宿 金具屋」已位於溫泉街中心區，格外有存在感

① 傳遞昭和的溫泉文化
歷史の宿 金具屋
歷史之宿 金具屋

江戶中期創建的溫泉旅館。昭和初期所建的4層樓木造住宿建築「齊月樓」已登錄為國家有形文化財，嶄新的館內裝飾也令人歎為觀止。坐擁4個私人源泉，可享受8種獨特的溫泉。

☎0269-33-3131 ㊙山ノ内町平穏2202

② 瀰漫大正浪漫的老旅館
源泉館 湯本旅館

創業已有約400年的歷史，建築物是大正初期建造的3層樓木造數寄屋構造。瀰漫著大正時代的懷舊氛圍。

☎0269-33-2181 ㊙山ノ内町平穏2218

③ 真田家經常光顧的本陣宿
真田家旧本陣つばたや
真田家舊本陣TUBATAYA

此旅館於江戶時代曾是松代藩真田家的本陣。建築物仍保留明治初期建造時的樣貌，許多知識分子與財政界人士等曾下榻於此。

☎0269-33-2165 ㊙山ノ内町平穏2052

九湯巡禮

唯有下榻澀溫泉的房客能享受的9大外湯巡禮

將當地人常泡的9處公共浴場（外湯）免費開放給住宿旅客。九湯的源泉或效用各異，據說在滌除九勞（9種苦難）、消災解厄等都很靈驗。還販售蓋有外湯紀念章的祈願手拭巾。

㊙6:00～22:00　※澀溫泉的各家旅館都有出借外湯巡禮專用的鑰匙 ㊙免費

非住宿者僅可使用九號湯「澀大湯」。
㊙10:00（週一・三・五13:00）～17:00 ㊙500日圓

↑位於溫泉街東側的五號湯「松之湯」

↑九號湯「澀大湯」是褐色的濁湯

重要傳統建築群保存區 LIST　vol.2

編號	都道府縣	地區名稱等	類別	頁面
57	京都	京都市上賀茂	社家町	P196
58	京都	京都市產寧坂	門前町	P194
59	京都	京都市祇園新橋	茶屋町	P8
60	京都	京都市嵯峨鳥居本	門前町	P197
61	京都	南丹市美山町北	山村集落	P236
62	京都	伊根町伊根浦	漁村集落	P234
63	京都	與謝野町加悅	製織町	P232
64	大阪	富田林市富田林	寺內町・在鄉町	P197
65	兵庫	神戶市北野町山本通	港町	P354
66	兵庫	豐岡市出石	城下町	P218
67	兵庫	丹波篠山市篠山	城下町	P214
68	兵庫	丹波篠山市福住	宿場町・農村集落	P243
69	兵庫	養父市大屋町大杉	山村・養蠶集落	P238
70	兵庫	龍野市龍野	商家町・釀造町	P248
71	奈良	橿原市今井町	寺內町・在鄉町	P198
72	奈良	五條市五條新町	商家町	P204
73	奈良	宇陀市松山	商家町	P205
74	和歌山	湯淺町湯淺	釀造町	P206
75	鳥取	倉吉市打吹玉川	商家町	P228
76	鳥取	若櫻町若櫻	商家町	P242
77	鳥取	大山町所子	農村集落	P239
78	島根	大田市大森銀山	礦山町	P230
79	島根	大田市溫泉津	港町・溫泉町	P241
80	島根	津和野町津和野	武家町・商家町	P224
81	岡山	倉敷市倉敷川畔	商家町	P260
82	岡山	津山市城東	商家町	P251
83	岡山	津山市城西	寺町・商家町	P251
84	岡山	高梁市吹屋	礦山町	P264
85	岡山	矢掛町矢掛宿	宿場町	P274
86	廣島	吳市豐町御手洗	港町	P272
87	廣島	竹原市竹原地區	製鹽町	P266
88	廣島	福山市鞆町	港町	P271
89	廣島	廿日市市宮島町	門前町	P279
90	山口	荻市堀內地區	武家町	P252
91	山口	萩市平安古地	武家町	P252
92	山口	荻市濱崎	港町	P273
93	山口	荻市佐佐並市	宿場町	P278
94	山口	柳井市古市金屋	商家町	P265
95	德島	美馬市脇町南町	商家町	P284
96	德島	三好市東祖谷山村落合	山村集落	P294
97	德島	牟岐町出羽島	漁村集落	P293
98	香川	丸龜市鹽飽本島町笠島	港町	P292
99	愛媛	宇和島市津島町岩松	在鄉町	P291
100	愛媛	西予市宇和町卯之町	在鄉町	P290
101	愛媛	內子町八日市護國	製蠟町	P288
102	高知	室戶市吉良川町	在鄉町	P291
103	高知	安藝市土居廓中	武家町	P295
104	福岡	八女市八女福島	商家町	P326
105	福岡	八女市黑木	在鄉町	P326
106	福岡	浮羽市筑後吉井	在鄉町	P324
107	福岡	浮羽市新川田籠	山村集落	P342
108	福岡	朝倉市秋月	城下町	P304
109	佐賀	鹿島市濱庄津町濱金屋町	港町・在鄉町	P332
110	佐賀	鹿島市濱中町八本木宿	釀造町	P332
111	佐賀	嬉野市鹽田津	商家町	P331
112	佐賀	有田町有田內山	製瓷町	P328
113	長崎	長崎市東山手	港町	P358
114	長崎	長崎市南山手	港町	P358
115	長崎	平戶市大島村神浦	港町	P340
116	長崎	雲仙市神代小路	武家町	P306
117	大分	日田市豆田町	商家町	P334
118	大分	杵築市北台南台	武家町	P308
119	宮崎	日南市飫肥	武家町	P316
120	宮崎	日向市美美津	港町	P341
121	宮崎	椎葉村十根川	山村集落	P342
122	鹿兒島	出水市出水麓	武家町	P320
123	鹿兒島	薩摩川內市入來麓	武家町	P321
124	鹿兒島	南薩摩市加世田麓	武家町	P322
125	鹿兒島	南九州市知覽	武家町	P318
126	沖繩	渡名喜村渡名喜島	島上農村集落	P343
127	沖繩	竹富町竹富島	島上農村集落	P343

截至2023年12月5日

東海道

武藏・相模・伊豆・駿河・遠江・三河・尾張・伊勢・志摩・伊賀

東京・神奈川・靜岡・愛知・三重

武藏
相模
駿河
尾張
三河
遠江
伊賀
伊勢
志摩
伊豆

太平洋沿岸的各個國家有宿場從江戶串連至京都

以東海道為中心的本州太平洋沿岸地區，為江戶時代整頓的五街道之一。東海道曾是交通與物流的大動脈，從江戶日本橋至京都三條大橋為止，設置了53座宿場，無數旅人熙來攘往。

關宿的街道上至今仍有200多家傳統町家比鄰而立。可一邊在東海道宿場風情依然濃厚的街道上散步，一邊享受購物與美食之樂。險關薩埵峠附近的**間之宿**由比倉澤有格子構造的町家並列成排，飯田街道的山間宿場**足助**則以白牆土藏林立的巷弄，保有宿場的昔日樣貌。

下田與**松崎**為伊豆的港町，有海參牆的土藏毗連，是美麗的商家町。尾張、三河與伊勢則有無數江戶時代商人崛起繁榮的商家町。盛行釀造酒或醋的半田，以有松絞染大受歡迎的有松等，目前仍有土藏或商家林立的街道綿延。

犬山的城下町內有國寶天守聳立，林立於町人街的町家已形成商店街，至今仍一片人聲鼎沸。城下町松阪於江戶時代開始發展商業，富商屋敷與武家長屋至今猶存，傳遞著往日的榮景。

若到今昔皆熱鬧無比的淺草的仲見世通、柴又的門前町或寺町**谷中**，就去充滿下町味的商店街或巷弄漫步，參拜歷史寺院並接觸城鎮歷史。

↑江戶時代至明治時期的町家相連而立的關宿。在東海道的宿場中，保有格外濃厚的往日風采。

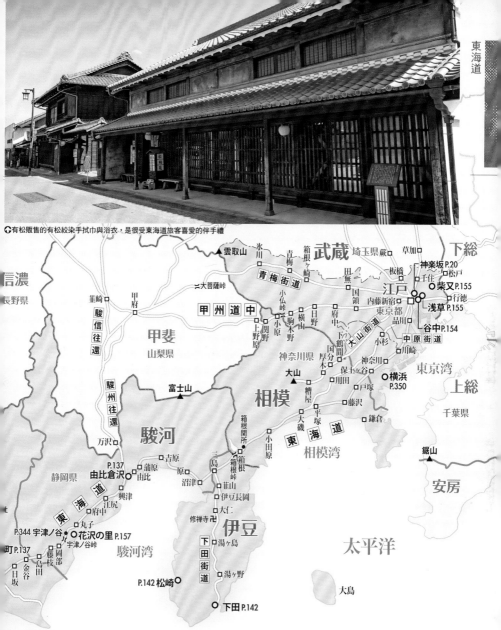

東海道

◎有松販售的有松絞染手拭巾與浴衣，是很受東海道旅客喜愛的伴手禮

信濃
長野県

武蔵
埼玉県
草加
蕨

下総
松戸
神楽坂 P.20
千住
行徳
江戸
東京都
柴又 P.155
浅草 P.155
谷中 P.154

▲雲取山
氷川
青梅
箱根ヶ崎
青梅街道
日無
国領
内藤新宿
板橋
日本橋

二ツ大菩薩峠
甲府
甲州道中
小仏峠
上野原
小原
関野
駒木野
日野
府中
品川

菲崎
駿信往還
甲斐
山梨県
横山
下鶴間
国分
厚木
川崎
中原街道
小杉

駿州往還
富士山▲
大山
神奈川県
用田
保土ヶ谷
神奈川
横浜 P.350

東京湾
上総
千葉県

相模
相模湾

静岡県
駿河
箱根関所
箱根峠
箱根
韮山
伊豆長岡
大仁
修禅寺
伊豆
湯ヶ島
下田街道
湯ヶ野

万沢
吉原
三島
原
沼津

蒲原
由比
興津
江尻
府中
丸子
由比倉沢 P.137
東海道

宇津ノ谷 P.344
花沢の里 P.157
宇津ノ谷峠
岡部
藤枝
島田
金谷
日坂

駿河湾
P.142 松崎
下田 P.142

大島

太平洋

鋸山

安房

◎松阪的「御城番屋敷」，至今仍有後代子孫生活其中

◎足助的宿場町，白牆泥的商家與土藏相鄰而立

135

宿場町

宿場町・商家町

足助

愛知縣豐田市
重要傳統建築群保存區

伊那街道上的宿場町，
仍保有雅緻的塗籠造商家群

在豐田市山區的足助川流域擴展開來的城鎮。在江戶時代作為伊那街道的宿場町繁榮不已，且為連接三河與信州的「鹽道」的中繼站，蓬勃發展至明治時代。如今有商家的町家與倉庫林立的城鎮景觀，則是於1775年的大火後修建而成。因此，很多都是塗籠造建築，即為了防火而連屋簷前都塗滿灰泥加固。倉庫毗連而立的窄巷，以及河川沿岸建築物拔地而起的風景，皆可享受有別於主要街道的韻味。

☐ ACCESS & INFORMATION

從名鐵三河線／豐田線的豐田市站搭乘名鐵巴士前往足助需43分鐘，於香嵐溪巴士站下車。

豐田市足助觀光協會 ✆0565-62-1272

> 本町在江戶時期曾是足助的中心區，仍保留著無數大商家的建築

足助 MAP

豐田市足助重要傳統建築群保存區
田町交流館
足助中馬館 ❷
足助陣屋跡
旧田口家住宅 ❶
普光寺卍
マンリン小路 ❸旧鈴木家住宅
足助 両口屋 ⑤
豐田市足助資料館
巴橋 西町
香嵐溪 香嵐溪 ⑳
香嵐溪 飯盛山
飯盛城跡 ▲ N
0 ——— 200m

> 足助漫步中的一大看點

> 位於新町的Manrin小路。土藏的白灰泥與黑板牆所形成的對比美不勝收，是頗受歡迎的景點

❶ 公開具代表性的傳統町家
旧田口家住宅
舊田口家住宅

江戶末期以前建造的商家。有挑高天花板與縱深較長的屋敷結構等，可清楚了解足助的町家建築的特色。
✆0565-62-0601（豐田市足助分局地區振興負責單位）🏠豐田市足助町本町 🕙10:00～17:00 🚫週二·四（假日與11月照常開館）💰免費

❷ 展示城鎮的歷史資料
足助中馬館

建於1912年的舊稻橋銀行足助分行。目前展示著足助的商業、金融、交通與街道等資料。
✆0565-62-0878🏠豐田市足助町田町11 🕙9:00～17:00 🚫週四（假日與11月照常開館）💰免費

> 古老城鎮北側的田町裡有無數傳統建築的商店，漫步其中別具樂趣

❸ 東海地區規模最大的商家
旧鈴木家住宅
舊鈴木家住宅

坐落於足助歷史性城鎮景觀之中心的大商家，坐擁從江戶後期至明治時期建造的16棟建築。自2014年展開修繕工程，2023年8月已重新對外開放街道沿路的主屋。
✆0565-62-0609（豐田市文化財課足助分室）🏠豐田市足助町本町20

江戶風情猶存的東海道的宿場町，以及秋葉街道沿途的小京都

宿場町

由比倉沢
由比倉澤

靜岡市清水區

坐望富士山，供旅人休息的間之宿

　　位於東海道的由比宿與興津宿中間的間之宿，亦是東海道險關薩埵垰東側的登山口。江戶時代有茶館林立，因為翻越山嶺的旅人而熱鬧非凡。街道沿路至今有著格子構造等的老舊住家仍櫛比鱗次，江戶時代舊街道的風情猶存。

ACCESS & INFORMATION 於JR東海道本線的由比站下車。
靜岡市清水站前遊客服務中心
☎054-367-9613

宿場町

御油宿
愛知縣豐川市

被譽為東海道最美的松樹林蔭道

　　從江戶日本橋數來第35座宿場町，作為東海道與姬街道的分岔點熱鬧不已。往西約500m有江戶初期栽種的松樹林蔭道綿延。十返舍一九的《東海道中膝栗毛》中，彌次先生綁住誤認為是狐狸的喜多先生的故事就發生在此。

ACCESS & INFORMATION 於名鐵名古屋本線的御油站下車。
豐川市商工觀光課 ☎0533-89-2140

宿場町

赤坂宿
愛知縣豐川市

江戶時代的旅籠屋至今猶存

　　從江戶日本橋數來第36座宿場町。從御油宿至赤坂宿的距離較短，因此松尾芭蕉曾以「夏之月，自御油出，即見赤坂」來歌詠其路程之短。大橋屋（舊旅籠鯉屋）在江戶時代是一般旅人下榻之處，現已對外開放。

ACCESS & INFORMATION 於名鐵名古屋本線的名電赤坂站下車。
豐川市生涯學習課 ☎0533-88-8035

宿場町・商家町

遠州森町
靜岡縣森町

因參拜來客與商人而熱鬧的宿場町

　　通往秋葉神社的秋葉街道上的宿場町。作為匯集並生產茶葉與古著等無數物資的商業地而車水馬龍，街道沿路有商家與旅籠毗連而立。本町周遭完好保留著老舊街道，江戶後期以來的町家風建築散布於街道沿路。

ACCESS & INFORMATION 於天龍濱名湖鐵道的遠州森站下車。
森町觀光協會 ☎0538-85-6319

関宿
關宿

三重縣龜山市
重要傳統建築群保存區

傳統建築的街道

東海道宿場町的珍貴街道，可感受江戶時期的繁華景況

從江戶數來第47座宿場町。大和街道與伊勢街道交會於此，西側鄰近險關鈴鹿峠而旅人如織。綿延約1.8km的宿場沿路建築物櫛比鱗次，江戶至明治時期的傳統建築占了大半。中町為宿場的中心區，有本陣與大旅籠等大規模建築比鄰而立。以灰泥牆搭配蟲籠窗等，設計華麗的町家令人懷想起昔日榮景。愈遠離中心區，景色隨之一變，街道更顯清幽。

☐ ACCESS & INFORMATION

於JR關西本線的關站下車。

龜山市商工觀光課 ☎0595-84-5074

建築&土木COLLECTION

蟲籠窗

為了採光與通風而設於建築物2樓的格子狀固定窗。常出現在塗抹了白灰泥的塗籠牆上。

舊田中家住宅，為江戶後期的建築。是讓柱子從灰泥牆中裸露出來的真壁造建築

伊藤本陣遺跡，被視為《東海道五十三次》中的本陣早立之原型。僅部分建築

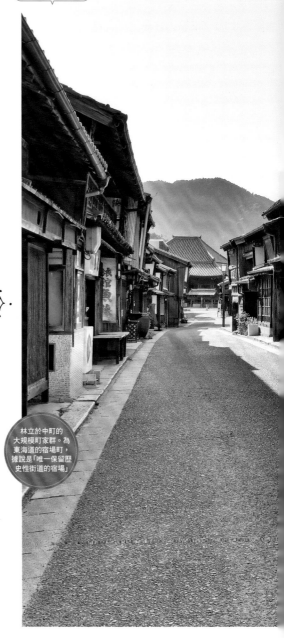

林立於中町的大規模町家群。為東海道的宿場町，據說是「唯一保留歷史性街道的宿場」

位於關宿西側的西之追分，為東海道與奈和街道的分岔點。設有休憩設施，亦有展板等展示

高札場。在江戶時代發揮本陣之作用的御茶屋御殿的所在地。於2004年加以復原

関宿碑
西の追分
関神社御旅所
西の追分休憩施設
東海道
長徳寺卍
誓正寺卍

TOWN 巡禮

穿著和服漫遊宿場町

三重的傳統工藝品「伊勢木棉」的和服齊備，可穿上專為大人服務的出租和服，享受宿場町街道漫步的樂趣。

きもも堂 Kimomo堂
☎090-9915-9158 ⓗ亀山市関町中町463-3 ⓨ和服出租5500日圓〜

從位於中町的眺關亭可欣賞散發宿場風情的關宿街道

旧田中家住宅
ウーノボーノ
関地蔵院卍
いっぷく亭
関宿夢二館 Ｓ
茶蔵茶房 Ｃ
会津屋 Ｒ
江戶屋 Ｓ
福
ま
博
志
前

🏛 關宿的展望景點
百六里庭・眺関亭
百六里庭・眺関亭

此公園是因關宿距離江戶106餘里路而得名。從建於園內的眺關亭2樓可眺望關宿的街道。

☎0595-84-5074(亀山市商工觀光課)
ⓗ亀山市関町中町327 ⏰8:00〜17:00
無休 ⓨ免費

② 江戶時代的珍貴旅籠建築

関宿旅籠玉屋歴史資料館
関宿旅籠玉屋歴史資料館

玉屋是關宿較具代表性的大旅籠之一，已修復其建築並將內部對外開放。館內還會展示保留於玉屋的工具類、歌川廣重的浮世繪，以及旅遊相關的歷史資料等。

📞0595-96-0468 🅟亀山市関町中町444-1 🕐9:00～16:30 🅟週一(遇假日則翌日休) 💴300日圓(與關街道資料館通用)

可享受彷彿化身為江戶時代旅人之感的空間

鶴屋脇本陣(西尾脇本陣)，一般認為是江戶時代的脇本陣之一。再往西則立有一座川北本陣遺跡的紀念碑

③ 活用了江戶時代的町家

関まちなみ資料館
関街道資料館

利用江戶末期建造的町家打造而成的資料館。展示關宿的文化財與歷史資料，並介紹街道保存的措施。

📞0595-96-2404 🅟亀山市関町中町482 🕐9:00～16:30 🅟週一(遇假日則翌日休) 💴300日圓(與關宿旅籠玉屋歷史資料館通用)

位於關宿東側入口的東之追分，即東海道與伊勢街道的分岔處

淨安寺卍
瑞光寺卍
延命寺卍
関神社🛉

② 関宿旅籠玉屋歴史資料館
案內所
関局
きもち堂 S
古亜 S
川北本陣跡
関宿問屋場跡
鶴屋脇本陣跡
弘善寺卍

亀山市關宿重要傳統建築群保存區

④ 伊藤本陣跡
六里庭・眺関亭 ①
S 明治屋
岩田商店
③ 関まちなみ資料館
R エン
アールグレイ
C ダイニング
山石
松月 西川家
御馳走場
大井家
浅原家
雲林院家
セルクル
R

寶林寺卍
山祇神🛉

東海道

古民家かふぇきーぷ C

⑤ 関の山車会館
よろずや村田屋半兵衛 S

東の追分

🇳 0 100m

銘菓「關之戶」。裏滿阿波特產的和三盆而味道典雅。6個入648日圓(含稅)

④ 受旅人喜愛的和菓子

深川屋

創業約380年的老字號和菓子店。從江戶時代延續下來的銘菓「關之戶」是忍者的後代所構思出來的麻糬點心。

📞0595-96-0008 🅟亀山市関町中町327 🕐9:30～17:00(從製作完成到售完為止) 🅟週四(遇假日照常營業)

⑤ 展示絢爛豪華的山車

関の山車会館
関之山車会館

除了在關宿的夏季風物詩「關宿祇園夏祭」中拖行的關之山車外，還有展示與祭典相關的物品與歷史資料。

📞0595-96-1103 🅟亀山市関町中町531 🕐9:00～16:30 🅟週一(遇假日則翌日休) 💴300日圓

※關宿旅籠玉屋歷史資料館、關街道資料館與關之山車會館3館的通用費為500日圓

商家町 & 在鄉町

商家町

下田

靜岡縣下田市

海參牆與成排的伊豆石房屋
形成連培里提督都讚賞的風景

　　培里提督於1853年乘著黑船駛抵下田。隔年，大海嘯侵襲成為日本第一個開港區的下田，城鎮遭受毀滅性的破壞。人們迅速推動復興作業，住宅等建築物皆以防災性絕佳的海參牆與伊豆石外牆加以重建。這些建築物至今仍保留於城鎮各處，形成充滿下田風情的美麗景觀。

☐ ACCESS & INFORMATION

於伊豆急行的伊豆急下田站下車。

下田市觀光協會 ☎0558-22-1531

培里之路，有成排伊豆石與海參牆的房屋綿延。據說是培里提督曾走過的道路

⬆伊豆石與海參牆十分優美的舊澤村邸，建於1915年。現在成為觀光據點

⬆鈴木家（雜忠），為下田較具代表性的海參牆民宅。是販售伊豆石與木炭的商家

商家町・港町

松崎

靜岡縣松崎町

海參牆建築散落於港町各處
還可接觸到鏝繪名家的作品

　　西伊豆的小港町中，保留著190多棟海參牆建築。海參牆是在牆上貼平瓦並以灰泥塗滿接縫的外牆，在松崎較著名的有中瀨邸、伊豆文邸與近藤家等建築。松崎也是灰泥鏝繪名家入江長八的故鄉。在伊豆的長八美術館與岩科學校等處皆可參觀細膩而優美的鏝繪作品。

☐ ACCESS & INFORMATION

從伊豆箱根鐵道駿豆線的修善寺站搭乘東海巴士快速往松崎需1小時33分鐘，於終點站下車。

松崎町觀光協會 ☎0558-42-0745

海參牆建築林立的海參牆通。曾是藥物批發店的近藤家宅邸與倉庫成排並列於小道上

⬆中瀨邸，為明治初期建造的吳服商家。可免費參觀

⬆岩科學校，為明治時期的和洋折衷建築。2樓的雕刻窗上仍保有入江長八的鏝繪作品

在傳遞尾張名古屋城下榮景的商家町中漫步

染織町・商家町

有松

名古屋市綠區 重要傳統建築群保存區

尾張藩的茶屋集落，以絞染聞名全日本

　　此城鎮開發於江戶初期，作為東海道的池鯉鮒宿（知立）與鳴海宿之間的茶屋集落。由於耕地稀少，尾張藩便鼓勵生產或販售絞染作為副業，結果有松絞染的手拭巾與浴衣大受旅人喜愛，使城鎮蓬勃發展。綿延約800m的道路上，留有往日榮華風貌的宏偉商家櫛比鱗次。

☐ ACCESS & INFORMATION

於名鐵名古屋本線的有松站下車。

有松・鳴海絞染會館 ☏052-621-0111

井桁屋（服部家）於江戶末期建造的主屋與倉庫。主屋的店鋪裡有販售有松絞染

↑江戶時代的山車，會在有松天滿社秋季大祭中登場。可在有松山車會館參觀

↑絞染商竹田家的雄偉町家建築。屋簷上有明治時期的煤氣燈

商家町

四間道

名古屋市西區

憑藉船運繁榮的名古屋商人町石牆上有成排並列的土藏群

　　江戶時代隨著名古屋城的修建，於出堀川沿岸孕育出的商人城鎮。堀川是連結名古屋城與熱田湊（名古屋港）的運河，人們透過堀川的船運經商。一般認為地名是來自江戶中期大火後，為了防災而將路寬改為4間（約7m）。道路靠堀川那側仍保留以石牆組成的土藏群，對岸則留有町家建築。

☐ ACCESS & INFORMATION

於名古屋市營地下鐵櫻通線的國際中心站下車。

名古屋市金山遊客服務中心 ☏052-323-0161
綠洲21i中心 ☏052-963-5252

四間道上綿延的白牆土藏皆建於石牆之上。土藏的正面是面向河川而非街道一側

↑街道上保留的町家建築。1740年左右的城鎮面貌猶存

↑供奉於民宅屋頂上的小祠堂。被稱為屋頂神，是名古屋至今猶存的習俗

半田

愛知縣豐田市

醋釀造廠沿著運河毗連而立
帶動江戶前壽司的熱潮

　　自古盛行酒與醋等釀造業的城鎮。半田的中埜醋店（現在的味滋康）的創始人即初代家主中野又左衛門，他在江戶時代所研發出的粕醋，是種簡易材料，可取代在此之前蔚為主流的高價米醋，進而因為適合製作壽司飯頗受好評，成為點燃江戶壽司熱潮的要角。半田運河昔日有運送醋或酒等的船隻來來往往，至今仍有傳統黑板圍牆環繞的釀造廠林立於兩岸。

ACCESS & INFORMATION

於JR武豐線的半田站或名鐵河和線的知多半田站下車。

半田市觀光協會 ☎0569-32-3264

半田紅磚建築為明治建築。曾是夢幻加武登啤酒的釀造廠

半田 MAP

N

0　　　200m

大府駅
半田赤レンガ建物
師崎街道
武豐線
本町7丁目
光照院卍　業葉神社　❸國盛 酒の文化館
半田市鉄道資料館
阿久比川
半田駅
小栗家住宅 ❷　　❶旧中埜半六邸
十王川
中埜銀光跡・MIZKANMUZEUM
半田市觀光協会
蔵のかけ橋
山之神社　　蔵のまち　市役所前　半田病院
公園　　　　　　　　　◎半田市役所
武豐駅

醋味飄香

黑牆釀造廠林立的半田運河。鋪設了步道，還會活用景觀舉辦活動

❶ 明治時代的富商的屋敷
旧中埜半六邸
舊中埜半六邸

自江戶時代從事海運與釀造的中埜半六家宅邸。約於1889年竣工。1樓為餐飲店，2樓則是出租房間。
☎0569-89-2925（半六COLLABO）、倉庫、庭園與廣場☎0569-84-0689（半田市觀光課）⬇半田市中村町1-7 ⏰10:00～17:00 ⏸週四 ⬇庭園免費

❷ 在富商的門庭賞花
小栗家住宅

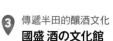

半田數一數二的富商小栗家的住宅兼店鋪。被認為建於明治初期，門庭有約150年、日本最古老的白木香樹，入春後會綻放。已獲指定為國家重要文化財。
☎0569-32-3264（半田市觀光協會）⬇半田市中村町1-18 ⏰⏸⬇內部不對外開放（僅開花期特別對外開放）

❸ 傳遞半田的釀酒文化
國盛 酒の文化館
國盛 酒文化館

利用中埜酒造已使用約200年的酒藏打造而成的酒資料館。以和紙人偶重現釀酒程序，並展示傳統的工具類，可試飲日本酒與梅酒，另設有小賣店。
☎0569-23-1499 ⬇半田市東本町2-24 ⏰10:00～16:00（須電話預約）⏸週四（遇假日則翌日休）⬇免費

MIZKAN MUSEUM
是味滋康集團於其創業地開設的體驗型博物館。有導遊隨介紹味滋康的歷史與醋的製造等（採完全預約制）

燒物町

常滑

愛知縣常滑市

常滑燒至今仍為城鎮主要產業
巡遊散發昭和氛圍的窯業集落

　　以朱泥茶壺聞名的常滑燒之鄉。常
滑燒的歷史可回溯至平安末期，被列為
日本六大古窯之一。江戶時代海運業也
很發達，將常滑燒的茶具等運送至日本
各地。昭和初期盛極一時的窯業集落位
於市內丘陵，巡覽城鎮的「陶瓷器散步
道」頗受歡迎。紅磚煙囪、登窯與木造
工廠齊聚的風景散發著懷舊氣息，另有
改建自老建築的藝廊與咖啡館。

⬚ ACCESS & INFORMATION

於名鐵常滑線／機場線的常滑站下車。

常滑市觀光廣場 ☎0569-34-8888

朱泥茶壺自江戶
時代以來備受喜
愛，是常滑燒
的代表性陶器

常滑 MAP

名鉄常滑線
常滑駅
名古屋駅
とこなめ招き猫通り
常滑市陶磁器会館
0　　200m
常滑市観光プラザ
廻船問屋 瀧田家
光明寺卍
①土管坂
でんでん坂
登窯広場展示工房館
③登窯(陶榮窯)
栄町7丁目
名鉄空港線
卍神明社
BOAT RACE とこなめ
本町大正館
宝樹院卍
中部国際空港駅
INAXライブミュージアム

陶瓷器散步道
中的DENDEN坡。
燒酒瓶並排於牆面，
是常滑燒之鄉
特有的風景

2 修復自船運商行的屋敷
廻船問屋 瀧田家
船運商行 瀧田家

瀧田家從江戶至明治時期從事船
運商行，復原其江戶末期宅邸後
公開。展示昔日的照明燈具、運
送常滑燒的和船與海運歷史等。
☎0569-36-2031 ⊕常滑市栄町
4-75 ⏰9:30～16:30（最終入場
16:00) ❌週三 💴200日圓

1 常滑燒環繞的坡道
土管坂

陶瓷器散步道上較具代表性的景點。牆
面上密密麻麻地嵌著明治時期的土管與
昭和初期的燒酒瓶，路面則重新利用燒
製土管時用過的廢材鋪設成防滑路面。

3 聳立著10根煙囪
登窯（陶榮窯）

建於1887年左右，是日本現存規
模最大的登窯。一直運營至1974
年，後來被指定為國家重要有形民
俗文化財。

伊勢河崎

三重縣伊勢市

問屋町保有黑板牆倉庫與町家
曾是「伊勢的廚房」熱鬧非凡

　　此城鎮是拓展於注入伊勢灣的勢田川的中游地區。大型船會駛入附近一帶，因此自中世紀以來憑藉勢田川水運繁榮一時。到了江戶時代開始盛行伊勢參拜，作為問屋町供應用以招待參拜來客的物資，城鎮有了大幅發展。散落在勢田川沿岸的倉庫與町家皆為往日的遺跡。與河川平行延伸的河崎本町通上，則有許多鋪設黑板的商家的町家與倉庫林立。傳統建築已被活用為商業觀光設施等。

☐ ACCESS & INFORMATION

於JR參宮線／近鐵山田線的伊勢市站下車。

伊勢市觀光協會 ☎0596-28-3705

鋪設黑板的土藏林立

此地務必一訪！

有無數批發店櫛比鱗次的河崎本町通上，仍保有傳統的町家

❶ 商人町的地標
伊勢河崎商人館

以創業於江戶時代的酒批發店「小川酒店」修復而成，保留了當時的風情。在館內倉庫裡則可參觀實際用過的家具、工具與珍貴的資料等，從而窺探當時人們的生活。
☎0596-22-4810 ⓗ伊勢市河崎2-25-32 ⓞ9:30～17:00 ⓗ週二（遇假日則翌日休）ⓟ350日圓

進入後方，映入眼簾的是約600坪的廣闊土地，從明治至昭和時代持續生產汽水

☛S Cider為220日圓。復刻並重現昔日在小川酒店中製造的汽水

舊酒批發店鋪設
黑板的倉庫，為
岸邊增添一抹風情。
以伊勢河崎商人館
之姿保存下來

其他迷人的街道

おはらい町
御祓町

伊勢神宮內宮的門前町，因「伊勢參拜」熱鬧不已。從宇治橋前方沿著五十鈴川綿延約800m的美麗石板道路，林立著可感受歷史韻味的切妻造、入母屋造、妻入造等樣式的建築，各種美食與雜貨的店家毗連而立。道路中央附近、赤福本店對面的「御蔭橫丁」，遷建並重現了江戶至明治期間伊勢路較具代表性的建築。
地伊勢市宇治中之切町、宇治今在家町

🔺在赤福本店享用的「盆」為300日圓，是以2個現做做赤福麻糬搭配香濃焙茶的組合

於赤福本店對面打造而成的「御蔭橫丁」。以江戶～明治的傳統建築遷建而成

---

② 藏造樣式的懷舊商店
河崎商人蔵
河崎商人倉庫

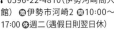

懷舊空間裡約有20家店鋪進駐。還附設商人倉庫咖啡館，以及展示並販售傳統工藝品、雜貨與古董等的迷你藝廊。
☎0596-22-4810(伊勢河崎商人館) 地伊勢市河崎2 時10:00～17:00 休週二(遇假日則翌日休)

③ 在復古建築物接觸城鎮歷史
河崎 川の駅
河崎 川之站

以明治時代的倉庫修復而成的復古建築。河川沿岸的甲板是以曾行駛於伊勢市內的路面電車的車站為原型。站內介紹了勢田川的歷史等。

☎0596-22-4810(伊勢河崎商人館) 地伊勢市河崎2-24-9 時10:00～17:00 休週二(遇假日則翌日休) 費免費

伊勢河崎 MAP

N
0 ———— 150m

卍養草寺
船江公園
河崎 川の駅 ③
伊勢河崎商人館 ①
有緝小 ⊗
河崎商人蔵 ②
北新橋
卍
河邊七種神社
稻荷神社
河崎
中橋
伊勢河崎局
星出館
河崎の環濠遺跡
Ⓒ茶房 河崎蔵
堤家(川守役宅跡)
古本屋 ぽらん
南新橋
履物問屋
水野商店 ⑤
松阪駅
近鉄
山田線
中寺前公園
英心高⊗
近鉄鳥羽河崎線
伊勢市駅
宮川線
Ⓗ伊勢シティホテルアネックス
Ⓗ伊勢パールピアホテル
宮川線
伊勢シティホテルⒽ
酒井橋
参宮線
🚩伊勢神宮內宮

147

城下町 & 武家町

城下町

犬山

愛知縣犬山市

國寶犬山城守護著城下町
亦是成為大戰舞台的要地

　　此地是尾張國位於與美濃國境交界處的要衝，木曾川沿岸的山丘上聳立著室町時代創建的國寶犬山城。於江戶時代修整的城下町將町人街配置於中央，武家地區與寺町置於其外側，再以護城河與土壘環繞作為最外層圍牆的型態來加強防禦。此地免於戰火波及而城鎮區劃得以保留，舊町人街的本町通上林立著江戶至昭和時期的古老町家。町家如今被利用作為商店，因享受街道漫步與購物之樂趣的觀光客而熱鬧滾滾。

◻ ACCESS & INFORMATION

於名鐵犬山線的犬山站下車。

犬山站遊客服務中心 ☎ 0568-61-6000

> 淪為戰亂舞台的城堡，
> 天守為日本最古老的樣式

国宝 犬山城
國寶犬山城

據說是織田信長的叔父信康於1537年創建的。其天守有著日本現存天守中最古老的樣式。地處交通與政治要塞之地，因此信長、秀吉與家康都曾在此展開城池爭奪戰。天守設有望樓，為3層4樓加上地下2層的建築。

☎0568-61-1711 ⓗ犬山市犬山北古券65-2 ⏰9:00～17:00（入場～16:30）休無休 💰550日圓

⬆從本町通眺望犬山城

往北是通往犬山城

此地務必一訪！

① 已對外開放武家風格的住宅
木之下城伝承館・堀部邸
木之下城傳承館・堀部邸

曾侍奉犬山城主成瀨家的武士堀部家的舊宅。雖為明治時期的建築，卻可見武家屋敷的特色。主屋、獨立日式廳堂與土藏等皆已登錄為國家有形文化財。
☎0568-90-3744 ⓗ犬山市犬山南古券272 ⏰12:00～18:00 休週一・二（遇假日則翌日休）💰免費

② 江戶末期別具特色的町家
旧磯部家住宅
舊磯部家住宅

市內町家中唯一有著「起屋根」的建築遺跡。只有2樓正面設有房間的「banco二樓」也是一大特色。
☎0568-65-3444 ⓗ犬山市犬山東古券72 ⏰9:00～17:00（入館～16:30）休無休 💰免費

③ 酒坊所留下的宅邸
高木家住宅

保留自江戶時代從事釀酒業的高木家大正初期的主屋、茶室與倉庫。已登錄為國家有形文化財。
☎0568-44-0354（犬山市歷史城鎮建設課）ⓗ犬山市犬山東古券74 ⏰休💰內部不對外開放

其他迷人的街道

寺内町
寺内町

江戶時代整頓城下町後，寺院皆聚集於附近一帶。位於城下町東郊，被視為江戶時期的防禦要塞。建有室町後期至江戶初期創建的本龍寺、西蓮寺、圓明寺、淨誓寺的真宗4寺等。

↑圓明寺以樹齡推測達300年的枝垂櫻而馳名

⑥ 信長的弟弟所建造的國寶茶室佇立其中

日本庭園 有楽苑
日本庭園 有楽苑

織田信長的弟弟是茶道大師織田有樂齋，由他建造的國寶茶室「如庵」與重要文化財「舊正傳院書院」，皆被遷至此日本庭園。
📞0568-61-4608 地犬山市犬山御門先1 時9:30～17:00（最終入苑16:30）休週三 費1200日圓

照片提供：名古屋鐵道株式會社

本町通上有昔日的商家相連成排，釀酒業者與工匠則居住在小巷中

④ 明治・大正時期的富商屋敷

米清旧邸
米清舊邸

從江戶末期至大正活躍不已的犬山商人的宅邸。主屋建於明治中期，黑灰泥牆的土藏則建於大正前期。
📞0568-44-0354（犬山市歷史城鎮建設課）地犬山市犬山東古券684 開休內部不對外開放

⑤ 城下町立體透視模型必看

城とまちミュージアム
城和町博物館

透過展示江戶時代城下町的巨大立體透視模型等介紹犬山的歷史與文化。
📞0568-62-4802 地犬山市犬山北古券8 時9:00～17:00（入館～16:30）休無休 費300日圓（與相鄰的IMASEN犬山機關展覽館通用）

位於本町通的「高札場問屋場望樓遺跡」。江戶時代於問屋場的屋頂建造了消防望樓

犬山MAP
內田

城下町

西尾

愛知縣西尾市

大給松平家6萬石的城下町
市區仍保有江戶時期的街道

　　此城鎮位於面向三河灣的矢作川下游流域，於江戶時代作為西尾藩6萬石的城下町而大幅發展。據說城下有武家、町人與農民混居，街道上則有富商屋敷櫛比鱗次。舊城下町雖經過市區化，看町與順海町等地仍處處有町家建築林立，城下町的昔日面貌猶存。創建於鎌倉中期的西尾城已部分修復。

☐ ACCESS & INFORMATION

於名鐵西尾線的西尾站下車。

西尾遊客服務中心 ☏0563-57-7840

看町與順海町周邊巷弄內，風雅的街道猶存。主要街道上林立著城下町過往殘留的町家

⬆經過修復的西尾城本丸丑寅櫓。附近一帶則化作西尾市歷史公園

⬆修建於昭和初期的京風公園「尚古莊」，是活用西尾城的建築遺跡而成

城下町

岡崎

愛知縣岡崎市

將軍家康誕生的城下町，
八丁味噌的傳統生生不息

　　岡崎城5萬石的城下町，為德川家康的出生地。豐臣秀吉的家臣田中吉政奠定了城下町基礎，由譜代大名擔任歷代藩主的江戶時代，作為東海道的宿場町及利用矢作川船運的商業地而繁盛。昔日街道因戰禍幾近毀壞，但名產八丁味噌的老店倉庫綿延的巷弄裡，仍飄散著此城鎮特有的歷史韻味。

☐ ACCESS & INFORMATION

於名鐵名古屋本線的東岡崎站下車。

岡崎市觀光協會 ☏0564-64-1637

八丁藏通。分別於南北朝時期與江戶初期創業的2家八丁味噌的釀造廠，至今仍持續製造味噌

⬆岡崎城為德川家康的出生地。天守經過重建，城堡遺跡則已整頓成公園

⬆橫跨乙川的殿橋，創建於江戶初期。現存的石橋則是1927年重建的

伊賀上野

三重縣伊賀市

> 白牆顯得格外耀眼

> 史蹟舊崇廣堂是江戶時代的藩校，曩稱為赤門。為江戶後期的建築，城內的昔日面貌猶存

伊賀忍者的故鄉，築城大師修築的城下町

三重縣西北部四周群山環繞的伊賀上野，是伊賀忍者的發祥地，亦是俳人松尾芭蕉的故鄉。德川家康的重臣藤堂高虎於江戶時代成為伊賀的領主，針對伊賀上野城進行大規模翻修，將城下町整頓成棋盤狀，為現在的城鎮奠定基礎。本町通至三之町通一帶為昔日的町人地區，忍者的組屋敷聚集於其南方的忍町，格子構造的商家與武家屋敷則散落於附近。

☐ ACCESS & INFORMATION

於伊賀鐵道伊賀線的上野市站下車。

伊賀上野觀光協會 ✆ 0595-26-7788

本町通位於町人地區。尤其是西側地區，有無數傳統的町家

伊賀上野 MAP

① 建於江戶後期的藩校遺跡
史跡 旧崇広堂
史蹟 舊崇廣堂

建於1821年，作為藤堂藩藩校有造館的分校。生活在伊賀、大和與山城這些領地內的藩士的子弟皆在此處學習。目前仍保留著創建時的講堂，可參觀其內部。

✆0595-24-6090 ⓜ伊賀市上野丸之內78-1 ⏰9:00～16:30 ❌週二(遇假日照常開館) 💴300日圓

② 城下最古老的富商住宅
寺村家住宅

貨幣兌換商森川六右衛門的舊宅。建於江戶後期，一般認為是城下最古老的町家。於1903年成為從事骨董生意的寺村家財產。主屋與其相接的土藏則已登錄為國家有形文化財。

✆0595-21-3473(寺村清雅堂) ⓜ伊賀市上野福居町3337-1

③ 茅葺屋頂的武家屋敷
入交家住宅

建有長屋門的武家屋敷。門與主屋等，仍完好保存著江戶時代上野城下武家屋敷屹立的形姿。

✆0595-26-0313 ⓜ伊賀市上野相生町2828 ⏰9:00～16:30 ❌週二(遇假日照常開館) 💴300日圓

④ 江戶時代的長屋門猶存
赤井家住宅

長屋門為江戶後期的建築。主屋為明治建築，仍保有武家屋敷的房間布局。

✆0595-51-7578 ⓜ伊賀市上野忍町2491-1 ⏰9:00～17:00 ❌週三 💴免費

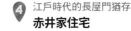

伊賀上野城

> 高30m的高石牆守護著藤堂高虎所修築的名城

1585年由筒井定次所修築的城堡，藤堂高虎於1611年進行翻修。天守閣在完工不久前倒塌，但又於1935年重建為3層的木造建築。

✆0595-21-3148(伊賀文化產業協會) ⓜ伊賀市上野丸之內106 ⏰9:00～17:00(入館～16:45) ❌無休 💴600日圓

↑石牆的高度為日本第一

城下町・商家町

松阪

三重縣松阪市

富商的舊宅與武家長屋，在「富商之城」留下足跡

　　市區的丘陵上仍保留著蒲生氏鄉於16世紀末所修築的松坂城遺跡。蒲生氏也整頓了城下町，並推動樂市樂座等商業振興措施，為商都松阪奠定基礎。在江戶時代，作為家大業大的商人活躍的富商之城及伊勢街道的宿場町而極盡繁榮。舊町人地區的本町與魚町一帶仍保留著富商舊宅。三之丸遺址中，負責護衛城堡的20名藩士及其家人所居住的御城番屋敷至今猶存，其子孫如今仍生活其中。

☐ ACCESS & INFORMATION

於JR紀勢本線的名松線／近鐵山田線的松阪站下車。

松阪市觀光協會 ☎ 0598-23-7771

蒲生氏耗費3年建城宏偉的石牆留存至今

松坂城跡
松坂城遺跡

蒲生氏鄉從豐臣秀吉手中接管了南伊勢，並於1588年修築這座平山城。松坂藩於江戶前期併入紀州藩後，成了一座沒有城主的城堡。建築物如今皆已不復存在，但搖身一變成了留有壯觀石牆等的史蹟公園。
☎0598-23-7771（松阪市觀光協會）⑭三重縣松阪市殿町 ⊕⊛⊜自由參觀

↑石牆在築城時與江戶時期的堆砌方式不同

御城番屋敷，槙垣環繞四周，道路兩側則有毗連而立的武家長屋。至今仍有人居住

御城番屋敷

御城番屋敷中有1戶對外開放，可參觀其內部

此地務必一訪！

❶ 傳承至現代的武家長屋
御城番屋敷

護衛松坂城的20名藩士及其家人一起生活的武家長屋，建於1863年。位於連接城堡後門遺跡與搦手門遺跡的石板路兩側，現存19戶主屋。其子孫生活其中，僅其中1戶對外開放。
☎0598-26-5174（御城番屋敷）⑭松阪市殿町1385 ⊕10:00～16:00 ⊛週一（遇假日則翌日休）
⊜免費

御城番屋敷的面積約1公頃，除了主屋，還建有土藏與南龍神社，且坐擁耕地與前庭

❷ 實業家出生的武家屋敷
原田二郎旧宅
原田二郎舊宅

殿町裡現存的江戶末期的武家屋敷。活躍於明治至大正時期的實業家原田二郎的故居，已對外開放。
☎0598-23-1656 ⑭松阪市殿町1290 ⊕9:00～17:00（入館～16:30）⊛週三（遇假日則翌平日休）⊜100日圓

※原田二郎舊宅、舊長谷川治郎兵衛家與舊小津清左衛門家3館的通用券為570日圓

常足庵卍

旧小津清左衛門家❹
本居宣長旧宅跡❺

旧長谷川治郎兵衛家❸

松阪市民病院田　松阪市役所◎

豪商のまち
松阪
観光交流
センター

殿町

松坂城大手門跡

大手通

松坂城跡

本居宣長旧宅　●松阪市郷土資料室

本居宣長
記念館
●御城番屋敷土蔵
原田二郎旧宅❷

御城番屋敷❶　松坂城堀跡●

卍
松阪神社

赤壁校舎●

0　　　150m

N

松
阪
駅

---

❸ 曾活躍江戶之木棉批發商的大宅

旧長谷川治郎兵衛家
舊長谷川治郎兵衛家

從事松阪木棉生意並搶先一步進出江戶，松
阪首屈一指的富商的本宅。有30多間房間
的主屋與倉庫，是從17世紀後期至20世紀
初期陸續建造而成。亦有日本庭園與茶室。
☎0598-21-8600 ⚲松阪市魚町1653 ⏰9:00～
17:00（入館～16:30）⚫週三（遇假日則翌平日
休）💰400日圓

❹ 以江戶最大紙批發商而聞名

旧小津清左衛門家
舊小津清左衛門家

與三井家、長谷川家旗鼓相當的大富商的宅
邸。主屋的中央部位建於江戶中期，幾乎已
恢復為明治時期以前的面貌。町家構造的主
屋、客廳與倉庫等至今猶存。
☎0598-21-4331 ⚲松阪市本町2195 ⏰
9:00～17:00（入館～16:30）⚫週三（遇假日
則翌平日休）💰200日圓

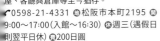

❺ 宣長長年居住的家

本居宣長宅跡
本居宣長宅遺跡

國學家本居宣長於1741年12歲
持入住到去世為止的町家遺跡。
住宅原本位於魚町，明治後遷
移至松坂城遺跡內，連庭院都有
修復。
⚲松阪市魚町1645
🏠位於魚町的住宅遺跡

↑本居宣長舊宅的建築，已遷至松坂城遺
跡內 ☎0598-21-0312 ⚲松阪市殿町・松
阪公園內 ⏰9:00～16:30 ⚫週一（遇假日
則翌平日休）💰400日圓

其他迷人的街道

射和・中万
射和・中萬

據說松阪市南郊外的射和與中萬地區是伊勢
商人的發祥地。自室町時代便以附近採的
丹砂（水銀礦石）生產「伊勢白粉」。以此致
富的人們比松阪商人更早進入江戶，成功經
手各種買賣。可懷想往昔的富商宅邸散布。
🚃從JR紀勢本線／近鐵山田線的松阪站搭乘
三重交通往大石的巴士需19分鐘，於射和巴
士站下車

↑中萬的竹口家住宅。憑藉「千曲味噌」而聲名大噪
的富商，屋敷門等處仍保有往昔的面貌

↑射和的國分家住宅。為國分集團的創始人，創業
於江戶日本橋，現從事酒類與食品批發業

↑竹川竹齋邸。創建了
日本首家私立圖書館「射
和文庫」

寺町

谷中

東京都台東區

以綠色境內為市中心的寺町
巡遊巷弄享受下町的氛圍

　　1625年於上野創建了寬永寺，並在鄰近的谷中修建無數分寺。之後因為江戶的都市整備等不斷遷移寺院，谷中成為大規模的寺町。順帶掃墓的遊客日益增加，發展成熱鬧無比的門前町。附近一帶幾乎未受到震災或戰禍破壞，至今仍有70多座寺院林立，展現一派開靜的屹立形姿。周邊的住宅區則有狹窄巷弄與坡道交織，可感受一如往昔的下町風情。

ACCESS

於JR山手線／京成本線的日暮里站下車。

櫻花林隧道名聞遐邇的谷中靈園，位於昔日天王寺的境內。德川慶喜長眠於此

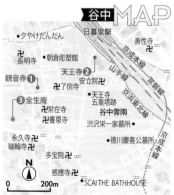
谷中MAP

夕やけだんだん
長明寺　朝倉彫塑館
観音寺❶　天王寺❷
卍了俒寺　安立院卍
❸全生庵
天王寺
五重塔跡
卍常在寺　谷中霊園
永久寺卍　卍舊泉寺
瑞輪寺卍　渋沢栄一家墓所
多宝院卍　德川慶喜公墓所
感應寺卍
日暮里駅
善性寺
京成本線
山手線　京成本線
京浜東北線
0　200m　SCAI THE BATHHOUSE

觀音寺的築地牆

觀音寺境內往南面延伸的築地牆，修築於江戶時代。覆於土牆的屋瓦帶出別樣風情。

❶ 頗受《忠臣藏》粉絲的喜愛
観音寺
觀音寺

1611年創建的真言宗寺院。於江戶前期進行規畫調整時，從神田遷移至此。內有赤穗四十七義士的供養塔。
☎03-3821-4053 ⓙ台東区谷中5-8-28 🈺8:00〜16:00 🈺境內可自由參觀

❷ 谷中七福神之一
天王寺

創建於鎌倉時代，到了江戶時代成為天台宗的寺院。本堂在戊辰戰爭中付之一炬。祭祀著谷中七福神中的毘沙門天。
☎03-3821-4474 ⓙ台東区谷中7-14-8 🈺🈺境內可自由參觀

❸ 山岡鐵舟長眠的寺院
全生庵

山岡鐵舟為了弔念幕末明治維新時期的殉身者而於1883年建造的寺院。有座鐵舟的墓地。
☎03-3821-4715 ⓙ台東区谷中5-4-7 🈺9:00〜17:00 🈺境內可自由參觀

門前町

淺草

淺草

東京都台東區

都內最古寺・淺草寺的門前町
可在仲見世通細品江戶風情

　　相傳淺草寺是創建於628年的古剎，但淺草直到江戶時代以後才作為門前町發展起來。被委任負責打掃淺草寺境內的人們獲允在境內或參道上開店營業，於江戶前期催生出仲見世通。如今伴手禮店櫛比鱗次，展現出淺草最繁華的一面。周邊也有無數充滿江戶下町韻味的街道。

ACCESS

於東京地下鐵銀座線／都營淺草線／東武晴空塔線的淺草站下車。

淺草寺參道上的仲見世通。約250m長的街道林立傳統工藝品店與和菓子店等約90家店鋪

↑以江戶街道為意象打造而成的傳法院通。有許多美食店與伴手禮店

↑花屋敷通附近有座日本最古老的遊樂園：淺草花屋敷

門前町

柴又

東京都葛飾區

帝釋天的商店街引發鄉愁
促使寅先生突然返回故鄉

　　此地作為電影《男人真命苦》中寅先生的故鄉而一躍成名。帝釋天（經榮山題經寺）創建於1629年，於農村地區柴又形成了門前町。明治與大正時期鐵道發達，參拜來客隨之增加，如今還有不少寅先生的粉絲慕名而來。參道上的商店街有艾草糯米糰子與煎餅等老店林立，保留著大正至昭和時期的街景。

ACCESS & INFORMATION

於京成金町線的柴又站下車。

葛飾區觀光協會 ☎03-3650-9876

柴又帝釋天參道上也保有江戶時代的建築。屋簷下由店員直接面對顧客銷售，散發著懷舊氣息

↑柴又帝釋天的二天門坐落於參道正面，建於1896年

↑位於帝釋天附近的宅邸山本亭。是散發大正浪漫氛圍的和洋折衷表建築

一身田

三重縣津市

與真宗寺院的大伽藍
一同走過歷史的寺內町

　　位於三重縣津市北部，作為真宗高田派專修寺的寺內町而蓬勃發展。所謂的寺內町，是指室町與戰國時期以淨土真宗等的寺院為中心所孕育出的自治集落。一身田的專修寺創建於室町時期，後來被視作真宗高田派的本山。集落呈方形，防禦用的護城河環繞，專修寺的廣大境內則有分寺群、寺侍與町人的住屋林立。環繞集落的護城河至今猶存，專修寺的大伽藍與散落各處的傳統住屋持續傳遞著此城鎮的歷史。

☐ ACCESS & INFORMATION

於JR紀勢本線的一身田站下車。

一身田寺內町之館 ☎ 059-233-6666

作為觀光據點的一身田寺內町之館。有介紹寺內町歷史的展覽室

一身田 MAP

龜山駅
高田中・高⊗
茶室 安楽庵
一身田駅　如来堂
旧伊勢別街道　佛足石　　御影堂　宝物館
山門　　　　●專修寺
紀勢本線　智慧光院卍　専修寺食堂
玉保院　　　専修寺茶所 蓮心庵
下津家住宅長屋門②
一身田寺內町の館
一心龍王　百五銀行
大權現　　一身田支店　黒門跡
津駅

0　　200m
N

綿延至專修寺山門的道路

專修寺山門前的大道上林立著玉保院、智慧光院等大規模的末寺，形成閑靜的城鎮景觀

❶ 國寶的宏偉伽藍櫛比鱗次
專修寺
專修寺

　　創建於1464年，為真宗高田派的寺院。被視為東海北陸地區傳教活動的中心，後來成為高田派的本山，在日本各地擁有600多座末寺。中心堂宇裡有雄偉的御影堂與如來堂，皆以華麗的裝飾加以彩綴且已被指定為國寶。
☎059-232-4171 ⑩津市一身田町2819 ⑱6:00～18:00(御影堂與如來堂～15:30)⑭無休 ⑲免費

如來堂裡祭祀著被列為國家重要文化財、快慶作的阿彌陀如來立像

鋪有780片榻榻米的御影堂。是日本第5大國寶木造建築

❷ 江戶寺侍屋敷的建築遺跡
下津家住宅長屋門

　　負責守衛專修寺的寺侍的宅邸的長屋門，建於江戶末期。後來成為自江戶時期從事醬油味噌釀造業的下津家財產。
☎059-229-3251(津市生涯學習課) ⑩津市一身田町749 ⑱⑭⑲內部不對外開放

江戶時代建造的釘貫門與石橋，位於專修寺的山門前。具有隔開寺領與町家的作用

農村＆山村

山村集落

花沢の里
花澤之鄉

靜岡縣燒津市
重要傳統建築群保存區

盛行栽種柑橘的谷間村莊，古道上有毗連而立的木板民房

　　位於燒津市北部山谷間的山村集落，約有30戶人家生活其中。有條被稱作奈良時代的東海道的「燒津部小徑」穿過集落，木板建築沿著該街道而立。房屋結合石牆建於斜坡，從街道看去，建築物與石牆連成一片的景觀與河川等周遭自然環境融為一體，醞釀出獨特的歷史韻味。

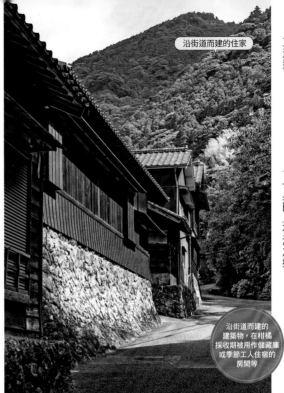
沿街道而建的住家

沿街道而建的建築物，在柑橘採收期被用作儲藏庫或季節工人住宿的房間等

ACCESS & INFORMATION

從JR東海道線的燒津站搭乘燒津循環線百合海鷗巴士需12分鐘，於高草山石脇入口巴士站下車。徒步至花澤集落入口需30分鐘。

燒津市歷史民俗資料館 ☎054-629-6847

可參觀花澤傳統建築物的「花澤地區遊客中心」

從街道往下通往花澤川的石階「Dandan」。是常用來清洗蔬菜的地方

↑立於花澤之鄉入口處的常夜燈

↑亦可參觀建於河岸上的水車小屋

花澤之鄉 MAP

N
0　300m

満観峰への登山口
卍法華寺
花沢の里
花沢地区ビジターセンター
オシャモッツアン
吉津神明宮 Ｔ
燒津市花澤重要傳統建築群保存區
鳴沢の滝
燒津駅
花沢城跡
150

山村健行

可飽覽富士山與駿河灣的散步路線

　　花澤之鄉也是通往滿觀峰的登山口。從標高470m的山頂，可盡覽富士山、南阿爾卑斯、伊豆半島與駿河灣等。也很推薦攜家帶眷或初訪者。

満観峰
滿觀峰
⊗從花澤之鄉徒步1小時10分鐘

↑可眺望富士山與靜岡市區

雁木構造的街道

連大雪天也守護著行人腳下的雁木構造是雪國的智慧結晶，
從而形成別具風情的公共生活道路。

所謂的雁木，是種從住家突出去的長屋簷，其下方設有通道，作為積雪時的生活道路。面向道路的住家互相提供私有土地並修整成步道，而從這些住家延伸出來的雁木構造則形成屋頂，預防步道積雪。此為大雪地區特有的建築，在東北稱作「雁木」，在山陰稱為「仮屋KARIYA」等。雁木出現在近世前後，現在已經減少，但東北、信越與山陰地區仍保有別具韻味的雁木通，不僅可防風雪，還守護著行人免受日曬雨淋。

◐新潟縣魚沼市的舊宿場町與鹽澤町。在牧之通上重現了宿場時代的街景，並復原象徵雪國的雁木

有條「倒武者」構造的雁木通
栃尾雁木通り
栃尾雁木通

新潟縣長岡市　**MAP** P.161

栃尾大町中有條雁木通，沿著城下町留下來的曲狀道路蜿蜒。下圖是瀧之下町，右圖則是栃尾表町的雁木。

☎0258-51-1195（栃尾觀光協會）

以日本第一長著稱的雁木通
雁木通り
雁木通

新潟縣上越市　**MAP** P.161

出現在上越市市區一帶，現存的雁木通總約12km，為日本第一長。被指定為市文化財的舊今井染布坊可免費參觀。

☎025-520-5629（上越市文化振興課）

在佛壇之城裡恢復雁木構造
愛宕町雁木通り（仏壇通り）
愛宕町雁木通（佛壇通）

長野縣飯山市　**MAP** P.73

傳統產業的佛壇店櫛比鱗次而別稱為「佛壇通」，重建了約300m的雁木構造。沿路飾以花卉的美麗街道。

☎0269-62-7000
（信越自然鄉 飯山站遊客服務中心）

散發江戶韻味的街道
中町こみせ通り→P.38
中町小見世通

青森縣黑石市　**MAP** P.23/P.38

江戶時代黑石藩的領主命令街道上的商家打造小見世簷廊（雁木）。中町周邊有傳統町家構造的建築林立，皆設有雁木構造，江戶餘韻猶存。

☎0172-52-3488（黑石觀光協會）

北陸道

越後・佐渡・越中・加賀・能登・越前・若狭

新潟・富山・石川・福井

佐渡

能登　　越後

加賀　越中

若狭　越前

北前船航路的熱鬧與加賀百萬石的繁華

舊國名分別為越後、佐渡、越中、能登、加賀、越前與若狹。為五畿七道之一且作為主幹道的「北陸道」貫穿此區，於江戶時代整頓的北前船航線不僅成為經濟動脈，亦成為承載各地文化的要道。佐渡的宿根木、能登的黑島地區以及加賀橋立，皆是成為北前船停靠港的船主集落。三國湊也是憑藉北前船而繁榮的城鎮之一。

江戶時代的越後被劃分成新發田、村上、長岡與高田等藩，也部分保留了可感受城下町特有風情的街道。說到藩政時代，北陸雄藩加賀藩的城下町金澤可謂繁華至極。長町的武家屋敷群、

東茶屋街、主計町茶屋街、西茶屋街等茶屋町，以及卯辰山麓、寺町台的寺町等，皆為可感受加賀百萬石之歷史與文化的城鎮，吸引無數人來訪。加賀前田家的前田利長所開拓的高岡則開始發展鑄物與漆器等工商業，山町筋與金屋町等地有傳統建築櫛比鱗次。

宿場町中，若狹街道（鯖街道）的熊川宿、通往近江的北陸道的今庄宿，皆完整保留著往日的面貌。山間地區則有五箇山、加賀東谷與白峰等，已被選定為重要傳統建築群保存區，持續傳遞昔日的生活樣貌。

↑若狹街道（鯖街道）的宿場町：熊川宿

↑高岡的金屋町，作為職人町而繁榮不已

能登

P.184 黑島地区

氣多大社

富山

P.14 ひがし茶屋街
P.17 主計町茶屋街
P.18 にし茶屋街
P.162 長町
P.180 卯辰山麓
P.180 寺町台

高岡 P.1

砺波平野の
P.244 散居村

富山

金沢

津幡

P.174 越中八尾

松任

塩硝街道

P.181 井波

粟生
寺井

城端 P.182 片排

小松

金沢湯涌江戶村 P.352

P.184 加賀橋立

石川県

加賀

五箇山 P.186

西赤尾

大聖寺

加賀東谷 P.189

白川鄉

岐阜県

P.185 三国湊

金津

北

陸

道

稻多

舟橋

永平寺

福井

平泉寺白山神社

白峰 P.188

白

川

街

道

福井県

越前大野

P.298 一乗谷朝倉氏遺跡

P.167

油坂峠

美濃街道

越前

上鯖江

武生

河野

日本海

若狹湾

P.175 今庄宿

板取宿 P.344

栃ノ木峠

木ノ芽峠

若狹街道

鯖街道

丹後

P.171 小浜西組

P.19 三丁町

小浜

熊川宿 P.176

東

北

近

江

路

道

木之本宿

美濃

但馬

兵庫県

京都府

若狹

敦賀

水坂峠

琵琶湖

北陸道

山形県

羽前

米沢

鼠ヶ関　小俣

粟島　中村

出羽街道

塩野町

猿沢

P.166 村上

P.172 越後下関

越後米沢街道

相川金山

佐渡

新潟県

日本海

佐渡海峡

P.20 古町花街

新潟

新発田

飯豊山

赤谷

会津街道

網木

新谷

津川

宿根木 P.183

寺泊

越後

会津若松

P.173 出雲崎

栃尾雁木通り P.158

福島県

長岡

柏崎

岩代

六日市

小千谷　川口

新潟県

堀之内

浦佐

三国街道

五日町

六日町

雁木通り P.158

荻ノ島

高田

新井

二本木

P.189

塩沢

巻機山

燧ヶ岳

下野

栃木県

関山

田切

湯沢

三俣

二居

谷川岳

上野

群馬県

糸魚川

北国街道

親不知

境関

の散居集落

千国街道

妙高山

関川関所

三国峠

白馬岳

山

信濃

長野県

↓金澤的東茶屋街。可感受其艷麗的風情（➡P.14）

城下町‧武家町

長町

石川縣金澤市

彷彿穿越時空般，屋敷與土牆綿延的武家屋敷遺跡

　　長町地區有風格獨具的長屋門與土牆環繞四周，瀰漫著城下町特有的風情。因為加賀藩時代重臣長氏曾居住於此而命名為長町，當時的中級武士皆在此修築屋敷。如今雖為住宅區，不過集結百萬石文化精髓的町筋令人懷想起藩政時代，也採用死胡同與錯綜複雜的轉角等抵禦敵襲的防禦措施。大野庄的民用水是從貫穿市內的犀川引水，沿線的土牆也十分迷人。

以戶室石為地基的土牆綿延不絕的武家屋敷遺跡。為金澤市指定傳統環境保存區及景觀區

ACCESS & INFORMATION

從JR北陸本線的金澤站搭乘北陸鐵道巴士需10分鐘，於香林坊巴士站下車。

金澤市觀光協會 ☎076-232-5555

建得十分雄偉的石川門為金澤象徵性的存在

金沢城公園
金澤城公園

　　一般認為金澤城是在加賀藩初代藩主前田利家於1583年進城後，才正式築城。歷經多次火災導致大部分建築焚毀殆盡，但目前仍持續修復，逐步恢復往日的面貌。
☎076-234-3800(石川縣金澤城與兼六園管理辦公室)⛩金沢市丸の内1-1 ⏰7:00～18:00(10月16日～2月底8:00～17:00)，菱櫓、五十間長屋、橋爪門續櫓與橋爪門9:00～16:30(入館至16:00) 休無休 ¥免費(菱櫓、五十間長屋、橋爪門續櫓與橋爪門的通用券為320日圓)

↪於1788年重建的石川門，發揮著金澤城搦手門(側門)的作用

加賀藩重臣的名門
① 武家屋敷跡 野村家
武家屋敷跡 野村家

歷代奉任各種公職的野村家的屋敷。如今所見的建築是昭和初期以北前船富商的住家部分遷建而成。巧妙引入用水的曲水庭園為藩政時代野村家之物，值得一看。
☎076-221-3553 ⛩金沢市長町1-3-32 ⏰8:30～17:30(10～3月～16:30)入館皆截至30分鐘前 休1月1‧2日、12月26‧27日 ¥550日圓

引入大野庄民用水所形成的曲水與落水，營造出別具深度的庭園。此構造與屋敷的建築和諧相融

中級武士的屋敷遺跡
② 旧加賀藩士高田家跡
舊加賀藩士高田家遺跡

已修復建有長屋門(中級武士以上才可建造)的屋敷，以及引入民用水的池泉回遊式庭園。另有馬廄與家僕房間。
☎076-263-3640(金沢市足輕資料館) ⛩金沢市長町2-6-1 ⏰9:30～17:00 休無休 ¥免費

石板路上土牆綿延不絕

沿著土牆流淌的大野庄民用水。是人們日常不可或缺的生活用水

建築&土木COLLECTION

掛草蓆

「掛草蓆」為長町的冬日象徵。用以保護土牆阻絕雪水。

敲雪石

置於屋敷一隅的「敲雪石」。用以敲下卡在木屐齒間的雪。

「長町武家屋敷休憩館」是觀光志工導遊「Maido san」常駐的休息所。只要申請就會免費提供周邊的導覽服務

③ 下級武士的住宅遺跡

金沢市足軽資料館
金澤市足輕資料館

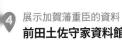

從藩政時代的足輕居住區所遷建的2棟建築。以樹籬圍起的住家沒有門與土牆，屋頂上壓著石頭，屋內則展示著家產與工具等。詳細解說舊時的生活。

☎076-263-3640 ⊕金沢市長町1-9-3 ⊙9:30～17:00 ⊛無休 ⊛免費

④ 展示加賀藩重臣的資料

前田土佐守家資料館

☎076-233-1561 ⊕金沢市片町2-10-17 ⊙9:30～17:00(入館～16:30) ⊛週一(遇假日則翌平日休) ⊛310日圓

前田土佐守家是以加賀藩初代藩主前田利家的次男利政為始祖的名門，曾是輔佐加賀藩的重臣。館內展示其代代相傳的古文書、書畫、武具與家具日用品等歷史資料。

長町MAP

周邊圖 P.16

安政年間（1855～1860）
金澤城下草圖（部分）

石川縣立歴史博物館收藏

西茶屋街

浅野川

北陸道

長町

城下町

村上

新潟縣村上市

武家町、町人町與寺町
圍繞山頂的城堡遺跡延展

　　村上城於戰國時代與江戶時代曾迎入多位城主。城下仍保留著舊武家町、舊町人町與寺町，將其歷史傳遞至今。武家町圍繞著僅存石牆的村上城遺跡延展開來，有重要文化財若林家住宅與舞鶴公園內遷築修復的住宅等，可窺見藩政時期中級武士的生活。村上城在當地以「御城山」的暱稱為大眾所熟知，位於標高135m的臥牛山山頂，可享受散步至天守台的樂趣。

黑板牆綿延的小巷

通往寺町的道路，黑板牆別具韻味。因為附近有座安善寺而被稱作安善小路

ACCESS & INFORMATION

於JR羽越本線的村上站下車，徒步30分鐘。

村上市觀光協會 ☎0254-53-2258

町屋通上的町屋群，是透過村上木匠的專業技術打造出的建築物。也有不少町屋可供參觀。

村上 MAP

村上歷史文化館
安善寺 卍 安善小路
まいづる公園 ③
① 若林家住宅
おしゃぎり会館（村上市鄉土資料館）
② 旧成田家住宅
六斎市（村上市朝市）
越後 S 岩船家
村上市役所
町屋通り
村上 城主居館跡・
村上駅
藤基神社 卍
卍 秋葉神社
卍 行恩寺
光徳寺 卍 村上城跡
N 0 200m

① 傳遞中級武家住宅的特色
若林家住宅

曾在村上藩擔任物頭役的若林氏的住宅。為曲屋構造的茅葺平房建築，傳遞著典型中級武家住宅的樣式。
☎0254-52-7840 ⓗ村上市三之町7-13 ⓣ9:00～16:30 ⓚ無休 ⓨ500日圓

② 妻入造別具特色
旧成田家住宅
舊成田家住宅

於1996年復原了從幕末到明治時期建造的中級武士的住宅。是玄關設於妻側的妻入造住宅而分外珍貴。僅外觀可供參觀。
☎0254-52-1347(Oshagiri會館)
ⓗ村上市新町3-23 ⓣ9:00～16:30、12～2月10:00～15:00 ⓚ週二 ⓨ免費

③ 令人懷想村上藩士的舊時生活
まいづる公園
舞鶴公園

為了紀念現任天皇與皇后成親而建造的公園。除了與雅子皇后淵源深厚的舊嵩岡家住宅外，還遷建了3棟武家屋敷。
☎0254-52-1347(Oshagiri會館) ⓗ村上市庄内町・堀片 ⓣ9:00～16:30、12～2月10:00～15:00 ⓚ週二 ⓨ免費

◆ 現存直屋形式中規模最大的舊藤井家住宅

◆ 舊岩間家住宅，將長屋形式住宅大幅改造成獨棟建築

俯瞰城下的山頂上保留著寶貴的建築遺跡

村上城跡
村上城遺跡

據判是修築於16世紀前期的村上城遺跡。戰國時代的豎堀與虎口、江戶時代的石牆建築遺跡至今猶存。獲指定為國家史蹟。
☎0254-52-2003(村上城遺跡保存育英會) ⓗ村上市二之町 ⓚ免費自由參觀

城下町

越前大野

福井縣大野市

白牆土牆配上石板路，在別具風情的棋盤狀城下町漫步

戰國時期，在金森長近所修築的越前大野城山腳下延展開來的城下町，已有400多年的歷史。城鎮依棋盤狀而建，土藏與格狀街道等展現舊時餘韻猶存的佇立形姿。為了鞏固城鎮外圍，東側有條寺院聚集的寺町通，宗派各異的16座寺院毗連而立。另一方面，位於城下中心處最熱鬧的七間通則是條石板路，別具風情的街景至今猶存。

城鎮東側的寺院群

寺町通是以白牆搭配黑板牆的老街，醞釀出別樣風情。為戰國時代修建的大野城下町

ACCESS & INFORMATION

於JR越美北線的越前大野站下車。

大野市觀光交流課 ☎0779-66-1111

從春分至除夕都有早市的七間通。蔬菜與花卉等一列排開

越前大野 MAP

龜山觀世菩薩
龜山公園
❷武家屋敷旧田村家
石灯籠會館
寺町通り
●越前大野城
宇野酒造場
一番通り
二番通り
八間通り
學びの里めいりん
有終西小⊗
❶武家屋敷旧内山家
七間朝市
柳廼社⊕
百間堀
七間通り
●大野市民俗資料館
●大野藩洋學館跡の碑
新堀清水
六間通り
三番六間
476
N
0 200m
●まちの駅御清水
明源寺卍

❶ 幕末知名家老的宅邸

武家屋敷旧内山家
武家屋敷舊內山家

復原對重建大野藩貢獻良多的家老內山家之屋敷。明治時期的主屋與大正時期的書院等並列。於庭園中可仰望越前大野城。

☎0779-65-6122 ⑩大野市城町10-7 ⑱9:00～16:00(週日與國定假日～17:00) ⑭無休 ⑳300日圓

---

❷ 大野藩家老的屋敷遺跡

武家屋敷旧田村家
武家屋敷舊田村家

曾擔任大野藩家老的田村又左衛門的屋敷遺跡。1827年建造的主屋為一大看點。新設的風車增添了幾分風情（季節限定）。

☎0779-65-6212 ⑩大野市城町7-12 ⑱9:00～16:00(週日與國定假日～17:00) ⑭無休 ⑳300日圓

漂浮在雲層之上，夢幻不已的「天空之城」

越前大野城

1580年，織田信長的家臣金森長近耗費4年時間於標高約250m的山頂上所修築的城堡。堅固的石牆十分壯觀。最近以天空之城之姿成為話題焦點。

☎0779-66-1111(大野市觀光交流課) ⑩大野市城町3-109 ⑱9:00(週六・日與國定假日6:00)～17:00(10・11月～16:00) ⑭12～3月 ⑳300日圓

↑漂浮在雲海的越前大野城

商家町・鑄造師町・在鄉町

高岡

富山縣高岡市
重要傳統建築群保存區

在藩主的支持下蓬勃發展
富商與鑄造工匠之城

　　加賀前田家第2代家主前田利長在修築高岡城的同時，還配置了商人町，邀請町人來城下定居。其後又在第3代家主利常的支持下，發展成工商業城鎮。從事稻米與棉花等貿易的商人皆匯集於中心區的山町筋，金屋町則發展成鑄造的職人町。山町筋有富商的土藏造住宅與西洋建築等傳遞昔日的榮景，金屋町則有作業場與土藏等訴說著鑄造工匠的生活樣貌，兩者皆為重要傳統建築群保存區。

ACCESS & INFORMATION

於JR城端線與冰見線／愛之風富山鐵道的高岡站下車。

高岡市觀光協會 **☎**0766-20-1547

高岡MAP

❻ 旧南部鋳造所キュポラと煙突
❼ 高岡市鋳物資料館
卍 法光寺
卍 神妙寺
卍 宗泉寺
高岡市金屋町重要傳統
建築群保存區
得照寺卍 旧室崎家住宅 ❹
高岡鋳物発祥の地碑
千保川
卍 榮木神社
專稱寺卍
❸ 高岡御車山会館
菅野家住宅 ❶
❷ 筏井家住宅
片原町
專稱寺卍
❺ 赤レンガの銀行
(旧富山銀行本店)
卍 超願寺
教恩寺卍
末広町
妙円寺卍
卍 浄土寺
關野神社
高岡やぶなみ駅
卍 南町局
高岡駅
あいの風とやま鉄道
高岡市山町筋重要傳統
建築群保存區
N
0　200m
城端線

此地務必一訪！

 代表山町筋的沉穩町家
❶ 菅野家住宅

山町筋的代表性町家，實業家於1902年斥巨資建造而成。塗抹黑灰泥的沉穩外觀及華麗內部設計為其特色所在。建於高岡大火之後，因此採用防火構造。已獲指定為國家重要文化財。
☎0766-22-3078 **⑳**高岡市木舟町36 **⑳**9:30～16:00 **⑭**週二、1‧2月 **⑳**300日圓

重建於高岡大火不久後
❷ 筏井家住宅

從事絲線等批發業的商家。在高岡大火不久後加以重建，改成採納防火牆的構造。也在傳統的町家中揉合西洋建築。
⑳高岡市木舟町17 **⑳⑭⑳**內部不對外開放

山町筋

山町筋是由北陸道沿線的10座山城所組成。有土藏造樣式與真壁造樣式的町家、西洋建築的銀行等，從明治中期至昭和初期的傳統建築櫛比鱗次。

山町筋的城鎮景觀

從江戶時期至明治時期，作為商業中心繁榮不已，城鎮處處皆散發著昔日餘韻

3 讓山町筋更熱鬧的大祭典
高岡御車山会館
高岡御車山會館

每年5月1日於市中心舉辦的高岡御車山祭。在會館不僅可參觀御車山，還可體驗機關人偶與傳統樂曲的演奏。
地高岡市守山町47-1　時9:00～17:00(入館～16:30)　休週二(遇假日則翌平日休)　費450日圓

每年5月1日舉辦的高岡御車山祭。已被登錄為聯合國教科文組織的無形文化遺產。

4 保留土藏造樣式的町家
旧室崎家住宅
舊室崎家住宅

昔日經手販售棉線與棉花的批發商的住宅。是為數不多仍保有具土藏造樣式特色之「通土間」的町家。
☎0766-20-1453(高岡市文化財保護活用課)　地高岡市小馬出町26　時休費內部不對外開放

5 縣內唯一的大正時期正統西洋建築
赤レンガの銀行(旧富山銀行本店)
紅磚銀行(舊富山銀行總行)

1914年作為高岡共立銀行總行而建。由以近代西洋建築而聞名的辰野金吾監修，是縣內唯一一座正統的西洋建築。
地高岡市守山町22　時休費內部不對外開放

金屋町

金屋町的歷史可追溯至加賀前田家
第2代家主利長從領地內所邀請的
7名鑄造師。作為高岡鑄物的發祥
地為人所知，昔日職人町的佇立形
姿至今猶存。

金屋町通上的
成排房屋，約500m
的石板路上有千本
格子構造的町家
櫛比鱗次

6 煙囪訴說著鑄物的歷史

旧南部鋳造所キュポラと煙突
舊南部鑄造所的化鐵爐與煙囪

建於1924年的煉鐵爐與磚
造煙囪。煙囪為高14.5m、
寬1.78m的方形。為高岡鑄
物的象徵性存在，已登錄為
國家有形文化財。
☎0766-20-1547（高岡市觀
光協會）⑩高岡市金屋本町
3-45 ⑱⑭⑲自由參觀

7 展示高岡鑄物發展史

高岡市鋳物資料館
高岡市鑄物資料館

介紹作為地方產業發展起來的高
岡鑄物的400年歷史。展示古文
書、可了解技術發展的製作工具
與產品。
☎0766-28-6088 ⑩高岡市金屋町
1-5 ⑲9:00～16:30 ⑭週二（遇假
日則翌日休）⑲300日圓

吉久

有座收納加賀藩年貢米的「御藏」，
作為稻米的聚集地而蓬勃發展。明
治時期以後也有經手販售稻米的
「米商」匯集而繁榮昌盛。舊街道
沿路有50多棟沉穩的町家林立。
✕於萬葉線高岡軌道線的吉久站下車。

吉久MAP

吉久駅　六渡寺新神明社 ⛩
西照寺 卍　⛩吉久簡易局
　卍智德寺
⛩吉久神明社

高岡市吉久重要傳統
建築群存區

N
0　　　　200m

有許多幕末至
昭和初期建造的
商家兼農家風格的
町家，醞釀出別具
特色的氛圍

商家町・寺町・茶屋町

小浜西組
小濱西組

福井縣小濱市
重要傳統建築群保存區

**保有濃厚的商人町餘韻，
獨特的町家樣式為一大看點**

　　京極家於江戶時期修建小濱城時，推動了城鎮建設，小濱被劃分為東、中、西3組町人地區。小濱西組現存的街道仍保有與1871年地籍圖幾無二致的型態。丹後街道沿線有商家町，山麓有寺町，西側則形成茶屋町的「三丁町」。有町家、別屋、土藏、寺社與西洋建築，各式各樣的建築物傳遞舊時面貌。傳統的若狹瓦與防火牆等獨特的建築樣式也值得一看。
三丁町➡P.19

三丁町➡P.19

☐ ACCESS & INFORMATION

於JR小濱線的小濱站下車。

若狹小濱遊客服務中心 ☎0770-52-3844

面向丹後街道的八幡神社的第一鳥居。別名為「小濱八幡宮」

小濱西組 MAP

小浜済

N　0 ─ 200m

小濱市小濱西組重要傳統建築群保存區

高島齒科醫院
小濱町並み保存資料館
白鳥会館
三丁町道しるべ　八幡神社の一の鳥居
高成寺　　　極楽寺　八幡神社
庚申堂
三丁町 P.19
蓬嶋樓　栖雲寺
妙興寺
常高寺
若狹高浜駅　　後瀬山トンネル
小浜駅

丹後街道沿路的街道

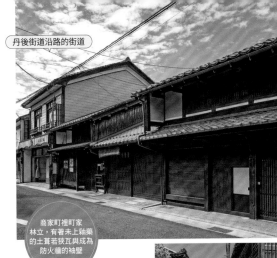

商家町裡町家林立，有著未上釉藥的土葺若狹瓦與成為防火牆的袖壁

阿市次女的菩提寺
常高寺

創建於1630年。織田信長的妹妹阿市與淺井長政的次女阿初（常高院）的菩提寺，保有阿初的肖像畫與墓地等。
☎0770-53-2327 ⏲小浜市小浜浅間1 ⏰9:00～16:00 ⏷1月1～4日、8月6～17日、9月27日 ¥400日圓

建築&土木 COLLECTION

一翻床几

設於町家外面的折疊式長板凳。據說是源自京都町家。

三丁町昔日曾是茶屋町，至今城鎮街道上仍散發著祥和的風情

宿場町

越後下関
越後下關

新潟縣關川村

米澤街道沿路林立著
富農與富商雄偉的宅邸

　　新潟縣的關川村昔日曾是交通要道而繁榮不已。作為利用流經村落的荒川的船運據點，以及連接越後與米澤的越後米澤街道的宿場而蓬勃發展。距離JR越後下關站僅一箭之遙的舊街道沿路至今仍有富農與富商的屋敷櫛比鱗次，保有18世紀濃厚的宿場町風情。越後下關地區的建築物特色在於屋脊組合呈Ｔ字形的撞木造，獲指定為國家重要文化財的渡邊邸與佐藤邸等寶貴的建築物也不計其數。

ACCESS & INFORMATION

於JR米坂線的越後下關站下車。（截至2024年8月為止，坂町～今泉間禁止通行，有替代巴士行駛）

關川村地區政策課 ☎0254-64-1478

介紹關川村歷史的「關川歷史道中之館」外觀是以渡邊邸為意象

越後下關 MAP

- ⑪⑬ 下関の桜並木
- 関川コスモスパーク
- 道の駅関川
- せきかわ観光情報センター（にゃ〜む）
- 桂岩寺 卍
- せきかわ歴史とみちの館
- 佐藤邸 ❸
- ❷東桂苑
- 米沢藩上関出張陣屋跡
- 米坂線
- 津野邸 ❹
- 関川村役場
- 渡邊邸 ❶
- 雲母温泉 上関共同浴場
- 越後下關駅
- 正満寺 卍 安養寺
- 米沢駅
- 荒川
- 神明社 ⛩
- N
- 0　300m

富商與富農的住家

❶ 輔佐米澤藩的名門
渡邊邸
渡邊邸

憑藉航運與釀酒致富的渡邊家宅邸。主屋桁行35.1m、梁間17.8m，構造十分雄偉，以約22萬片杉木板與約1萬5000塊石子砌成的石置木羽葺屋頂也值得一看。☎0254-64-1002（渡邊家保存會）🗺關川村下關904 🕘9:00〜16:00 🚫無休 💴600日圓

❷ 傳遞明治時期的建築技術
東桂苑

渡邊家的分家，建於1905年的純和風建築與庭園美妙絕倫。另設有可一邊眺望庭園一邊放鬆休息的咖啡區。☎0254-64-1349 🗺關川村下關906-2 🕘4月中旬〜11月上旬9:00〜16:00 🚫營業期間無休 💴100日圓

❹ 江戶中期建造的商家
津野邸

以商號「湊屋」揚名的商家，緊鄰渡邊邸。建於1789年，持續傳遞該時代寶貴商家建築的樣貌。☎0254-64-1478（關川村地域政策課）🗺關川村下關 🚫內部不對外開放

❸ 茅葺屋頂十分宏偉的建築
佐藤邸

佐藤家是曾在江戶時代擔任當地庄屋的地主。面向米澤街道的主屋是1765年的建築，為國家重要文化財。☎0254-64-1478（關川村地域政策課）🗺關川村下關897 🚫內部不對外開放

出雲崎

新潟縣出雲崎町

越後首屈一指的人口密度，可在妻入造城鎮景觀中漫步

　　出雲崎曾是江戶幕府直轄的天領地，作為航行於日本海的北前船的停靠港，以及在佐渡開採的金銀的卸貨港，人潮往來如織。據說江戶時代約有2萬人居住於此，作為北陸道的宿場町而有長足的發展。沿著海岸線延伸的舊北陸道上，約4km的區間有門面狹窄的妻入造家屋比鄰而立，獨特的街道喚起懷舊之情。亦為江戶後期的禪僧良寬的出生地，有不少與其淵源匪淺之地。

☐ ACCESS & INFORMATION

從JR越後線的出雲崎站搭乘計程車約需7分鐘（約4km）。

出雲崎町觀光協會 ☎0258-78-2291

良寬像，凝視著母親的故鄉佐渡
建於良寬故居遺跡內的良寬堂。後側有座良寬像

出雲崎 MAP

日本海
出雲崎港防波堤灯台
出雲崎漁港
🏛 道の駅 越後出雲崎・天領の里
出雲崎市場 Ⓢ
日本海
夕日公園
出雲崎代官所跡
良寬堂
住吉神社 ⛩
352
円明院 卍
良寬記念館
芭蕉園（敷屋跡）
卍岩船社
① 北國街道妻入り会館
卍養泉寺
卍光照寺
⛩諏訪神社
⛩稻荷社
代官所跡
407
出雲崎駅

N
0 ───── 300m

妻入造的城鎮景觀

背後緊鄰山脈且夾在日本海之間的街道沿路，有條狹長綿延的妻入造街道

① 參觀別具特色的妻入造家屋

北國街道妻入り会館
北國街道妻入會館

這座參觀交流設施重現了出雲崎傳統妻入造家屋的房間布局。門面狹窄而縱深較長的館內還會舉辦季節性展覽與活動。
☎0258-78-3700 ⓐ出雲崎町尼瀬166 ⏰9:00～18:00（10～3月～17:00）休無休 💴免費

② 以昔日的料亭翻修而成

歴史や五郎兵衛
歷史與五郎兵衛

以明治與大正時代的料亭翻修而成的交流設施。可欣賞通土間與挑高開放空間等妻入造家屋的特色。
☎0258-78-2250（出雲崎町教育委員會）ⓐ出雲崎町羽黑町105-1 ⏰3～11月的週六・日與國定假日10:00～16:00 💴免費

周邊海域是絕佳漁場，出雲崎漁港亦是新潟縣內屈指可數的漁港

越中八尾

富山縣富山市

**風情萬種的城鎮形姿，
傳承豐富多彩的町人文化**

越中八尾於井田川的右岸延展開來，是在修築了石牆的河岸斜坡上形成的坡道城鎮。江戶時代憑藉與飛驒的貿易與養蠶等繁榮一時，據說鼎盛時期承擔了富山藩財政的約3分之2。擁有華麗的曳山（山車）活動與「OWARA風之盆」之類的傳統文化，這些以舊時榮景為背景的町人文化至今仍生生不息。舊町成為OWARA的舞台，石板路上仍保有白牆、格子窗與土藏毗鄰而具歷史意義的街道。

ACCESS & INFORMATION

從 JR高山本線的越中八尾站搭乘富山市社區巴士需3分鐘，於町民廣場前巴士站下車。

越中八尾觀光協會 ☎076-454-5138

每年9月1～3日於八尾舉辦的民謠活動「越中八尾OWARA風之盆」遠近馳名

越中八尾 MAP

```
N
0    200m
                    町民ひろば
              町民ひろば
         25              472
         井田川   禪寺坂  西町の石垣
                        法林寺
         桂樹舍・         卍宗禪寺    越中
         和紙文庫   224            八尾
                                  駅
                   S越中八尾麦酒   別荘川
         観音寺卍  おたや階段
         越中八尾観光会館      八尾
         (曳山展示館)        おわら資料館
                   ②諏訪町本通り
                   丌八尾諏訪社
         専能寺卍
                ①蔵並み通り
         丌若宮八幡社   城ヶ山公園   343
```

石牆坡道

自從江戶時代發生水災後，城鎮皆建在面向井田川的高地上。因為是河岸斜坡而有不少坡道

① 傳統的土藏毗連而立

蔵並み通り
倉庫通

舊町有許多土藏造樣式的住家。越中八尾觀光會館前的道路上有成排的土藏，白牆與黑色下見板（雨淋板牆）的對比十分迷人。

② OWARA風之盆的舞台

諏訪町本通り
諏訪町本通

舊町之一，面向鋪了石板的道路上有白牆與格子窗的房屋櫛比鱗次。推動了無電線桿化等，還獲選為日本道路100選。不妨順道走訪道路名稱之由來的諏訪社等地。

務必從面向河川的禪寺坂飽覽令人心曠神怡的眺望之景（左）。御旅屋階梯為此城鎮的名勝。爬上階梯後，前方有尊御旅屋地藏（右）

宿場町

今庄宿

福井縣南越前町
重要傳統建築群保存區

走訪山間的宿場町，
是越前最熱鬧的地方

今庄位於福井縣的中央、南條山地的山間地區，是舊北陸道的宿場町。設有專供公家與大名等住宿的本陣與脇本陣，還有負責住宿事務的問屋場等，在整個江戶時期是越前最繁榮之地。據說到了江戶時代後期已有多達55家旅籠。現存的建築物大多是在1818年的大火後重建的，不過道路形狀與城鎮區劃幾乎都保留當時樣貌，傳遞著昔日宿場的氛圍。

⬚ ACCESS & INFORMATION

於JR北陸本線的今庄站下車。

南越前町今庄觀光協會 ☎0778-45-0074

進行藩札(藩發行的紙幣)貨幣兌換的御札場遺跡。在福井藩皆強制使用藩札

今庄宿 MAP

武生駅
北陸本線
北國街道
舊北陸道
旧京藤甚五郎家住宅❶
御札場遺跡
清心寺卍
鳴り瀧S
365
越前今庄わかさや❷(旧旅籠若狹屋)
淨念寺卍
今庄駅
明治殿❸
昭和会館❹
西念寺卍
嘉祥院卍
今庄宿本陣遺跡
卍福厳寺
新羅神社
卍願成寺
南越前町今庄重要傳統建築群保存區
N
高野由平商店S
稲荷神社
日野川
476
燧ヶ城址
0 ── 300m

今庄宿位於大雪地區，可承受積雪的粗壯登梁為其特色。還可看到防止延燒的卯建

舊北陸道的宿場町

❶ 特色是氣宇軒昂的卯建
旧京藤甚五郎家住宅
舊京藤甚五郎家住宅

從事釀酒且被指定為脇本陣之京藤家舊宅。建於1801～1804年，有道水戶天狗黨住宿留下的刀痕。
☎0778-47-8005(南越前町教育委員會事務局) ⑮南越前町今庄68-35 ⊕週五～日與國定假日10:00～16:00 ⊗1‧2月

❷ 今庄宿較具代表性的舊旅籠
越前今庄 わかさや（旧旅籠若狹屋）
越前今庄 若狹屋（舊旅籠若狹屋）

建於1830～1844年的舊旅籠，已登錄為國家有形文化財。由NPO法人今庄旅籠塾進行翻修，作為活動據點，一般作為蕎麥麵店使用。
☎0778-45-0360 ⑮南越前町今庄75-13 ⊕11:00～14:30 ⊗週一

❹ 昭和初期的西洋建築
昭和会館
昭和會館

1930年建於脇本陣遺跡內，作為社會教育的據點。後來成為今庄町公所，現在則是公民館。
☎0778-47-8005(南越前町教育委員會事務局) ⑮越前今庄75-6

❸ 今庄宿的本陣遺跡
明治殿

遷建自明治天皇下榻過的本陣的居室。連同周邊的本陣遺跡一起整修成公德園。亦為居民休閒的好去處，春天的櫻花美不勝收。
☎0778-45-0074(南越前町今庄觀光協會) ⑮南越前町今庄76-6 ⊕內部在舉辦活動期間會對外開放

住家面向呈平緩曲線狀的街道比鄰而立。前面是昔日經營旅籠的高野田平尚店

宿場町

熊川宿

福井縣若狹町
重要傳統建築群保存區

往首都運送鯖魚的鯖街道
城鎮處處可見舊時的面貌

　　若狹受惠於海產，自古以來便是往
首都運送食材的御食國。到了18世紀
後半葉，開始運送大量的鯖魚，連結若
狹與京都的道路不知從何時開始被稱作
鯖街道。熊川宿曾是其中重要的據點，
據說江戶時代初期已有200多戶住家，
鼎盛時期1天有1000頭牛馬往來，好不
熱鬧。有平入造與妻入造等形式多樣的
建築交織其中的街道綿延了約1km。

⬚ ACCESS & INFORMATION

從JR小濱站搭乘西日本JR巴士若狹線需29分
鐘，於若狹熊川巴士站下車。

若狹町歷史文化課（若狹三方繩文博物館內）
☎0770-45-2270

從河川卸貨的稻米
會經由「御藏道」運
往藏屋敷

下之町與中之町的交界
處。道路呈枡形而被稱
作「拐彎道Magari」

熊川宿中之町

從京都方向過來
依序稱作上之町、
中之町與下之町。
照片為主要街道
的中之町

176

❶小浜

此地務必一訪！

• 村田館

下ノ町

303

まがり

❷ 有著傳統的建築樣式
高源 逸見源右衛門家

位於中之町的町家，可觀賞傳統的建築手法，比如以牆隱藏柱子的塗籠造。店門前還設有折疊式的長板凳。
🄰若狹町熊川38-30 🄱休🄲內部不對外開放

❶ 熊川宿中最古老的町家
倉見屋 荻野家住宅

荻野家是從事人馬繼立，即透過替換人或馬來運送貨物。主屋建於1811年，為國家重要文化財。
🄰若狹町熊川38-17 🄱休🄲內部不對外開放

熊川郵便局🏣

御藏道

倉見屋 荻野家住宅
❶

🄲給食カフェ はな結
❷ 高源 逸見源右衛門家

🅁ひのきや

🅁葛と鯖寿しの店

中ノ町

❺熊川宿狭

•福井新
上中東
•中条橋

🅂勘

❸ 聚焦於復古現代風的西洋建築
若狹鯖街道
熊川宿資料館 宿場館

若狹鯖街道 熊川宿資料館 宿場館

活用建於1940年的舊熊川村公所作為資料館。介紹與熊川宿或若狹街道相關的豐富資料。

📞0770-62-0330 🄰若狹町熊川30-4-2 🄱9:00～17:00（入館～16:30）※冬季有可能變更 🄱休週一（遇假日照常開館）🄲200日圓

🪧松木神社
得法寺卍

八百熊川 | YAO-KUMAGAWA 🄷
覚成寺卍

若狹鯖街道
熊川宿資料館 宿場館 ❸
旧逸見勘兵衛家住宅 ❹

🪧白石神社

連結上之町與中之町的中條橋。木製的欄杆醞釀出獨特的風情

178

④ 熊川宿較具代表性的町家
旧逸見勘兵衛家住宅
舊逸見勘兵衛家住宅

熊川村的初代村長逸見勘兵衛及其兒子伊藤忠商事第2任社長伊藤竹之助的故居。建於1858年，經過大規模的修繕，目前成為飲茶與住宿設施。
☎080-6359-0808 ⨁若狹町熊川30-3-1 ⏰飲茶僅週六・日與國定假日10:30～16:30營業(會臨時休業)

⑥ 根據歷史資料加以復原
熊川番所

熊川宿距離若狹與近江的國境很近，設有監視人與物資往來的番所。2002年在原本的位置加以復原。
☎0770-62-0330(若狹鯖街道熊川宿資料館 宿場館)⨁若狹町熊川18-2 ⏰10:00～16:00 ※冬季有可能變更 ⏰週二・三・五(遇假日照常開館) ※冬季有可能變更 ￥50日圓

⑤ 活用古民房打造的美術館
熊川宿若狹美術館
熊川宿若狹美術館

以昔日作為倉庫、銀行或酒藏等的古民房翻修而成。展示著身心障礙者的藝術作品與現代藝術作品等。
☎050-3565-5885 ⨁若狹町熊川39-5-1 ⏰10:00～16:30 ⏰週二～四(遇假日照常開館) ￥贊助金200日圓

⑦ 因漫畫而揚名的若狹鯖街道
鯖街道ミュージアム（資料展示館）
鯖街道博物館（資料展示館）

緊鄰道路休息站「若狹熊川宿」。與京都精華大學漫畫系合作，透過漫畫淺顯易懂地解說若狹鯖街道。
☎0770-62-9111 ⨁若狹町熊川11-1-1 道の駅 若狹熊川宿 ⏰9:30～17:00 ⏰3、6、9與12月的第2個週四 ￥免費

從中之町經過被稱作「拐彎道」的彎道後，延伸至下之町。寧靜的街道綿延不絕

若狹町熊川宿重要傳統建築群保存區

位於熊川番所的上之町可謂熊川宿的玄關口。別具風情的町家靜靜地佇立其中

上之町道路旁的大岩石。又稱作ナザ岩

0   50m

寺町 & 門前町

寺町

卯辰山麓

石川縣金澤市 重要傳統建築群保存區

在寺院相連成排的靜謐小徑中
一邊漫步一邊欣賞肅穆的堂宇

　　位於金澤城東側的卯辰山是標高約
141m的矮山。從東茶屋街到卯辰山山
麓之間，遍布著加賀藩前田家作為城下
防禦措施而匯集的寺院，蜿蜒曲折的小
徑沿路約有50座寺廟，十分密集。附
近一帶為卯辰山山麓寺院群的散步景
點，還有昭和復古的住宅街道穿過，亦
可一窺金澤市民的生活。

ACCESS & INFORMATION

從JR北陸本線的金澤站搭乘北陸鐵道巴士需7分
鐘，於橋場町巴士站下車。

金澤市觀光協會 ☎076-232-5555

全性寺，樓門
形式的山門上掛著
大草鞋，是人們為了
祈求腿腳強健與健康
而獻納之物

⬆宇多須神社，為金澤五社之一。境
內後方有座利常公酒湯的水井

⬆從東茶屋街綿延至長谷山觀音院的
階梯坡道。俯瞰著成排黑瓦的房屋

寺町

寺町台

石川縣金澤市 重要傳統建築群保存區

寺院雲集的地區，
形成舊街道交錯的交通要道

　　金澤城西側的高地，加賀藩時代為
了防止敵人入侵而讓寺院集結於此。匯
集於寺町與野町的這一帶即稱作寺町寺
院群。規模比卯辰山山麓的寺院群還要
大，約有70座寺院聚集。附近一帶有
圍牆環繞的寺院林立，寺院的鐘聲響徹
四方。走下寺町台後，前方即為金澤三
茶屋街之一的西茶屋街。

ACCESS & INFORMATION

從JR北陸本線的金澤站搭乘北陸鐵道巴士需14
分鐘，於廣小路巴士站下車。

金澤市觀光協會 ☎076-232-5555

由舊野田道路
沿線的野田寺町與
往白山的參拜道路舊
鶴來道路沿線的泉寺
町組成的寺院群

⬇老字號料亭山錦樓的建築
物所在的街道，為昭和初期
建造的4層樓木造建築

寺內町

井波

富山縣南礪市

與擁有專屬雕刻師的瑞泉寺同步發展的八日町通

　　八日町通上迴響著令人愉悅的木槌聲，自江戶時代以來一直是木雕之鄉。至今仍有雕刻與雕刻飾品等令人懷想舊日的工坊櫛比鱗次。重建燒毀於江戶中期的瑞泉寺時，京都的御用木匠被派遣至井波，傳授技術給當地木匠，此即井波雕刻的起源。該寺院的門前為八日町通，有無數招牌、雕刻作品與巴士站標示等，隨處皆可欣賞到井波雕刻的技藝。

ACCESS & INFORMATION

從JR北陸本線的金澤站搭乘加越能巴士（南礪～金澤線）需1小時19分鐘，於交通廣場巴士站下車。

南礪市觀光協會 ☎0763-62-1201

在井坡的道路休息站「井波木雕之鄉創遊館」可參觀雕刻師的技藝

井波 MAP

N
0　200m

卍回向寺
21
●橫山一夢工芸美術館
⑤刃物販売・研ぎの匠雲童
卍大宝寺
井波彫刻総合会館
交通広場
卍北川神明宮
黒髪庵
浄蓮寺卍
松島古城公園
賀資家住宅
21
臼浪水
卍金城寺
白山社
卍照円寺
井波城跡
卍瑞泉寺
卍八幡宮
井波の蚕堂
卍本願寺井波別院
藤橋鎮座八幡宮

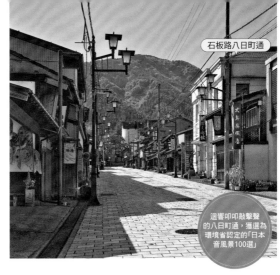

石板路八日町通

迴響叩叩敲擊聲的八日町通，獲選為環境省認定的「日本音風景100選」

① 200多件強力的井波雕刻
井波彫刻総合会館
井波雕刻綜合會館

井波雕刻為國家指定的傳統工藝品。館內有雕刻窗、屏風與飾品等濃縮雕刻師技藝的各種雕刻作品，還會介紹歷史並進行現場示範。
☎0763-82-5158 ⓓ南砺市井波北川733 ⓣ9:00～17:00（入館～16:30）⑥第2、4個週三（遇假日則翌日休）ⓨ500日圓

② 北陸多名俳人所建造的僧庵
黒髪庵
黑髮庵

瑞泉寺的浪化上人是芭蕉的弟子。他從滋賀縣義仲寺的芭蕉墓地搬來了3塊石子，於淨蓮寺境內建造翁塚。後來又修建了黑髮庵。
☎0763-23-2014（南礪市文化與世界遺產課）ⓓ南砺市井波3609 ⓣⓢ自由參觀（內部參觀須與上述的聯絡窗口洽談）

集結井波雕刻精髓的雕刻傑作所在的古剎

瑞泉寺

開創於1390年，作為後小松天皇的勅願所。此後成為北陸地區淨土真宗的據點而繁榮。建築物處處皆有雕刻，且相傳位於山門的「龍」在明治的大火中噴出水，守護了山門而奇蹟般倖存。
☎0763-82-0004 ⓓ南砺市井波3050 ⓣ9:00～16:30 ⑥無休 ⓨ500日圓

↑全欅木、重層入母屋造的山門氣宇軒昂

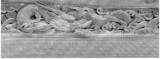

↑在山門可看到傳說中會噴水的龍

4座倉庫相連而立

寺內町・商家町

城端

富山縣南礪市

有越中小京都之稱的
懷舊街道

　　城端位於富山縣西南方，為白川鄉與五箇山所產的鹽硝與蠶繭的聚集地而繁榮不已。此地亦為創建於室町時代的善德寺的門前町，拓展於高地的舊五箇山街道仍保有昔日面貌，承繼傳統樣式的町家林立，所形成的景觀有「越中小京都」之稱。最近以城端為舞台的動畫作品備受矚目，連週六行駛於城端線的觀光列車「BE-RU-MON-TA」也頗受歡迎。

🔲 ACCESS & INFORMATION

於JR城端線的城端站卜車。

南礪市觀光協會 ☎0763-62-1201

川島地區為西陣老店「舊川島織物」創始人的出生地。仍保有絲綢之城昔日的痕跡

城端 MAP

```
         城端駅🚉
      0  300m
   N
         304  21
  教念寺卍   芭蕉塚
西新田神明社卍  坊坂  浄念寺卍
         池
善德寺卍    旧吉村絹織工場
土蔵群「蔵回廊」❶ 城端曳山会館
龍勝寺卍    廊龍橋
        ❷坡場の坂
旧桂湯   じょうはな織館
瑞泉寺卍
      城端伝統芸能会館
神明桜通りの桜  「じょうはな座」
⛩妙義神社
```

土蔵群「蔵迴廊」。可觀賞奠基的石牆、鋪設木板的土牆與塗抹灰泥等傳統倉庫樣式

❶ 倉庫本身即為展示品
土蔵群「蔵回廊」
土蔵群「蔵迴廊」

今町通上已復原了富商野村家的4座倉庫。以迴廊相連結的倉庫內部展示著介紹城端歷史與文化的資料。與陳列著成排曳山的城端曳山會館直接相接。

☎0763-62-2165 ⓐ南砺市城端579-3 ⏰9:00〜17:00 ⓧ無休 ⓨ520日圓

於每年5月舉辦的城端曳山祭，已被登錄為聯合國教科文組織的無形文化遺產

❷ 坡道與倉庫之城的地標
坡場の坂
坡場の坂

建築物昔口曾是醬油釀造廠。至今仍掛在入口處的「醬油」招牌與紅磚倉庫仍保留著過去的痕跡。
ⓐ南砺市城端東上

建於1930年的舊桂湯，直到近年一直作為錢湯經營。充滿復古感的建築物已登錄為國家有形文化財

歷史悠久的古剎，收藏超過1萬件寶物

善德寺
善德寺

1444年由蓮如上人所創建，為真宗大谷派的寺院。收藏著與其歷史相符的無數寺院珍寶，有一部分已對外開放。山門、本堂與鐘樓堂等許多建築已成為縣指定文化財。

☎0763-62-0026 ⓐ南砺市城端405 ⏰9:00〜16:30 ⓧ無休 ⓨ400日圓

⬆焚毀後，於1815年重建的山門

港町 & 漁村

港町

宿根木

新潟縣佐渡市
重要傳統建築群保存區

有船匠發揮實力
打造而成的船型屋

　位於佐渡島南端小木半島海灣處的集落。從江戶後期至明治初期作為北前船產業核心地而蓬勃發展。集落中多達220棟建築物密集地遍布於約1公頃的土地，其中約100棟已被選定為傳統建築。集落裡有迷宮般的狹窄巷弄交織，還可看到為了最大限度利用狹窄土地而運用船匠技術打造成三角狀的三角家。

於海灣開闊的集落

這些住家皆鋪有名為包板的垂直木板，是為了保護建築免受從大海吹來的海風影響

ACCESS & INFORMATION

從直江津港搭乘佐渡汽船的渡輪需1小時40分鐘，抵達小木港（4月底～11月中旬航行）。從小木港搭乘新潟交通巴士需14分鐘，於宿根木巴士站下車。此外，從新潟搭乘佐渡汽船噴射水翼船需1小時7分鐘，抵達兩津港。另有渡輪從新潟港航行至兩津港，需2小時30分鐘。從兩津港搭乘新潟交通巴士前往佐渡市中心的佐和田巴士站需40分鐘，從佐和田巴士站前往小木則需1小時2分鐘。

南佐渡遊客服務中心 ☎0259-86-3200

---

① 此地限定的建築樣式
三角家

配合狹窄巷弄而建成三角狀，為宿根木的地標。又稱作船型屋。實際上一直使用至2006年，現在已對外開放內部。
☎0259-86-3200（南佐渡遊客服務中心）⑭佐渡市宿根木448 ⑱4月～11月中旬 ⑳300日圓

---

② 發家致富的船主的宅邸
清九郎

從江戶時代至明治時期作為船主的宅邸來使用，後來被清九郎收購。極其奢華的陳設為一大看點。
☎0259-86-3200（南佐渡遊客服務中心）⑭佐渡市宿根木448 ⑱4月～11月中旬 ⑳400日圓

---

③ 船匠師傅的住處
金子屋

建於19世紀前半葉。有船板外牆與以拉繩開關的窗戶設計等，處處皆可感受到船匠獨到的巧思。
☎0259-86-3200（南佐渡遊客服務中心）⑭新潟縣佐渡市宿根木⑨9:00～16:00 ※依時期而異 ⑯12～3月、開放期間無休 ⑳300日圓

---

④ 認識宿根木的生活
佐渡国小木民俗博物館・千石船展示館
佐渡国小木民俗博物館・千石船展示館

利用已關閉的舊宿根木小學校舍打造而成。收藏了約3萬件與漁業、船匠與日用品等相關的民俗資料。
☎0259-86-2604 ⑭佐渡市宿根木270-2 ⑨8:30～17:00 ⑯無休 ⑳500日圓

船匠所打造的城鎮景觀及別具特色的建築物，皆原封不動保存下來

宿根木 MAP

N
0　100m

⑮

卍称光寺
白山神社
宿根木公会堂
三角家①
茶房やました
一客一亭のお宿
伊三郎H
宿根木
はんぎり
⑮
十王坂
⑮小木宿根木郵便局
旧郵便局舎
あなぐち
②清九郎
③金子屋
世捨小路
宿根木町並み案内所

佐渡国小木民俗博物館・
千石船展示館④

佐渡市宿根木重要傳統
建築群保存區

黑島地区

黑島地區

幕府的天領地，
灰泥白牆配上黑瓦無比優美

　　黑島地區是位於能登半島外浦最北端的集落。作為北前船主、船長與船員的居住地而繁榮，並於1684年成為幕府直轄的天領。船主屋敷的獨特房間布局被稱為「Mitsubogakoyi」，是從三面環繞建於房屋中心處的中庭。外牆大多鋪設了木板下方交疊的下見板，以求擋風遮雨。※由於2024年能登半島地震，角海家已倒塌。

☐ ACCESS & INFORMATION

從能登鐵道七尾線的穴水站搭乘北鐵奧能登巴士前往門前總持寺前需37分鐘，於終點站下車。從總持寺前巴士站搭乘愛乘巴士久川路線需9分鐘，於黑島巴士站下車。

輪島巾文化課 ☎0768-22-7666

在能登很常見的黑瓦。使用的是耐寒且耐鹽害的能登瓦

⬆米藏、大豆藏、鹽藏等林立的角海家。已被指定為國家重要文化財

⬆從若宮八幡神社的參道看過去的黑島地區。該社自古以來作為海運的守護神而備受敬仰

加賀橋立

戰勝怒濤而
獲得豪華的宅邸

　　加賀橋立在江戶時代是隸屬於加賀藩的支藩「大聖寺藩」。原本為半農半漁的集落，不過從18世紀中葉以來，村民中開始有人成為北前船的船主。到了1796年，人數攀升至船主34人、船長8人，街道上開始有鬥豪競奢的巨大屋敷林立。

☐ ACCESS & INFORMATION

從JR北陸本線的加賀溫泉站搭乘加賀周遊巴士「CAN BUS」需25分鐘～1小時，於北前船之鄉資料館巴士站下車。

加賀市文化振興課 ☎0761-72-7888

加賀南部產的紅瓦，配上用於石階或石板路的淡藍綠色笏谷石，增添了幾分韻味

⬆藏六園是舊北前船主酒谷長一郎家的屋敷。也保留了藩主專用的房間等

⬆北前船之鄉資料館（舊酒谷長兵衛家宅）。不妨探訪豪奢的北前船主的生活樣貌

三国湊
三國湊

福井縣坂井市

町家與商家林立的城鎮景觀
令人懷想起舊時的熱鬧景況

憑藉北前船的貿易而盛極一時，江戶至明治初期的面貌至今猶存。道路兩側的建築，特色在於所謂的「KAGURA建築」樣式，即將平入造屋頂設置於妻入造屋頂的正面，是唯有三國才看得到的傳統建築。除了資料館外，還有利用町家打造而成的店鋪可享用餐點，務必不疾不徐地漫步其中。三國湊町家館也有提供自行車租借服務，善加利用可便於移動。

ACCESS & INFORMATION

於越前鐵道三國蘆原線的三國站下車。

三國湊町家館 ☎0776-82-8552

觀光景點與商店雲集的三國湊北前通為此區的主要街道

三國湊 MAP

卍宝林寺　三国港駅🚉

三国駅🚉　えちぜん鉄道 三国芦原線

氷川神社⛩　卍久昌寺
　　　　　法円寺卍

金鳳寺卍
•島見順生家
•福井藩三國湊
　川口御番所跡
7　大和甘林堂🚉　勝授寺卍
マチノクラ❷　旧森田銀行本店
旧岸名家❶　元三国大野屋
三國湊町家館　内田本家跡
　　　　　宝林寺卍

九頭竜川

かもめ通り

あわら湯の町駅🚉

N
0　200m

別具風情的港町

KAGURA建築的町家綿延不絕。其中一隅為昭和較具代表的作家之一高見順的故居

① 保有舊時的形姿
旧岸名家
舊岸名家

建於1823年，從事木材生意的岸名家代代居住於此。帳房與大板車往來的通道也完整保留了下來。
☎0776-82-0947　⏺坂井市三国町北本町4-6-54　🕘9:00～17:00　⏸週三(遇假日照常開館)　💴100日圓

② 以海運與文學為主題
マチノクラ
町之藏

由海運的歷史與文學的迴廊所組成的迷你資料館。文學的迴廊中介紹了與城鎮有淵源的文人，還會播放拍攝城鎮樣貌的電影。
☎0776-82-8392(三國會所)　⏺坂井市三国町北本町4-6-48　🕘10:00～16:00　⏸週三(遇假日照常開館)　💴150日圓

附近被稱為「出村」的地區昔日曾是花街，街道也隱約散發著嫵媚的氛圍

西洋建築也值得關注

散發大正浪漫氛圍的西歐設計
旧森田銀行本店
舊森田銀行總行

這座建築建於1920年，是憑藉航運業累積龐大財富的富商森田家所經營的銀行。內部添加了美妙絕倫的灰泥圖案。
☎0776-82-0299　⏺坂井市三国町南本町3-3-26　🕘9:00～17:00　⏸週一　💴免費

農村 & 山村

山村集落

五箇山

富山縣南礪市
重要傳統建築群保存區

世界遺產的集落，
日本原始風景至今猶存

　　已被登錄為世界遺產的祕境集落。在與周邊隔絕的環境中，孕育出獨特的文化與風俗。為承受大雪打造成陡斜狀的建築樣式，形似雙手合掌時的形狀而被稱作合掌造。鬱鬱蔥蔥的山村裡，合掌造家屋緊密而建，這樣的光景猶如民間故事裡的世界。若是自駕，請善用集落入口處的停車場，集落內基本上只能徒步觀光。

▣ ACCESS & INFORMATION

從JR城端線與冰見線／愛之風富山鐵道的高岡站，搭乘加越能巴士「世界遺產巴士」需1小時18分鐘，於相倉口巴士站下車。前往菅沼需再15分鐘，於菅沼巴士站下車。

五箇山綜合服務站 ☎0763-66-2468

> 相倉與菅沼是位於庄川沿岸地區的集落。附近一帶以紅葉之美而聞名

相倉 MAP

相倉口🅿️
304
神明社卍 卍本教寺
愛宕社⛩
世界遺產記念碑●
相念寺卍 ●五箇山和紙漉き体験館
相倉民俗館❶━━
●相倉伝統産業館
砺波／高岡
156
庄川
南礪市相倉重要傳統建築群保存區
156
下梨
上梨
トンネル
↓菅沼
N
0　　　300m

> 冬季的點燈之景

▼ 相倉 ▼

五箇山中最大的合掌造集落。20棟合掌造與茅葺屋頂的寺院等至今猶存，其中大多建於江戶至明治時期。亦有民宿，可下榻於世界遺產。

> 合掌造的原型、最後的原始合掌建築至今猶存

❶ 利用實際合掌造民房打造而成
相倉民俗館

展示五箇山中自古傳承下來的生活用具、農具與合掌造模型等。坐在地爐旁可更真實感受五箇山的生活。

☎0763-66-2732 地南砺市相倉352 時8:30～17:00 休無休 費300日圓（與相倉傳統產業館的通用券為500日圓）

相倉合掌集落。
燈光點亮的雪景，
集落的形姿宛如民間
故事中的世界

菅沼

庄川右岸的9棟合掌造建築至今猶存，
靜謐的景觀展於眼前。規模雖小，卻囊
括飲茶館、伴手禮店與民俗館等，可度
過充實的時光。

從菅沼展望廣場可將
如山水盆景般的集落
一覽無遺。每個季節的點
燈之景亦為精采看點

2 介紹火藥的原料「鹽硝」
塩硝の館
鹽硝之館

江戶時代加賀藩曾瞞著幕府下令生
產鹽硝，此館利用立體透視模型與
皮影戲，淺顯易懂地重現其製造技
術與過程。

📞0763-67-3262 📍南砺市菅沼134
🕐9：00～16：30（12～3月～16：00）
🚫無休 💴210日圓（與五箇山民俗館
的通用券為300日圓）

菅沼MAP

白峰

石川縣白山市
重要傳統建築群保存區

在日本屈指可數的大雪地區與雪共生的山村生活

　　位於日本三大名山之一的白山山麓，在江戶時代曾是幕府直轄的天領。幾乎沒有田地，居民主要仰賴養蠶與火耕農法維生。位處大雪地區，因此以2、3層樓的住家居多，須仰望的巨大建築少之又少。建築物上面樓層一般被用作養蠶作業的空間。集落中有1樓鋪設木板的典型白峰民房林立，還有以絹肌之湯馳名的白峰溫泉總湯。

☐ ACCESS & INFORMATION

從JR北陸本線的金澤站搭乘北鐵白山巴士需1小時46分鐘～2小時，於白峰車庫巴士站下車。

白峰觀光協會 ☏076-259-2721

將昔日於白山山頂供奉的佛像安置在白山下山佛堂中。持續傳遞著白山信仰歷史的林西寺

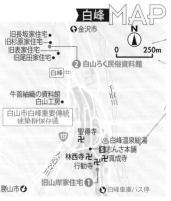

白峰 MAP

旧長坂家住宅 ●金澤市
旧杉原家住宅
旧表家住宅
旧尾田家住宅

② 白山ろく民俗資料館

白峰

0　　250m

牛首紬の資料館
白山工房

白山市白峰重要傳統
建築群保存區

聖得寺 卍
白峰溫泉総湯 ♨
志んさ本舗
157 林西寺 卍　卍真成寺
行動寺
旧山岸家住宅 ❶

勝山市　●白峰車庫バス停

集落的中心區

明明是山村，建築物卻很密集，孕育出如町場般的景觀，此為白峰城鎮景觀的一大特色

❶ 規模宏大的庄屋宅
旧山岸家住宅
舊山岸家住宅

江戶時代奉幕府之命管理這片土地達約200年的大庄屋的宅邸。土黃色牆壁與縱長型窗戶相連，為白峰的典型民房。

☏076-274-9579（白山市文化財保護課）⚐白山市白峰イ72 開休費通常內部不對外開放

❷ 展示形形色色的住家
白山ろく民俗資料館
白山麓民俗資料館

為戶外展示設施，原封不動遷建昔日的住家以重現山村的生活。內部還展示當時的工具類。

☏076-259-2665 ⚐白山市白峰リ30 開9:00～16:30（入場～16:00）休週四（遇假日則翌日休）、12月11日～3月9日 費260日圓

舊尾田家，是為了居住在耕地附近而建造的外出勞作型民房。建築物十分樸素

舊杉原家，是石川內規模最大的獨棟房。在江戶時代曾代代擔任村吏

農村集落

荻ノ島
荻之島

新潟縣柏崎市

住家環繞田地的環狀集落
在日本各地也十分罕見

　　位於柏崎市南部，以寶貴的環狀茅葺集落為人所知。顧名思義，此地有成排民房依山而建並環繞中央的水田。特色在於其中大多有個名為中門造的突出入口。巡遊集落內部的道路繞一圈約為800m，務必悠哉漫步其中。2022年由隈研吾氏所設計的茅葺屋頂咖啡館「陽之樂家」已經開業。

☐ ACCESS & INFORMATION

從北越急行北北線的松代站搭乘計程車約需20分鐘（約11km）。

柏崎市商業觀光課 ☎0257-21-2334

人們生活其中的集落裡，民房繞圈般林立水田四周。陽之樂家週六‧日營業

山村集落

加賀東谷

石川縣加賀市 **重要傳統建築群保存區**

在寧靜而優美的山村中
時間的流速悠緩

　　位於加賀市東南部，動橋川與杉之水川的上游流域。由荒谷、今立、大土、杉水4個集落組成。昔日曾是製炭業發達的地區，集落內有建於明治前期至昭和30年代的住家沿襲下來。沉穩的民房有著紅瓦與附排煙窗的屋頂，格外引人注目，梯田與古民房的對比也十分迷人。

☐ ACCESS & INFORMATION

從JR北陸本線的加賀溫泉站開車約需35分鐘（約19km）。

加賀市文化振興課 ☎0761-72-7888

大土集落，熱愛家鄉的人們悉心維護著懷舊景觀

↑今立集落中，有不少明治前期至昭和30年代左右的建築物

↑荒谷集落的民房，位於4個集落中最西側

街道&建築的基礎用語

從古老街道相關用語及建築用語中，彙整閱讀本書時可能有用的詞彙。有些用語的解釋會因專家而異。

3～5劃

千本格子 縱向且間隔細密的格子。用於店館口等處。

土居 地頭或鄉士的居館，常見於四國。有時可指稱以土居為中心所形成的小城下町風格的都市。

切妻屋頂 形似攤開書本後朝下擺放的山形屋頂。由2面斜面所組成，是最簡樸且常見的屋頂形狀。

木羽葺 以日本花柏或杉木的薄木片交疊葺成的屋頂。用於武家屋敷或寺社等，又稱作柿葺。

卯建 建於民宅屋頂兩端，附小屋頂的袖壁。是為了防火與裝飾而設，後來成為彰顯門第之物。

平入 出入口位於切妻屋頂傾斜方向那側（平側）的建築形式。大多位於建築物長邊那側。

本瓦葺 以平瓦與圓瓦交替組合所葺成的屋頂形式。比棧瓦更古老，用於城郭或寺社。

本陣 設於江戶時代的宿場中，進行參勤交代的大名、宮家、公家與高僧等顯貴所利用的住宿設施。

本棟造 木板葺成的切妻屋頂，出入口位於妻側（屋頂三角形那側）的民房形式。常見於長野縣南部。

石州瓦 島根縣石見地區產的紅褐色黏土瓦。耐寒且堅固，因此常用於寒冷地區。

穴太積 滋賀縣大津市穴太地區出身的石匠所打造的石牆。以天然石堆砌而成，幾乎未經加工。

6～10劃

曲家 平面呈L形的民房形式，廣泛分布於岩手縣南部。突出部分則用作馬廄等。

見世藏 創造於江戶時期的土藏造店鋪。裝設了厚門以防火。

妻入 出入口位於建築物妻面（屋頂側面的三角形部分）方向的建築形式。大多位於建築物短邊那側。

枡形 以石牆或土壘環繞城郭出入口所形成的方型廣場空間。有延遲敵人入侵等防禦目的，在宿場中則是指呈曲狀的彎道。

河岸 設於河川或湖沼的碼頭或港口。周邊也會增設市場。

表屋造 一種町家的形式，道路那側為店鋪，後方則建有獨棟主屋，中間以玄關棟相連。常見於近畿地區。

長屋門 一種門的形式，門扉兩側結合了家臣的居室。也出現在江戶時代的武家屋敷或世家的町家中。

冠木門 在2根柱子上架著冠木（橫木），有門扉但沒有屋頂的門。用於武家屋敷等。

紅殼／弁柄 深紅褐色的顏料，主要成分是氧化鐵。耐用性、耐熱性與耐水性俱佳。

茅葺 以芒草或蘆葦等葺成的屋頂。防水性與隔熱性絕佳。

重要文化景觀 地域的大自然與生活所孕育出的文化景觀中，被認定為格外重要的景觀。由文化廳評選。

唐破風樣式 呈弓形曲線的破風（屋頂側面的板子）。常見於玄關、門、寺社或城郭的屋頂，裝飾性高。

桁行 越過柱子上方的橫木稱作桁，桁行即和桁的方向或長度。

海參牆 將平瓦並排貼於壁面，接縫處則以灰泥砌高呈魚板狀的外牆。突起的形狀與海參相似而得名。

脇本陣 在江戶時代的宿場中，作為陣中的預備用宿舍。在本陣不足以應對等時候派上用場，平常則經營旅籠。

陣屋 江戶時代郡代或代官等於上任地點建造的官邸。此外，也指稱沒有城堡的小藩大名的居館等。

11～15劃

寄棟造 4面皆有屋頂斜面，由2個梯形與2個等腰三角形所構成的屋頂形式。

排煙窗 用以將煙排到外面的窗戶。有些是在屋頂上採用越屋根（太子樓）的形式。

袖卯建 為了防火或裝飾而在建築物上打造的一種卯建，屋簷下兩側皆設有附小屋頂的袖壁。

袖藏 配置於店鋪旁邊的儲藏庫。兼具主屋防火牆的功能。

連子格子 將細木材以較粗間距縱向相連而成的格子。常見於町家。

棧瓦葺 以波狀瓦相疊成排，是現代較一般的瓦片屋頂的葺法。比本瓦葺

還要便宜且輕量。

登錄有形文化財 為了守護珍貴的文化財並促進地區活用而設立的制度。以明治至昭和時期的建築物居多。

雁木 階梯狀的碼頭。建於潮差較大的地區，是為了無論漲潮還是退潮都能從船上卸貨。

雁木／小見世 讓民房或店鋪的屋簷往道路那側突出，形成有屋頂的步道。積雪時格外方便，因此常見於大雪地區，在東北地區稱作小見世。

塗籠造 一種外牆的砌法，連柱子與屋簷等木質部位都覆上厚厚的土牆，防火效果絕佳。又稱作塗屋造。

蔀戶 裝設格子的板窗。分成上下2片，上半部可往上吊來開啟，下半部則可拆卸。

16～19劃

築地牆 將土倒入木框中並壓實所製成的土牆。圍牆上加了以瓦片或木板葺成的小屋頂。

檜皮葺 以檜木樹皮細密鋪疊所葺成的屋頂。比茅葺昂貴，因此用於宮殿或寺社建築等。

蟲籠造 於樓中樓裝設蟲籠窗的民房形式。創造於近世。

蟲籠窗 裝設於町家樓中樓的格狀窗戶，用以通風與採光。為了防火而塗抹了灰泥等。

藥醫門 一種門的形式，以2根本柱與2根支柱共4根柱子來支撐切妻屋頂。屋頂的中心位於中間靠前處。

鏝繪 泥瓦匠師父利用鏝刀刻劃出的灰泥浮雕裝飾。始於江戶中期，在土藏或住家的牆壁上繪製家徽或龍等圖案。

畿内・紀伊

山城・摂津・河内・和泉・大和・紀伊

京都南部・大阪・兵庫東南部・奈良・和歌山・三重西南部

巡遊彩綴古都的花街與成排的傳統町家

京都擁有2000多座寺社與17個世界遺產，寺町、門前町、茶屋町等與寺社相關的街道也多彩多姿。通往清水寺的參道二寧坂（二年坂）與產寧坂（三年坂）為標準的散步路線。還有上賀茂的社家町、愛宕神社的嵯峨鳥居本、豐臣秀吉所修築的城下町伏見等，京都特有的街道散布各處。

尤其是祇園與先斗町等花街，皆為承繼茶屋文化的城鎮而揚名國內外。紅殼格子配上蟲籠窗，垂掛著竹簾的屋簷下設有犬矢來，這樣的町家形姿與偶爾往來的舞伎或藝伎，醞釀出傳統的花街韻味。

↑富田林，作為寺內町而保留著沉穩的町家，是大阪唯一的重要傳統建築保存區

↑「奈良町」，格子町家成排林立於世界遺產元興寺的舊境內

在歷史比京都還要悠久的奈良，可以看到保留平城京以來的城鎮區劃的奈良町與宇陀松山等傳統的町家。城下町兼武家町的高取與大和郡山的街道則傳遞著江戶時代的氛圍。有沉穩町家與酒藏等毗連而立且被稱作寺內町的宗教自治都市今井町及大阪的富田林，皆為以護城河環繞四周的環濠集落，這種自衛型的城鎮區劃饒富趣味。

和歌山湯淺的釀造藏持續堅守著日本味道的原點──醬油的味道。

↓從八坂神社與高台寺一帶通往清水寺的二寧坂（二年坂）與產寧坂（三年坂），石板坡道上有成排並列的伴手禮店與茶館，可享受京都特有的風景

丹波

山陰道

京都府

周山街道

P.8 祇園新橋
P.12 先斗町
P.13 島原
P.194 産寧坂
P.196 上賀茂
P.197 嵯峨鳥居本
P.201 深草

鯖街道

若狭街道

西近江路

中山道

近江
滋賀県

鳥居本
彦根

琵琶湖

篠山街道

丹波篠山
福住

亀山

樫原

山崎

途中越
大原
小野里
中川
杉坂

笠峠
比叡山
卍延暦寺

大津
草津

東海道

鈴鹿峠

三重県
関宿

兵庫県

京都

伏見 P.200

山城

伊賀上野

大和街道

伊賀街道

伊勢街道

播磨

摂津

昆陽

瀬川

郡山
芥川

卍石清水八幡宮

加茂
笠置
木津
柳生

伊賀

初瀬街道

青山峠

山陽道

京街道

東高野街道

大坂

P.201 北船場

神戸
P.354

兵庫
西宮
和田岬

枚岡

暗峠 P.344

柳生街道

奈良

ならまち P.202
高畑町 P.203

伊勢

大阪湾

明石

須磨

峡

暗越奈良街道

堺

斑鳩

大和郡山

● P.208

稗田環濠集落 P.210

若槻環濠集落 P.210

室生口

伊勢本街道

多気

淡路

大津

岸和田

大阪府

三日市

河内

龍田越奈良街道

今井町 P.198

大和

奈良県

宇陀松山
P.205

七日市

和歌山街道

紀州街道

佐野

和泉

葛城山 ▲

西高野街道

P.199 富田林

竹内街道

P.209 高取 ◇

伊勢街道

高見峠

大和街道

橋本
紀見峠

五條新町
P.204

吉野

卍大峯山寺

孝子峠

和歌山

岩出
粉河

高野口

高野山町石道

金剛峯寺

高野山

護摩壇山

大峯奥駈道

荷坂峠

和歌浦湾

海南

湯浅 P.206

紀伊
和歌山県

熊野古道
小辺路

三重県

尾鷲湾

賀田湾

紀伊
水道

湯浅湾

卍道成寺

御坊

近露

熊野本宮大社

滝尻八丁

本宮

丸山千枚田
P.280

熊野古道
伊勢路

熊野浦

日ノ御埼

御坊

南部

田辺

熊野街道

田辺湾

熊野古道中辺路

熊野速玉大社卅 新宮

熊野那智大社卅

那智

太平洋

周参見

串本
古座

潮岬

193

門前町

產寧坂
產寧坂

京都市東山區
重要傳統建築群保存區

巡遊東山著名寺社的散步路線
歷史蘊藏於石階與石牆之中

　　此地是從平安京以前開拓，作為清水寺、法觀寺、祇園社（八坂神社）等的門前町而蓬勃發展。平緩的上坡道二寧坂（二年坂）與緊接其後的產寧坂（三年坂）皆為通往各寺社的參拜道路，沿著這些石階與蜿蜒的石坂坡道形成城鎮。八坂塔（法觀寺）與高台寺等寺社建築、活用建於江戶時代至大正時代的町家打造而成的伴手禮店與茶館等皆融為一體，成為京都較具代表性的景觀之一。

🔲 ACCESS & INFORMATION

從JR京都站搭乘市營巴士100‧206號線需16分鐘，於清水道巴士站下車。

京都綜合遊客服務中心（京NAVI）
📞075-343-0548

＼ 色彩繽紛的「祈願束猴」 ／

八坂庚申堂的護身符，據說將願望寫在手腳被綁住、五顏六色的祈願束猴上，並在打結時壓抑自己心中的1個欲望，願望就會順利實現。

八坂庚申堂（金剛寺）

📞075-541-2565 ㊂京都市東山区金園町390 ㊙9:00～17:00 ㊡無休 ㊐免費

春天的枝垂櫻美極了

③ 東山的地標
八坂の塔（法観寺）
八坂塔（法觀寺）

相傳聖德太子根據如意輪觀音的託夢，建造了這座五重塔，並供奉佛舍利子。現在的塔是室町幕府將軍足利義教重建的。

📞075-551-2417 ㊂京都市東山区八坂上町388 ㊙10:00～15:00 ㊡不定期公休 ㊐400日圓（小學生以下不得參觀）

194

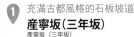

此地務必一訪！

沿路有無數伴手禮店、陶瓷器店、料亭林立。「明保野亭」據說是坂本龍馬經常投宿的旅館

1 充滿古都風格的石板坡道
產寧坂（三年坂）
產寧坂（三年坂）

建於大同3年（808年）而稱作三年坂，是前往清水寺向子安觀音祈求安產的參道，故又稱產寧坂。有則迷信的說法認為，若在三年坂跌倒，3年內會死亡，亦有店家販售消災解厄的葫蘆。

2 享受挑選伴手禮的街道
二寧坂（二年坂）

和風雜貨的伴手禮店、京都甜點店與日式甜點店等櫛比鱗次的熱門坡道。大正時代的插畫家竹久夢二與彥乃同居的「夢二寓居遺址」裡立有一塊石碑。

4 與秀吉之妻寧寧有關的道路
ねねの道
寧寧之道

南北向通過高台寺西側的石板道路。因為豐臣秀吉的正妻北政所「寧寧」在高台寺塔頭的圓德院中度過晚年而得名。

5 瀰漫大正浪漫氛圍的小徑
石塀小路

東西向連接寧寧之道與下河原通的小徑，石板路與石牆煞是優美。猶如祇園內廳般的存在，大正時代初期的成排房屋至今猶存。

台所坂是從寧寧度過晚年的圓德院通往高台寺的石階坡道，紅葉時期格外有韻味

產寧坂 MAP

大雲院卍　雙林寺卍　大谷祖廟　長樂寺卍
円山公園音樂堂

東山安井　台所坂　高台寺卍　東大谷墓地
圓德院卍

東大路通　下河原通　⑤石塀小路
東山安井　④ねねの道　京都靈山護國神社

維新の道

靈山歷史館●

③八坂の塔（法觀寺）

清水道　八坂庚申堂（金剛寺）　②二寧坂（二年坂）

清水道　①產寧坂（三年坂）

清水坂　卍興正寺

卍西光寺　成就院卍
東山署　玉坂

卍安祥院　京都市產寧坂重要傳統建築群保存區　清水寺卍

N

0　150m

上賀茂

京都市北區
重要傳統建築群保存區

沿著明神川的水流延展開來
形成清冽的社家町

　　所謂的社家，是指代代在神社服務的神官的名門。這座社家町形成於室町時代，是從上賀茂神社境內流出的明神川沿岸延展開來的屋敷町。據說到了江戶時代已有多達約300戶社家。明治時代廢除了社家的世襲制，如今已經減少為30戶左右，不過仍保有橫跨在明神川上的小橋、環繞屋敷的土牆與門、隔著土牆的滿庭綠意，以及屋簷低矮的主屋等自然豐富的景觀。西村家別邸已對外開放，冬季除外。

☐ ACCESS & INFORMATION

從京都站搭乘市營巴士9號線需38分鐘，於上賀茂御薗橋巴士站下車。

京都綜合遊客服務中心（京NAVI）
☎075-343-0548

流經上賀茂神社境內的「楢之小川」。昔日有株以其葉盛裝神饌的茂密楢樹，因而得名

清流流經社家町

明神川清澈的水流除了用來造園，據說也會用於淨身禊祓

護佑明神川的守護神

藤木神社

樹齡500年的巨大樟樹為社家町之象徵。位於大樹根部的是上賀茂神社的分社「藤木社」。供奉著瀨織津姬神，自古以來被視為護佑家運興盛之神而受人信仰。

🏠京都市北区上賀茂藤ノ木町 休無
⏰自由參拜

上賀茂 MAP

上賀茂神社 🌳
二葉姫稲荷神社 🌳
渉渓園
奈良神社 🌳
山森神社 🌳

N
0　　　　　100m

京都市上賀茂重要傳統建築群保存區

上賀茂神社前
上賀茂神社大鳥居
上賀茂本通
明神川
上賀茂御薗橋巴士停
西村家別邸
藤木神社

京都最古老的神社，可聽到潺潺水聲

上賀茂神社

作為古代豪族賀茂氏的氏神（地區守護神）而聞名，正式名稱為賀茂別雷神社。與下鴨神社統稱為賀茂社。神域裡有條「楢之小川」流經，彌漫著一股神祕而純淨的氛圍。

☎075-781-0011 🏠京都市北区上賀茂本山町339 ⏰5:30～17:00，特別參拜10:00～16:00（週六・日與國定假日～16:15）
休無休 💴特別參拜500日圓

⬆從第一鳥居至第二鳥居之間有片廣大的草坪，入春後櫻花美不勝收

門前町

嵯峨鳥居本

京都市右京區
重要傳統建築群保存區

愛宕神社的門前町，
茅葺民房與町家共存

　　位於嵯峨野西北部愛宕山的山腳下，室町時代作為從事農林業與河川漁業的集落而蓬勃發展。到了江戶時代則成為愛宕參拜的門前町而熱鬧不已。有條坡度平緩的坡道，從有8座地藏尊並排的三叉路綿延至愛宕神社一之鳥居。以化野念佛寺為界，劃分為瓦屋頂町家風民房較多的「下區」，以及茅葺農家風民房較多的「上區」，可邂逅宛如穿越時空至江戶時代或明治時代般的風景。

ACCESS & INFORMATION

從阪急嵐山線的嵐山站搭乘京都巴士94號線需16分鐘，於鳥居本巴士站下車。

京都綜合遊客服務中心（京NAVI）
☎075-343-0548

在嵯峨曼荼羅山
點燃的五山送火
「鳥居形」的火炬。
全年禁止入山

嵯峨鳥居本 MAP

愛宕神社
愛宕神社一之鳥居
鮎茶屋 平野屋
❶京都市嵯峨鳥居本町並み保存館
五山送火鳥居形
化野念仏寺❷
西院之河原 • 仏舎利塔
清瀧料金所
八体地藏
嵐山高雄パークウェイ
京都市嵯峨鳥居本重要傳統建築群保存區

0 ～ 200m N

紅葉與新綠的名勝

建於愛宕神社一之鳥居前的茶館，以香魚料理聞名，創業於江戶時代

❶ 將內嵯峨野的街道傳承至今
京都市嵯峨鳥居本町並み保存館
京都市嵯峨鳥居本街道保存館

以建於明治時代初期的民房復原並整頓後對外開放。可參觀昭和初期城鎮景觀的立體透視模型、爐灶與水井等。
☎075-864-2406 Ⓜmap京都市右京区嵯峨鳥居本仙翁町8 ⏰10:00～16:00 休週一（遇假日則翌日休）免費

❷ 會舉辦氛圍幽深的千燈供養
化野念仏寺
化野念佛寺

起源於平安時代，空海以此來悼念風葬的野地遺骸。最為著名的是約8000座石佛一列排開的「西院之河原」。
☎075-861-2221 ⓂMap京都市右京区嵯峨鳥居本化野町17 ⏰9:00～16:30（1、2、12月受理截至15:30）無休 500日圓

⬆下區。民房林立，以蟲籠窗搭配京格子、有折疊座台加上駒寄等而充滿町家風格，但是內部是田字形房間布局且有土間的農家建築

愛宕神社的總本宮，以「小心火燭」聞名

愛宕神社

自古作為預防火災的火伏神備受敬仰，京都家庭廚房必備「火遁要慎」的符紙。位於標高924m的愛宕山山頂，因此參拜須做好登山的準備。
☎075-861-0658 ⓂMap京都市右京区嵯峨愛宕町1 ⏰9:00～16:00 無休 免費

⬆京都有一則傳說是，只要在3歲之前到愛宕山參拜，一輩子都不會遇到火災

今井町

奈良縣橿原市
重要傳統建築群保存區

穿越時空，置身於
江戶時代的城鎮景觀中

在江戶時代繁榮一時的城鎮，甚至有「大和的財富有七成在今井」的說法。其歷史可追溯至室町時代末期，以一向宗（淨土真宗）的寺廟為中心，信徒齊聚，護城河與土壘環繞城鎮，形成自治自衛型的寺內町。此地有以連子格子搭配灰泥牆的沉穩町家成排相連的風景，還盛行肥料、木棉與酒等貿易及以大名為對象的金融業，甚至有獨特的紙幣今井札在市面流通等，在在彰顯著大和國富商的財力與地位。

☐ ACCESS & INFORMATION

於近鐵橿原線的八木西口站下車。

今井街道交流中心「華甍」
☏0744-24-8719

今井街道交流中心「華甍」，可透過展覽或影片來學習今井町的歷史

今井町 MAP

```
N
0    100m
八木西口駅
小綱池                  飛鳥川  24
橿原市今井町重要傳統      桜井線
建築保存區             北尊坊通り  献傍駅
大工町筋  ②旧米谷家住宅  近
中町筋                  鐵
称念寺卍 本町筋 高木家住宅  橿
      南尊坊通り        原
166                     線
  ③今井まちや館
①今西家住宅
今井まちなみ
交流センター「華甍」
大和高田バイパス  165
          橿原神宮前駅
```

宛如化作江戶時代的旅人

東西600m、南北310m的範圍內，500棟傳統建築毗連而立，這樣的城鎮景觀也被用於時代劇等

① 今井町最古老的建築
今西家住宅

代代擔任總年寄筆頭的家族。重建於1650年，儲藏室有著日本最古老的帳台構（裝飾門），被譽為民房中的法隆寺，仍保留著審判罪犯用白州風格的土間，以及關押罪犯的熏牢。

☏0744-25-3388(十市縣主今西家保存會)⛩橿原市今井町3 🕐10:00～17:00（最終入館16:30）※須事先預約 🚫週一（遇假日則翌平日休）💴500日圓

② 保留農家風格的商家
旧米谷家住宅
舊米谷家住宅

以「米忠」為商號經手販售金屬製品與肥料的富商的故居。土間裡仍保留爐灶與遮煙棟，還有隱居房裡的藏前座敷等，可以認識江戶時代商人的生活樣貌。

☏0744-23-8297 ⛩橿原市今井町1-10-11 🕐9:00～12:00 13:00～17:00 🚫12月25日～1月5日 💴免費

③ 體驗昔日的生活
今井まちや館
今井町屋館

以江戶時代傳統町家復原而成的設施。可利用梯子爬到閣樓或開關窗戶等，體驗當時的生活方式。

☏0744-22-1287 ⛩橿原市今井町3-1-22 🕐9:00～12:00、13:00～17:00 🚫12月25日～1月5日 💴免費

歷史悠遠的寺廟，成了今井町之要地

称念寺
稱念寺

此為真宗寺院，支撐著寺內町的成立與發展。據聞明治天皇是在此投宿時得知西南戰爭爆發的消息。

☏0744-22-5509 ⛩橿原市今井町3-2-29 🕐8:00～17:00(須預約) 🚫無休 💴免費

➡據說這座寺院是源自於本願寺的一家眾今井兵部卿豐壽所建造的本願寺道場

富田林

大阪府富田林市
重要傳統建築群保存區

作為南河內的寺內町
傳遞著獨特的街景

　　一般認為此城鎮的歷史可追溯至戰國末期，京都興正寺門遺跡的證秀上人收購了有「富田草坪」之稱的荒地，並委託來自周邊4個村莊的八人眾（職人）負責興正寺分寺的建造與城鎮區劃等。為宗教自治都市，故而稅金較低，吸引無數工商業者遷居。憑藉酒坊、河內木棉、木材等成功發家的商家雲集而熱鬧不已，閑靜城鎮裡仍保留著以瓦葺屋頂搭配蟲籠窗、白牆與木格子而無比雄偉的商家，訴說著當時的盛況。

☐ ACCESS & INFORMATION

於近鐵長野線的富田林站下車。

觀光交流設施Kirameki工廠
☎0721-24-5500
寺內町交流館 ☎0721-26-0110

寺內町交流館是
散步前必訪的遊
客服務中心兼
休息所

富田林 MAP

石上露子歌碑　● ⊙富田林駅
旧田中家住宅
じないまち交流館┐　　　② 越井家住宅
　　　　　　　　　　城之門筋
卍興正寺　葛原家住宅　●佐藤家住宅　705
市　富　東高野街道
場　田　　卍山門
筋　筋
興正寺別院 卍
　　　　　●橋本家住宅　●じない町展望広場
　　　　　●木口家住宅
旧杉山家住宅 ①
西方寺 卍　　③ 仲村家住宅
　　　　　火の用心の道標
　　N
　　　　　富田林石川
0　100m　河川敷グラウンド

城之門筋的建築群

綿延不絕的「當曲之道」，城鎮內十字路口處的道路會錯開約半間，目的是預防外敵的入侵

① 城鎮內最古老且最大的商家
旧杉山家住宅
舊杉山家住宅

憑藉酒坊而繁榮一時的商家。明治時期的明星派歌人石上露子的故居，4層大屋頂別具特色的主屋、土藏與庭園等皆完整保留當時的樣貌。
☎0721-23-6117 ⚑富田林市富田林町14-31 ⏰10:00～17:00 ☾週一（遇假日則翌日休）💴400日圓

② 塗抹黑灰泥的雄偉建築
越井家住宅

以平尾屋庄兵衛之名從事木材生意且曾擔任庄屋的名門。主屋建於明治末期，位於北側的高大米藏為其特色。
🕐休💴內部不對外開放

③ 松陰曾駐留的酒坊
仲村家住宅

以佐渡屋為商號，以河內規模最大的酒坊之姿繁榮不已。有無數文人墨客來訪，連吉田松陰都曾在此駐留。
🕐休💴內部不對外開放

淨土真宗寺院的本堂，
為大阪府最古老的建築

興正寺別院
興正寺分寺

1558～1569年由證秀上人所創建，作為京都興正寺的分寺。山門原為伏見桃山城的城門，作為興正寺本山的北之門使用了很長一段時間，後於1858年遷移至此。
☎0721-23-3555 ⚑富田林市富田林町13-18 🕐取決於大翻修工程的狀況 💴免費

⬆山門前的城之門筋已獲選為日本道路100選

釀造町・城下町

伏見

京都市伏見區

成為歷史舞台的城下町、港町以及釀酒町

　　伏見城建於1592年，作為豐臣秀吉的居城。其城下町是以伏見港等處為中心，作為連結京都與大阪的水運據點繁盛一時。有許多船宿林立，亦成為坂本龍馬等人所引發的幕末動亂的歷史舞台。此外，還受惠於優質的地下水，以日本首屈一指的酒鄉而聞名，濠川相當於伏見城的外堀，沿岸有以白牆搭配燒杉板、別具風情的酒藏與柳樹，優美的風景綿延不絕。

ACCESS & INFORMATION

於京阪本線的中書島站或伏見桃山站下車。

京都綜合遊客服務中心（京NAVI）
☎075-343-0548

松本酒造，建有紅磚煙囪與大正時代建造的釀造藏等

伏見 MAP

・松本酒造
大手筋通
竜馬通り商店街
桃山御陵前駅
史跡 寺田屋 ❸
伏見桃山駅
油掛通
❷ 黄桜記念館
Kappa Gallery
伏見みなと公園・
月桂冠大倉記念館 ❶
伏見十石舟
中書島駅
近鉄奈良線
京阪本線
京阪宇治線
濠川
京都府立
伏見港公園
京阪本線
宇治川　0　　300m
N

河川沿岸的酒藏群

春天有櫻花、初夏冒新綠，秋天則紅葉遍地，可享四季分明的河畔美景

❶ 介紹伏見的釀酒史
月桂冠大倉記念館
月桂冠大倉紀念館

以建於明治時代的酒藏改造而成，介紹伏見的釀酒史。品飲組合體驗頗受好評，可從包括限定販售在內約10款酒中任選喜歡的3款試飲。

☎075-623-2056 ⬤京都市伏見区南浜町247 ⬤9:30～16:30(受理～16:00)⬤8月13～16日 ⬤600日圓

❷ 認識日本酒與河童
黄桜記念館
Kappa Gallery
黄櫻紀念館 Kappa Gallery

館內有釀酒影片與立體透視模型展示區，還有可認識黃櫻酒造的吉祥物「河童」的河童資料館，以及可欣賞懷舊黃櫻廣告的藝廊。

☎075-611-9919 ⬤京都市伏見区塩屋町228 ⬤10:00～16:00 ⬤週二(遇假日照常開館) ⬤免費

❸ 講述幕末歷史故事的旅籠
史跡 寺田屋
史蹟 寺田屋

薩摩藩尊皇攘夷派遭殺傷的「寺田屋事件」，以及坂本龍馬憑藉阿龍的機智而逃過一劫，此船宿重現了該襲擊事件的舞台。

☎075-622-0243 ⬤京都市伏見区南浜町263 ⬤10:00～16:00(受理～15:40) ⬤週一不定期公休 ⬤600日圓

TOWN 巡禮
搭乘十石舟遊覽

此遊覽船重現了江戶時代連結伏見與大阪、在宇治川與淀川間來來往往的運輸船。可一邊眺望濠川沿岸的酒藏與成排柳樹，一邊巡覽伏見的城鎮。

伏見十石舟

☎075-623-1030 ⬤月桂冠大倉記念館裡上船 ⬤10:00(頭班)～16:20(末班)，11月25日～12月3日15:40為末班 ⬤週一(4、5、10、11月與假日無休)，12月上旬～3月中旬、8月14～31日 ⬤1500日圓

在鄉町

深草 伏見街道

京都市伏見區

連結京都與伏見的街道沿路有著充滿特色的京町家

伏見街道是豐臣秀吉為了連結京都與伏見開闢的街道。江戶時代也是西國大名參勤交代時所活用的街道，且因伏見稻荷大社與東福寺等地的參拜來客而熱鬧非凡。城鎮因為幕末的內戰衰退，但因日俄戰爭後所編制的陸軍第16師團駐紮於此，吸引各地商人聚集以滿足軍隊需求，呈現活絡的景況。至今仍有商家等的町家錯落其中，傳遞出昔日街道繁榮的面貌。

街道名稱源自於直違橋，該橋則因斜向橫跨在七瀨川上而得名

ACCESS & INFORMATION

於京阪本線的龍谷大前深草站或藤森站下車。

京都綜合遊客服務中心（京NAVI）
☎075-343-0548

↑町家散布各處，有著蟲籠窗、駒寄及各種類型的格子

↑龍谷大學深草町家校區，是翻修並復原屋齡160年的京町家後，作為大學設施

商家町

北船場

大阪市中央區

走訪保留於商都大阪中心區的歷史性建築

此城鎮位於從近代建築群林立的中之島地區渡過土佐堀川橋後的南側，成為大阪町人文化的中心。雖曾因戰火而受到重創，目前仍有別具歷史意義的建築物散布。緒方洪庵所開設的蘭學私塾「適塾」、建於明治時期的大阪市立愛珠幼稚園園區，還有傳遞近代大阪歷史的近代建築，都饒富興味。

適塾是江戶時代典型的町家遺跡。據說原本是商家的建築。為國家重要文化財

ACCESS & INFORMATION

於大阪市營地下鐵御堂筋線的淀屋橋站或堺筋線的北濱站下車。皆可利用京阪本線。

Osaka Call Center ☎06-6131-4550

↑建於1901年的愛珠幼稚園園區。現仍在經營的幼稚園園區，為國家重要文化財

↑辰野金吾操刀設計的舊大阪教育生命保險大樓。建於1912年

奈良格子十分優美

商家町

ならまち
奈良町

奈良縣奈良市

有1300年歷史的奈良之都
是可感受過去與現在的城市

作為平城京的外京而整建的地區，起源於元興寺舊境內所形成的門前鄉。元興寺為南都七大寺之一且以大伽藍著稱，因為中世紀發生的天災與土一揆（農民起義）等逐漸衰頹，使境內開始有民房林立。到了江戶時代，漂布、釀酒、製墨、盔甲與一刀雕等各式各樣的產業興起，作為商業之都繁榮不已。狹窄巷弄裡有古老的町家相連，散發一股沉穩的風情。

奈良町家為門面狹窄而縱深較長的構造，改造自町家的店鋪與各種資料館也不在少數

1 連休息景點都是町家
ならまち格子の家
奈良町格子之家

此設施重現了傳統的奈良町住家。可以參觀深邃的主屋、土間、中庭與箱式樓梯等傳統的生活樣式。作為散步途中的休息景點也很方便。

☎0742-23-4820 🅟奈良市元興寺町44 🕘9:00〜17:00 🏠週一（遇假日則翌日休）、假日的翌平日 💴免費

ACCESS & INFORMATION

於近鐵奈良線的近鐵奈良站或JR奈良線的奈良站下車，徒步15分鐘。

奈良町資訊館 ☎0742-26-8610

元興寺為蘇我馬子所創建的飛鳥寺的後身。屋頂上仍保有飛鳥時代的瓦片

2 室町時代的書院建築
今西家書院

原為興福寺大乘院坊官福智院的住所。1924年成為酒坊今西家的財產。是傳承可謂現代和室原型的中世紀書院造樣式之寶貴遺蹟，為國家重要文化財。

☎0742-23-2256 🅟奈良市福智院町24-3 🕘10:30〜16:00（受理至15:30）🏠週一〜三、夏季與冬季期間 💴400日圓（飲茶另計）

3 屋齡100年的町家
奈良町にぎわいの家
奈良町熱鬧之家

美術商於1917年建造的表屋造町家。日式房間、茶室、室內通道、挑高的開放空間等，傳遞著舊時的生活樣貌。

☎0742-20-1917 🅟奈良市中新屋町5 🕘9:00〜17:00 🏠週三（遇假日照常開館）💴免費

奈良町MAP

近鐵奈良駅
●開化天皇陵
卍興福寺
169
率川神社 やすらぎの道 四之室辻子
猿沢池
荒池
ならまち大通り
十念寺 卍
奈良町情報館
奈良町にぎわいの家 **3**
卍元興寺
旧大乘院庭園
奈良町物語館
今西家書院 **2**
1 ならまち格子の家
JR奈良駅
N
0 ⎯⎯ 300m

家家戶戶為了祛病消災而吊掛於屋簷前的替身猿，是受到庚申信仰的影響，模仿庚申的使者紅猿所製成

商家町

高畑町

奈良縣奈良市

知識分子喜愛的土牆綿延 形成閑靜的街道

　　自鎌倉時代開始便是春日大社神職人員所居住的社家町，因為江戶末期的大火及明治初期的廢佛毀釋日漸衰退。被賣掉的屋敷遺跡看起來煞是寂寥，直到大正至昭和初期，因為志賀直哉等知識分子遷居至此而以閑靜的屋敷町之姿發展起來。春日山北側則有板牆、土牆與石牆等兼備的宅邸林立，還有洋館散落於通往新藥師寺的沿路也散發著懷舊氛圍。

☐ ACCESS & INFORMATION

從JR奈良線的奈良站搭乘奈良交通巴士需9分鐘，於砥石町巴士站下車。

奈良市觀光協會 ☎0742-27-2223

耳語小徑是從春日大社二之鳥居延伸至志賀直哉故居一帶的步道。春季有馬醉木花朵增添色彩

高畑町 MAP

```
奈良公園        春日大社 ⛩
浮見堂                    二之鳥居
  鷺池              ささやきの小径
粉川家住宅
  砥石町          志賀直哉旧居
  頭塔        藤岡家住宅
🚉          藤間家住宅
JR
奈良站  關伽井庵 卍   新藥師寺 卍
        ⑧⓪          入江泰吉記念
              ✕奈良教育大    奈良市寫真美術館
  N
0    300m
```

傳遞奈良破敗之美的土牆，志賀直哉還曾為此寫下「如名畫殘缺之美般迷人」的字句

完成《暗夜行路》的住家

志賀直哉旧居

志賀直哉故居

志賀直哉自己設計並邀請京都的數寄屋木匠建造的舊宅邸。自1929年起的9年間，與家人在此同住。還附設現代風的和洋折衷食堂與日光室等，為武者小路實篤與梅原龍三郎等無數文人與畫家的聚集地，又有高畑沙龍之稱。

☎0742-26-6490 🏠奈良市高畑大道町1237-2 🕘9：30～17：30（12～2月～16：30）🈚無休 💰350日圓

✏ 新藥師寺一帶，仍保有舊奈良的風情。是一條散步別具樂趣的街道

五條新町

奈良縣五條市
重要傳統建築群保存區

**吉野川從宿場町流往商家町
沿岸有形形色色的街道**

　　大和五條自古便是連接伊勢街道與
紀州街道的交通要道。近世作為街道沿
路的宿場町繁榮不已。新町是沿著吉野
川平行而建，據說是江戶時代初期由擅
長築城的松倉重政所建造的城下町，主
要透過商業活動發展至今。約900m的
街道沿路有從江戶初期至昭和初期橫跨
約4世紀的建築物櫛比鱗次，塗抹了白
灰泥與黑灰泥，且有蟲籠窗與格子等。

📄 ACCESS & INFORMATION

於JR和歌山線的五條站下車，徒步10分鐘。

五條市觀光協會 ☎0747-20-9005
街道傳承館 ☎0747-26-1330

隔著鐵屋橋眺望
的町家群景觀引
人入勝，是視野
絕佳的景點

五條新町 MAP

五條市五條新町重要
傳統建築群保存區

0　　200m　N

宿場町的氛圍猶存

**江戶時代的町家
主要採用切妻造、
瓦葺樓中樓、
白牆與格子**

① 日本最古老的民房
栗山家住宅

已釐清建築年代為1607
年，是日本最古老的町
家。加了彎翹的大屋頂別
具特色。
🏠五條市五條1-2-8 開休費
內部不對外開放

② 天誅組引發明治維新
民俗資料館

五條代官所已被尊皇攘夷派的天
誅組燒毀，此館是在別處重建的
建築，展示天誅組從起義至落幕
為止的資料。
☎0747-22-0450 🏠五條市新町
3-3-1 開10:00～16:00 休週一（遇
假日則翌日休）費免費

③ 五條新町的觀光據點
まちなみ伝承館
街道傳承館

以明治至大正時代建造的醫院
兼住所翻修整頓而成，館內設
有傳遞城鎮歷史與文化的展覽
室與廁所等。
☎0747-26-1330 🏠五條市本町2-7-1 開
9:00～17:00（入館～16:00）休週三（遇
假日則翌日休）費免費

④ 傳統的町家建築
まちや館
町屋館

建於江戶時代的米商舊辻家
住宅。水井、爐灶與箱式樓
梯等皆已復原，令人懷想起
當時的生活。
☎0747-23-2203 🏠五條市本町2-6-6 開
10:00～16:00 休週一・四（遇假日則翌日
休）費免費

⑤ 幻境般的鐵道遺跡
五新鉄道跡
五新鐵道遺跡

規劃連結奈良縣五條市與和歌
山縣新宮市的鐵道路線。是尚
未完工的鐵道遺跡，區域內仍
保留著一座拱形的高架橋。
☎0747-24-2011（五條市文化財
課）🏠五條市新町 開休費自由
參觀

商家町・城下町

宇陀松山

奈良縣宇陀市
重要傳統建築群保存區

歷經漫長的歲月，
面貌豐富的町家建築群

　　古時稱作「阿騎野」，作為大和朝廷的狩獵場，會在此地採摘藥草等。到了近世成為城下町而繁榮不已，作為連接大阪與伊勢的交通要道，沿著宇陀川延伸的道路上有販售藥材、吉野葛、宇陀紙等的商家林立，因其盛況而被稱作「宇陀千軒」或「松山千軒」。門面寬廣為一大特色，格子連綿不絕的街道與土藏、石牆、水渠等融為一體，將舊時氛圍傳遞至今。

ACCESS & INFORMATION

從近鐵大阪線的榛原站搭乘奈良交通巴士需20分鐘，於大宇陀巴士站下車。

宇陀市觀光協會 ☎0745-82-2457

森野舊藥園，仍保留透過傳統製法來曬葛的作業場

宇陀松山 MAP

宇陀市松山重要傳統建築群保存區

松山西口關門・
宇陀惠毘須神社🎏
166
🎏春日神社
🎏宇陀松山城跡
②宇陀市歷史文化館「藥之館」
大宇陀高校🏫
大宇陀
かぎろひの丘
萬葉公園
🎏神樂岡神社
①森野舊藥園
松山会館(旧松山町役場)●
●まちかどラボ
166
N
道の駅🚉
大宇陀🚉
370
③宇陀市松山地区まちづくりセンター「千軒舍」
宇陀市大宇陀
0 ──── 300m

有條小溪流過城鎮

曾是古代獵場、城下町、商家町、藥材村町，隨著時代不斷變遷，形成現今街道樣貌

① 自江戶以來的藥草園
森野旧藥園
森野舊藥園
在吉野葛老店「森野葛本舖」的後山延展開的大片藥草園。栽培多達約250種藥草，還可從後山眺望街道。
☎0745-83-0002 📍宇陀市大宇陀上新1880 🕐9:00～16:30 ❌不定期公休 💰300日圓

桃岳庵，為第11代當家森野賽郭所建並在此研究草藥

② 展示藥商時代的資料
宇陀市歷史文化館「藥の館」
宇陀市歷史文化館「藥之館」
以從事藥物批發的細川家住宅翻修而成的歷史文化館。販售寫在招牌上的「人參五臟圓・天壽丸」，是一種腸胃藥。
☎0745-83-3988 📍宇陀市大宇陀上2003 🕐10:00～16:00 ❌週一・二(如遇假日則週三休館)、12月15日～1月15日 💰310日圓

③ 免費的公開設施，可參觀明治時代的建築
宇陀市松山地区まちづくりセンター「千軒舍」
宇陀市松山地區城鎮建設中心「千軒舍」
曾是藥房兼牙科醫院的內藤家住宅，一般認為是明治時代前期的建築。經過翻修，現在作為町屋的免費公開設施對外開放。
☎0745-87-2274 📍宇陀市大宇陀拾生1846 🕐9:00～17:00 ❌無休 💰免費

400年前的黑色關門，為城下町的重要出入口

松山西口關門
松山西口關門
江戶時代初期，福島高晴以城主身分進入宇陀松山城時所建造的城門。除了牆壁以外皆塗成黑色，故又稱作「黑門」。
☎0745-82-3976(宇陀市文化財課) 📍宇陀市大宇陀下本・下茶町 🕐❌💰自由參觀

⬆位於400年前建造當時的位置，出於防禦目的，門口起的道路皆彎曲呈直角

湯浅
湯淺

和歌山縣湯淺町
重要傳統建築群保存區

生產美味日本遺產的技術與城鎮，將醬油起源傳承至今

此地位於紀伊半島西岸，自古作為港町繁盛一時，連陸路都以熊野古道的宿場町之姿蓬勃發展。亦為赫赫有名的醬油釀造發祥地，「金山寺味噌」於鎌倉時代傳入此地，醬油便是在其製造過程中誕生，江戶時代已成為當地具代表性的產業。漫步在建有釀造藏與古老町家的「通」與如迷宮般交織的「小路」時，從堅守手工傳統製法的老字號釀造廠中會飄散出醬油香。

ACCESS & INFORMATION
於JR紀勢本線的湯淺站下車，徒步15分鐘。

湯淺町觀光協會 ☎0737-22-3133

1838年於熊野古道沿路造的「立石道標」，是高2.35m的石製路標

湯淺 MAP

太田久助吟製 ③
角長 ②
大仙堀 ①
角長職人藏 ①
甚風呂 ⑥
旧赤桐家
湯浅美味いもん蔵
⑦津浦家（旧内伝麹店）
⑤旧栖原家住宅（フジイチ）
④北町ふれあいギャラリー
木下家
立石道標　立石茶屋
熊野古道
湯淺町湯淺重要傳統建築群保存區
N
0　200m
廣川
湯淺駅
御坊駅　菊水燒肉店

角長的醬油釀造倉庫群

此地務必一訪！

大仙堀

① 曾是醬油的裝載港
大仙堀

用來裝卸醬油及其原料的內港。醬油會從醬油釀造藏直接裝載到小船上，再轉裝至近海的大型船上，運往江戶或大阪。

② 手工醬油的釀造藏
角長

於1841年創業的醬油釀造老店。附設的醬油資料館中展示著立體透視模型與展板，淺顯易懂地介紹醬油的釀造。為國家重要文化財。
☎0737-62-2035 ⏱湯浅町湯浅7 ⏰9:00～17:00 ㊡無休

⬆濁醬180mℓ為850日圓（左）與湯淺溜900mℓ為1300日圓（右）

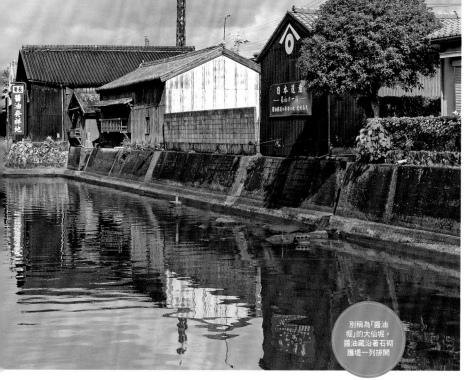

> 別稱為「醬油堀」的大仙堀。醬油藏沿著石砌護堤一列排開

③ 名產是金山寺味噌

太田久助吟製

1873年創業，為江戶末期建築，名產是手作的金山寺味噌。將麴菌加進稻米、大豆、裸麥，與越瓜、圓茄、紫蘇、生薑一起發酵成可直接食用的「配菜味噌」。

☎0737-62-2623 地湯浅町湯浅15 時9:00～17:00 休 不定期公休

←傳統手作的金山寺味噌270g為1080日圓（含稅）

④ 舉辦豐富多彩的作品展

北町ふれあいギャラリー
北町交流藝廊

活用明治時代的建築作為藝廊兼街道散步的休息所。展示著會每月更換的繪畫、照片、陶藝、手工藝等作品。

☎0737-64-1128（湯淺町教育委員會）地湯浅町湯浅47-6 時9:00～17:00 休週三（遇假日則翌日休）

⑤ 延續自明治的醬油釀造家族

旧栖原家住宅（フジイチ）
舊栖原家住宅（FUJIICHI）

初代栖原秋松於1906年接手此1874年建造的建築物後，以「FUJIICHI」的商號從事醬油釀造業。目前仍保有主屋、土藏與文庫藏等，還可體驗以湯淺方言講解釀醬油造的VR。

0737-20-9012 地湯浅町湯浅557 時9:30～16:30 休週三（遇假日則翌日休）費免費

⑥ 錢湯的民俗資料館

甚風呂

在從幕末持續營業至昭和末期的錢湯與住宅遺跡中，展示著電話、時鐘與留聲機等懷舊的古老生活用具。

☎0737-20-2033 地湯浅町湯浅428 時9:30～16:30 休週三（遇假日則翌日休）費免費

⑦ 可接觸麴文化

津浦家（旧内伝麹店）
津浦家（舊內傳麴店）

麴是製造醬油或金山寺味噌不可或缺的原料，津浦家便是從事麴製造販售業的家族。明治建築上所掛的「麴屋」招牌別具風格，令人印象深刻。

時休費內部不對外開放

207

城下町

大和郡山

奈良縣大和郡山市

有金魚悠游的城下町
城鎮漫步別具樂趣

　　戰國時代由筒井順慶所修築的城下町，在豐臣秀吉的弟弟秀長入封郡山城後繁盛起來。該城鎮制定了依工商業職業別來劃分住所的「箱本十三町」，並實施自治經營，如今仍保留著紺屋町、魚町、豆腐町、鹽町、雜穀町等地名，令人懷想起過往的城鎮區劃與古寺社也散落其中。自江戶時代一直以金魚的產地而聞名，被稱作金魚田的養殖池分布各處，也很盛行以金魚為主題的城鎮振興活動。

☐ ACCESS & INFORMATION

於近鐵橿原線的近鐵郡山站或JR大和路線的郡山站下車。

大和郡山市觀光協會 ☎0743-52-2010

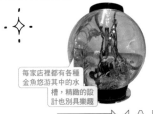
每家店裡都有各種金魚悠游其中的水槽，精緻的設計也別具樂趣

大和郡山 MAP

```
          大和西大寺駅↑
    ●史跡        近      龍巖寺卍
    郡山城跡     鐵      火の見櫓
郡山城跡公園    橿            天滿神社 卐
               原    春岳院卍
    鷺堀        線    蓮  町家通り
              ◎大和郡山  箱本十二町
                市役所
                     紺屋川 箱本館
    金魚ストリート              「紺屋」
    やなぎまち商店街 ❶  浄照寺卍    外堀緑地  薬園
  近鐵郡山駅             八幡神社 卐     J
                                      R
  N ✦          町家物語館 ❷        郡
  ↓                              山
  0    200m         ↓田原本駅      駅
```

城下町 & 武家町（右欄）

紺屋町中留存的水渠

紺屋町是染坊雲集的城鎮。據說都是在位於道路中央的水渠曝曬染布

❶ 有金魚悠游的商店街

金魚ストリートやなぎまち商店街
金魚街柳町商店街

商店街上的每家店裡都擺有利用筆電、自動販賣機或驗票閘門等所製成的獨特水槽，約30種共200隻金魚悠游其中。可收集各店仿御朱印帳原創印章的「御金魚帖」也頗受好評。

❷ 已對外開放的遊郭建築

町家物語館

建於大正時代的遊郭建築，是覆滿連子格子的3層樓木造建築。可欣賞位於遊女整髮的梳頭店附近的心型三連透明窗與匠心獨具的雕刻窗等。

☎0743-52-8008 ⓓ大和郡山市洞泉寺町10 ⓣ9:00～17:00（入館～16:30）ⓗ週一（遇假日則翌日休）、假日的隔天 ⓨ免費

入選「日本櫻花百選」的櫻花名勝

史跡 郡山城跡
史蹟 郡山城遺跡

筒井順慶於1580年修築的城堡。明治時代曾荒廢，但於昭和時代復原了追手門、多聞櫓等。☎0743-52-2010（大和郡山市觀光協會）ⓓ大和郡山市城內町 ⓣⓗⓨ自由參觀

↑追手門與多聞櫓等令人懷想起過往

高取

奈良縣高取町

可享受山城登山遊覽
乃至城下町散步的樂趣

在日本三大山城高取城的山腳下繁盛一時的城下町。由筒井順慶重建，作為郡山城的詰城，後來豐臣秀長的家臣本多利久成為城主，並於1585年整頓並擴張成在山形式中揉合平城形式的城堡。到了江戶時代，譜代大名植村氏成為藩主後，藩主與家臣便搬遷至山麓土佐街道的下屋敷，因此商家櫛比鱗次的街道沿路交混著武家屋敷，形成十分罕見的街道。

亦為著名的藥之城

據說土佐街道之名是土佐人為了大和朝廷的都城營建工程移居至此後，為了緬懷故鄉而起的

ACCESS & INFORMATION

於近鐵吉野線的壺阪山站下車。

高取町遊客服務中心「夢創館」 ☎0744-52-1150

3月1～31日會在街道沿途的町家

與商店等處展示雛人形，雛之鄉親館中飾有17層500個的「天段之雛」

高取MAP

壺阪山駅

丘鐵吉野線

吉野駅

0　200m

N

卍滿法寺

卍光明寺

石川医院
（舊高取藩下屋敷移築表門）

高取川

卍光塔寺

土佐恵美須神社

雛の里親館
街の駅 城跡

國府神社

池田邸屋敷跡

鶏町

高取町觀光案内所「夢創館」

植村家長屋門 ❶

田塩家 ❷

高取城跡

169

卍小島神社

壺阪寺 ❸

總門跡

---

❶ 近代武家屋敷正門的遺跡
植村家長屋門

建於江戶時代末期的高取藩歷代家老的屋敷。舊大手門通沿路上有排塗滿灰泥的海參牆，正面寬度長達39m。位於長屋門兩側的房間則是中間的住所。

☎0744-52-1150（高取町遊客服務中心「夢創館」）⑩高取町下子島3 開⑥⑲內部不對外開放

---

❷ 戒備森嚴的武家屋敷
田塩家
田鹽家

此武家屋敷有著兼具裝飾性、監視與防禦功能的出格子窗，以及2扇格子呈橫向的「與力窗」。住宅兩側設有觀賞庭與馬廄，玄關旁還有附監視窗的圍牆，是罕見的遺跡。

☎0744-52-1150（高取町遊客服務中心「夢創館」）⑩高取町下子島 開⑥⑲內部不對外開放

---

❸ 憑藉《壺阪靈驗記》出名
壺阪寺
壺阪寺

相傳元興寺的僧人弁基上人於703年在庵中供奉觀音菩薩為此寺院之開端。本尊十一面千手觀世音菩薩則以對治療眼疾頗為靈驗的「眼睛觀音大神」之姿受人信仰。

☎0744-52-2016 ⑩高取町壺阪3 開8:30～17:00 ⑥無休 ⑲600日圓

高取城跡
高取城遺跡

這座山城建於標高583.9m的高取山上。從城門至天守台的高低差為390m，如今僅存壯觀的石牆且其規模廣大。從壺阪山站徒步約需2小時。

☎0744-52-3334 ⑩高取町高取 開⑥⑲自由參觀

埋於山中的城堡遺跡，從山麓綿延的石牆世界

↑本丸與二之丸遺跡的石牆規模宏大，可感受到昔日的輝煌

環濠集落

彌生時代與中世紀，於各地打造的環濠集落為日本城堡的起源，充滿祖先的智慧。

　　環濠集落是指以濠溝、土壘與柵欄圍起四周所形成的大規模集落。佐賀縣的吉野里遺跡即為在彌生時代蓬勃發展的大規模環濠集落的代表。隨著人們展開稻作且定居文化扎根，用於抵禦爭奪水、土地或糧食等的外敵的濠溝除了發揮防禦作用，還被用於灌溉、排水與水運等。中世紀以後的集落大多保留於近畿地區，尤其集中於奈良盆地。

⬆萱生環濠集落（奈良縣天理市）。位於山區一帶的道路旁，利用著古墳的濠溝。位於北側的竹之內環濠集落則建於大和國最高之處

中世紀以濠溝守護集落的典範

稗田環濠集落

奈良縣大和郡山市　　**MAP** P.193

東西約260m、南北約260m的規模，於東北方打造被稱作七曲的彎曲狀濠溝，集落內則採用T字形與死胡同等適合防禦的結構。相傳是《古事記》的編纂者稗田阿禮的出生地，有座祭祀稗田阿禮的賣太神社。

📞0743-52-2010（大和郡山市觀光協會）🏠大和郡山市稗田町🚉從JR大和路線的郡山站徒步20分鐘

具備城堡性質的環濠

若槻環濠集落

奈良縣大和郡山市　　**MAP** P.193

是在室町時代的戰亂後力圖提升軍事力而整頓的狹長型集落，南北70m、東西200m，鎮上道路則採用大量阻斷遠眺的防禦構造。天滿神社周邊的濠溝保留得最完整。

📞0743-52-2010（大和郡山市觀光協會）🏠大和郡山市若槻町🚉從JR大和路線的郡山站徒步30分鐘

山陰道

丹後・丹波・但馬・因幡・伯耆・出雲・石見・隠岐

京都北部・兵庫北部・鳥取・島根

隠岐　丹後
伯耆　但馬
出雲　因幡　丹波
石見

北近畿的山陰各國，從京都往北相連至日本海沿岸

山陰道一帶的區域是從北近畿到周防（山口縣），橫穿本州西部的日本海沿岸地區。在智頭街道沿路因幅的最大宿場智頭、若櫻街道沿路的山間小型宿場若櫻等，皆可感受到宿場町的昔日面貌。

丹波篠山、出石與津和野皆完整保留城下町特有的景觀。丹波篠山與出石的街道上有武家屋敷與商家相連成排，與山陰小京都津和野皆可欣賞風雅的街景。倉吉從城下町發展成後來的商家町，林立於河岸上的紅瓦白牆土藏群形成饒富韻味的風景。

內陸區的美山、大杉與板井原的魅力則在於寧靜的里山風景。茅葺民房散落於山間而令人懷念的美山風景被譽為「日本原始風景」。在生野銀山與石見銀山務必嘗試接觸礦山町的歷史。

日本海沿岸有江戶時代成為北前船停靠港而發展起來的港町與漁村，值得一訪。小型海灣町伊根浦有沿著海灣而立的船屋群、美保關與竹野則有傳統民房櫛比鱗次、充滿懷舊氣息的港町風景展於眼前。務必把海邊附近湧出的山陰名湯城崎溫泉與溫泉津納入旅行路線中，穿著木屐配上一身浴衣，在韻味十足的溫泉街散步。

⬆鐘樓「辰鼓樓」為明治建築，是城下町出石的地標

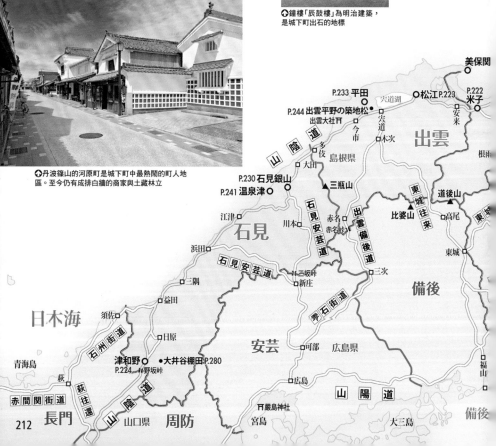

⬆丹波篠山的河原町是城下町中最熱鬧的町人地區。至今仍有成排白牆的商家與土藏林立

隱岐

美保關

P.233 平田　　宍道湖　●松江 P.223
　　　　　　　　　　　　　　米子 P.222
P.244 出雲平野的築地松　　　　　安來
出雲大社　今市　　宍道
　　　　　　　木次　　　　出雲
多伎　島根縣
　　大田

P.230 石見銀山　　　　　▲三瓶山
P.241 溫泉津　　　　　　　　　東城往來
　　　　　　　赤名　　出雲備後道　道後山
江津　　　　赤名峠　　比婆山　▲高尾
　　川本　　　　　　▲　　　東城往來
浜田　　　　石見安藝道　　　東城

石見　　　石見安藝道
　　　　　　　三坂峠
三隅　　　　新庄
益田　　　　　　藝石街道　三次
　　　　　　　　　　　　　備後

日本海　須佐
　　　　日原　　　　安藝
　　　　　　　　　　　　　廣島縣
青海島　石州街道
　　津和野●大井谷梯田 P.280
　　P.224 野坂峠
萩　萩往還
赤間關街道　山陰道　　　嚴島神社　　　山陽道
長門　周防　山口縣　　宮島　　大三島　　備後

212

以「茅葺之鄉」之姿揚名的美山。光是北方集落就有約40棟茅葺民房並排而立

213

城下町・商家町

丹波篠山

兵庫縣丹波篠山市
重要傳統建築群保存區

武家屋敷、町家與城堡遺跡融為一體，城下町餘韻猶存

　　位於篠山盆地的中央，自古以來被視為交通要道。德川家康於1609年修築了篠山城以抵禦西國諸多大名的侵略，亦於周邊整備城下町。負責警備的御徒士眾居住於城堡西側的護城河沿岸。明治政府頒布廢藩置縣後，他們大多未遷出，後來也持續維護建築物，因此至今仍保有濃厚的武家町風貌。在河原町則可享受古老町家林立的舊商家町風情。

ACCESS & INFORMATION

從JR福知山線的篠山口站搭乘神姬巴士需13分鐘，於二階町巴士站下車。

丹波篠山市觀光協會 ☎079-506-1535

> 以城堡的主要建築大書院修復而成

篠山城跡
篠山城遺跡

奉德川家康之命於1609年修築的城堡。取代天守成為主要建築的大書院經過修復，內部已對外開放。
☎079-552-4500 ⏚丹波篠山市北新町2-3 ⏰8:30〜20:00(11〜4月〜19:00) 休自由散步／**大書院** ⏰9:00〜17:00(受理截至16:30) 休週一(遇假日則翌日休) ¥400日圓

> 江戶後期建造的武家屋敷散布各處。街道上有茅葺的長屋門與土牆成排相連

> 此地務必一訪！

② 對外開放武士的屋敷
武家屋敷安間家史料館

建於江戶時代後期的安間家武家屋敷。仍保有茅葺屋頂及入母屋造等建築之初的構造。屋內展示著安間家傳承下來的古文書、日用品與武具等。
☎079-552-6933 ⏚丹波篠山市西新町95 ⏰9:00〜17:00(受理至16:30) 休週一(遇假日則翌日休) ¥200日圓

> 茅葺曲屋構造的主屋與瓦葺的土藏至今猶存。傳遞著武士的生活樣貌

武家屋敷毗連而立

❶ 負責警備的武士之城
御徒士町武家屋敷群

篠山城下的舊武家町，在藩裡擔任警備的御徒士眾居住於此。1830年的大火後所建造的武家屋敷至今猶存，將武士的生活樣貌傳遞至今。
☎079-506-1535（丹波篠山市觀光協會）⊕丹波篠山市西新町

❸ 日本最古老的木造法院
丹波篠山市立歷史美術館
丹波篠山市立歷史美術館

1891年建造作為篠山法院的建築物裡，展示著丹波篠山傳承下來的武具、陶瓷器、漆器等藝術品。
☎079-552-0601 ⊕丹波篠山市吳服町53 ⊕9:00～17:00（受理至16:30）⊕週一（遇假日則翌日休）⊕300日圓（特別展收費各異）

❹ 舊藩主明治時期的別邸
青山歷史村
青山歷史村

桂園舍在明治至昭和時期曾是舊篠山藩主青山家的別邸，另外還留有3棟土藏與長屋門，屋內展示著與青山家有淵源的物牛、篠山藩相關的資料與藏書等。
☎079-552-0056 ⊕丹波篠山市北新町48 ⊕9:00～17:00（受理至16:30）⊕週一（遇假日則翌日休）⊕300日圓

❺ 較具代表性的武家屋敷門
小林家長屋門

1804～1818年，第12代藩主青山忠裕為了老女（統管武家事務的女僕長）小林千佳而翻修的住宅用長屋門。內部設有上段之間與眺望窗。
☎079-552-6907（丹波篠山市商工觀光課）⊕丹波篠山市北新町97 ⊕⊕⊕內部不對外開放

※篠山城大書院、武家屋敷安間家史料館、丹波篠山市立歷史美術館與青山歷史村4館的通用券為600日圓（10～12月歷史美術館特別展舉辦期間的收費不同），2日內有效

215

6 江戶時代的商店街
河原町妻入商家群

修建篠山城時整備而成的舊商家町。橫跨約600m的舊商家（稱作妻入、有樓中樓的建築）與土藏毗連而立。現存的主要建築物是建於江戶時代末期至昭和初期。
📞079-506-1535（丹波篠山市觀光協會）

7 展示丹波燒的代表作
丹波古陶館

館內是介紹誕生於平安末期、日本六大古窯之一的丹波燒，並依年代或形狀等分類展示從草創期至江戶末期為止的代表作品。
📞079-552-2524 🏠丹波篠山市河原町185 🕙10:00～16:30 🚫週一（遇假日則翌日休）、8月20～31日 💰700日圓（與篠山能樂資料館的通用券為1000日圓）

古丹波 三筋壺
平安時代末期
丹波古陶館收藏高25.5×壺身直徑20.7cm

8 可接觸丹波的文化
篠山能楽資料館
篠山能樂資料館

以從中世紀延續下來的古典藝能丹波猿樂為主，收集或研究能樂的相關資料。可鑑賞能面、服裝與樂器等寶貴的歷史收藏品。
📞079-552-3513 🏠丹波篠山市河原町175 🕙10:00～16:30 🚫週一（遇假日則翌日休）、1・2・8月 💰700日圓（與丹波古陶館的通用券為1000日圓）

丹波杜氏的傳統

丹波地區出身的杜氏經手釀造出無數灘之銘酒

江戶時代，丹波地區的村莊在農閒時期會外出到伊丹或池田做工，透過釀酒獲取生活糧食。後來他們所釀造的酒頗受好評，篠山出身的釀酒團體「丹波杜氏」之名號廣傳至日本各地。「劍菱」與「男山」等現在市面上的無數灘之銘酒皆出自於丹波杜氏之手。在丹波篠山的民謠Dekansho節中唱著「灘之酒是誰釀的？是我們自豪的丹波杜氏」。丹波杜氏還會到全日本各地指導，對地方釀酒業貢獻良多。

釀酒專業團體的歷史
丹波杜氏酒造記念館
丹波杜氏酒造紀念館

利用展板與影片等介紹被視為釀酒名匠的丹波杜氏的歷史，以及日本酒的釀造過程。還展示出釀酒的工具。
➡詳細介紹釀造出灘之銘酒的丹波杜氏

📞079-552-0003（丹波杜氏組合）🏠丹波篠山市東新町1-5 🕙9:00～17:00 週六・日與國定假日10:00～16:00 🚫11～3月的週六・日與國定假日 💰協力金100日圓

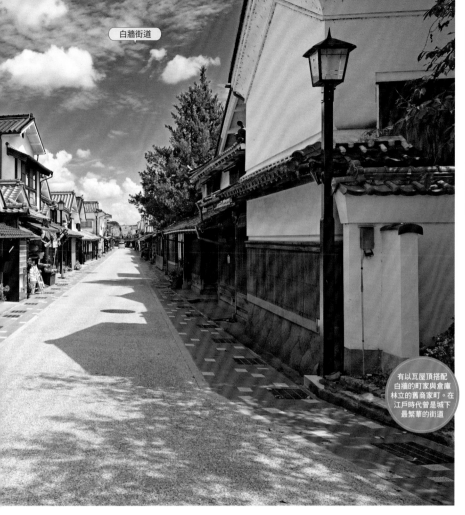

白牆街道

有以瓦屋頂搭配白牆的町家與倉庫林立的舊商家町。在江戶時代曾是城下最繁華的街道

西洋建築也值得關注

復古的休息景點

大正ロマン館
大正浪漫館

活用建於1923年的舊篠山町公所打造而成的觀光據點。館內有餐廳與小賣店等。

☎079 552-6668 ⑩丹波篠山市北新町97 ⑩10:00～17:00 ⑭週二

丹波篠山 MAP

N

0   200m

丹波篠山市立歷史美術館 ❸
二階町   来迎寺卍
春日神社前   城北口
篠山口駅   歷史美術館前
桂園舍   ●大正ロマン館
(旧青山家別邸)   丹波篠山
青山歷史村 ❹   市役所   下立町
丹波篠山
デカンショ館   丹波杜氏酒造記念館   秋葉神社 王地山
❶御徒士町   三の丸   卍まけきらい稲荷
武家屋敷群   北濠端 広場
●大書院   上立町   卍宝塔寺
●篠山城跡 ●青山神社
御徒士町   立町通り   王地山
町通り   南濠端   展望台
卍光乗寺   観音寺卍   卍本経寺
●小林家長屋門 外濠 丹波古陶館 ❼ ❽篠山能楽資料館
●篠山城 南馬出跡   河原町通り   卍真福寺
❷武家屋敷安間家史料館   ❻河原町
妻入商家群
丹波篠山市篠山重要
傳統建築群保存區   篠山川

黒岡川

217

出石

出石

兵庫縣豐岡市
重要傳統建築群保存區

町家優美的「但馬小京都」是
由不同年代的建築形成的城鎮

　　出石的城下町是出石藩主小出吉英修築出石城的1604年前後整備的。後來出石藩更以5萬8000石的雄藩之姿而馳名，城下則成為但馬地區的政治經濟中樞繁榮昌盛。至今仍有紅土牆商家林立，保留棋盤狀城鎮區劃的街道享有「但馬小京都」之美譽。與明治建築劇場「永樂館」、鐘樓「辰鼓樓」、寺社與酒藏等建築彼此交融，孕育出別具深趣的歷史景觀。

此地務必一訪！

☐ ACCESS & INFORMATION

從JR山陰本線的豐岡站搭乘全但巴士需30分鐘，於出石巴士站下車。

但馬國出石觀光協會 ☎0796-52-4806

> 出石藩的主城，
> 櫓與門皆已復原

出石城跡
出石城遺跡

小出吉英廢除有子山山頂上的山城，於1604年在山腳修建平山城。以野面積工法砌成的石牆猶存，也復原隅櫓、城門與登城橋等。從上方眺望的景致也很壯觀。
☎0796-52-4806(但馬國出石觀光協會) 地豐岡市出石町內町 開休費自由參觀

↑沒有天守，建有
4座櫓等

↓走過經修復的登
城橋參觀城堡遺跡

① 日本最古老的鐘樓
辰鼓楼
辰鼓樓

建於1871年，作為以太鼓報時的樓閣，1881年才設置了大時鐘。現在使用的是第3代時鐘。
☎0796-52-4806(但馬國出石觀光協會) 地豐岡市出石町內町 開休費自由參觀

② 明治生絲商人的屋敷
出石史料館

將明治時代富商的舊宅對外開放，展示與出石藩有所淵源的資料。數寄屋風格的宅邸隨處可見精心設計的裝飾，別屋與土藏也已對外開放。
☎0796-52-6556 地豐岡市出石町宵田78 開9:30～17:00(入館～16:30) 休週二 費300日圓

③ 傳遞武家的生活樣貌
出石家老屋敷

上級武士居住的屋敷。設有隱藏式樓梯等，隨處可見防禦用的構造。在內部展示大名大隊出行的各種工具等出石藩的資料。
☎0796-52-3416 地豐岡市出石町內町98-9 開9:30～17:00(入館～16:30) 休無休 費200日圓

城鎮的地標：辰鼓樓

佇立於舊出石城大手門旁的鐘樓「辰鼓樓」。其正前方的有子山山麓則有出石城遺跡

名產出石皿蕎麥麵。分別盛裝在出石燒的白色小碟子中再端上桌。出石有約50家蕎麥麵店林立

西洋建築也值得關注

明治時期的現代風洋館
出石明治館

建於1887年的郡公所為木造擬西式建築。內部被活用作為出石的鄉土資料館，舉辦與出石偉人相關的展覽。
☎0796-52-2353 地豐岡市出石町魚屋50 時9:30～17:00（入館～16:30）休週一 料200日圓

明治的劇場至今猶存
出石永樂館
出石永樂館

於1901年開館，為近畿最古老的劇場。會上演歌舞伎等而熱鬧非凡，但後來關閉。於2008年翻修後再度復活。
☎0796-52-5300 地豐岡市出石町柳17-2 時9:30～17:00（入館～16:30）休週四 料400日圓

也有不少町家建築的蕎麥麵店、釀酒店與伴手禮店等店鋪林立

自江戶時代生產銘酒的酒藏
出石酒造酒藏
出石酒造酒藏

老字號釀酒廠出石於江戶時代中期建造的酒藏。紅邊醞釀出別樣的氛圍。另設有小賣店。
☎0796-52-2222 地豐岡市出石町魚屋114-1 時9:30～18:30 休不定期公休

出石 MAP

町田

出石川

出石城

御城

舊城下町鹿野，有水渠流經且商家構造的住家林立。殿町與大工町等也是過往遺留的町名

城下町・在鄉町

鹿野

鳥取縣鳥取市

棋盤狀的水渠與町家建築
醞釀出別樣的風情

龜井氏的城下町整備於戰國時代，到了江戶時代則作為商業中心兼往來於鹿野的宿場町而蓬勃發展。城堡遺跡、城鎮區劃、縱橫交錯的水渠、町名等，皆保有城下町過去的痕跡。街道是由主要建於江戶末期至明治時期的商家造町家建築構成。古民房亦被活用作為咖啡館或伴手禮店。

ACCESS & INFORMATION

從JR山陰本線的濱村站搭乘日之丸巴士白兔海岸線需19分鐘，於立町巴士站下車。

鳥取市鹿野往來交流館 童里夢
☎0857-38-0030

⬆戰國時代龜井氏的居城：鹿野城遺跡。內堀與石牆皆保留舊時樣貌。以櫻花名勝聞名，春天賞花客絡繹不絕

⬆鳥取市西部的觀光據點「鳥取市鹿野往來交流館 童里夢」。會舉辦介紹地區歷史與傳統例行儀式的展覽並販賣特產

城下町・商家町

米子

鳥取縣米子市

受惠於水運的商業都市，
昔日被譽為「山陰的大阪」

自安土桃山時代修建了近世城郭米子城後，米子以城下町之姿繁榮一時。到了江戶時代，利用加茂川等的水運日益發達，成為物資集散的商業之城，直到明治時代有長足發展。加茂川沿岸有白灰泥土藏與商家櫛比鱗次。將出入口設於靠水側的建築，形成水運都市特有的風情。

ACCESS & INFORMATION

於JR山陰本線的米子站下車。

米子市國際遊客服務中心 ☎0859-22-6317

林立於加茂川沿岸的白牆土藏。亦可搭乘加茂川的中海遊覽船，從水上享受商業都市的風情

⬆於江戶時代從事海運業的後藤家宅邸遺跡。主屋與2座倉庫為國家重要文化財。屋頂與寺院建築都是沉穩的本瓦葺（內部不對外開放）

⬆米子城遺跡。近世的城郭是安土桃山時代由毛利一族的吉川廣家所修築。從湊山山頂上的天守遺跡可眺望日本海與市街

松江 塩見繩手
松江 鹽見繩手

島根縣松江市

有武家屋敷毗連而立的街道
小泉八雲也曾居住於此

　松江位於宍道湖與中海之間，以市內河川縱橫的「水之都」而聞名。有座山陰唯一現存的天守聳立於江戶前期修建的松江城中。北護城河沿岸綿延不絕的鹽見繩手通，仍保有於城堡周圍修築的城下町屹立的形姿。上級與中級武士居住過的武家屋敷至今猶存。也保留了小泉八雲嘉曾經住過的故居，內部已對外開放。

⬚ ACCESS & INFORMATION

於JR山陰本線的松江站搭乘松江環湖線巴士需6分鐘，於小泉八雲紀念館前巴士站下車。

公江觀光協會 ☎0852-27-5843

「堀川遊覽船」，搭乘小船遊覽環繞松江約3.7km的堀川

松江 MAP

小泉八雲記念館
❷小泉八雲旧居（ヘルン旧居）
小泉八雲記念館前
ぐるっと松江堀川めぐり（松江堀川遊覽船）
● 塩見繩手
❶武家屋敷
松江城
❸田部美術館　松江歷史館

N
0 ──── 400m

島根縣府
京橋川
舩玉稻荷神社 ⛩
松江市役所
宍道川
北松江電鐵線
京橋川
松江市役所
松江しんじ湖溫泉駅
宍道湖　大橋川　松江駅

後來成為松江藩家老的鹽見小兵衛宅邸所在的這條窄道（繩手），據說是「鹽見繩手」的由來

❶ 完整保留280年前的樣貌
武家屋敷

江戶時代初期至幕末上級與中級武士為了更換屋敷而入住的替代屋敷至今猶存。保留舊時房間布局的屋敷內，展示著刀具櫃等家具日用品、化妝工具與玩具等生活用具。

☎0852-22-2243 ⓘ松江市北堀町305 ⏰8:30～18:30（10～3月～17:00）入館皆截至30分鐘前 🚫無休 💴310日圓

❷ 八雲度過新婚生活的武家屋敷
小泉八雲旧居（ヘルン旧居）
小泉八雲故居（Hearn故居）

小泉八雲與妻子節子於1891年同居了約5個月的武家屋敷。為江戶後期建造的屋敷，日本庭園環繞於主屋四周。

☎0852-23-0714 ⓘ松江市北堀町315 ⏰8:30～18:30（10～3月～17:00），入館皆截至20分鐘前 🚫無休 💴310日圓

❸ 穿過雄偉的門，鑑賞藝術品
田部美術館

展示的茶具皆為松江藩松平家第7代藩主松平不昧珍愛的收藏品等。入口處的武家屋敷的長屋門為市內指定文化財。

☎0852-26-2211 ⓘ松江市北堀町310-5 ⏰9:00～17:00（入館～16:30）🚫週一（遇假日照常開館）💴700日圓

重視實戰的現存天守別稱為「千鳥城」

松江城

於1611年竣工的松江藩的居城，為日本現存的12座天守之一。可從天守的最上層飽覽市街。天守已列為國寶。

☎0852-21-4030 ⓘ松江市殿町1-5 ⏰8:30～18:30（10～3月～17:00），登閣受理至結束時間前30分鐘 🚫無休 💴680日圓

屋頂呈千鳥展翅般的曲線狀，故而又稱作「千鳥城」

津和野

島根縣津和野町
重要傳統建築群保存區

形姿優美的城下町，有「山陰小京都」之稱

在西中國山區盆地裡擴展開來的津和野，以城下町的優美街道為人所知。於江戶前期形成城下町，為今日的津和野奠定了基礎。殿町通為武家町的主要街道，沿路有沉穩的武家屋敷門成排相連，還有海參牆與鯉魚悠游的護城河，營造出別樣氛圍。本町通上則有古老商家建築的商店櫛比鱗次，為昔日的商家町。培育出津和野出身的文豪森鷗外等多名人才的藩校養老館遺跡也保留了下來。

ACCESS & INFORMATION

於JR山口線的津和野站下車。

津和野町觀光協會 ☎0856-72-1771

從山城的山頂
飽覽津和野的城鎮

津和野城跡
津和野城遺跡

吉見氏於鎌倉時代在標高362m的靈龜山山頂上修築的山城，直到明治維新都被作為藩主的居城。石牆幾乎完整地保留下來，山腳下則留有2棟櫓，為江戶時代藩邸的建築遺跡。

☎0856-72-1771(津和野町觀光協會) 地津和野町後田 開休費自由參觀

◆位於江戶時代藩邸正門處的馬場先櫓。據判是於幕末重建的。附近有座名為嘉樂園的藩邸庭園

舊武家地區的殿町通。保存並修繕水渠、推行電纜杆地下化等，維持城下町的特色

此地務必一訪！

1 上級武士的屋敷遺跡
旧津和野藩家老多胡家表門
舊津和野藩家老多胡家止門

津和野藩筆頭家老多胡氏的宅邸的正門。一般認為建於幕末1854～1860年間。多胡氏致力於鼓勵殖產興業，對藩的繁榮貢獻良多。

☎0856-72-1771(津和野町觀光協會) 地津和野町後田 開休費自由參觀

2 江戶時代的教育設施
藩校養老館

津和野藩主龜井氏於1786年創設的藩校遺跡。保有武術教場、藏書庫的建築與腹地。

☎0856-72-0300(津和野町鄉土館) 地津和野町後田66 開9:0〜17:00 休無休 費100日圓

3 大正時期的和風公共建築
郡庁跡
郡廳遺跡

建於1919年，作為鹿足郡公所。自1955年起轉為津和野町公所，現在仍作為廳舍使用。

☎0856-72-1771(津和野町觀光協會) 地津和野町後田口64-6 開8:30～17:00 休週六・日與國定假日 費免費

殿町通的水渠，有色彩斑斕的鯉魚悠游其中。初夏水渠旁會有花菖蒲綻放

益田駅
光明寺卍　津和野駅
津和野町津和野重要傳統　　安野光雅美術館
建築群保存地區
津和野町日本遺産センター
永明寺卍　妙寿寺卍　古橋酒造 ⑥
高岡通り　殿町通り
郡庁跡 ❸　本町通り　万代通り
旧津和野藩豪老
多胡家表門 ❶　　津和野カトリック
藩校養老館 ❷　教会
太皷谷　弥栄神社卍
稲成神社卍　郷土前
　　　　　津和野町郷土館
観光リフト　杜塾美術館
乗り場　本性寺卍
嘉楽園
　　津和野城
　　馬場先櫓　卍劔玉神社
津和野城跡　　❾
大手登山口

❹　西周旧居

❺　森鷗外旧宅・
森鷗外記念館
山口駅

N　0　300m

---

❺
明治的文豪在此度過幼少期

森鷗外旧宅・森鷗外記念館
森鷗外舊宅・森鷗外紀念館

小說家森鷗外出生於1862年，10歲之前都在這個家度過。父親曾是津和野藩的藩醫。相鄰的紀念館中則公開了影片、照片展板、遺物與手寫原稿等。

☎0856-72-3210　地津和野町町田イ238　時9:00～17:00（入館～16:45）　休週一（遇假日則翌日休）、舊宅無休　料600日圓（含舊宅的參觀費，僅參觀舊宅則為100日圓）

---

❹
「日本哲學之父」的舊宅

西周旧居
西周故居

西周是津和野藩藩醫的長男，後來成為啟蒙思想家，25歲之前都在此度過。位於森鷗外舊宅的對面，主屋與土藏等至今猶存。

☎0856-72-3210（森鷗外紀念館）
地津和野後田64-6　時9:00～17:00　休無休　料免費

本町通，有紅色石州瓦屋頂的商家與倉庫林立。酒坊與伴手禮店等櫛比鱗次

西洋建築也值得關注

融入城下町的教堂

津和野カトリック教会
津和野天主教堂

建於1931年的天主教堂，為城下町增添了異國風情。哥德式建築的屋內鋪有榻榻米。

☎0856-72-0251　地津和野後田口66-7　時8:00～17:00　休無休　料免費參觀

---

❻
明治建築的酒坊

古橋酒造

於明治初期創業的酒坊。販售使用當地湧泉與酒米釀成的代表性品牌「初陣」等。事先預約即可參觀傳統的酒藏。

☎0856-72-0048　地津和野町後田口196　時9:00～17:00　休無休（釀造時期有時不開放參觀）　料酒藏可免費參觀

天保11年（1841）
津和野城下町草圖（部分）

津和野町郷土館収蔵

津和野藩御

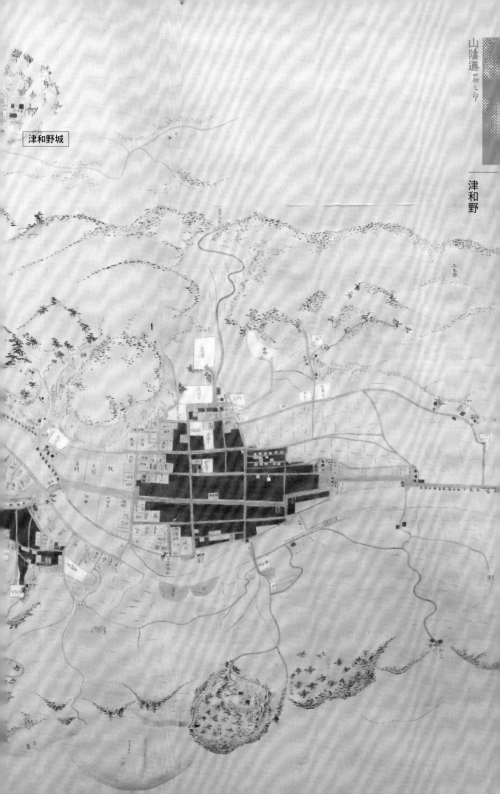

津和野城

商家町

倉吉

鳥取縣倉吉市
重要傳統建築群保存區

櫛比鱗次的土藏與商家，
為商業之城昔日繁華的痕跡

位於鳥取縣中央，自古以來便是政治、文化與經濟的核心地區。室町時代在打吹山上有座山城，山腳下則修築城下町。江戶時代成為鳥取藩家老荒尾氏的陣屋町後，便利用交通要道的地利之便推動商業，大正時代已發展成工商都市。林立於玉川沿岸，白牆配紅石州瓦屋頂的土藏群與本町通的商家街景在在傳遞著舊時的繁榮景況。

ACCESS & INFORMATION

從JR山陰本線的倉吉站搭乘市內路線巴士需12分鐘，於紅瓦白牆土藏巴士站下車。

倉吉白牆土藏群遊客服務中心 ☎0858-22-1200

標高204m的打吹山聳立於市區南部。於室町時代修築了城堡

打吹玉川的白牆土藏群

白灰泥、燒杉板牆配上紅石州瓦屋頂的土藏群及相連的石橋，皆保留著舊時的面貌

此地務必一訪！

❶ 河川沿岸有白牆相連
倉吉白壁土藏群
倉吉白牆土藏群

玉川河畔上相連的土藏群大多建於江戶至明治時代。牆面的白灰泥與燒杉板皆有防水與防火的作用。另有以建築物改造而成的咖啡館與工坊。
☎0858-22-1200（倉吉白牆土藏群遊客服務中心）地倉吉市新町1丁目、東仲町、魚町、研屋町周辺

❷ 醬油製成的甜點頗受歡迎
桑田醬油釀造場
桑田醬油釀造廠

於白牆土藏持續釀造醬油已餘140年，至今仍堅守傳統製法。除了各種醬油產品，也有不少以醬油製成的加工品，觀光客也好評不斷。
☎0858-22-2043地倉吉市東仲町2591營9:00～17:30休不定期公休

❸以醬油冰淇淋或馬卡龍作為伴手禮

倉吉市打吹玉川重要
傳統建築群保存區

倉吉白壁土藏群 ❶ ┤倉吉線鉄道記念館
打吹
公園
誓願寺卍 卍妙寂寺　　大蓮寺通り　　赤瓦・白壁土藏
吉祥院卍　　　　　　卍光明寺　　白壁倶楽部
倉吉淀屋 ❹ ●豊田家住宅　　　玉川　　卍大岳院
弁天参道 ❺　　　　　　　　　　　　❸元帥酒造本店
桑田醤油醸造場 ❷　　　　ℹ倉吉白壁土藏群観光案内所
倉吉陣屋跡●　　　　　防災センターくら用心
秋葉神社卍勝入寺卍　　　倉吉市役所◎　　　　隆泉寺卍　　倉吉駅
卍満正寺　　大江神社⛩
鎮霊神社⛩　　　　●倉吉博物館
　　　　　　　　　　　●倉吉歴史民俗
　　　　　　　　　　　　資料館　　　　⛩賀茂神社
長谷寺卍　　　　▲打吹山
　　　打吹城跡●
0　　　200m
N

赤瓦館

為了保存倉吉的傳統街道，活用翻修後的古老倉庫與店鋪，作為咖啡館、餐廳與物產館等。目前有一至十八號館，成為散步時可順道走訪的休息景點。

❺ 充滿生活感的参道
弁天参道
弁天参道

朱紅色暗燈別具韻味的小路。穿過山門進入境內後，大蓮寺現代又宏偉的本堂映入眼簾。
☎0858-22-1200(倉吉白牆土藏群遊客服務中心) 🏠倉吉市新町

❸ 於幕末創業的老字號酒藏
元帥酒造本店

◯微辣且香氣馥郁的大吟醸
元帥斗瓶圍
5500日圓

当1848～1854年間持續釀酒的酒藏。重視米的鮮味，醸造出帶有清爽含香的酒。清爽的口感頗受青睞。
☎0858-22-5020 🏠倉吉市東仲町2573 🕘9:00～17:30 🈺無休

以町家復原而成的「留心倉庫防災中心」可自由參觀。週末有時會販售農產品或用作藝廊。

❹ 公開倉吉最古老的町家
倉吉淀屋

富商牧田家的舊宅，仍保有主屋與附屬屋，為市指定有形文化財。1760年建造的主屋是倉吉市現存最古老的町家建築。
☎0858-23-0165 🏠倉吉市東岩倉町2280-3 🕘9:00～17:00 🈺無休 🎫免費

╲ 西洋建築也值得關注 ╱
在復古建築中享用午餐
白壁倶楽部
白牆倶楽部

此餐廳是以建於1908年、已登錄為國家有形文化財的舊國立第三銀行倉吉分行的建築物改造而成。可在復古的氛圍中享用法式料理。
☎0858-24-5753 🏠倉吉市魚町2540 🕘10:30～21:00 ※晚餐須預約 🈺週三、第3個週二

礦山町

石見銀山

島根縣大田市
重要傳統建築群保存區

身分與職業多樣的人們
在銀山的城鎮裡相混而居

　　大森町位於島根縣大田市的山間地區，曾是石見銀山相關人員居住的礦山町。江戶時代前期設置了江戶幕府的代官所，周邊則有富商屋敷、武家屋敷、職人屋敷與寺院櫛比鱗次。據說銀山的鼎盛時期城鎮有數萬人居住。因為銀山封閉而人口持續外流，但在保留著江戶時代以來的武家屋敷、商家與代官所的街道上，仍可窺見町民的生活樣貌。

ACCESS & INFORMATION

從JR山陰本線的大田市站搭乘石見交通巴士需25分鐘，於大森代官所遺跡巴士站下車。

石見銀山大森遊客服務中心 ☎0854-88-9950

在過去聞名
全世界的銀山

石見銀山(龍源寺間步)

以日本最大銀山遺跡廣為人知。從戰國時代到大正時代的約400年期間，在此進行銀礦的開採與精煉。
☎0854-89-0117 ⓐ大田市大森町ニ183 ⓣ9:00～17:00(12～2月～16:00)，入場皆截至10分鐘前 ⓗ無休 ⓨ410日圓

↻900多條間步(開採坑道)中，唯一經常對外開放的間步

此地務必一訪！

1 昔日大森代官所遺跡
いも代官ミュージアム
番著代官博物館

統轄德川幕府直轄領地銀山一帶的代官所遺跡，江戶後期建造的門長屋至今猶存。展示著開採工具與礦石等石見銀山的相關資料。
☎0854-89-0846 ⓐ大田市大森町ハ51-1 ⓣ9:30～17:00 ⓗ週二・三(遇假日則翌日休) ⓨ550日圓

2 大森町最大的商家建築
熊谷家住宅

熊谷家的大宅邸，該家族從事銀山經營且身兼御用商人，是大森最有權有勢的商家之一。於江戶後期的大火後重建的主屋與5棟倉庫已經過修繕與復原，為國家重要文化財。
☎0854-89-9003 ⓐ大田市大森町ハ63 ⓣ9:30～17:00 ⓗ每月最後一個週二，會臨時休館 ⓨ520日圓

坐擁廣大腹地的熊谷家住宅。江戶後期至明治時期建造的建築物林立

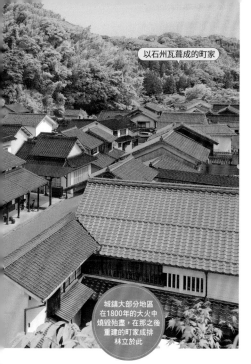

以石州瓦葺成的町家

城鎮大部分地區在1800年的大火中燒毀殆盡，在那之後重建的町家成排林立於此

地方官員生活的屋敷

代官所地役人遺宅 旧河島家
代官所地方官員遺宅 舊河島家

江戶時代擔任銀山地方官員的河島家的屋敷。可欣賞江戶後期建造的主屋。還整頓了街道沿路展現武家屋敷特色的門、圍牆與庭院，保留舊時的樣貌。

☎0854-89-0932 地大田市大森町ハ118-1 時9:30～16:30 休週二，會臨時休館 費200日圓

\ 西洋建築也值得關注 /

以明治時代開設的舊大森區法院修復而成

大森町並み交流センター
大森街道交流中心

於1890年開設的舊大森區法院。部分法庭已經復原，另有介紹城鎮的資料展覽室。

☎0854-89-0330 地大田市大森町イ490 時9:00～16:30 休不定期公休 費免費

---

④ 江戶時代的商家建築

石見銀山 群言堂本店

開發了生活風格品牌，並經手販售服裝、雜貨與護膚商品等群言堂的總店。讓屋齡約170年的舊商家重生的建築物中，除了商店，還有坐望中庭的咖啡館，可享用以當地食材製成的午餐或甜點。

☎0854-89-0077 地大田市大森町ハ183 時11:00～17:00(咖啡館16:30LO) 休週三(遇假日照常營業)

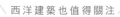

③ 下楊武家屋敷

暮らす宿 他鄉阿部家
民宿 他鄉阿部家

讓屋齡230年的武家屋敷重生的住宿設施。可在設有爐灶的廚房品味手作家庭料理，是個如心憶之鄉般令人想起生活富足感的地方。備有和室與西式房間，1天限定2組客人。

☎0854-89-0022 地大田市大森町ハ159-1

群山壞繞的銀山川沿岸道路上有傳統的町家建築櫛比鱗次

石見銀山 MAP

大田市大森山銀山重要傳統建築群保存區

- いも代官ミュージアム ❶
- 熊谷家住宅 ❷
- 青山家住宅
- 妙蓮寺 卍
- 大森町並み交流センター
- 暮らす宿 他鄉阿部家 ❸
- 石見銀山群言堂本店 ❹
- 石見銀山処刑場跡地
- 極楽寺 卍
- 妙正寺 卍
- 安養寺 卍
- 清水寺 卍
- 石見銀山世界遺產中心
- 山吹城跡
- 新切間步
- 高橋家住宅
- 石見銀山(龍源寺間步)
- 佐毘売山神社

大田市駅
大森代官所跡
井戶神社
❺代官所地役人遺宅旧河島家
宗岡家
石見銀山大森觀光案內所
羅漢寺
五百羅漢
銀山川

N
0   500m

製織町

加悦 ちりめん街道
加悦 縮緬街道

京都府與謝野町 **重要傳統建築群保存區**

憑藉丹後縮緬而大幅發展
訴說城鎮近代化故事的建築群

加悦地區位於丹後半島根部，自中世紀便盛行生產絹織物。到了江戶時代，從京都西陣傳入縮緬的織造技術後，發展成丹後縮緬的一大產地。縮緬街道沿路有自江戶時代至昭和初期的建築物林立，傳遞城鎮近代化的歷史。城鎮至今仍迴盪著輕快的紡織聲。

ACCESS & INFORMATION

從京都丹後鐵道宮豐線的與謝野站搭乘計程車約10分鐘（約6.2km）。

與謝野町觀光協會 ☎0772-43-0155

縮緬街道，江戶～昭和初期的建築物櫛比鱗次。照片是建於1848年的杉本家住宅

↑丹後縮緬商家：舊尾藤家住宅。建於幕末，且從明治至昭和初期進行翻修與擴建，是寶貴的和洋折衷住宅

↑舊加悦町公所廳舍，是建於昭和初期的西洋建築。現在設有遊客服務中心與絲綢產品的展示販售區等

礦山町

生野銀山

兵庫縣朝來市

在曾盛行白銀生產的礦山町
探尋繁榮時期的舊時面貌

生野銀山是從16世紀活躍至1973年的礦山。全盛時期的江戶時代，在現在的朝來市生野町開闢了礦山町。城鎮裡保有江戶時期地方官員的屋敷與鄉宿等的町家，成為近代礦山、明治以後的近代建築也交雜其中。以精煉廢料凝固成的石頭稱作空身石，被運用於民房圍牆與水渠，形成礦山町獨特的景觀。

ACCESS & INFORMATION

於JR播但線的生野站下車。

朝來市觀光協會生野分部 ☎079-679-2222

生野銀山的官吏與技士居住的舊生礦山職員宿舍。圍牆採用了精煉廢料製成的空身石

↑生野銀山在江戶時代號稱白銀產量足以媲美石見銀山。到了明治時代成為官營礦山並實現近代化

↑以江戶時代的鄉宿翻修整頓而成的「生野城鎮建設工坊井筒屋」。可參觀內部，亦有咖啡館、畫廊與小賣店

商家町

平田 木綿街道

島根縣出雲市

憑藉優質木棉繁榮一時的城鎮
有成排灰泥與海參牆的房屋

　　東西向流過城鎮的平田船川沿岸街道上仍保有古老街景。平田町有段從江戶時期至明治時期便利用連結宍道湖的平田船川的水運，作為物資集散地而繁榮不已的歷史。到了江戶時代，匯集於此地的優質「雲州平田木棉」在京阪等地大獲好評，為城鎮帶來莫大繁榮。平田船川沿岸的片原町、新町與宮之町有自江戶時代以來的商家櫛比鱗次，可窺探往昔繁榮盛況。

⬜ ACCESS & INFORMATION

於一畑電鐵的雲州平田站下車。

出雲觀光協會 📞0853-31-9466

平田船川河畔附近有商家林立，亦設有碼頭與洗滌區

平田 MAP

消防神社🇯🇵
廻ノ奥池
愛宕山公園
卍極樂寺
●平田本陣記念館　❶木綿街道交流館
NIPPONIA　●本石橋邸
出雲平田 木綿街道❸ 　❹酒持田本店
大林寺卍　宇美神社🇯🇵
　來間屋生姜糖本舖❷
　　本妙寺卍
　　法恩寺卍
　　　一畑電車
　　　出雲平田溫泉駅
　　　北松江線
　　　雲州平田駅

N　0　300m
481

江戶中期建造的本石橋邸

平田船川沿岸綿延不絕的「木棉街道」。仍保有作為木棉集散地而繁榮不已的時代痕跡

❶ 緊鄰江戶中期的大宅邸「本石橋邸」
木綿街道交流館

位於木綿街道的遊客服務中心兼用餐區。相鄰的建築物是建於約250年前的本石橋邸，可參觀接待藩主的房間、茶室與庭園。

📞0853-62-2631 📍出雲市平田町841 🕘9:00～17:00 ⏸️週二（遇假日則翌平日休）

❷ 承繼自江戶時期的點心
來間屋生姜糖本舖
來間屋生糖本舖

創業於1715年。販售樸實的生薑糖，是在熬煮的砂糖中添加當地產出西生薑的榨汁，冷卻後凝結而成。

📞0853-62-2115 📍出雲市平田町774 🕘9:00～19:00 ⏸️不定期公休

🔺堅守古今始終不變味道的生薑糖為600日圓

❸ 以酒坊改造而成的旅館
NIPPONIA
出雲平田 木綿街道

此住宿設施是改造自建於18世紀中葉舊石橋酒造的建築物。有舊時客房與酒藏等共6間客房，昔日韻味猶存。如獨棟建築般寬敞舒適的客房空間躍然眼前。

📞0853-31-9202 📍出雲市平田町新町831-1

❹ 木棉街道的上的酒坊
酒持田本店

創業於1877年的日本酒釀造廠。以出雲杜氏所釀造的代表品牌「山三正宗」名聞遐邇。

📞0853-62-2023 📍出雲市平田町785 🕘8:30（週六・日與國定假日9:30）～18:00 ⏸️不定期公休

港町 & 漁村

漁村集落

伊根浦

京都府伊根町
重要傳統建築群保存區

與海灣相連的船屋群，
一派風平浪靜的漁村風景

　　伊根浦位於丹後半島東側，是伊根
灣沿岸上的小漁村。以面向海灣綿延約
5km、約230家船屋一字排開的獨特景
觀為人所知。所謂的船屋，是1樓為漁
船的船庫與作業區、2樓設有起居室的
建築物，建於江戶中期至昭和初期。主
屋建於山側，中間夾著狹窄的道路。風
平浪靜且漲退潮的落差小，離岸不遠處
海水變深等自然條件，孕育出船屋群的
景觀。

◻ ACCESS & INFORMATION

從京都丹後鐵道天橋立站搭乘丹海巴士伊根線
需57分鐘，於伊根巴士站下車。

伊根町觀光協會 ☎0772-32-0277

對外開放1樓的正
面並於地面設置斜
坡道，以便船隻
從海灣駛入

伊根浦 MAP

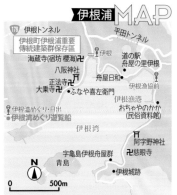

178 伊根トンネル
平田トンネル
伊根町伊根浦重要
傳統建築群保存區
道の駅
舟屋の里伊根
海蔵寺(宿坊 櫻風莊)卍
八阪神社
正法寺卍　　舟屋日和
大乘寺卍・ふなや喜左衛門
伊根漁港前
おちゃやのかか
(民俗資料館)
伊根漁港
伊根灣めぐり・日出
伊根灣めぐり遊覽船
伊根灣
阿字野神社
卍慈眼寺
字龜島伊根舟屋群
青島
伊根城跡
0　　500m

伊根灣船屋群

三面環山的
伊根灣上有成排
相連的船屋。依山
而建的船屋背面有
主屋建築林立

○ TOWN 巡禮

從海上眺望船屋

　　從海上眺望最能看清船屋群的特色。只要
善用巡遊伊根灣的遊覽船，即可不疾不徐
地從海上盡情欣賞成排船屋與群山環繞的
伊根浦風景。

伊根湾めぐり遊覽船
伊根灣巡遊遊覽船
☎0772-32-0009 ⓗ伊根
町日出11 ⓣ9:00～16:00
※會依季節而異(每小時0
分與30分出發) ⓗ天候惡
劣時 ⓟ1000日圓

日本海的港町，作為北前船的停靠港繁榮不已

港町

竹野

兵庫縣豐岡市

小巷裡板牆住家林立
承受著日本海的風雪

　　面向日本海的古老漁村，江戶至明治時代作為北前船的停靠港而繁榮不已。竹野濱附近有如迷宮般的狹窄巷弄交錯，一棟棟燒杉板住家的街景展於眼前。覆蓋住家的燒杉板外牆發揮著保護住家的作用，抵禦含有日本海特有鹽分的風雪或沙子。祖先的智慧孕育出別具韻味的港町風景。

☐ ACCESS & INFORMATION
於JR山陰本線的竹野站下車，徒步20分鐘。

竹野觀光協會 ☎0796-47-1080

一棟棟鋪設了燒杉板的住家並排。在竹野川沿岸附近的河港也能看到一樣的風景

↑貓崎半島與竹野濱所構成的竹野風景美不勝收。集中於海濱附近的街道躍然眼前

港町

美保関
美保關

島根縣松江市

令人回想憑北前船繁榮的過往
石板路被雨水打濕後更添韻味

　　位於島根半島東側，是歷史悠久的港町，谷灣式海岸十分迷人。江戶時代作為北前船的停靠港而繁盛一時。海濱附近綿延的青石疊通是為了運送物資而於江戶後期鋪設的石板路，船運商行與旅籠毗連而立，好不熱鬧。鋪路的青石一吸水就會變成青色，雨天古建築林立的石板路會泛著青色光澤，更具韻味。

☐ ACCESS & INFORMATION
從JR山陰本線的松江站搭乘一畑巴士需約45分鐘，於美保關總站轉搭社區巴士，於美保關巴士站（終點）下車。

松江觀光協會 美保關町分部 ☎0852-73-9001

青石疊通上至今仍有前船運商行與旅館等古建築林立，可感受舊時的氛圍

山村集落

美山

京都府南丹市
重要傳統建築群保存區

茅葺民房林立的京都山村，已歷經200年左右悠遠的歷史

　　南丹市美山町位於京都府接近中央處。由良川流經的山谷間仍保留無數江戶時代至明治時代建造的茅葺民房，勾勒出一幅傳統的山村風景。其中北集落的50棟房屋裡，茅葺民房就占了39棟，因而被稱為「茅葺之鄉」。附近一帶的住家稱作「北山型民房」，主要特色為田字形的房間布局、木製牆與窗，以及土間高出一層的「昇庭」。在美山民俗資料館等處可參觀住家內部。

▢ ACCESS & INFORMATION

從JR山陰本線的園部站搭乘南丹市營巴士需1小時，於北巴士站下車。

南丹市美山觀光城鎮建設協會
☎0771-75-1906

位於「茅葺之鄉」入口處的巴士站候車區，也頂著茅葺屋頂

美山 MAP

南丹市美山町北重要傳統建築群保存區

普明寺 卍
② ちいさな藍美術館
北稻荷神社 卍　卍鎌倉神社
美山民俗資料館 ①
　　　　卍知井八幡神社

美山かやぶき由良里街道

北

由良川

38

石田家住宅
園部站

0　　100　　200m

N

北集落，有江戶～明治時期建造的茅葺民房林立。亦可體驗住宿在茅葺民房中

此地務必一訪！

① 已對外開放茅葺民房
美山民俗資料館

已對外開放農家住宅的主屋、儲藏室與倉庫。主屋與儲藏室於2000年毀於火災，但2年後經過忠實復原。內部展示著老舊農具與生活工具。可了解舊時的房間布局與茅葺民房中的生活樣貌。
☎0771-77-0587 ⓐ南丹市美山町北中牧15 ⓣ9:00～17:00，12～3月10:00～16:00 ⓗ12～3月的週一 ⓨ300日圓

 藍染美術館與藍染商店
ちいさな藍美術館
小藍美術館

活用1796年建造的古民房打造而成的美術館。展示世界各地的藍染作品，亦可參觀作業現場。

☎0771-77-0746 南丹市美山町北上牧41 ⏰11:00～17:00 週四‧五（遇假日照常開館），冬季會休館 ¥300日圓

務必一併走訪

石田家住宅

位於美山町樫原，1650年建造的農家。一般認為是日本國內現存最古老的農家建築。

☎0771-75-9110（南丹市美山町大野振興會）南丹市美山町樫原 內部參觀僅限於4～11月的週六‧日與國定假日10:00～16:00 ¥免費

237

山村・養蠶集落

大杉

兵庫縣養父市 重要傳統建築群保存區

3層樓建築的養蠶住宅
大規模聚集於山村

　　兵庫縣北部的養父市大屋町曾是縣內最盛行養蠶的地區。大屋町中部的大杉地區有成排江戶後期至昭和30年代建造的養蠶住宅林立，皆為2～3層樓的木造建築。其中明治中期以後建造的3層樓養蠶住宅在日本也十分罕見，別具特色的養蠶集落景觀至今猶存。

☐ ACCESS & INFORMATION

從JR山陰本線的八鹿站搭乘全但巴士需40分鐘，於大杉巴士站下車。

養父市觀光協會 ☏079-663-1515

養蠶住宅的1樓為住所，2～3樓則為養蠶室。瓦葺屋頂上裝設了排氣用的通風裝置

山村集落

板井原

鳥取縣智頭町

古民房林立的山村集落，
將時間凍結於昭和30年代

　　位於智頭町北部的板井原，是流傳平家落人傳說的深山山谷間集落。從江戶至明治時代一直從事製炭與養蠶等。1967年隧道開通後，人口持續外流，昭和30年代的山村風景保留了下來。沿路有古民房而別具歷史意義，目前正在推動這些景觀的保存與再生活動。

☐ ACCESS & INFORMATION

從JR因美線的智頭站搭乘計程車約需12分鐘（約5.5km）。

智頭町觀光協會 ☏0858-76-1111

常年只有極少數居民生活其中的板井原集落。街道上有昭和30年代左右前的住家林立

⬆建於1899年的藤原家住宅，是板井原集落中僅存的茅葺民房。除了主屋，還有倉庫與養蠶場

⬆集落仍保留著住宅與土藏等110多棟屋齡超過50年的建築物。其中有23戶住宅為江戶時代至昭和初期的建築

所子

· 鳥取縣大山町
重要傳統建築群保存區

「上村」與「下村」的家屋群
仍保留著大規模的富農屋敷

　　大山北麓有一大片寧靜的農村地區。穿過集落的大山參拜道路（坊領道）沿途有上村與下村2大家屋群，仍保留著舊時景觀。上村形成於近世初期，下村則是江戶中期以後形成的家屋群，水渠縱橫交錯，環繞屋敷四周的長牆延伸至路旁。主屋、倉庫與儲藏室等建築成排林立於屋敷腹地內，大多建於近世至昭和初期。連同田地一起將傳統的山陰山村風景保留至今。

附帶水渠的成排房屋

江戶中期以後誕生的下村家屋群。以門脇家為中心所形成的街道至今猶存

ACCESS & INFORMATION

於JR山陰本線的大山口站下車。

大山町大山分所觀光課 ☎0859-53-3110

原本的村落中，以美甘家為中心的家屋群被稱作「上村」

所子MAP

山陰本線
大山口駅
米子駅

延命地藏堂
にしかど ・サイノカミ
門脇家住宅 ❶ 東門脇家住宅
南門脇家住宅
美甘家住宅 ❷
エムマート
賀茂神社

大山町所子重要傳統建築群保存區

N
0　　300m
山陰道
大山IC
9

① 富農的大型茅葺民房
門脇家住宅

門脇家是構成下村家屋群之核心的家系，在江戶中期曾出任大庄屋一職。主屋建於1769年，雖然是富農的住宅，卻兼具大庄屋官邸的構造。此外，還建有2棟倉庫與水車小屋等。獲指定為國家重要文化財。

☎0859-53-4062 ⓣ大山町所子360 ⓞ春秋兩季會對外開放1週左右 ⓟ對外開放時收費

② 江戶末期的主屋猶存
美甘家住宅

一般認為其祖先是從中世紀中期左右將據點設在所子的土豪，是構成集落發祥地的上村家屋群之核心的家系。仍保留著江戶末期建造的主屋與新倉庫等。已登錄為國家有形文化財。

☎0859-53-3110（大山町大山分所觀光課）ⓣ大山町所子170 ⓞ僅對外開放庭園

溫泉町

城崎溫泉
城崎溫泉

兵庫縣豐岡市

河畔搖曳的成排柳樹與3層樓
木造旅館醞釀出別樣的風情

　　據說已有1300年歷史的山陰名
湯。自古以來為無數文人墨客所喜愛，
到了江戶時代更是揚名全日本。溫泉街
在1925年的北丹大地震中遭受毀滅性
的重創。到了1935年左右幾乎恢復如
初，形成如今洋溢溫泉風情的街道。橫
跨在大谿川上的太鼓橋、河畔的成排柳
樹，加上3層樓的木造旅館與外湯，營
造出城崎特有的韻味。

大谿川上的成排柳樹

城崎溫泉與浴衣
身影煞是和諧。從
大正時代的大地震中
恢復後，孕育出
美麗的街道

ACCESS & INFORMATION
於JR山陰本線的城崎溫泉站下車。

城崎溫泉觀光協會 ☎0796-32-3663

7座外湯巡禮

可享受7座氛圍各異的外湯

御所之湯、一之湯、柳湯、鴻之湯、曼陀羅
湯、地藏湯與車站溫泉里之湯，這7座外湯各
有各的特色。住宿房客在退房前可免費多次使
用。泡湯費各為800日圓。當日往返的遊客可
善用無限次使用7座外湯的一日券。

與城崎溫泉一同刻畫歷史

溫泉寺
溫泉寺

據說是開闢城崎溫泉的道智上人
於738年所開創的古剎。為城崎
溫泉的守護寺。
☎0796-32-2669 ⑭豐岡市城崎町
湯島985-2 ⑲9:00～17:00 ⑭第
2、4個週四(遇假日照常開門) ⑭
300日圓

作為成就良緣的溫泉而
備受青睞的「御所之湯」。
近年經過翻修，是七湯中第
一座全面露天的浴池

三木屋

創業至今已有300多年歷史，
部分木造的3層樓建築與日本
庭園充滿日式風情。仍保留著
志賀直哉情有獨鍾的客房。
☎0796-32-2031 ⑭豐岡市城崎
町湯島487

西村屋本館

創業於1860年，是已傳承超過
160年傳統的老字號旅館。早
餐會場「泉靈之間」是有著梧
桐藻井等華麗構造的大廳，被
指定為國家登錄有形文化財。
大浴場裡有精心設計的內湯與
露天浴池。
☎0796-32-4895 ⑭豐岡市城崎
町湯島469

城崎溫泉 MAP

城崎溫泉元湯
(城崎溫泉薬師源泉)
与謝野寬・晶子 歌碑
柳湯
竹野駅
地藏湯
鴻の湯
御所の湯
森津屋旅館
北柳通り
南柳通り
山陰本線
溫泉寺
四所神社
蓮成寺
湯の里通り
一の湯
山麓駅
つるや旅館
西村屋本館
三木屋
大谿川
城崎ロープウェイ
木屋町通り
駄崎又芸館
まんだら湯
愛宕神社
駅舎溫泉 さとの湯
城崎溫泉觀光協会
極楽寺
城崎溫泉駅
豐岡駅

N
0　　200m

溫泉町・港町

溫泉津
溫泉津

島根縣大田市
重要傳統建築群保存區

港町溫泉街的懷舊街道上
湧出具藥效的溫泉湯

　　位於島根縣西北部的溫泉津是散發著溫泉風情的港町。於戰國時代成為石見銀山的外港，到了江戶時代則作為北前船的停靠港而繁榮不已，港口附近有成排船運商行的屋敷櫛比鱗次。溫泉津亦是知名的溫泉地，距發現至今已有1300年且頗具藥效。從港口到山區沿路上有溫泉街擴展。舊船運商行的白牆土藏、傳統的溫泉旅館與復古的大正建築在街道上相連成排，可同時細細品味古老港町與溫泉街的風情。

⌂ ACCESS & INFORMATION

從JR山陰本線的溫泉津站搭乘大田市生活巴士需8分鐘，於溫泉前巴士站下車。

大田市觀光協會溫泉津遊客服務中心
☎0855-65-2065

溫泉津裡有江戶後期至昭和初期年代各異的建築物林立

溫泉津MAP

泉藥湯 溫泉津溫泉元湯
薬師湯(旧藤乃湯)
湯元寺卍　法照町　卍溫泉前
西念寺卍 龍御前神社
愛宕神社卍　西楽寺卍 卍惠珖寺
ゆう・
ゆう館●　卍内藤家庄屋屋敷
●溫泉津溫泉口
　　　　大田市溫泉津重要傳統
　　　　建築群保存區
　　　卍極楽寺
溫泉津港　小浜溫泉
　　　　卍嚴島神社　大田市溫泉津駅
　　　　　妙好人浅原才市の家
小浜溫泉 才市の湯　山陰本線　駅前
　　　　　　　　溫泉津駅
N
0　200m

温泉津温泉街

溫泉津溫泉街的巷弄裡，傳統的旅館櫛比鱗次。可以看到後面的大正建築「藥師湯舊館」

溫泉津燒以水瓶等日常餐具為人所知。「陶瓷器之鄉」中有座日本規模最大的登窯

江戶時期船運商行的屋敷

內藤家庄屋屋敷
內藤家庄屋屋敷

代代擔任庄屋的船運商行內藤家的屋敷。建於1747年的大火之後，屋敷與土藏群至今猶存。參觀僅限外觀。
☎0855-65-2065（大田市觀光協會溫泉津遊客服務中心）地
大田市溫泉津町溫泉津 休
內部不對外開放

溫泉津港是座海浪平穩的天然良港。是至今仍在使用的裝貨港

宿場町・商家町

若桜
若櫻

鳥取縣若櫻町
重要傳統建築群保存區

「仮屋」相連的主要街道，與土藏林立的後巷別具情趣

　　若櫻町於江戶時代作為宿場町與商家町蓬勃發展。1885 年的大火導致城鎮景觀幾乎全毀，但後來實施了拓寬街道與防火措施而得以復興。在後巷（藏通）建造了耐火性絕佳的白牆土藏且禁止居住。本通上則設有町家屋簷延伸而成的附頂棚通道「仮屋」，形成擋風遮雨的拱廊。可享受土藏林立的藏通與保有仮屋町家的本通（仮屋通）兩種截然不同的宿場風情。

ACCESS & INFORMATION

於若櫻鐵道的若櫻站下車。

若櫻町觀光協會 ✆0858-82-2237

鎌倉時代，矢部氏於鶴雄山上所修築的若櫻鬼城遺跡。石牆與護城河猶存

若櫻 MAP

郡家駅
若桜迎賓館
若桜鐵道
若桜町観光案内所
若桜駅
八東川
三百田氏住宅
たくみの館
若桜郷土文化の里
意非神社
中之島公園
本通り 蔵通り
蓮教寺
道の駅若桜
桜ん坊
休憩交流処かりや
西方寺
寿覚院
若桜民工芸館 2
若桜町若桜重要傳統
建築群保存區
N
若桜町役場
0　200m　若桜鬼ヶ城跡

若櫻旅館的仮屋通

設有拱廊空間（即所謂的仮屋）的町屋錯落分布於仮屋通（本通）上

建築&土木 COLLECTION

仮屋

加長町家的屋簷所形成的附頂棚步道。又稱作雁木。昔日成排相連長達約800m。

1 介紹若櫻的歷史與文化

若桜郷土文化の里
若櫻鄉土文化之鄉

坐擁「若櫻町歷史民俗資料館」與「匠之館」，前者是在江戶中期建造的「三百田氏住宅」中展示若櫻昔日的生活用具與出土品等，後者則可體驗木工製作並定期舉辦企劃展。

✆0858-82-0583 地若櫻町屋堂羅37 開9:00～17:00 休週一 費免費

2 展示各式各樣的土鈴

若桜民工芸館
若櫻民工藝館

以大正建築的古民房改造而成，展示與若櫻相關的民工藝品。垂掛在牆上的約2000個土鈴十分吸睛。

✆0858-82-1289 地若櫻町若桜268 開10:00～17:00 休無休 費免費

延伸至本通（仮屋通）後面的藏通。至今仍有約20棟土藏毗連而立

宿場町‧農村集落

福住

兵庫縣丹波篠山市 重要傳統建築群保存區

宿場與農村集落相鄰，
近世的街道展於眼前

　　篠山街道連接起京都與丹波，此地作為宿場町於江戶時代繁盛一時。至今福住的街道沿路仍有妻入民房林立，保留著宿場昔日商家櫛比鱗次的面貌。東側毗連的川原、安口與西野野各區則是沿著街道形成的農村集落，無數瓦葺與茅葺的傳統住屋猶存。可欣賞宿場與農村集落比鄰而別具歷史意義的街道。

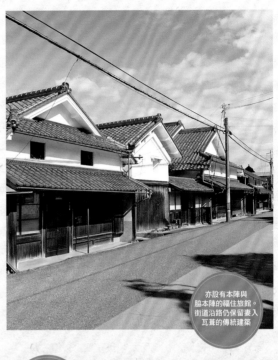

亦設有本陣與脇本陣的福住旅館。街道沿路仍保留妻入瓦葺的傳統建築

☐ ACCESS & INFORMATION

從JR福知山線的篠山口站搭乘神姬綠色巴士需1分鐘，於福住巴士站下車。

丹波篠山市觀光協會 ☎079-506-1535

宿場町

智頭

鳥取縣智頭町

號稱鳥取藩最大的宿場町，
明治以後的歷史性建築散布

　　江戶時代的舊宿場町，為連結上方與因幡地區的智頭街道與備前街道交會的交通要道而繁榮一時。街道沿路有傳統的町家建築林立，比如在江戶時代曾擔任大庄屋的石谷家的大屋敷，明治、昭和初期建造的鹽屋分店的主屋與洋館等，可參觀各個時代的歷史性建築，窺探宿場町的變遷。

延續自江戶時期的商家石谷家的舊宅。已被指定為國家重要文化財，並開放大宅邸與日本庭園

☐ ACCESS & INFORMATION

於JR因美線的智頭站下車。

智頭町觀光協會 ☎0858-76-1111

⬆石谷家的分家「鹽屋分店」的舊宅。主屋為明治時代的建築，已登錄為國家有形文化財，並對外開放精心設計的房間

⬆西河克己電影紀念館。介紹西智頭町出身的電影導演西河克己氏。建築物為鹽屋分店昭和建造的洋館

散居村／屋敷林

散居村的住家稀稀落落地佇立於田園一帶，其生活中充滿智慧與巧思。

房屋散落在廣大土地上的村落，即稱作散居村或散村。人們在住家周邊開闢了田地並展開有效率的農務作業。住宅區有屋敷林環繞四周，抵禦風雪與日曬。屋敷林的樹枝也成了薪柴燃料或建築資材等寶貴的資源。這樣的生活風景只會出現在具備豐富水源與便於引水的緩斜坡等自然條件的有限土地上。

↑礪波平原上的散居村。可從鉢伏山上的展望台眺望全景

日本國內規模最大的散居村
砺波平野の散居村
礪波平原上的散居村

富山縣礪波市　MAP P.160

↑礪波散居村博物館。介紹散居村的歷史與生活

庄川與小矢部川沖刷出約220km²的大沖積扇，約有7000戶住家以50～150m的間隔散布。獨特的傳統住屋「吾妻建」民房至今猶在。

☎0763-33-1397(礪波市商工觀光課)

被夕陽染紅的日本海的散居村
入善の散居集落
入善的散居集落

富山縣入善町　MAP P.161

位於面向日本海的黑部川沖積扇上，也受惠於多座湧泉，是來自阿爾卑斯山的恩惠。從舟見城遺址可欣賞沒入日本海的夕陽與染成一片橘紅的田園風景。

☎0765-72-3802(入善町閃耀商工觀光課)

善用屋敷林的環保住宅
飯豊の田園散居集落
飯豐的田園散居集落

山形縣飯豐町　MAP P.23

約1200ha十分遼闊。作為屋敷林，西側為非落葉的針葉樹、南側是落葉樹，環境冬暖夏涼。屋敷林也會利用倒掛採收稻束的「稻架掛」。

☎0238-86-2411(〈一般社團法人〉飯豐町觀光協會)

修剪得很漂亮的屋敷林
出雲平野の築地松
出雲平原上的築地松

島根縣出雲市　MAP P.212

在出雲平原的散居集落等處皆可看到高大的黑松屋敷林。修剪得很整齊，與水田、稻穗與雪景等季節性風景相映襯，美不勝收。

☎0853-21-6176(出雲市建築住宅課)

由egune與kizuma守護屋敷
胆沢の散居集落
膽澤的散居集落

岩手縣奧州市　MAP P.23

延展於膽澤平原的沖積扇上，與礪波平原、出雲平原並列為日本三大散居集落。除了被稱作egune的屋敷林，還可看到以燃料薪柴堆疊成圍牆狀的「kizuma（木妻）」。

☎0197-34-0313(奧州市膽澤綜合分所地區支援團體)

山陽道

播磨・美作・備前・備中・備後・安藝・周防・長門

兵庫西南部・岡山・廣島・山口

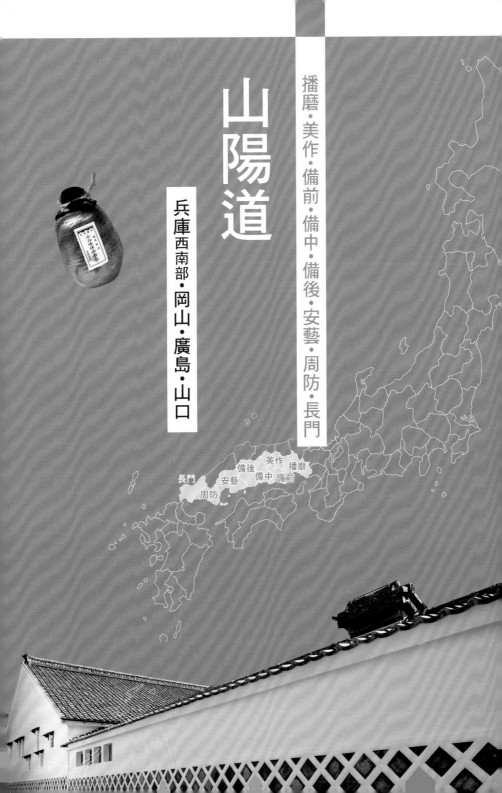

長門
周防
安藝
備後
備中
美作
備前
播磨

在山陽道的宿場町中盡覽里山與復古瀨戶內海沿岸的港町

此地區以電影、電視劇與動畫的外景地之姿登場，坐擁從江戶時代至明治、大正、昭和時代等無數跨時代的街道，數量多到令人省思：為何會有這麼多傳統的街道保存至今？

從姬路通往出雲的出雲街道及通往鳥取的因幡街道，沿途的平福、大原宿、津山、勝山、新庄宿等處皆可看到宛如江戶時代的宿場町街道。就連岡山建於里山的弁柄色吹屋都令人印象深刻。

舊山陽道是連接京都與大宰府、日本最早的街道，江戶時代成為西國大名參勤交代之路，坐擁46座宿場町。令人懷想起宿場町繁榮盛況的

矢掛、傳遞城下町往日風采的神邊等，都積極振興地區。此外，瀨戶內海沿岸則有自古作為待浪待潮的北前船停靠港而繁榮不已的港町散布各處。雖不及世界遺產的宮島、尾道與鞆之浦有名，但室津、坂越、玉島、下津井、豐町御手洗等復古街道應該能喚起對歷史的懷舊之情。

商家町裡則有透過釀酒、製鹽、製油、製米等致富的富商所建造的沉穩街道，竹原、上下與古市金屋的白色海參牆與土藏造建築群都令人大開眼界。此外，萩、萩往還與長府等地皆為明治維新的核心地帶，幕末志士的足跡至今猶存。

⬆將萩藩的御用富商菊屋的大名流傳下來的菊屋橫町，海參牆十分優美。還有高杉晉作舊宅

⬆港町鞆之浦，江戶時代的常夜燈融入其中

⬆懷舊礦山町的吹屋，皆統一成弁柄色

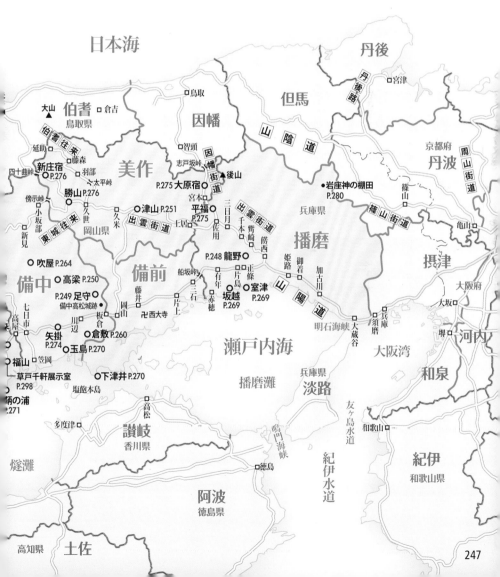

日本海

丹後

宮津

伯耆
大山▲
鳥取県
倉吉

因幡
鳥取

但馬

丹波
京都府
周山街道
篠山

山陰道

篠山街道
亀山

伯耆往来
延助
藤森
新庄宿 P.276
四十曲峠
羽部
太平峠
智頭
志戸坂峠

美作
因幡街道
後山
岩座神の棚田
P.280

摂津

P.275 大原宿
宮本
平福 P.275
三日月
出雲街道
宮津
兵庫県

大坂
大阪府

傍示峠
勝山 P.276
小坂部
新見
久世
津山 P.251
出雲街道
土居
佐用
千本
餝西
御着
姫路
加古川
播磨

東城往来
岡山県

備前
P.248 龍野
船坂峠
有年
正條
室津 P.269
明石海峡
須磨
兵庫
河内

吹屋 P.264
高梁 P.250
P.249 足守
備中高松城跡
藤井
岡山
片上
三石
赤穂
坂越 P.269
山陽道

和泉

備中
七日市
川辺
板倉
西大寺
瀬戸内海
大阪湾
堺

矢掛 P.274
倉敷 P.260
玉島 P.270

高屋
笠岡
福山
草戸千軒展示室 P.298
下津井 P.270
塩飽本島
讃岐
高松
香川県
多度津
播磨灘
兵庫県
淡路
鳴門海峡
友ヶ島水道
和歌山

鞆の浦
P.271
燧灘

紀伊
紀伊水道
和歌山県

阿波
徳島県
徳島

土佐
高知県

城下町 & 武家町

城下町・商家町・醸造町

龍野

兵庫縣龍野市
重要傳統建築群保存區

播州別具韻味的城下町
為《紅蜻蜓》之鄉

　　有「播磨小京都」之稱，以揖保川的清流所孕育出的手擀素麵「揖保乃系」與淡口醬油的一大產地而聞名。作為城下町的歷史可追溯至戰國時代赤松氏於雞籠山上所修築的山城。龍野城於江戶時代被遷至山腳，綿延至城堡的道路上至今仍保有傳統的町家，也保留了醬油藏、西洋建築與釀造相關設施等。為童謠《紅蜻蜓》作詞的三木露風的故居等已對外開放。

ACCESS & INFORMATION

從JR姬新線的本龍野站或JR山陽本線的龍野站徒步15～20分鐘。

龍野市觀光振興課 ☎0791-64-3156

> KADOME交流館，是以明治時期的町家修復而成的免費休息所。設有街道導覽板等

龍野 MAP

聚遠亭❸
野見宿禰塚
旧脇坂屋敷❶
三木露風旧邸跡
龍野城
三木露風生家
霞城館
如来寺　かどめふれあい館
たつの市　本行寺
武家屋敷資料館❷
法雲寺　うすくち龍野醬油資料館
龍野市龍野重要傳統建築群保存區
龍寶寺
多世代交流カフェ（旧中川邸）
白鷺山公園
聚德寺
圓覺寺　光善寺
川原町まちなみ案内所
昭和レトロ情景館
龍野駅

0　　200m

N

> 白牆甚是優美

> 下川原在江戶時代是憑藉釀酒業與醬油釀造業而熱鬧不已的商家町。有座淡口龍野醬油資料館

❶ 舊藩主的屋敷遺跡
旧脇坂屋敷
舊脇坂屋敷

舊龍野藩主脇坂安斐一直以來都是居住在江戶屋敷，此處為後來的舊住所。如今作為觀光設施與地方社區空間對外開放。

☎0791-64-3131(龍野市) ⓐたつの市龍野町中霞城118 ⑩10:00～16:00 ⓒ週一・二(遇假日則翌日休)、假日的隔天 ⓔ免費

❷ 龍野城下町的武家屋敷
たつの市
武家屋敷資料館
龍野市 武家屋敷資料館

將建築本身視作資料並公開，以了解武家屋敷樣貌為目的。可邊參觀邊享受別具歷史意義的氛圍。

☎0791-64-3131(龍野市) ⓐたつの市龍野町上霞城45 ⑩10:00～16:00 ⓒ週一(遇假日則翌日休)、假日的隔天 ⓔ免費

❸ 紅葉的名勝
聚遠亭

有一間據說是因為龍野藩主脇坂氏為了御所的重建不遺餘力，從孝明天皇處獲得的風雅茶室「浮堂」。人人讚揚從前庭展望的絕景，因而得名。

☎0791-62-2058 ⓐたつの市龍野町中霞城6 ⑩9:00～16:30 ⓒ週一(遇假日則翌日休) ⓔ免費

龍野城

> 分為雞籠山山頂的山城與平山城2個時期

脇坂氏修築的龍野城，無天守閣、採平房御殿形式為其特色。本丸御殿、白色城牆、多聞櫓、埋門與隅櫓皆以修復。

☎0791-63-0907 ⓐたつの市龍野町上霞城128-1 ⑩8:30～17:00 ⓒ週一(遇假日則翌日休) ⓔ免費

↑城牆與隅櫓的周遭為櫻花名勝

足守

岡山縣岡山市

與北政所寧寧有淵源的陣屋町
白牆與海參牆格外鮮明

奉豐臣秀吉的正室寧寧的兄長木下家定為初代藩主，是沒有城堡、2萬5000石的陣屋町，直到明治維新為止的約260年期間，在木下家的統治下繁榮昌盛。命名為「足守歷史交流通」的街道沿途，有以塗抹灰泥的海參牆搭配蟲籠窗、以圓瓦屋頂配上平格子與出格子等，江戶時代商家町風情依然濃厚的町家毗連而立。每年2月～3月下旬，城鎮處處舉辦可欣賞雛人形的例行活動。

☐ ACCESS & INFORMATION

從中國橫斷高速公路（岡山米子線）的岡山總社IC開車約需12分鐘（約5km）。

足守廣場 ☎086-295-0001

舊木下權之助屋敷的正門。藩主一家的武家屋敷遺跡。以前被活用來作為小學的正門

足守MAP

近水園 ③
木下利玄の生家・
足守陣跡・
卍囲山寺
舊足守藩侍屋敷遺構 ②
近水觀光振興会お休処
岡山市立歴史資料館 足守文庫
卍海禅寺
足守歷史紹介処
卍大野山神社
乘典寺卍 ① 旧足守商家 藤田千年治邸
岡山市 備中足守まちなみ館
足守プラザ・足守プラザ
足守駅
N　　0　　200m

商家的街道

「足守歷史交流通」上有無數藏造建築林立。作為町民之城的沉穩氛圍至今猶存

① 傳遞足守商家的樣貌
旧足守商家 藤田千年治邸
舊足守商家 藤田千年治邸

建於江戶時代末期，為本瓦葺入母屋造且塗抹灰泥，是構造十分宏偉的2層樓建築。重現了舊時的醬油工廠與帳房等。
☎086-295-0005 ⓐ岡山市北区足守916 ⓣ9:00～16:30 ⓗ週一（遇假日則翌日休）ⓨ免費

② 足守藩家老杉原家的舊宅
旧足守藩侍屋敷遺構
舊足守藩侍屋敷遺跡

有白牆的長屋門與土牆環繞四周，是曾擔任領國家老的杉原家的屋敷。主屋正面設有頂著唐破風屋頂的玄關。
☎086-295-0983 ⓐ岡山市北区足守752 ⓣ9:30～16:30 ⓗ週一（遇假日則翌日休）、假日的隔天 ⓨ免費

③ 足守藩主的大名庭園
近水園

池泉回遊式庭園的水池中配置了象徵藩主長壽的鶴島與龜島。池畔則建有數寄屋造的「吟風閣」。
☎086-295-0981 ⓐ岡山市北区足守803 ⓣ9:30～16:30 ⓗ週一（遇假日則翌日休）ⓨ免費

相傳為小堀遠州流派的池泉回遊式庭園。據判是18世紀初的造園

高梁

岡山縣高梁市

空中山城與
風光明媚的城下町

　　標高430m處有座天守，為備中松山城的城下町，因其在雲海縫隙間忽隱忽現的身影而有「空中山城」之稱。高梁川流經群山環繞的盆地中央，發揮其中游地區的地利之便，並活用高瀨舟，成為物資聚集地而繁榮。位於城堡南麓的御根小屋遺跡（現為高梁高等學校）是城主平時的居所，以該處為起點的街道上，至今仍遍布設有別具格調的門的武家屋敷、商家與神社佛閣，持續傳遞江戶時代的面貌。

☐ ACCESS & INFORMATION

於JR伯備線的備中高梁站下車。

高梁市觀光課 ☎0866-21-0217

高梁基督教堂。為明治初期的西洋建築，是岡山最古老的教堂，露台與鐘樓別具特色

高梁MAP

```
N
0    200m
         180
         伯備線
      ●備中松山城
  高梁高⊗
      ●牛麓舍跡
  高梁日新高⊗
高        舊折井家
梁   313
川        武家屋敷通り
高梁市商家     ❶石火矢町ふるさと村
資料館池上邸   ↑↑御前神社
             舊埴原家
  方谷橋
      藩校有終館跡    ❸頼久寺
              頼久寺通り
      紺屋川美觀地區
      高梁基督教会堂   ↑備中高梁駅
```

佇立形姿十分沉穩的備中松山城下。石火矢町中有成排舊武家屋敷林立

❶ 可感受江戶時代的氛圍
石火矢町ふるさと村
石火矢町故鄉村

由2大地區所構成，武家屋敷通綿延了250m且武家屋敷櫛比鱗次的石火矢町，以及林蔭道沿著紺屋川延伸的紺屋町美觀地區。

☎0866-21-0217(高梁市觀光課) 地高梁市石火矢町 開休費自由散步

藩主板倉勝政生母的老家：舊埴原家，樣合了寺院建築與數寄屋的風格

舊折井家，有灰泥牆十分優美的長屋門與書院造主屋等，完整保留著江戶時代的樣貌

❷ 令人懷想起富商的繁榮
高梁市商家資料館
池上邸

1716～1736年以小間物屋（女性雜貨店）起家，後來則為貨幣兌換商、高瀨舟的船夫等，最後憑藉醬油製造致富，此館即利用該富商的住家打造而成的免費休息所。

☎0866-21-0217(高梁市觀光課) 地高梁市高梁市本町94 開10:00～16:00 休無休 費免費

❸ 以小堀遠州的名園而聞名
頼久寺
頼久寺

足利尊氏創建的禪寺。小堀遠州設計的蓬萊式枯山水庭園很出名，有鶴龜島、修剪式樹叢、鋪路石等多處亮點。

☎0866-22-3516 地高梁市頼久寺町18 開9:00～17:00 休無休 費400日圓

備中松山城

聳立於標高430m的臥牛山的小松山上，是座擁有現存天守的山城。對面的山上則有展望台，可將城堡漂浮在雲海之上的身影盡收眼底。

☎0866-21-0461(高梁市觀光協會) 地高梁市內山下1 開9:00～17:30(10～3月～16:30) ※最終入城皆截至30分鐘前 休無休 費500日圓

漂浮在雲海中，如夢似幻的空中山城

↑從雲海展望台俯瞰的備中松山城

城下町・寺町・商家町

津山

岡山縣津山市
重要傳統建築群保存區

屋簷綿延不盡的街道，
傳遞著江戶時期的盛況

　　津山是從姬路通往松江並延伸至出雲的出雲街道上的交通要塞。直到森蘭丸的弟弟森忠政於中世紀的鶴山城遺跡中修建津山城後，才以城下町之姿發展起來。城的東西兩側被劃分為城東區與城西區，並指定出雲街道的主要街道作為商人町，岔道與後巷則定為職人町。其中城東區舊苅田酒造建築群的町家的懷舊景觀格外迷人，為樓中樓建築，共用牆壁且屋簷綿延不盡，長達60m。

☐ ACCESS & INFORMATION

於JR津山線／姬新線的津山站下車。

津山市觀光協會 ☎0868-22-3310

池泉回遊式的大名庭園：衆樂園。曾用作津山藩的別邸或待客廳等

津山 MAP

衆楽園
津山市城西重要傳統建築群保存區
津山市役所
城東むかし町家❶（旧梶村邸）
慈恩寺　大隅神社
千光寺
箕作阮甫旧宅❷
❸津山城下町歷史館
津山城（鶴山公園）
津山鄉土博物館
舊苅田酒造
妙願寺
知新館　小桜神社
津山市城東重要傳統建築群保存區
吉井川　姬新線
津山線　津山駅
N　0　500m

舊出雲街道

城東舊町家。以正面寬度31.5m、縱深34m的腹地著稱，中庭也值得一看

❶ 4代建築彼此交融
城東むかし町家（旧梶村邸）
城東舊町家（舊梶村邸）

藩御用商人梶村家的屋敷遺跡。已對外開放江戶、明治、大正與昭和等各個時期的建築物相混共存的富商町家。
☎0868-22-5791 ⓜ津山市東新町40 ⓣ9:00～17:00(入館～16:30) ⓗ週二(遇假日則翌日休) ⓨ免費

❷ 日本第一位大學教授
箕作阮甫旧宅
箕作阮甫舊宅

活躍於幕末的藩醫兼西洋學者箕作阮甫的故居，他曾參與培理叩關之際與俄羅斯使節外交文書的翻譯。
☎0868-31-1346 ⓜ津山市西新町6 ⓣ9:30～16:00 ⓗ週一(遇假日則翌日休) ⓨ免費

❸ 展示津山花車
津山城下町歷史館
津山城下町歷史館

以江戶時代的武家屋敷舊田淵邸復原而成，展示擁有400年歷史的津山花車與大名大隊出行圖的複製品等。
☎0868-22-8688(城西浪漫館) ⓜ津山市田町93-1 ⓣ9:00～17:00 ⓗ週一 ⓨ免費

尋找餘留在扇形斜坡石牆上的心形石

津山城（鶴山公園）

陡峭石牆十分優美的城堡。備中櫓已經過修復。有座據說摸了會帶來幸福的心形石牆。
☎0868-22-4572 ⓜ津山市山下135 ⓣ8:40～19:00(10～3月～17:00) ⓗ無休 ⓨ310日圓

↑ 約有1000株櫻花盛放的名勝

萩

山口縣萩市
重要傳統建築群保存區

在動盪時代中闖蕩的
維新志士所居住的城下町

江戶初期，初代萩藩主毛利輝元於指月山山麓修建萩城，並整頓城下町，為萩的城鎮奠定了基礎。城內的三之丸中有上級武士的大屋敷林立，在外堀外圍延展開來的町人地區則有商人與中、下級武士的商家與屋敷櫛比鱗次。舊町人地區至今仍完好保留著棋盤狀城鎮區劃，亦可感受白牆與黑板牆相連成排的往日佇立形姿。另有與高杉晉作、木戶孝允等維新志士淵源匪淺之地。

☐ ACCESS & INFORMATION

從JR山陰本線的東萩站搭乘萩循環園巴士往西行需21分鐘，於萩美術館浦上紀念館・萩城下町入口巴士站下車。

萩市觀光協會 ☎0838-25-1750

毛利氏所修建，
為長州的主要據點

萩城跡(指月公園)
萩城遺跡(指月公園)

1604年，萩的初代藩主毛利輝元於指月山山麓修築了城堡。天守與櫓等建築在明治維新後遭拆除，目前只餘留護城河的一部分與石牆。

☎0838-25-1826(指月公園收費亭) 地萩市堀內1-1 時8:00～18:30、11～2月8:30～16:30、 3月8:30～18:00 休無休 費220日圓(與舊厚狹毛利家萩屋敷長屋通用)

↑從標高143m的指月山山頂上監視城內與海上

此地務必一訪！

❶ 町人地區的風情猶存
菊屋橫町
菊屋橫町

於舊町人地區菊屋家住宅旁延伸的道路。優美的白牆與海參綿延不絕，還獲選為「日本道路100選」。

❷ 自江戶初期的富商屋敷
菊屋家住宅

擔任萩藩御用商人的菊屋家自江戶初期以來的舊宅。主屋與倉庫等5棟建築已被指定為重要文化財。美麗的庭園也不容錯過。

☎0838-22-0005 地萩市吳服町1-1 時9:00～17:00(入館～16:45) 休12月31日 費650日圓

❸ 憑藉釀酒業繁榮的商家
旧久保田家住宅
舊久保田家住宅

從幕末至明治時期憑藉吳服生意與釀酒業繁榮起來的久保田家的宅邸。為江戶後期至明治時期的建築，將當時的樣貌傳遞至今。

☎0838-25-3139(萩市觀光課) 地萩市吳服町1-31-5 時9:00～17:00 休無休 費100日圓

＊＊

黑板牆綿延不絕的江戶橫町。木戶孝允與西醫青木周弼都曾居住於此

海參牆綿延不絕的菊屋橫町

舊町人地區的菊屋橫町，仍保有濃厚的城下町面貌。有富商屋敷與高杉晉作的出生地等

---

④ 維新功臣的舊宅

木戸孝允旧宅

木戸孝允舊宅

維新三傑之一木戸孝允（桂小五郎）的舊宅。仍保有誕生之間與庭園，會有常駐導遊提供遊覽服務。

☎0838-25-3139（萩市觀光課）地萩市吳服町2-37 營9:00～17:00 休無休 費100日圓

---

⑤ 「幕末風雲人物」的出生地

高杉晋作誕生地

已對外開放部分腹地。展示與其相關的物品，戶外則有據說曾用作出生後首次洗澡的水井與其自創的俳句碑。

☎0838-22-3078 地萩市南古萩町23 營9:00～17:00 休不定期公休 費100日圓

---

⑥ 對防長醫學的發展有莫大貢獻

青木周弼旧宅

青木周弼舊宅

代表日本的蘭學醫生，曾任第13代藩主毛利敬親的御醫。

☎0838-25-3139（萩市觀光課）地萩市南古萩町3 營9:00～17:00 休無休 費100日圓

253

堀內的鍵曲，為城內古町特有的鉤狀道路。是保有濃厚江戶時代特色風情而閑靜的步道

堀內地區

昔日坐擁萩城三之丸、上級武士居住的地區。完好保留了舊時的土地區劃，十幾棟武家屋敷至今猶存，亦成為重要傳統建築群保存區。

TOWN 巡禮

搭乘遊覽船巡遊水之都

從萩城遺跡附近的指月橋出發駛往橋本川，可眺望堀內的武家屋敷與平安古的松原等，約為40分鐘的船上旅程。天氣好的日子可出海欣賞風景。

萩八景遊覽船

☎0838-21-7708 地萩市堀內122-1(從指月橋旁出發) 營受理9:00～16:00(11月～15:30)，隨時出航 休12～2月、天候惡劣時 費1200日圓

---

⑦ 監視武家地區的出入狀況

北の総門

北之總門

隔開町人與上級武家地區(堀內地區)，設於外堀的總門之一。是日本最大的高麗門(2004年修復)。

☎0838-25-3139(萩市觀光課) 地萩市堀內 開休費自由參觀

⑧ 萩較具代表性的武家屋敷

口羽家住宅

口羽家曾出任僅次於永代家老的上級職務。白牆與海參牆無比優美的宏偉正門與主屋至今猶存。

☎0838-25-3139(萩市觀光課) 地萩市堀內146-1 營9:00～17:00 休週三 費100日圓

---

⑨ 兼作瞭望台的武器庫

旧益田家物見矢倉

舊益田家物見矢倉

永代家老益田家裡的矢倉(武器收納庫)。建於高1.8m的石疊上，也兼作監視北之總門出入狀況的瞭望台。

☎0838-25-3139(萩市觀光課) 地萩市堀內 開休費自由參觀

⑩ 感受門第之高的大規模長屋

旧厚狭毛利家萩屋敷長屋

舊厚狹毛利家萩屋敷長屋

奉毛利元就的五男元秋為始祖，厚狹毛利家的屋敷遺跡。僅存1856年建造的長屋。萩裡現存的武家屋敷則以最大規模著稱。

☎0838-25-2304 地萩市堀內85-2 開8:00～18:30、11～2月8:30～16:30、3月8:30～18:00 休無休 費100日圓 ※與萩城遺跡(指月公園)的通用券為220日圓

平安古地區

平安古地區是於江戶時代持續開墾而有無數武家屋敷櫛比鱗次。有武家屋敷、道路彎曲呈鉤狀（直角）的鍵曲及與其相連的土牆等，藩政時代武家地區的城鎮景觀與建築遺跡都保存完好。

平安古鍵曲， 出於防禦目的而讓道路彎曲呈直角。建有重臣的下屋敷，四周高牆環繞

⑪ 活躍於明治的2人的宅邸

旧田中別邸
舊田中別邸

在萩推廣夏蜜柑栽培的萩藩士小幡高政於明治時代的宅邸。第26任首相田中義一於大正時代將其翻修並擴建成別邸。

☎0838-25-3139(萩市觀光課) 地萩市平安古町164-3 時9:00〜17:00 休無休 費100日圓

⑫ 藩政改革的關鍵人物曾住此

村田清風別宅跡
村田清風別邸遺跡

村田清風獲得第13代藩主毛利敬親的啟用，在藩政改革上大展身手，為幕末維新時期長州藩繁榮興盛的財政奠定基礎。此處為其度過參與藩政約25年生涯的別邸，長屋門至今猶存。

☎0838-25-3139(萩市觀光課) 地萩市平安古町334-3 時休費自由參觀

建築&土木COLLECTION

鍵曲

道路彎曲呈鉤狀（直角）且加高土牆以降低能見度，為防禦型道路。

地區在明治維新之後鼓勵栽培夏蜜柑，至今每到採收期仍可看到夏蜜柑的果實隔著土牆露出來

⑬ 江戶時代的石橋猶存

平安橋

這座石橋橫跨在平安古總門前的外堀上。創建之初為木造橋，現存的橋應該是建於江戶中期。

☎0838-25-3139(萩市觀光課) 地萩市平安古町・堀内 時休費自由參觀

以此處為觀光起點

在萩的明倫學舍可取得包括城下町在內的萩的世界遺產相關資訊，因此務必先走訪此處。不妨邊享受散步之樂邊感受江戶時代特有的風情。

萩·明倫学舍
萩的明倫學舍

☎0838-21-0304 地萩市江向602 時9:00〜17:00，餐廳11:00〜15:00、18:00〜21:00（晚間有預約別營業）休2月第1個週二與隔天（餐廳為週二與第3個週一）費本館免費，2號館300日圓

山陽道

萩

萩MAP

大瀬鼻
指月山
日本海
住吉神社
志都岐山神社
萩城跡(指月公園)
長泉寺
菊ヶ浜
旧周布家長屋門
熊谷美術館
⑨ 旧益田家物見矢倉
多越神社
萩主毛利家墓所
旧毛利家別邸表門
長寿寺
萩八景遊覧船(乗り場)
旧繁沢家長屋門
⑦ 北の総門
法華寺
北門屋敷
萩博物館
③ 旧久保田家住宅
旧福原家萩屋敷
菊屋横町 ①
② 菊屋家住宅
④ 木戸孝允旧宅
長門市駅
常盤大橋
旧萩藩江戸藩邸移築門
春日神社
⑤ 高杉晋作誕生地
⑥ 青木周弼旧宅
旧梨羽家書院
中央公園
旧萩藩校明倫館
旧児玉家長屋門
口羽家住宅 ⑧
平安橋 ⑬
萩美術館・浦上記念館
萩·明倫学舎
萩市役所 ○
村田清風別宅跡 ⑫
満行寺
19
萩美術館浦上記念館
萩城下町入口
玉江橋
安養寺
久坂玄瑞誕生地
徳隣寺
橋本川
玉江駅
玉江神社
普照寺
平安古鍵曲
かんきつ公園
真行寺
渡辺蒿蔵旧宅
萩平安古地区重要伝統建築群保存区
⑪ 旧田中別邸
河添河川公園
山陰本線
萩駅／東萩駅

N
0   300m

255

萩城

橋本川

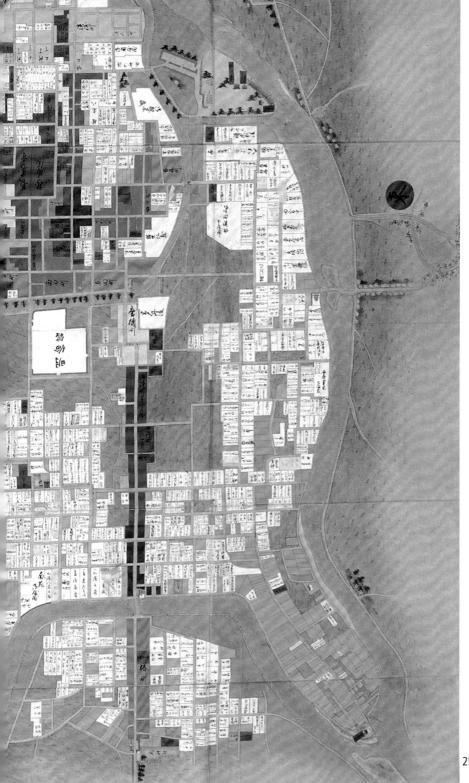

長府

山口縣下關市

自古即登上歷史舞台的城下町
石牆與泥瓦牆綿延不斷

　　大化革新後，於此地設置了長門國的國府而改名為「長府」，到了幕末則成為下關戰爭與高杉晉作發起倒幕的據點等，是幾度成為歷史舞台的地方。通往長府毛利邸的古江小路與山路，還有位於乃木神社旁的橫枕小路，都保留著作為長府毛利藩的城下町而繁榮不已的昔日面貌。石牆上土黃色泥瓦牆綿延不絕的小路，與隔著圍牆的庭園樹木所形成的綠蔭彼此交融，充分傳遞著舊時武家屋敷的氛圍。

☐ ACCESS & INFORMATION

從JR山陽本線的長府站搭乘山電交通巴士需5分鐘，於城下町長府巴士站下車。

長府觀光協會 ☎083-241-0595

初代藩主毛利秀元所修建的櫛崎城遺跡。到了幕末，奇兵隊在此監視外國船隻

長府 MAP

泥瓦牆與石牆綿延不絕

古江小路，至今仍有成排江戶時代的泥瓦牆相連。土牆肩負著備戰防禦牆的作用

❶ 花與紅葉的美麗庭園深具魅力
長府毛利邸

長府毛利家第14代家主元敏於1903年建造的屋敷。從寬敞的主屋可以眺望池泉回遊式庭園與書院庭園。

☎083-245-8090 ⑭下關市長府惣社町4-10 ⑲9:00～17:00(入場～16:40)⑭無休 ⑲210日圓

❷ 厚重感十足的長屋門
菅家長屋門

菅家曾擔任長府藩的藩醫與侍講之職，雖然構造與武家屋敷有所不同，古江小路沿途至今仍保存著其長屋門。

☎083-254-4697(下關市教育委員會文化財保護課)⑭下關市長府古江小路町2 ⑲⑭⑲內部不對外開放

❸ 上級藩士的住所
長府藩侍屋敷長屋

將曾任家老的西家之分家門上的附屬建築，從南方100m之處移築至壇具川沿岸。隨處可見武者窗等上級藩士邸特有的精巧構造。

☎083-254-4697(下關市教育委員會文化財保護課)⑭下關市長府侍町1-1-1 ⑲9:00～17:00

❹ 倒映池上的鏡面紅葉名勝
長府庭園

毛利藩的家老西運長的屋敷遺跡中的池泉回遊式庭園。庭園占地約3萬1000㎡。四季分明，可享受散步的樂趣。

☎083-246-4120⑭下關市長府黑門東町8-11 ⑲9:00～17:00(入園～16:40)⑭無休 ⑲210日圓

岩国
岩國

山口縣岩国市

以橋梁之美著稱的錦帶橋與
城堡連接起武家屋敷與町人町

以寬約200m的錦川為天然的外圍護城河，並將岩國城建在河川右岸的橫山上，其街區與設計優美的5連拱錦帶橋同步發展起來。藩主的居館與重臣的屋敷皆設於城山麓，對岸的岩國地區則整頓成棋盤狀，有中下級的武家地區，及依行業劃分居住區且有「岩國七町」之稱的町家。至今仍有成排以蟲籠窗搭配紅殼格子的民房林立，繼承著町人地區而別具風情的街道。

☐ ACCESS & INFORMATION

從JR山陽本線的岩國站搭乘岩國巴士需15分鐘，於錦帶橋巴士站下車。

岩國市觀光振興課 📞0827-29-5116

1673年建造的5連拱錦帶橋。為木造結構，全長為193.3m

岩國MAP

萬德院卍
N
岩國城● ●岩國城跡
　　　　三階櫓
山頂駅
❸旧目加田家住宅
吉香神社
山麓駅
岩國徵古館
永興寺 吉香公園
六角亭卍 ❷吉川史料館
洞泉寺卍
香川家長屋門❶
椎尾八幡宮卍
近之森稻荷神社卍
❹本家 松がね
善福寺卍
岩國駅
錦帶橋
0　　　　500m
錦川

元祿時代的武家屋敷

岩國藩家老香川氏的正門，建於1693年。門前櫻花盛開的春天及冬天雪景都美不勝收

① 上級武士的宏偉長屋門
香川家長屋門

長屋門為17世紀末的建築，每片瓦上都刻有家紋，面向正面靠左側有個出入口，左方為茶屋，右方則有中室、武道場與馬廄。
📞0827-29-5116(岩國市觀光振興課) 📍岩国市横山2-4-9 休不定期 💴免費

② 吉川家傳下來的寶物
吉川史料館

收藏了約7000件，自創業以來已有約840年歷史的吉川家傳承下來的歷史資料與美術工藝品等。每年會換展3次左右。正面的長屋門建於1793年。
📞0827-41-1010 📍岩国市横山2-7-3 🕘9:00～16:30 休週三(遇假日則翌日休) 💴500日圓

③ 中流藩士的屋敷
旧目加田家住宅
舊目加田家住宅

為2層樓建築，但乍看像是平房，屋頂上葺有岩國特有的兩袖瓦，且以桃瓦而非獸面瓦來守護住家，這點實屬罕見。
📞0827-29-5116(岩國市觀光振興課) 📍岩国市横山2-6 🕘9:30～16:30 休週一(遇假日則翌日休) 💴免費

④ 商家建築的觀光交流所
本家 松がね
本家 松金

從事傳統髮油的製造與販售的「松金屋」的主屋。到了昭和初期成為國安家的財產，以「國安家住宅」之姿被登錄為有形文化財。目前已成為展示並介紹觀光資訊與物產資訊等的設施。
📞0827-28-6600 📍岩国市岩国1-7-3 🕘9:00～17:00(4～8月～18:00) 休無休 💴免費

從錦帶橋徒步5分鐘再搭乘空中纜車登城

岩国城
岩國城

桃山風格南蠻造樣式的天守閣是1962年重建而成，3樓以下展示著武具盔甲類。從展望台可將街市一覽無遺。
📞0827-41-1477(錦川鐵道 岩国管理所) 📍岩国市横山3 🕘9:00～16:45(入場～16:30) 休無休(空中纜車安檢日除外) 💴270日圓

↑位於標高約200m的城山上

商家町 & 在鄉町

商家町

倉敷

岡山縣倉敷市
重要傳統建築群保存區

倉敷河畔有成排柳樹、藏屋敷 與町家和諧相融形成美麗景觀

　　河船來來去去的倉敷川河畔上柳枝搖曳，還有白牆倉庫相連成排。倉敷於1642年成為幕府的直轄領地以來，便作為物資集散的商業區而有大幅發展。至今猶存而別具歷史意義的街道則被稱作「倉敷美觀地區」。除了河畔外，還保留著有商人與職人的町家林立的閒靜街道，紡織業蓬勃發展的明治時期以後的洋館也散布各處。以倉庫或町家改造而成的觀光設施、咖啡館與商店同樣多不勝數。

ACCESS & INFORMATION

於JR山陽本線的倉敷站下車。

倉敷館遊客服務中心 ☎086-422-0542

TOWN 巡禮 　**從小船上欣賞的風景**

搭乘倉敷川的觀光河船，即可在河船上悠哉欣賞別具風情的倉敷街道。在船夫的導覽下，花20分鐘左右搭船往返於今橋與高砂橋之間。

くらしき川舟流し
倉敷川遊船

☎086-422-0542(倉敷館遊客服務中心) 地倉敷市中央1-4-8 時9:30(頭班)～17:00(末班) 休第2個週一、12～2月則是週一～五 費500日圓

⬆別具風情的倉庫相連成排

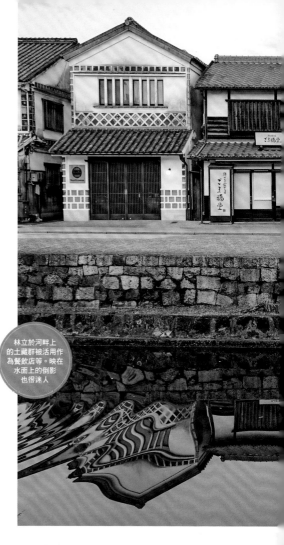

林立於河畔上的土藏群被活用作為餐飲店等。映在水面上的倒影也很迷人

◯石砌中橋重建於1877年。建於中橋對面的西式木造建築則是大正初期建造的舊倉敷町公所，現在成了倉敷館遊客服務中心

◯美觀地區常見的狹窄巷弄，方言稱為「HIYASAI」。兩側有別具風情的倉庫相連成排，光是悠哉漫步即可盡情樂在其中

倉敷川沿岸的土藏

建於遊客服務中心對岸的倉敷考古館。是活用江戶時代的米藏打造而成，海參牆甚是優美

① 江戶時代繁盛一時的富商屋敷
大橋家住宅

於江戶時代憑藉水田與鹽田的開發及金融業致富的大橋家的宅邸。設置了必須得到代官所許可才能建造的長屋門，並於其後方配置了主屋，規格之高可見一斑。主屋、長屋門、米藏與內藏皆被指定為國家重要文化財。

☎086-422-0007 地倉敷市阿知3-21-31 時9:00～17:00(入館～16:30) 休12～2月的週五(遇假日照常開館) 費550日圓

② 優質的生活風景
倉敷民藝館
倉敷民間工藝館

以江戶時代後期的米藏改造而成，於1948年開館。收藏了陶瓷器、玻璃、木工品、漆器等國內外的民間工藝品，多達約1萬5000件。

☎086-422-1637 地倉敷市中央1-4-11 時9:00～17:00(入館～16:30) 休週一(遇假日照常開館) 費1200日圓

③ 倉敷較具代表性的町家
語らい座 大原本邸
KATALYZER 大原本邸

大原家家主的屋敷，已獲指定為國家重要文化財。宅邸內有與石板路相連的倉庫群、寂靜的日本庭園，從外面無法想像的景色躍然眼前。

☎086-434-6277 地倉敷市中央1-2-1 時9:00～17:00(入館～16:30) 休週一 費500日圓

④ 訴說著吉備的歷史
倉敷考古館

主要展示從岡山縣出土的考古資料。陳列了約300件舊石器時代至中世紀期間的陶器與石器等。以米藏改造而成的建築物也值得關注。

☎086-422-1542 地倉敷市中央1-3-13 時9:00～17:00(入館～16:30) 休週一‧二(遇假日照常開館)、其他日子會臨時休館 費500日圓

從所有房間都能看到庭園的構造。為了讓風與光線穿過直達寬廣建築物的後側而費一番工夫

⑤ 瓦屋頂格外鮮明的大原家舊別邸
有隣莊
有鄰莊

1928年大原孫三郎為其妻子所建的別邸。散發綠光的屋頂瓦片令人印象深刻，以「綠御殿」的暱稱為人所熟知。春秋兩季會特別對外開放內部。

☎086-422-0005(大原美術館) 地倉敷市中央1-3-18 時休費僅外觀可自由參觀

⑥ 長屋門與土藏皆值得一看
倉敷市倉敷物語館

以舊東大橋家的住宅翻修而成。保留著江戶時代的長屋門與土藏等別具歷史意義的建築物。館內有介紹倉敷日本遺產的展示區與咖啡館等。

☎086-435-1277 地倉敷市阿知2-23-18 時9:00～21:00(12～3月～19:00) 入館皆截至15分鐘前 休無休 費免費

建築&土木COLLECTION

雁木

碼頭的石階，用來裝卸貨物。美觀地區內有5處江戶時代建造的雁木。

倉敷格子

特色在於母醫框中加了3根上端削短的細醫條。

倉敷窗

開在2樓正面的窗戶，窗框中加了3根或5根木醫條。

西洋建築群也值得關注

倉敷在明治時代以後仍作為紡織之城持續發展，近代西洋建築為其一大象徵。憑藉紡織業對城鎮發展做出貢獻的人們所建造的現代式木造建築散布各處。與商家町的和式傳統建築共同形成美麗的街景。

收藏不計其數的傑出名畫
大原美術館

實業家大原孫三郎於1930年開設，是日本第一家以西洋美術為主的私立美術館。收藏了約3000件作品，主要是曾接受孫三郎贊助的西洋畫家兒島虎次郎於歐洲收集的西洋畫作。艾爾・葛雷柯與莫內這些舉世聞名的大師名作不容錯過。

☎086-422-0005 ⓜ倉敷市中央1-1-15 ⓣ9:00～17:00（12～2月～15:00）、博物館商店（總店）10:00～17:15（12～2月～16:00） ⓗ週一（遇假日照常開館，暑假期間無休） ⓨ2000日圓、語音導覽600日圓

↔艾爾・葛雷柯的《聖母領報》。描繪的是大天使加百列向聖母瑪利亞傳達聖靈降孕之消息的場景

↔關根正二的《信仰的悲憫》。20歲英年早逝的關根19歲時繪製的作品

將倉敷正統西洋建築打造成美術館
大原美術館 児島虎次郎記念館
大原美術館 兒島虎次郎記念館

建築物為舊中國銀行倉敷本町出張所，建於1922年。目前作為大原美術館的全新設施，2021年臨時開館後，預計於2025年3月底盛大開館。

☎086-422-0005（大原美術館） ⓜ倉敷市本町3-1 ⓗ休 ⓨ僅外觀可供參觀

建於昔日倉敷代官所遺址
倉敷アイビースクエア
倉敷常春藤廣場

以1889年建造的倉敷紡織所總工廠翻修而成的複合文化設施。有旅館、餐廳、紀念館與體驗工坊等，集結於昔日支撐著倉敷經濟的前工廠的廣大腹地中。

☎086-422-0011（代表號） ⓜ倉敷市本町7-2 ⓗ休 ⓨ依設施而異

↔外牆幾乎被爬牆虎覆蓋的紅磚建築。中央的廣場為供遊客休息的空間

吹屋

岡山縣高梁市
重要傳統建築群保存區

憑藉弁柄與銅繁盛一時
彩綴成赤紅一片的城鎮

　　這座紅色城鎮突然出現在吉備高原的山間，於江戶時代以銅山町之姿繁榮不已，以銅產生的副產品硫化亞鐵製造弁柄顏料，成為主要產地而享有「日本紅發祥地」的美譽。累積龐大財富後，商家的大老爺們招聘了宮大工整頓城鎮，家家戶戶皆以石州瓦搭配弁柄格子，使整體具一致性。獨特赤銅色的建築群綿延約500m，令人懷想起舊時的榮景。

日本紅的集落

以紅褐色的石州瓦搭配用弁柄粉刷的牆壁或格子，形成外觀統一的城鎮景觀

如城堡般的廣兼邸，是曾用作電影《八墓村》外景地的大庄屋建築

吹屋 MAP

- 吹屋資料館（旧吹屋町役場）
- ❸ 旧吹屋小学校
- 本山神社
- ❷ 郷土館
- 卍 銅榮寺
- 吹屋
- 小金山城跡
- 85
- 🚏 吹屋ふるさと村 觀光協會
- 卍 本教寺
- ❶ 旧片山家住宅
- 🎎 高草八幡神社
- 黃金山城跡說明看板
- 旧吹屋往来說明看板
- 吹屋案内所 下町ふらっと
- 🚏 中野口
- 備中高梁駅
- 高梁市吹屋重要傳統建築群保存區
- 吹屋銅山笹畝坑道
- 廣兼邸
- N
- 0　　200m

---

① 吹屋較具代表的傳統建築

旧片山家住宅
舊片山家住宅

創業於1759年，從事弁柄的製造與販售已200多年的老店。可欣賞主屋、製造弁柄的作業場、倉庫與庭園。
☎0866-29-2111 ⓐ高梁市成羽町吹屋699 ⓑ10:00〜17:00（12〜3月〜16:00）ⓒ無休 ⓓ500日圓（與鄉土館通用）

---

② 精心設計的町家建築
鄉土館
鄉土館

從片山本家分家出來的獨棟建築，可參觀宮大工耗費5年完成的機關門與密室等。
☎0866-29-2205 ⓐ高梁市成羽町吹屋699 ⓑ10:00〜17:00（12〜3月〜16:00）ⓒ12〜3月的週二〜五 ⓓ500日圓（與舊片山家住宅通用）

③ 明治時期的木造校舍
旧吹屋小学校
舊吹屋小學

建於明治時期且一直用到2012年的校舍。經過修復後，2022年起對外開放。
☎0866-29-2811 ⓐ高梁市成羽町吹屋1290-1 ⓑ10:00〜16:00 ⓒ無休 ⓓ500日圓

重現了坑道，連鑿岩機的遺跡都栩栩如生

吹屋銅山笹畝坑道

經過復原與整頓，長達320m的坑道內仍保留著礦石搬運軌道等，並透過配置於坑道內的人偶等，重現作業的實況。
☎0866-29-2145 ⓐ高梁市成羽町中野1987 ⓑ10:00〜17:00 ⓒ12〜3月的週二〜五 ⓓ400日圓

⤴坑內的氣溫一年到頭都保持在15°C左右

商家町

古市金屋

山口縣柳井市
重要傳統建築群保存區

金魚燈籠搖曳，與沉穩
白牆形成的城鎮景觀

柳井市在江戶時代被稱為岩國藩的儲藏室，作為瀬戶內海屈指可數的商港都市而熱鬧不已。尤其是古市金屋地區，透過油的買賣獲得龐大利益的富商雲集，長約200m的道路仍保留著室町時代以來的城鎮區劃，沿路有白牆十分優美的昔日商家與町家的建築櫛比鱗次。屋簷前懸掛著成排「金魚燈籠」，近年來以「超上鏡」拍照景點成為頗受歡迎的城鎮。

ACCESS & INFORMATION

於JR山陽本線的柳井站下車。

柳井市觀光協會 ☎0820-23-3655

掛屋小路，曾用來運送從柳井川卸貨的產品。還有「小心螃蟹」的招牌

古市金屋 MAP

秋葉神社
④やない西蔵
柳井市觀光案内所
③甘露醬油資料館
本町通り
柳井市町並み資料館
普光寺
国木田独歩旧宅
普慶寺
国森家住宅
きじやい路
むろやの園①
柳井川
小か路じや
柳井市古市金屋重要傳統建築群保存區
瑞相寺
山陽本線
柳井駅
N
0   200m

金魚燈籠搖曳

本町通上有元祿時期以後的白牆沉穩町家成排相連。屋簷下掛著金魚燈籠

1 日本規模最大的商家屋敷

むろやの園
室屋之園

以油商之姿繁盛一時的富商小田家之屋敷遺跡。以面積約800坪、縱深119m著稱的腹地內，有11棟35室的建築，展示著當時的生活用具等。
☎0820-22-0016 地 柳井市柳井津金屋439 營9:00～17:00 休週三・四 費450日圓

2 近世商家的典型建築

国森家住宅
国森家住宅

從事燈油與髮油買賣的富商住家。可看到各種防火、防盜與防搶等充滿巧思的裝置。
☎0820-23-3655（柳井市觀光協會）地 柳井市柳井津金屋467 營只能透過柳井市觀光協會預約導覽行程（有可能異動）

4 挑戰製作金魚燈籠

やない西蔵
柳井西蔵

在大正時代末期曾是醬油藏的白灰泥土藏建築。可體驗製作「金魚燈籠」或「柳井縞」。
☎0020 23 2490 地 柳井市柳井3700-8 營9:00～17:00 休週二（遇假日則翌日休）費免費（體驗須收費）

3 巨大醬油桶一列排開

甘露醬油資料館
甘露醬油資料館

1830年創業的「佐川醬油店」的資料館。公開製造工具與程序，還販售醬油製成的義式冰淇淋等。
☎0820-22-1830（佐川醬油）地 柳井市柳井古市3708-1 營8:00～17:00，週日與國定假日9:30～16:30 休不定期公休 費免費

西洋建築也值得關注

散步前必訪的遊客服務中心

柳井市町並み資料館
柳井市街道資料館

1907年作為周防銀行總行而建的建築物。展示著町家模型等。
☎0820-23-2137 地 柳井市柳井津442 營10:00～17:00 休週一・四 費免費

商家町・製鹽町

竹原

廣島縣竹原市
重要傳統建築群保存區

憑藉製鹽業與釀酒業繁榮不已
充滿沉穩町人文化的街道

　　自古作為京都下鴨神社的莊園而繁盛，中世紀則成為熱鬧非凡的港町。到了江戶時代，憑藉竹原灣填海時開發的鹽田，使得製鹽業、航運業與釀酒業等繁榮起來，城鎮裡至今仍保留沉穩的商家屋敷。無論是瓦葺灰泥塗籠造町家，還是各式各樣的格子與精巧的設計等，皆為被稱作「濱旦那」的富商們較量美學的證明。在經營鹽田而累積財力的背景下，成為孕育出賴山陽等賴氏一門、學問與文化都很發達的地區。

ACCESS & INFORMATION

於JR吳線的竹原站下車。

竹原市觀光協會 ☎0846-22-4331

從1874年起的60年間，被用作初代郵局。黑色的郵筒至今仍在使用

竹原 MAP

照蓮寺
賴惟清旧宅 ❷
藤井酒造
酒藏交流館
旧光本家住宅
復古館賴家住宅 ❶
春風館賴家住宅
堀川醬油釀造所
旧森川家住宅 ❸

竹原市歷史民俗資料館
竹原の町並み保存センター
初代郵便局跡
西方寺 卍
❻ 普明閣
本町通り
❹ 旧松阪家住宅
❺ 竹鶴酒造
旧笠井邸
竹原市竹原地區重要
傳統建築群保存區

稻荷大明神

竹原市役所 卍
竹原駅

鎮海山城跡

N
0　　　200m

變化豐富的瓦房頂綿延

此地務必一訪！

❶ 與儒家學者賴山陽有淵源的舊宅

復古館賴家住宅・春風館賴家住宅

春風館是賴山陽的叔叔、廣島藩儒醫賴春風的住宅。該建築坐擁武家屋敷風格的長屋門與門，目前設有茶室與茶庭。毗鄰的復古館則是賴春風的養子小園第三個兒子的家。設有從事釀酒業時期的臼場、米藏與室內倉庫等。
復古館 地竹原市本町3-7-26 **春風館** 地竹原市本町3-7-24 時休賣內部不對外開放

◆復古館(上)與春風館(下)

❷ 賴氏一門的發祥地

賴惟清旧宅
賴惟清舊宅

賴山陽的祖父曾在此房屋經營紺屋（染坊）。一般認為是18世紀的建築，本瓦葺、重層屋頂、入母屋造與塗籠牆為其特色。
地竹原市本町3-12-21 時9:30～16:30
休無休 賣免費

實現無電線杆化且鋪了石板路的主要街道：本町通

---

5 「日本威士忌之父」的出生地
竹鶴酒造

竹鶴政孝的故居，他是一甲威士忌的創始人，被譽為「日本威士忌之父」，亦是NHK連續劇小說《阿政》的原型。

☎0846-22-2021 🏠竹原市本町3-10-29 🕐8:00～12:00、13:00～17:00 ❌週六‧日

---

3 大正時期的豪宅形姿
旧森川家住宅
舊森川家住宅

前竹原町長森川八郎的宅邸。大正時期建於鹽田一隅，有條有理的庭園、主屋、獨立日式廳堂、茶室、土藏與隱居房等，大正時期的建築物櫛比鱗次。

☎0846-22-8118 🏠竹原市中央3-16-33 🕐10:00～16:00（入館～15:30）❌週四（遇假日照常開館）💴400日圓

從西方寺的山門可俯瞰竹原的城鎮景觀，瓦房頂綿延不盡

---

6 從舞台盡覽街道
普明閣

重建於1765年，為西方寺的觀音堂。特色在於本瓦葺重簷的舞台構造。

🏠竹原市本町3-10-44 🕐8:00～18:00 ❌無休 💴免費

---

4 建築裡濱旦那的美學猶存
旧松阪家住宅
舊松阪家住宅

憑藉薪柴煤炭批發與製鹽等而發家致富的富商屋敷。有波浪狀的大屋頂、菱形格子窗、樹鶯色的灰泥牆等，華麗設計引人注目。

☎0846-22-5474 🏠竹原市本町3-9-22 🕐10:00～16:00（入館～15:30）❌週三（遇假日照常開館）💴300日圓

╲ 西洋建築也值得關注 ╱

介紹竹原鹽田的歷史
竹原市歷史民俗資料館
竹原市歷史民俗資料館

昭和初期建作圖書館的復古現代風建築。以竹原鹽田為主，展示竹原的歷史、文化與民俗相關的資料。

☎0846-22-5186 🏠竹原市本町3-11-16 🕐10:00～16:00（入館～15:30）❌週二（遇假日照常開館）💴200日圓

港町 & 漁村

港町

尾道

廣島縣尾道市

坡道與巷弄交織、風光明媚的港町，可盡享山光水色與島嶼

　　這座港町被尾道三山與對岸的島嶼環繞，且受惠於穿過城鎮中心的尾道水道，自中世紀開港以來便作為貿易與物流的據點而蓬勃發展。建於山坡上且具悠遠歷史的寺社群，以及連接起集中於山地地表住家而錯綜複雜的巷弄與坡道，兩者所交織出的景觀，不僅成為無數電影與電視劇的外景地，也令不少作家與畫家等知識分子趨之若鶩。亦是瀨戶內島波海道靠本州一側的起點。

ACCESS & INFORMATION

於JR山陽本線的尾道站下車。

尾道觀光協會 ☎0848-36-5495

港口的雁木。所謂的雁木是指即便碼頭的潮位發生變化也能讓船隻靠岸的階梯

尾道MAP

千光寺山ロープウエイ　大山寺卍　浄泉寺卍
千光寺山城跡　番勝寺卍　福善寺卍
八福稲荷神社卍　艮神社卍　正授院卍　おのみち歴史博物館
千光寺公園　　　　　　　福山駅
尾道市立美術館　千光寺② 天寧寺卍
千光寺新道①　卍卍　尾道市役所◎
光明寺卍　卍土堂町②
持光寺卍　山陽本線　卍住吉神社
尾道本通り商店街
尾道駅　尾道駅観光案内所
向島　0　300m　N
尾道水道

從千光寺山眺望的尾道水道

夾在面向瀨戶內海的尾道與對岸的向島之間，寬200〜500m的尾道水道。又稱作尾道海峽

① 絕佳的拍照之地
千光寺新道

經常出現在電影與電視劇裡的石板坡道。別具風情的廣闊街道盡展於腳下。

② 漆成朱紅色的本堂為尾道象徵
千光寺

據說創建於806年。有建在突出於千光寺山腰上的朱漆本堂、位於境內的神奇巨石與鐘樓等，精彩看點不計其數。從本堂眺望的景色亦是一絕。
☎0848-23-2310 ⓗ尾道市東土堂町15-1
⌚9:00〜17:00 ⓦ無休 ⓕ免費

從尾道至向島，搭乘渡輪約需5分鐘。費用為大人100日圓（攜自行車乘船加收10日圓），從6:00至22:10，每天約5〜10分鐘一班

尾道是在坡道上散步別具樂趣的城鎮。石板路錯綜複雜的景觀受到無數文人的喜愛

港町

室津

兵庫縣龍野市

這座港町已有1300年歷史
也曾作為宿場町而繁榮不已

　　行基法師於奈良時代開設的「攝播五泊」的港口之一。三面環山的海灣作為待風港，在江戶時代停滿了參勤交代的西國大名與朝鮮通信使的船隻等。此外，這裡也是北前船的停靠港，因其繁榮盛況而有「室津千軒」之稱。於2019年被認定為北前船相關文化財的日本遺產。

☐ ACCESS & INFORMATION

從山陽電鐵的山陽網干站搭乘神姬巴士需23分鐘，於室津巴士站下車。

龍野市觀光振興課 ☎0791-64-3156

停泊於室津港的漁船多不勝數，證明此處是適合牡蠣養殖等的天然良港

⬆海岸線上錯綜複雜的道路沿途仍保留著古老的街道

⬆室津民俗館，利用富商「魚屋」的建築打造而成。展示與民俗相關的資料

港町

坂越

兵庫縣赤穗市

北前船停靠港的船主集落
曾是赤穗鹽的裝貨港

　　受到漂浮在坂越灣上的原生林與生島的保護而風平浪靜的良港，到了江戶時代則作為北前船航線的據點繁盛一時。昔日透過千種川的高瀨舟運送赤穗鹽，行經面向海洋的「大道」運至港口，至今仍保留著雄偉的鹽運商家、船屋屋敷、酒藏與寺院等，舊時昌盛的面貌至今猶存。

☐ ACCESS & INFORMATION

於JR赤穗線的坂越站下車。

赤穗市觀光課 ☎0791-43-6839

石板大道上可看到有著出格子與蟲籠窗的傳統建築

⬆坂越的港口，為播州赤穗產品牌牡蠣「坂越牡蠣」的養殖產地而馳名

⬆可一覽坂越灣的舊坂越浦會所。也曾作為赤穗藩主的茶屋使用

玉島

岡山縣倉敷市

備中松山藩的外港，瀰漫著
大正浪漫與昭和復古的鄉愁

　　漂浮在瀨戶內海的各個小島，自古
便因為備中松山藩開墾新田而持續填海
造陸，城鎮則作為松山藩的外港，北前
船與高瀨舟往來繁盛一時。據說批發街
與商人街在元祿時期曾有40多棟商家
與土藏林立，這些傳遞昔日面貌的街道
上，店家數量雖減，能感受江戶至昭和
各個時代的建築物卻喚起了懷舊之情。

ACCESS & INFORMATION

從JR山陽新幹線／山陽本線的新倉敷站搭乘井笠
巴士或兩備巴士需8分鐘，於玉島中央町巴士站
下車。

倉敷市玉島分所產業課 ☎086-522-8114

仲買町是延續自江戶時代的商人之城。釀造味噌、醬油或酒的店家與紙店等至今仍持續營業

↑舊新町批發街，建於羽黑神社西側
的潮止堤防上。有著蟲籠窗與海參牆
的商家與土藏至今猶存

↑曾侍奉松山藩主的庄屋柚木家的舊
宅。保有御成門、主屋、有茶室的庭
園等，為江戶中期的遺跡

下津井

岡山縣倉敷市

瀨戶大橋腳下的小港町，
懷舊與新意交織

　　位於兒島半島南端的港町，江戶時
代曾是透過北前船進行棉花與鰊粕貿易
的中繼港，亦是隔海進行讚岐金毘羅參
拜的人們的宿場，因而盛極一時。有著
傳統灰泥牆、海參牆與蟲籠窗的商家與
鯡魚藏等至今猶存，可同時欣賞港町別
具風情的古老街道與瀨戶大橋的宏偉景
色。

ACCESS & INFORMATION

從JR瀨戶大橋線的兒島站搭乘下津井循環線
TOKOHAI號需20分鐘，於田之浦港前巴士站下
車。

倉敷市觀光課 ☎086-426-3411

從祇園神社通往港口的舊街道，有著海參牆與蟲籠窗的商家與倉庫林立

↑以明治時代的船運商行復原而成的資
料館：昔日下津井回船問屋

↑下津井港，因為裝載著鯡魚與昆布
的北前船而熱鬧滾滾。作為章魚的卸
貨港而揚名

港町

鞆の浦
鞆之浦

廣島縣福山市
重要傳統建築群保存區

待潮的港町裡仍保留著歷史悠久的城鎮景觀與港灣設施

　　自萬葉時代以來，作為待潮港而繁榮不已的港町，到了江戶時代則成為北前船與朝鮮通信使船隻的停靠港，幕末政變失敗的三條實美等七卿曾中途停靠，坂本龍馬所搭乘的「伊呂波丸」沉船後，也曾為了談判而滯留此地。形形色色的町家集中於錯綜複雜的狹窄石板小巷中，古寺社中的常夜燈、雁木、碼頭、焚場（船塢）、船崗哨遺址等近世的港灣設施全都保留下來，無數精彩看點濃縮在這狹小區域內。

散發江戶時代的韻味

1859年建造的常夜燈為鞆之浦的地標。包括地基在內高約10m

保命酒是醫師於江戶時代初期所構思出的藥用酒。目前有4家酒藏仍持續生產

鞆之浦 MAP

N
0 300m

福山
鞆の浦觀光情報センター
福山市鞆の浦歴史民俗資料館 22
沼名前神社
鞆の津ミュージアム
鞆の浦町並み保存拠点施設 鞆てらす
南禪坊 地藏院 鞆支所
明圓寺 対仙醉樓跡
医王寺 太田家住宅❶ 福禪寺
いろは丸展示館❷ 鞆港 ❸對潮楼
焚場跡 常夜燈
鞆の浦 船番所跡 穴葉神社
円福寺

福山市鞆浦重要傳統建築群保存區

淀姬神社

47

❶ 作為保命酒釀造場而繁榮
太田家住宅

　自江戶時代製造並販售保命酒而繁榮的中村家的宅邸。由主屋與酒藏等9棟建築所組成，已被指定為國家重要文化財。三條實美等七卿曾滯留於此而聞名。
☎084-982-3553 ⓗ福山市鞆町鞆842 ⓣ週六・日與國定假日10:00～17:00 ⓨ400日圓

❷ 龍馬所搭乘的船沉入大海
いろは丸展示館
伊呂波丸展示館

　伊呂波丸是坂本龍馬在從事海運事業時所乘坐的船，1867年與紀州藩的軍艦相撞後，在鞆之海岸沉沒。目前以江戶時代建造的倉庫作為資料館，傳遞伊呂波丸航行的足跡。
☎084-982-1681 ⓗ福山市鞆町鞆843-1 ⓣ週六・日與國定假日10:00～17:00（入館～16:30）ⓨ200日圓

日東第一形勝

❸ 鳥瞰絕景的迎賓館
對潮楼
對潮樓

　與福禪寺本堂相鄰的客殿。眺望景致絕佳，據說朝鮮通信使的高官曾盛讚「日東第一形勝」。為國家史蹟。
☎084-982-2705（福禪寺）ⓗ福山市鞆町鞆2 ⓣ9:00（週六・日與國定假日8:00）～17:00 ⓗ無休 ⓨ200日圓

江戶時代雄偉的商家屋敷與明治、大正、昭和的傳統住屋櫛比鱗次

豐町御手洗
豐町御手洗

廣島縣吳市
重要傳統建築群保存區

漂浮於瀨戶內海的歷史港町，
以一朵花熱情迎客的城鎮景觀

漂浮在瀨戶內海上的藝予群島之一，位於大崎下島的東側。於江戶時代成為待潮待風的港町，作為北前船與諸多大名的貿易船停靠港而繁盛一時。城鎮以港口為中心延展，狹窄巷弄裡，江戶時代的町家乃至昭和初期的洋館等各式各樣的建築物林立，宛如迷宮。還有與幕末相關的屋敷遺跡及花街的餘韻等，當地各住家裝飾於屋簷前的小花瓶也為城鎮增添色彩。

☐ ACCESS & INFORMATION

從JR吳線的吳站搭乘山陽巴士需1小時30分鐘，於御手洗港巴士站下車。

重傳建探討協會 ☎0823-67-2278

劇場「乙女座」為昭和初期的現代建築，已復原並對外開放

豐町御手洗 MAP

吳市豐町御手洗重要傳統建築群保存區

御手洗港

豐島／吳

355

常盤町通り

御手洗休憩所● ●江戶みなとまち展示館・乙女座
旧柴屋住宅 ❶

❷旧金子家住宅 卍大東寺

御手洗天滿神社🜨 若胡子屋跡

歴史の見える丘公園展望台● 高灯籠

住吉神社前🜨住吉神社

N 千砂子波止

355

0 ——— 200m

令人聯想江戶時代的城鎮景觀

流傳著神功皇后與菅原道真曾在此地洗過手的傳說，此為地名的由來之一

❶ 伊能忠敬也曾住過的房屋
旧柴屋住宅
舊柴屋住宅

代代擔任大長村庄屋及御手洗町年寄之職的高橋家的別邸。相傳伊能忠敬在勘測大崎島時曾投宿於此，為御手洗的傳統町家之一。
☎0823-67-2278（重傳建探討協會）
🖈吳市豐町御手洗 🕐9:00～17:00
休週二(遇假日則翌日休) 💴免費

❷ 江戶時代的茶室猶存
旧金子家住宅
舊金子家住宅

金子家曾擔任町年寄與庄屋，為接待藩的重要人物或文人墨客而於江戶後期建造此屋敷。由數寄屋風格的書院造屋敷與茶室等組成。
☎0823-67-2278（重傳建探討協會）
🖈吳市豐町御手洗 🕐週六・日與國定假日9:00～17:00（平日須先申請）
休週二(遇假日則翌日休) 💴200日圓

照片提供：吳市

保有江戶時代昔日面貌的常盤町通。將御手洗的繁榮歷史傳遞至今

港町

浜崎
濱崎

山口縣萩市
重要傳統建築群保存區

於日本海開設的港町
曾是萩藩的經濟支柱

於萩城下三角洲東北方、松本川注入日本海的河口處所開設的港町。於藩政時期亦是北前船的停靠港，從事船運商行、船宿、海產批發與加工業等的商家，以及魚市場等水產業相關的人們等讓此地熱鬧滾滾，一直是萩藩的經濟支柱。其城鎮街道上有江戶時期至明治、大正與昭和前期100多棟有著蔀戶或蟲籠窗的傳統町家與土藏，依循昔日的城鎮區劃保留至今。

☐ ACCESS & INFORMATION

於JR山陰本線的東萩站下車，徒步15分鐘。

萩市觀光課 ☎0838-25-3139

在舊山中家住宅的建築物內，可觀賞介紹濱崎的老舊住家與城鎮的展覽

濱崎 **MAP**

鶴江神明宮

0　200m

松本川

旧山村家住宅 ❶
鶴江の渡し
❺旧小池家土藏
旧山中家住宅 ❸
住吉神社
中島治平
旧宅跡
❹旧萩藩御船倉
住吉座跡
梅屋七兵衛旧宅 ❷
萬福寺　泉福寺
淨光寺
萩市濱崎重要傳統
建築群保存區
卍泉流寺
東萩駅
卍梅藏院　卍亨德寺

本町的舊山村家住宅

已實現無電線桿化的街道，切妻造棧瓦葺樓中樓建築的商家櫛比鱗次

❶ 建於江戶後期的大規模町家

旧山村家住宅
舊山村家住宅

特色在於被稱為表屋造的建築樣式，即店鋪與住所劃分為前後兩部分，中間設置玄關庭園。展示濱崎老舊住家的相關實物與資料。
☎0838-22-0133（濱崎認識協會）地萩市浜崎町77 時9:00～17:00 休週三 費免費

❷ 大商賈居住過的隱居所

梅屋七兵衛旧宅
梅屋七兵衛舊宅

於幕末經營釀酒業的人物，奉藩主密令，冒著生命危險在長崎購買1000把步槍，對長州在戊辰戰爭獲勝有所貢獻。
☎0838-25-3238（萩市文化財保護課）地萩市浜崎町浜崎 時休費內部不對外開放

❸ 濱崎的典型町家

旧山中家住宅
舊山中家住宅

從事海產生意的山中家於昭和初期建造的町家。從主要街道至後巷有主屋、附屬屋與土藏林立。
☎0838-22-0133（濱崎認識協會）地萩市浜崎町209-1 時9:00～17:00 休週三費免費

❹ 藩政時代的珍貴船倉

旧萩藩御船倉
舊萩藩御船倉

存放藩主專乘御座船的地方。保留著安山岩石牆、木製門與瓦屋頂，是日本唯一現存的藩政時代附頂棚船倉。
☎0838-22-0133（濱崎認識協會）地萩市東浜崎町浜崎 時休費僅外觀可自由參觀

❺ 海運業昌盛的江戶時代遺跡

旧小池家土蔵
舊小池家土藏

江戶後期建造時是面向松本川，發揮著倉庫作用，暫時保管從港口卸下的貨物。加厚了地板，為可承受沉重負荷的構造。
☎0838-22-0133（濱崎認識協會）地萩市浜崎町 時9:00～17:00 休週三 費免費

宿場町

矢掛

岡山縣矢掛町
重要傳統建築群保存區

在400多年後復甦，
熱情好客的宿場町

作為山陽道（西國街道）的宿場町，街道上仍保留著本陣與脇本陣，順著流經城鎮南側的小田川沿岸綿延約750m。前身是宿場町，但約半世紀期間鎮上並無住宿設施，直到2018年推行將整座城鎮化作旅宿的措施，利用充滿宿場町特色的古民房打造而成的客房、溫泉設施、餐廳、咖啡館與商店等陸續開張。

☐ ACCESS & INFORMATION

於井原鐵道井原線的矢掛站下車。

矢掛町產業觀光課 ☎0866-82-1016

矢掛町家交流館，是以昭和初期的古民房翻修而成的建築，還會提供觀光資訊並販售特產

矢掛 MAP

5棟妻入町家林立

有不少町家採用所謂的「鰻魚睡鋪」，即相對於山陽道門面狹窄而縱深較長

① 參勤交代的大名的住宿設施
旧矢掛本陣石井家住宅
舊矢掛本陣石井家住宅

石井家曾擔任庄屋並經營酒坊，約1000坪的腹地裡有曾迎接大名與公家的御成門、設有上段之間的日式廳堂等，充滿莊嚴氛圍。還留有天璋院篤姬下榻的紀錄。

☎0866-82-2110(矢掛鄉土美術館) ⊕矢掛町矢掛3079 働9:00～17:00(11～2月～16:00)，入館皆截至30分鐘前 休週一(遇假日則翌日休) 賽500日圓

② 曾作為備用宿場的脇本陣
旧矢掛脇本陣高草家住宅
舊矢掛脇本陣高草家住宅

高草家昔日被稱為「大高草」，腹地約為600坪。傳遞著備中南部的建築樣式，白牆與張瓦的對比美不勝收。

☎0866-82-2100(矢掛町教育委員會) ⊕矢掛町矢掛1981 働週六・日10:00～15:00 休週一～五 賽300日圓

③ 「水見櫓」令人印象深刻
やかげ郷土美術館
矢掛鄉土美術館

美術館展示矢掛出身的藝術家的作品及鄉土資料。從高16m的水見櫓可將街道一覽無遺。

☎0866-82-2110 ⊕矢掛町矢掛3118-1 働9:00～17:00(入館～16:30) 休週一(遇假日則翌日休) 賽200日圓(特別展的費用會個別設定)

連接姬路與鳥取的因幡街道（往來智頭）的宿場町

宿場町・商家町

平福

兵庫縣佐用町

倒映在河面的川座敷與土藏群
為因幡街道上宿場町的象徵

　　江戶時代作為從姬路通往鳥取的因幡街道上的宿場町而繁榮不已，舊街道沿途留有可看到千本格子、海參牆與卯建等的屋敷與土藏群。尤其是佐用川沿岸，林立於石牆上的川座敷與土藏群相連而成的河畔風景分外迷人。為了從各屋敷往下走到河邊而設的石階，還有以石牆搭配被稱作川門的板門，更添了幾分層次感。

被稱作川座敷的別屋相連成排，是為了欣賞佐用川的流水與利神山而建

☐ ACCESS & INFORMATION

於智頭急行的平福站下車。

佐用町商工觀光課 ☎0790-82-0670

↑平福陣屋門。代官佐佐木平八郎於1864年建造，作為代官陣屋的正門

↑自江戶時代傳承下來的醬油釀造廠等歷史悠久的町家櫛比鱗次

宿場町

大原宿

岡山縣美作市

有水渠流經的宿場町，
本陣與脇本陣至今猶存

　　舊因幡街道上的宿場町，鳥取藩主進行參勤交代時曾下榻、獨特的本陣與脇本陣猶存。連結鳥取與姬路的街道，無論路寬或兩側的水渠都保留江戶時代樣貌，從江戶末期至明治與大正時代所建造的町家綿延。家家戶戶都有袖壁、海參牆與排煙窗等，保留具防火意識的建築設計，持續傳遞宿場町風情。

懷舊的町家成排相連且鋪了石板的道路已實現無電線桿化的清爽街道

☐ ACCESS & INFORMATION

於智頭急行的大原站下車。

武藏之鄉大原觀光協會 ☎0868-78-3111

↑大原宿本陣。鳥取藩主池田氏參勤交代時的下榻之所，御成門與御殿猶存

↑大原宿脇本陣。家老與奉行的下榻之所。長屋門則被用作隨從的勤務間

宿場町・城下町

勝山

岡山縣真庭市

暖簾在古老的城鎮景觀中
隨著現代的微風搖曳

此城鎮以美作勝山藩的城下町之姿蓬勃發展，並作為出雲街道的宿場町及高瀨舟最北的起迄場而熱鬧非凡。有著白牆、海參牆的酒藏與武家屋敷等建築訴說著令人懷想起往日的故事，如今則有活用古民房、倉庫等打造而成的工坊、咖啡館與藝廊等，裝飾於各店家屋簷前的暖簾讓城鎮景觀更為華麗。

ACCESS & INFORMATION

於JR姬新線的中國勝山站下車。

勝山觀光協會 ☎0867-44-2120

在旭川沿岸綿延約700m的城鎮景觀保存區。獨具特色的暖簾十分吸睛

↑高瀨舟起迄場遺跡，仍保留著明治初期打造的石板護岸與雁木

↑家老名門渡邊家的住屋，將其土藏改造成展示館，以勝山武家屋敷館之姿公開

宿場町

新庄宿

岡山縣新庄村

大自然環抱的宿場町，
里山在入春後染成一片櫻色

這座小山村在位於美作與伯耆國境處的四十曲峠山腳生生不息，據說該處為出雲街道的一大險關。江戶時代必須執行參勤交代的松江藩主松平家將本陣設於此處等，作為宿場町而繁榮不已。街道沿途修整了水渠，還有為了紀念日俄戰爭的勝利而栽種的櫻花樹，入春後與白牆、紅石州瓦等傳統建築和諧相融，彩綴著街道。

ACCESS & INFORMATION

從JR姬新線的中國勝山站搭乘社區巴士「真庭君」需37分鐘，於道路休息站新庄前巴士站下車。

新庄村產業建設課 ☎0867-56-2628

脇本陣木代邸。用於松江藩主在參勤交代等時，為江戶時代末期的佳屋，栓馬環與刀架的痕跡至今猶存

↑雲州候本陣。松江藩大名大隊出行每次經過時都會在「御茶屋」休息，後來因為藩主也下榻於此而升等為本陣

↑132株老櫻花樹遍布整條街道，形成一條400m的隧道「凱旋櫻花通」

宿場町

上下

廣島縣府中市

成排白牆房屋傳遞著
天領的歷史與地位

據說「上下」的地名源自於城鎮裡有道分水嶺，雨水會分成往日本海與往瀨戶內海上下兩道水流淌而過，因而得名。1700 年成為幕府直轄地，後來成為石見銀山大森代官所的出張陣屋。城鎮憑藉以德川幕府為後盾的金融業蓬勃發展，孕育出掌管幕府公款的富商，發展成政治經濟的核心地區。有著白牆與黑牆的商家或土藏等，令人懷想起過往的輝煌榮光。

☐ ACCESS & INFORMATION

於JR福鹽線的上下站下車。

府中市觀光協會上下分部 ☎0847-54-2652

以老舊住家翻修而成的遊客服務中心（府中市觀光協會上下分部），2樓可用作住宿設施

上下 MAP

N
0 ────── 200m

上下八幡神社 ⛩
（龜山八幡宮）

翁座
上下キリスト教会 ❼
上下町商工会
旧館
府中觀光協会
上下支部
上下駅
石見銀山街道
上下代官所
移築門
合祀神社 ⛩ 上下的
天領上下代官所跡 分水嶺
府中駅

專教寺 卍
❶府中市上下
歷史文化資料館
上下川
❹旧警察署
上下 卍吉井寺
卍玉泉寺

曾是天領的街道

主要街道上有加了白牆、海參牆與格子窗等各種裝飾的町家毗連而立

1 歷史與文化的發訊據點

府中市上下歷史文化資料館
府中市上下歷史文化資料館

小說家岡田美知代即為明治作家田山花袋的小說《蒲團》的原型，此資料館即以其故居改建而成。也有城鎮歷史與岡田美知代的介紹。
☎0847-62-3999 🏠府中市上下町上下1006 🕙10:00～18:00 🈂週一（遇假日照常開館）💴免費

2 城鎮裡的娛樂設施

翁座

會上演戲劇或播電影的大正木造劇場。可從旋轉舞台、花道、紫、奈落、樂屋等，窺見當時的建築技術。
☎0847-54-2652（府中市觀光協會上下分部）🏠府中市上下町上下2077 🕙週六・日與國定假日10:00～15:00 🈂週一～五（遇假日照常開館）💴200日圓

3 利用倉庫打造而成的教堂

上下キリスト教会
上下基督教堂

明治時代財閥角倉家建造作為倉庫的建築，於昭和時期被活用作為教堂。倉庫上方仍保留著展望台。為上下較具象徵性的建築物之一。
☎0847-54-2652（府中市觀光協會上下分部）🏠府中市上下町上下1057-2 🈂通常內部不開放參觀（須洽詢）

4 明治時代的警察署

旧警察署
舊警察署

位於商店街東側附近的2層樓木造建築，屋頂上的消防望樓為辨識標記。建於明治初期，仍保有與白牆街道相配的建築樣式。

☎0847-54-2652（府中市觀光協會上下分部）🏠府中市上下町上下1026 🈂內部不對外開放

以板牆搭配白牆的民房與土藏一直延伸至巷弄

神辺
神邊

廣島縣福山市

山陽道的宿場町，
本陣與私塾的遺跡猶存

　　為備後的中樞，直到江戶時代初期神邊城廢城之前都是城下町，廢城後則作為山陽道（西國街道）參勤交代必經之路上的驛站而熱鬧不已。街道沿途有菅茶山開設的私塾「廉塾」，帶動與各藩儒家學者或知識分子的交流，使這座宿場町成為文化與教育的據點，參勤交代時的本陣與傾整座城鎮之力來提供住宿的住宅至今猶存。

ACCESS & INFORMATION

於JR福鹽線的神邊站下車。

神邊町觀光協會 ☎084-963-2230

菅波家所經營的本陣遺跡。有不少必須執行參勤交代的諸侯掛在門前的木札流傳下來

⬆以樓中樓搭配矗籠窗與海參牆且正面保有格子與駒寄的町家，傳遞著宿場町的面貌

⬆江戶時代的儒家學者菅茶山所開設的廉塾與舊宅至今猶存。賴山陽也是塾長之一

佐々並市
佐佐並市

山口縣萩市　**重要傳統建築群保存區**

萩往還的宿場町，
石州紅瓦的房屋綿延不絕

　　連結萩城下町與三田尻（防府市）的「萩往還」，在江戶時代是座發揮驛站作用的宿場町。在參勤交代之際，整座城鎮便會發揮旅宿的作用，平日則作為豐饒的農村集落繁榮不已，時至今日仍可欣賞俯拾皆是水田與梯田而充滿山村特色的風景，以及有著茅葺或石州紅瓦屋頂的古民房靜靜佇立的城鎮景觀。

ACCESS & INFORMATION

從JR山陰本線的萩站搭乘中國JR巴士需33分鐘，於佐佐並巴士站下車。

萩市佐佐並分所 ☎0838-56-0211

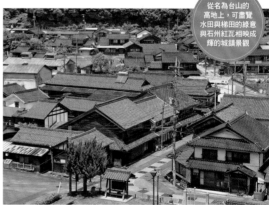

從名為台山的高地上，可盡覽水田與梯田的綠意與石州紅瓦相映成輝的城鎮景觀

⬆農家風格的茅葺民房、石州紅瓦屋頂的商家與町家混雜在一起

⬆全長約53km的萩往還。吉田松陰與高杉晉作等幕末志士皆曾奔馳而過的古道

門前町

宮島

廣島縣廿日市市
重要傳統建築群保存區

不只有嚴島神社，
沿著小巷漫步可重新發現宮島

作為「祭祀神明的島嶼」，以在其海域興建而成的嚴島神社為中心，劃分為西町與東町並蓬勃發展的門前町。由寺社與社家等所組成的西町，以及自江戶時代以來作為不夜城般的商家町繁盛一時的東町等，可享受風情各異的樂趣。尤其是「町家通」，有以切妻造瓦屋頂搭配千本格子的町家、為居民而設的昭和復古商店、活用古民房的時尚店家等相混共存，成為備受矚目的街道。

🗒 ACCESS & INFORMATION

於JR山陽本線的宮島口站下車。從徒步5分鐘的棧橋搭乘渡輪需10分鐘，於宮島棧橋下船。

宮島觀光協會 ☎0829-44-2011

延伸至嚴島神社的宮島表參道商店街，長約350m。伴手禮店與餐飲店櫛比鱗次。

宮島 **MAP**

N
0　200m

宮島口🚢　宮島松大汽船フェリー乗り場
嚴島港
徳寿寺卍
宮尾城跡（要害山）
廿日市市宮島町重要傳統建築群保存區
因幡邸　卍宝寿院　**③** 山辺の古径
宮島表參道商店街
① 町家通り
大鳥居・　豊国神社卍
嚴島神社⛩　　うぐいす歩道
卍清盛神社　etto宮島交流館
宮島歷史民俗資料館・　卍大願寺
嚴島神社宝物館・　**②** 滝小路
　　　　　紅葉谷公園

坐望五重塔

① 復古現代風的後巷
町家通り
町家通

位於表參道商店街東側的町家通，為昔日的主要街道。傳統的町家至今猶存，為居民的生活道路，有復古現代風店家錯落分布其中。

五重塔與町家建築相映成輝的町家通。2021年以「門前町」之姿被選定為重要傳統建築群保存區

② 宮島最古老的街道
滝小路
瀧小路

這是從嚴島神社通往空海所創建之大聖院的坡道。神職人員所居住的社家、內侍的屋敷與宿坊等分散各處，可在沉穩的街道上漫步。

③ 宮島最古老的參道
山辺の古径
山邊古徑

約800年前宮島表參道商店街還在海底的時期，參拜來客便是走這條參道通往神社。從途中的宮尾城遺跡（要害山）可將大鳥居、五重塔與街道盡收眼底。

漂浮在海上的朱紅色神殿

嚴島神社

這座古社可謂宮島的地標。由日本唯一建於有潮水漲退之處的寢殿造社殿群與大鳥居所構成，是十分優美的神社。退潮時可步行前往大鳥居。

☎0829-44-2020　🏠廿日市市宮島町1-1　🕕6:30～18:00（會依季節而異）
🚫無休（漲潮時暫停參觀）　💰300日圓

梯田裡的集落

於山坡上或山谷間斜坡上打造呈階梯狀的梯田。是令人懷念的日本原始風景。

梯田是指大片田地延展的光景，因而又稱作「千枚田」。勾勒出優美曲線的梯田運用了石砌或築堤等祖先所累積的技法，如今還在日本各地推動人人皆可參與稻作的梯田認養制度。此外，春有天空與雲朵倒映在秧苗水面所形成的「水鏡」、夏有綠色稻浪、秋有金黃色稻穗，有不少人來訪便是為了從四季分明的美麗風景中獲得療癒。

◀「春日梯田」，位於長崎平戶島的小集落中。已獲選為國家重要文化景觀

以1340片梯田著稱
丸山千枚田

三重縣熊野市　**MAP** P.193

白倉山西南斜坡上有好幾片大小不一的各種田層疊相連。初夏點亮千枚田的送蟲儀式夢幻不已。亦可透過認養制度體驗水稻的種植與收割。
☎0597-97-1113(熊野市地區振興課)

陡坡上的藝術
四谷の千枚田
四谷千枚田

愛知縣新城市　**MAP** P.134

水源來自標高883m的鞍掛山，是以石牆打造而成的梯田。約有420片梯田從山麓標高220m附近一直延展至山頂，其高低差為200m。配置在陡坡上的梯田宛如藝術品。
☎0536-29-0829(新城市觀光協會)

石砌的寺斜坡
岩座神の棚田
岩座神的棚田

兵庫縣多可町　**MAP** P.247

北播磨的最高峰千峰山腳下標高300～400m的集落中，約有350片石砌梯田延展。石牆使用的是當地產的石材，被稱作寺斜坡的石砌彎曲之美為其特色所在。
☎0795-32-4779(多可町商工觀光課)

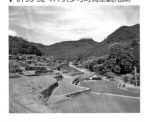

延續600年的梯田
大井谷棚田
大井谷梯田

島根縣吉賀町　**MAP** P.212

從室町時代至江戶時代所修築的梯田，長達約600年期間，反覆重新修砌或修補石牆，如今約有600片梯田展於眼前。以LED點亮層層疊疊的梯田邊緣的活動頗受好評。
☎0856-79-2213(吉賀町產業課)

有稻草人的守護
鬼木棚田
鬼木梯田

長崎縣波佐見町　**MAP** P.301

400片梯田，在長崎縣唯一不臨海的波佐見町的虛空藏山山麓平原延展開來，開拓於江戶時代中期，金黃色稻穗與火紅彼岸花爭相怒放的秋天總是人聲鼎沸。
☎0956-85-2290(波佐見町觀光協會)

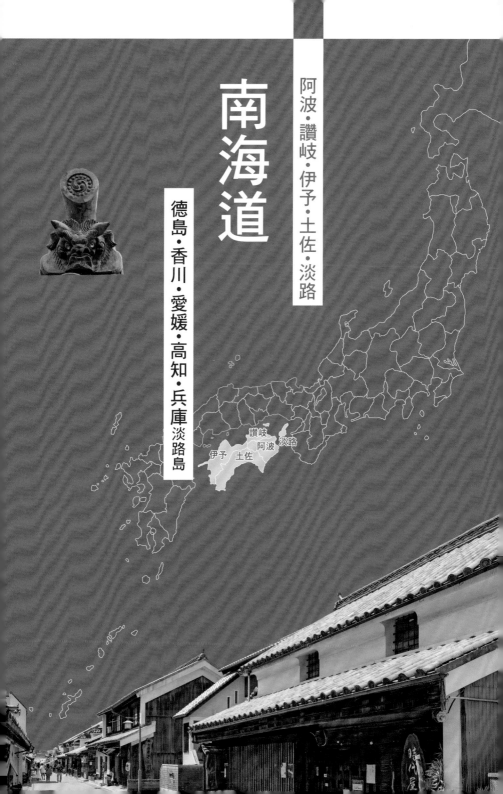

南海道

阿波・讚岐・伊予・土佐・淡路

德島・香川・愛媛・高知・兵庫淡路島

讚岐
阿波
淡路
伊予
土佐

連結畿內與四國的街道沿途繁榮不已的商家町與港町

所謂的南海道，本來是指阿波、讚岐、伊予與土佐的四國地區，再加上淡路與紀伊，共6國。連接這些國家的街道也稱作南海道，歷史可追溯至古代，是連接四國與畿內而修整的街道。

可欣賞自江戶時代以來憑藉物資的流通與生產而繁榮興盛的商家町或在鄉町的傳統街道。脇町、貞光與宇和町卯之町是街道上砌築了卯建（商人財富之象徵）的商家櫛比鱗次的風景而聞名。內子則是憑藉生產木蠟而繁榮，商家與町家林立的街道上，如今也有販售手工製作的日式蠟燭，還有劇場「內子座」等精彩看點無數。

以城下町來說，城鎮中聳立著復原天守的大洲有條白牆土藏街，安藝則有石牆與土牆相連的武家屋敷町，藩政時代建築的屹立形姿猶存。

在沿海地區細細感受因海運而蓬勃發展的港町或漁村的靜謐風情。太平洋沿岸的外泊與吉良川町有為了預防颱風災害而精心設計的海邊民房，呈現出獨特的景觀。在漂浮於瀨戶內海的鹽飽本島上，務必在港町散步時盡情享受多島美的絕美景色。另一方面，中央的內陸地區則有四國山地豐饒的遼闊大自然。陡坡上的山村東祖谷落合，日常風景與山岳的壯麗自然風景令人著迷。

↑作為阿波藍的集散地而繁榮的脇町。以砌築了財富之象徵的卯建的城鎮景觀而馳名

広島

山陽道

広島県

大三島

江田島

斎灘

今治街道 浜村 新町 今

北条 三芳 来栖

伊予

堀江 志津川 川上

伊予灘 久米 松山 石鎚山

松前 井門 荏原 小松

P.291 郡中 谷 久万 松 東川

中山 七島 山

大洲街道 久万

○内子 P.288

五十崎 愛媛県

P.296 大洲○ 新谷 河辺

東多田 宇 橘原街道

P.290 宇和町卯之町○ 和 日吉

吉田 島 橘

宇和島 街 近永 道

両子山▲

佐田岬 豊後水道

福岡県 中津

豊前

由布岳▲

別府

大分(府內)

大分県

豊後

肥後

阿蘇山▲

熊本県

宇和海

P.291 岩松○ 岩淵

平城 緑

宿毛街道 上本

P.293 外泊○ 大道

中村街道

中村

佐

宿毛湾

沖の島

↑內子於江戶後期至明治時期憑藉生產木蠟繁榮一時。豪奢的富商屋敷至今猶存

↓內洲的小花通，白牆上繡群甚是優美

↑漁村外泊。高大石牆保護著民房免受強風侵襲

商家町 & 在鄉町

商家町

脇町

德島縣美馬市
重要傳統建築群保存區

華美的「卯建房屋街道」
為富商成功之象徵

　　脇町位於吉野川中游地區，作為利用吉野川水運等的阿波藍集散地，自江戶至明治時期繁榮不已。中心地帶至今仍有以本瓦搭配白灰泥的雄偉商家櫛比鱗次且綿延約400m。各商家皆於與鄰家的交界處砌築了袖壁型卯建。具有防火牆的作用，不過自明治時期以來變得日益華美，被視為藍商與和服商繁榮的象徵。成排並列的卯建在街道上孕育出獨特的景觀。

☐ ACCESS & INFORMATION

從JR德島本線的穴吹站搭乘計程車約需8分鐘（約4km）。

美馬觀光局 ☎0883-53-8599

商人之間會在卯建的高度與裝飾上彼此較勁。有些繪有鏝繪而豪華不已

脇町 MAP

「卯建房屋街道」

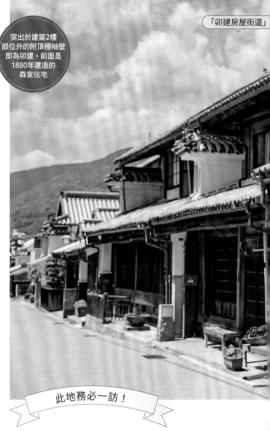

突出於建築2樓部位外的附頂棚袖壁即為卯建。前面是1880年建造的森家住宅

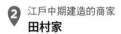
此地務必一訪！

❶ 藍商的屋敷已對外開放
吉田家住宅（藍商佐直）

對外開放1792年建造的藍商屋敷。以「卯建房屋街道」中占地面積最大著稱，保留著用來談生意的「見世之間」、帳房、傭人房與藍染倉庫等，後側還有碼頭遺跡。
☎0883-53-0960 ⓓ美馬市脇町大字脇町53 ⓣ9:00～17:00 ⓧ無休 ⓨ510日圓

❷ 江戶中期建造的商家
田村家

為江戶時代經營藍業的大谷屋所有，是「卯建房屋街道」中第2古老的屋敷，據判是建於1711年。腹地曾經延伸至吉野川。
☎0883-53-8599（美馬觀光局）ⓓ美馬市脇町 ⓣⓧⓨ內部不對外開放

284

❸ 街上最古老的商家建築
国見家
國見家

主屋建於1707年，是「卯建房屋街道」上最古老的建築。如今仍占據從街道至吉野川之間的廣大腹地。穿過設於河岸上的門即通往碼頭。

☎0883-53-8599(美馬觀光局) 🏠美馬市脇町 營休⊗內部不對外開放

❹ 將棋名人小野五平翁的故居
平田家

活躍於幕末至大正時代期間的第12代將棋名人小野五平的故居。他於1831年出生在木屋五平旅館，後來成為九段終身名人。

☎0883-53-8599(美馬觀光局) 🏠美馬市脇町 營休⊗內部不對外開放

❺ 保存著歷史悠久的劇場
脇町劇場（オデオン座）
脇町劇場（Odeon座）

創建於1934年的劇場。戰後成為電影院，曾是電影《抓住彩虹的男人》的拍攝地。現在已修復為創建時的樣貌並對外開放內部。

☎0883-52-3807 🏠美馬市脇町大字猪尻字西分140-1 🕐9:00～17:00(最終入館16:30) 休週二 費200日圓

 裝卸藍染製品的碼頭遺跡。已修整為碼頭公園，保留著呈階梯狀綿延的石牆

商家町

貞光

德島縣劍町

添加了藝術性裝飾的
兩層樓卯建商家林立

　　此城鎮位於吉野川支流貞光川流域，從江戶時代至昭和中期作為葉菸草與蠶繭的產地而熱鬧繁盛。從北町至南町的街道沿路保留了不少傳統商家。商家兩側砌築卯建，與鄰近的脇町同為「卯建之城」而馳名。貞光也有不少前後2層並排而成的罕見雙層卯建。屋頂的形式也很多樣，還添加了精緻圖案，可邂逅設計變化多樣的卯建。

☐ ACCESS & INFORMATION

於JR德島線的貞光站下車。

劍町產業經濟課 ☎0883-62-3114

切妻屋頂的雙層卯建，被稱作「雙層樓中樓上下共切妻型」(左)，在貞光很常見。另有一種是「雙層雙階上下共切妻型」(右)，同樣是切妻屋頂而上層較高

♪

貞光 MAP

佃駅 / 貞光駅 / 德島線 / 438 / 德島駅
松尾大明神
つるぎ町役場
地藏堂
旧永井家庄屋屋敷 ❼
熊野神社
真光寺　まちなみ交流館
観音堂
貞光川
織本屋 ❶
N
0　200m
八坂神社
438

雙層卯建的城鎮景觀

沉穩的雙層卯建傳遞著往日的繁榮景象。常見於中町至南町一帶

❶ 江戶時期的卯建猶存
織本屋

代代從事釀酒業的織本屋商家，重建於明治初期。可以看到上層為切妻、下層為葺型構造的卯建，將江戶時代的古老形式保留至今。已登錄為國家有形文化財。
☎0883-62-3114(劍町產業經濟課)
🏠つるぎ町貞光字町83-2 🕙10:00～17:00 🈺第3個週三 💴免費

❷ 江戶中期的茅葺屋敷
旧永井家庄屋屋敷
舊永井家庄屋屋敷

於江戶時代擔任庄屋的永井家的住所，建於1791年。坐擁約500坪的腹地，除了主屋及倉庫等建築，還有座鶴龜蓬萊庭園。
☎0883-62-3114(劍町產業經濟課)
🏠つるぎ町貞光西浦37 🕙10:00～17:00 🈺第3個週三 💴免費

引田

香川縣東香川市

憑醬油與讚岐三白繁榮的港町 有富商屋敷與庄屋屋敷林立

　　引田位於香川縣東側且面向瀨戶內海，是待風的良港，為讚岐三白（砂糖、鹽與棉花）的產地，並憑藉醬油的釀造等，自江戶時代繁榮起來。從JR引田站往沿海一帶仍留有棋盤狀的古老城鎮景觀。其中從引田的氏神譽田八幡宮至本町通沿途，有商家的町家、老字號醬油釀造廠與復古商店等江戶至昭和時期的建築林立，加上狹窄巷弄的佇立形姿，喚起懷舊之情。

☐ ACCESS & INFORMATION

於JR高德線的引田站下車。

東香川市地區創生課 ☎0879-26-1276

位於本町通的舊引田郵局，建於1932年。現為復古的咖啡館

引田 MAP

```
N
0 ─── 200m
```

誉田八幡宮
御幸橋
②かめびし屋
戎橋　引田港
岩崎観音
二八堂
①讚州井筒屋敷
讚州笠屋邸
③庄屋屋敷（日下家住宅）
松village家住宅母屋
八坂神社
讚岐街道　泉家住宅主屋
讚岐街道　本町通
蛭子神社（戎神社）
積善坊
善覚寺
長崎家住宅
高松駅
高德線　萬生寺
引田駅　板野駅
小海川
古街道

酒與醬油的釀造業者井筒屋的屋敷。目前已利用江戶後期至明治時期的建築作為觀光設施

讚州井筒屋敷

① 舊富商屋敷的觀光據點
讚州井筒屋敷
讚州井筒屋敷

井筒屋是自江戶時代從事酒與醬油釀造業的商家。現已成為觀光設施，當時的主屋至今猶存且對外開放。有用餐區與特產小賣店，還可體驗當地名產業。

☎0879-23-8550 ⑩東かがわ市引田2163 ⑮10:00～16:00(主屋) ⑭週三（遇假日照常營業）⑭免費（僅主屋須收入館費）※營業時間與公休日依店家而異

② 以老店醬油作為伴手禮
かめびし屋
亀菱屋

於1753年創業的醬油店。紅通通的紅殼牆環繞，倉庫與作業場等江戶時代以後的18座建築皆已登錄為國家有形文化財。是日本唯一至今仍透過傳統的「Mushiro麴法（已登錄為國家無形民俗文化財）」持續釀造醬油的釀造廠。

☎0879-33-2555 ⑩東かがわ市引田2174 ⑮10:00～17:00(10～5月的釀造季的營業時間不定。有時會休業) ⑭週三・六

③ 江戶時代沉穩的建築
庄屋屋敷（日下家住宅）

於江戶時代擔任大庄屋的日下家的住宅。保有江戶後期建造的主屋與長屋門。主屋中有帳房、女中房，長屋門裡有傭人房與馬廄。已登錄為國家有形文化財。

⑩東かがわ市引田2250 ⑮⑭内部不對外開放

讚州笠屋邸。可參觀引田雛人形裝飾與江戶時代榨醬油的工具

製蠟町

内子
内子

愛媛縣內子町
重要傳統建築群保存區

明治時代的商家之城，憑藉木蠟生產聞名全國

　　內子於江戶後期至明治時期盛行生產木蠟。木蠟是植物性油脂，可作為日式蠟燭與化妝品等的原料，其劃時代的製造方式是當地木蠟業者芳我家所研發，使內子發展成全日本屈指可數的木蠟產地。西洋蠟廣為普及的大正時期以後，木蠟生產持續驟減。八日市的護國地區至今仍有極盡奢侈的木蠟業者的屋敷與倉庫櫛比鱗次，保留著明治繁榮時期的面貌。

🔲 ACCESS & INFORMATION

於JR予讚線的內子站下車。

內子町觀光協會 ☎0893-44-3790

內子町遊客中心。原本為1936年建造的警察署

八日市護國的城鎮景觀。內子的木蠟產量衰減，但至今仍留有1家日式蠟燭店

八日市護國地區

此地務必一訪！

❶ 保存著木蠟的生產設施
木蠟資料館 上芳我邸

憑藉製蠟業致富的富商本芳我家的分家宅邸。保留於製蠟業全盛期的明治時期所建造的主屋、釜場（集水坑）與出店藏等木蠟生產設施。還有展示製蠟用具，可學習木蠟的製造程序。

☎0893-44-2771 🏠內子町內子2696 🕘9:00～16:30 🈺無休 💰500日圓

出現在街道西側的
形。採用防禦用的直
角道路設計，為藩
政時代的遺跡

⑤ 誕生於大正時代的現役劇場
內子座
內子座

建於1916年的木造劇場。內部曾
一度改建成電影院等，但後來又恢
復成設有旋轉舞台、花道與枡席
（方形四人座）的舊時樣貌，於昭
和後期以劇場之姿重新出發。
📞0893-44-2840 🏠內子町內子2102
⏰9:00～16:30 休無休 💰400日圓

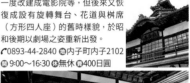

八日市護國地區
有約120棟商家、
倉庫與町家林立。有
無數黃色土牆，還
可欣賞灰泥雕刻

② 木蠟業者的屋敷與庭園
本芳我家住宅

本芳我家以日本首屈一指的製蠟業者而
揚名，此為其明治時期的宅邸。可參觀
建築物的外觀與庭園。
📞0893-44-5212(八日市護國街道保存
中心) 🏠內子町內子2888 ⏰9:00～16:30
（僅庭園與外觀可供參觀）休無休

③ 町內最古老的建築物
大村家住宅

從事藍染與生絲製造等的商家於
江戶末期建造的屋敷。保留著盛
行木蠟生產之前的古老町家樣
式。
📞0893-44-5212(八日市護國街
道保存中心) 🏠內子町內子2892
⏰休💰內部不對外開放

④ 窺探大正商人的生活
商いと暮らし博物館
(內子町歷史民俗資料館)
商業與生活博物館
（內子町歷史民俗資料館）

活用江戶與明治時期建造的商
家，重現大正時代的藥房樣貌。
利用人偶與當時的工具等來介紹
其生活樣貌。
📞0893-44-5220 🏠內子町內子
1938 ⏰9:00～16:30 休無休 💰200
日圓

內子MAP

289

宇和町卯之町

愛媛縣西予市
重要傳統建築群保存區

宇和島藩規模最大的在鄉町
街道上至今仍留有庄屋屋敷

卯之町為西予市宇和町的中心地區，起源於戰國時代的城下町。江戶時代作為宇和盆地稻米與宇和檜木的集散地及宇和島街道的宿場町蓬勃發展。舊宇和島街道沿線開拓的城鎮中，江戶後期至昭和初期的商家皆得到完好的保存與修復，形成優美的城鎮景觀。大正建築的基督教堂、明治建築的舊開明學校等近代西洋建築也分散各處，可感受這座長期繁榮的城鎮變遷。

☐ ACCESS & INFORMATION

於JR予讚線的卯之町站下車。

宇和先哲紀念館 ☎0894-62-6700

宇和先哲紀念館，介紹江戶時代在這座城鎮裡開業的二宮敬作，以及向他學醫的楠本稻的事蹟

宇和町卯之町 MAP

西予市宇和町卯之町重要
傳統建築群保存區

八幡濱駅
開明學校 ❷ ┤ 卍光教禪寺 愛媛縣歷史
❸宇和民具館 文化博物館
末光家住宅 ❶
卯之町駅
旧武藏 ❹ ┤ 宇和先哲記念館
烏屋門
西予市役所 ┤ 高野長英の隱家

予讚線 肱川
0 200m
N

宇和考古
センター ● 宇和島駅

卯之町的城鎮景觀

中心區的中町裡，有傳統町家建築的老字號旅館、酒坊與民房等林立

---

❶ 每月對外開放1次內部
末光家住宅

1770年建造的酒坊。俯拾皆是旋轉式格子門與蛇腹式拉門等珍貴的構造。每月第1個週日為一般公開日，可參觀其內部。
☎0894-62-6700(宇和先哲記念館) 地西予市宇和町卯之町3-179-2 時第1個週日的13:30~15:00對外開放內部 費免費

---

❷ 西日本最古老的西式校舍
開明学校
開明學校

這座小學校舍是1882年建造的擬西洋建築。現在展示著明治至昭和初期的教科書等，被活用作為教育資料館，還可體驗明治時代的課程。
☎0894-62-4292 地西予市宇和町卯之町3-109 時9:00~17:00(入館~16:30) 休週一(遇假日則翌日休) 費700日圓(含宇和民具館的入館費)，課程體驗300日圓(3名~)

---

❸ 宇和町持續使用的用具
宇和民具館

收藏並展示江戶末期至昭和初期在此城鎮裡的生活、貿易與祭祀等持續使用的生活用具，約有6000件。
☎0894-62-1334 地西予市宇和町卯之町3-106 時9:00~17:00(入館~16:30) 休週一(遇假日則翌日休) 費700日圓(含開明學校的入館費)

---

❹ 改造舊店鋪成體驗設施
旧武蔵
舊武藏

明治時期以「武藏屋」的商號來經商，但直到昭和中期，此建築都是作為料亭。目前則活用作為可使用水井與爐灶來體驗昔日生活的設施。
☎0894-89-4046 地西予市宇和町卯之町3-229 時第1個週日的10:00~14:00對外開放內部 費免費，爐灶炊煮體驗500日圓(米須自備)

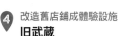

商家町

岩松

愛媛縣宇和島市
重要傳統建築群保存區

伊予首屈一指的活躍富商
於河岸上繁榮昌盛的商家町

　　位於岩松川注入宇和海的河口處，作為附近鄉村的農產品與海產品的集散地兼酒鄉，從江戶時代到昭和初期都熱鬧不已。鼎盛時期曾有3家釀酒廠，但現在已全部停業。岩松川左岸的古道沿途仍保留著江戶時代以後的釀酒藏與町家。小西本家曾是愛媛首屈一指的大商賈，其建築已於近年完成修復。

有町家與商家林立的岩松川左岸地區。可看到不少門面寬廣的歷史性建築

從JR予讚線的宇和島站搭乘宇和島巴士需32分鐘，於津島分所前巴士站下車。

宇和島市教育委員會文化與運動課
☎0895-24-1111

⬆從明治中期一直營業至昭和後期的西村酒造場。本宅與酒藏等至今猶存

⬆富商小西本家於明治時期建造的別屋已經過翻修。紙拉門上使用了彩色玻璃

商家町

郡中

愛媛縣伊予市

活用町家來推動城鎮建設

　　位於伊予市中心。1635年從松山藩領轉為大洲藩領，長期被稱作「御替地」，後於1817年宣布改稱「郡中」。透過以宮內九右衛門與清兵衛兄弟為中心的「自普請（由周邊村落自費修繕等工程）」打造灘坊。可享受漫步懷舊街道之趣。

於JR予讚線的伊予市站下車。

（一般社團法人）伊予市觀光物產協會
Soleillo ☎089-994-5852

照片提供:伊予市觀光協會

在鄉町

吉良川町

高知縣室戶市
重要傳統建築群保存區

土佐灰泥與水切瓦形成的城鎮景觀

　　從明治時代至昭和初期，這座土佐灣沿岸上的城鎮作為土佐備長炭的裝貨港繁盛一時。古道周邊仍有炭批發店與船運商行的商家林立，昔日的面貌猶存。大多數住家都在外牆上砌築了水切瓦與土佐灰泥牆，以保護房屋免受颱風侵襲。

從土佐黑潮鐵路後免ー奈半利線的奈半利站搭乘高知東部交通巴士，於吉良川學校通巴士站下車。

室戶市教育委員會事務局生涯學習課
☎0887-22-5142

港町

塩飽本島
鹽飽本島

香川縣丸龜市
重要傳統建築群保存區

成為水軍主要據點的島嶼上
有鹽飽木匠打造的町家群

　　鹽飽群島是由漂浮在瀨戶大橋周邊28座大小島嶼所組成。鹽飽本島為其中央島嶼，是在成為鹽飽水軍據點後繁榮一時的港町。鹽飽水軍自中世紀便憑藉航運業活躍不已，島嶼的自治權也獲得認可，並於東北的笠島地區修築作為據點的城鎮。笠島至今仍保留著商家與船運商行等100多棟傳統建築。水軍船員在江戶中期後發揮其船匠的手藝，以鹽飽木匠之姿大顯身手，至今仍可從保存下來的町家欣賞到他們的巧思。

☐ ACCESS

從丸龜港搭乘本島汽船的渡輪需35分鐘，於泊口本島港下船。從本島港往笠島地區徒步25分鐘。

呈平緩曲線的道路。隨處可見降低能見度的防禦型道路

鹽飽本島 MAP

丸龜市鹽飽諸島
笠島重要傳統
建築群保存區

吉田邸 ❷
尾上神社 卍
🛈 笠島まち並
保存センター
藤井邸 ❖
　笠島城跡
專称寺卍
長德寺卍　　新在家港
　　　卍惠比須社
塩飽勤番所跡 ❸
卍惣光寺　　卍庭日神社
　　　　卍德玉神社
　　　卍果光寺
塩竈神社卍　卍山王神社
卍寶性寺
　　　本島
　　　本島港
❹ 木烏神社·千歲座

0　　500m
N

笠島地區

笠島地區的主要道路「Macho通(町通)」。有格局十分氣派的町家林立

❶ 笠島的遊客服務設施
笠島まち並保存センター
笠島街道保存中心

以屋齡190年的建築打造成笠島地區的服務中心。可參觀古早生活用具等，對面的「交流館」則展示此區的立體透視模型。
📞0877-27-3828 ⓜ丸龜市本島町笠島256 ⏰9:00～16:00(1月4日～2月底僅週六·日與國定假日開館) ✖週一(遇假日則翌日休) 💴200日圓

❷ 鹽飽木匠著手打造的屋敷
吉田邸

屋齡約100年的屋敷。嵌有刀鍔的雕刻窗、讓組子(僅以榫接方式組裝木料的傳統技術)傾斜而不易積塵的「塵落式」紙拉門等，鹽飽木匠的技藝大放異彩。伊藤若沖的雞圖也不容錯過。
📞090-8692-1827 ⓜ丸龜市本島町笠島314 ⏰✖須預約 💴400日圓

❸ 展示鹽飽水軍的資料
塩飽勤番所跡
鹽飽勤番所遺跡

「年寄」為統治鹽飽的眾船員之代表，這座江戶時代的建築為其執行政務的公所。是日本唯一的「番所」而獲指定為國家史蹟。
📞0877-27-3540 ⓜ丸龜市本島町泊81 ⏰9:00～16:00 ✖週一(遇假日則翌日休) 💴200日圓

❹ 祈求航海平安的神社
木烏神社·千歲座

本殿與拜殿分別於江戶前期與明治後期重建而成。建於靠海側的鳥居是上部橫木兩端呈圓狀的罕見構造。境內建有江戶時期的劇場「千歲座」。
ⓜ丸龜市本島町泊670 ⏰✖💴境內可自由參觀

漁村集落

出羽島

德島縣牟岐町 **重要傳統建築群保存區**

樸素的「蔀帳造」民房群，
林立於沒有車子的小漁村裡

　　這座小島漂浮在牟岐港以南約4km
處的海面上。集落中至今仍有江戶後期
至昭和初期憑藉漁業繁榮起來的民房林
立。民房大多是採用所謂「蔀帳造」的
建築物，有分成上下兩片的遮雨板。遮
雨板的上半部可以抬起，下半部則放下
作為長板凳，供人小憩。是四國東南部
常見的傳統漁村風景。

☐ ACCESS & INFORMATION

於JR牟岐線的牟岐站下車。從徒步需6分鐘的牟
岐港搭乘渡輪需15分鐘，於出羽島港下船。

牟岐町觀光協會 ☎0884-72-0065

位於寧靜海灣
的出羽島港。從江戶
至昭和前期發展遠洋
漁業等而喧鬧不已

⬆蔀帳造的民房。只要將下方遮雨板放下
做為長板凳，便成了居民休閒的好去處

⬆島嶼北部的集落中仍保留著無數江
戶後期以後的傳統住屋

漁村集落

外泊

愛媛縣愛南町

斜坡上有成排的牢固石牆
抵禦強勁海風守護人們日常

　　位於愛南町西海半島上的小漁村。
面向海灣的陡坡上，有高聳石牆環繞的
民房延伸至半山腰。堆砌至接近屋簷高
的石牆守護著房屋，免受冬季季風與鹽
害的侵襲。降低廚房前方石牆的「遠眺
窗」便於從家中查看漁港與近海的狀
況，還有通往集落的狹窄坡道，孕育山
獨特韻味。

☐ ACCESS & INFORMATION

從JR予讚線的宇和島站搭乘宇和島巴士需1小時
22分鐘，於城邊營業所巴士站下車。從城邊營業
所搭乘愛南巴士需33～50分鐘，於外泊巴士站
下車。

愛南町觀光協會 ☎0895-73-0444

江戶末期遷徙自
隔壁城鎮中泊的
移居者開闢了山谷，
打造出現今要塞般
的集落

⬆延伸至集落的長長石階。旁邊則有
城牆般的石牆綿延不絕

⬆石牆砌得與屋簷一樣高。從集落上
眺望的景致亦是一絕

293

農村 & 山村

山村集落

東祖谷落合

德島縣三好市
重要傳統建築群保存區

日本的祕境祖谷溪中的小集落
人們一直生活在山間的斜坡上

　　此集落坐落於四國山地的祕境祖谷溪，祖谷川切蝕出深深V字谷。砌了石牆圍起的耕地在山間陡坡上延展，房屋錯落分布其中，集落的標高差達390m。建築物多為江戶後期至昭和初期的民房，橫長形屋敷地裡有主屋、隱居屋與儲藏室毗連而立。昔日有種習俗，即長男娶親後，父母兄弟都要搬出主屋，並於腹地內設立隱居所。附近的中上集落有座展望台，可眺望落合全貌。

ACCESS & INFORMATION

從JR土讚線的大步危站搭乘通往久保的四國交通巴士需1小時4分鐘，於落合橋巴士站下車，徒步約15分鐘。

三好市遊客服務中心 ☎0883-76-0877

> 被指定為重要傳統建築群保存區，拆除白鐵皮屋頂的茅葺民房與日俱增

> 村道(赤筋道)像是要把斜坡上的田地與傳統住屋縫合般綿延，集落四周深山環抱

東祖谷落合 MAP

三好市東祖谷山村落合重要傳統建築群保存區

N
0　　500m

鎮谷川
住吉神社 ⛩
鎮谷下
鎮谷
八幡神社 ⛩
(栗枝渡神社)
黑岡神社 ⛩ 下瀨上
落合川
長岡家住宅
落合橋
旧落合小学校
落合集落展望所 ●
祖谷溪
⊗東祖谷小·中
439
🚌大步危駅
439

> 散布於斜坡上的住家

> 沿著斜坡，主屋與作為隱居所的住宅等附屬建築橫排並列

城下町 & 武家町

城下町・武家町

安芸
安藝

高知縣安藝市
重要傳統建築群保存區

樹籬與土牆成排相連，
形成近世武家地區的城鎮景觀

　　安藝的歷史悠久，於鐮倉末期統治附近一帶的安藝氏在土居地區的山丘修築了安藝城。江戶時代成為土佐藩領後，家老五藤氏於安藝城腳下建造宅邸，並將周邊修整成武家地區，附近一帶被稱作「土居廓中」，至今仍完好保存著近世的城鎮區劃。舊武家地區的街道上有江戶末期以來的傳統住屋林立，還有成排相連的土用竹（蓬萊竹）樹籬與土牆，保留著濃厚的藩政時代景觀。

📖 ACCESS & INFORMATION

於土佐黑潮鐵路後免－奈半利線的安藝站下車，
徒步30分鐘。

安藝市觀光協會 ☎0887-35-1122

安藝市立歷史民俗資料館。展示與於安藝城定居的五藤氏相關的物品

安藝 MAP

安藝市土居廓中重要傳統建築群保存區

N
0　　200m

天神坊橋

城山

永禅寺卍　安芸城跡　卍清水寺

野村家❶　　安芸市立歴史民俗資料館

五藤家武屋敷

杉尾神社

野良時計❷　チクタク通り　中之橋

安芸駅

武家屋敷櫛比鱗次

近世武家屋敷猶存的土居廓中。初代土佐藩主山內一豐的重臣五藤氏整頓了附近一帶

將古瓦融入土中所製成的泥瓦牆（左）。樹籬則使用土用竹與鳥岡櫟，後用來製成弓箭（右）

❶ 曾服侍家老的上級家臣住宅
野村家

土居廓中武家屋敷裡，唯獨此宅對外開放。可從房間布局觀賞江戶時代獨具特色的武家樣式，精緻的構造饒具趣味。
☎0887-34-8344（安藝觀光資訊中心）地安芸市土居 時8:00～17:00 休無休 費免費

❷ 刻畫120年歲月的櫓鐘樓
野良時計
野良鐘樓

世家畠中源馬於明治時代中期手工製成的鐘樓。他是參考自家的美國製掛鐘打造而成。在農家還沒有時鐘的時代，讓在戶外務農的人們得以知道時間，因而稱作「野良鐘樓」。
☎0887-34-8344（安藝觀光資訊中心）地安芸市土居638-4 時休費僅外觀可自由參觀

安藝鎮上象徵性的塔樓。夏天有向日葵在周邊盛開

由安藝氏完成，
中世紀平山城的遺跡

安芸城跡
安藝城遺跡

安藝氏於鐮倉末期築城，於戰國時代遭長曾我部氏攻破。城堡雖已焚毀，曲輪與堀切等猶存。從城頂可以眺望安藝平原與太平洋。
☎0887-34-3706（安藝市歷史民俗資料館）地安芸市土居953イ 時休費自由參觀 ●也保留圍繞城堡的土壘與護城河

大洲

愛媛縣大洲市

「小花通」是條石板路，充滿6萬石城下町的風情

於愛媛縣西部的肱川兩岸延展，為大洲藩6萬石的舊城下町。大洲城修復後的天守聳立於河畔上。城東的肱南地區則有江戶至明治時期的歷史性建築，形成古老的城鎮景觀。其中又以小花通最是風情萬種，有白牆土藏林立而醞釀出城下町風情。昔日位於武家地區與商人地區的交界處，商家的倉庫與武家屋敷相對而立。街道東側還有藩主的遊賞名勝臥龍山莊。

ACCESS & INFORMATION

於JR予讚線的伊予大洲站下車，徒步15分鐘。

大洲觀光綜合服務站 ☎0893-57-6655

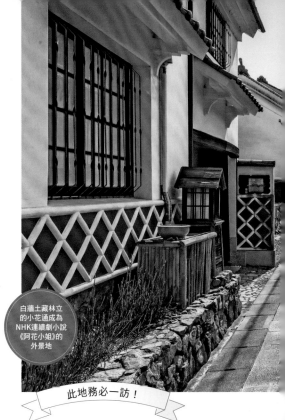

白牆土藏林立的小花通成為NHK連續劇小說《阿花小姐》的外景地

此地務必一訪！

4層4樓的木造天守已恢復沉穩的樣貌

大洲城

鎌倉末期以後陸續迎來好幾位城主，直到明治維新的約250年期間則是由加藤氏所統治。現存4棟櫓，木造天守閣則於2004年修復。
☎0893-24-1146 ㉔大洲市大洲903 ㉕天守9:00～17:00(16:30禁止入內) ㉒無休 ㉓550日圓(與臥龍山莊的通用券為880日圓)

---

1 明治的名建築與名園

臥龍山莊
臥龍山莊

約3000坪的山莊曾是歷代藩主遊賞之地。雖一度荒廢，但明治時代成為貿易商河內寅次郎的別墅，並建造數棟屋造的屋敷。庭園為國家名勝，建築物則為重要文化財。
☎0893-24-3759 ㉔大洲市大洲411-2 ㉕9:00～17:00(最終入館16:30) ㉒無休 ㉓550日圓(與大洲城的通用券為880日圓)

---

2 舊大洲藩主的後代住過的舊加藤家住宅主屋

NIPPONIA HOTEL 大洲 城下町

為分散型旅館，有入洲別具歷史意義的宅邸、城堡與古民房等10棟28間客房可供住宿。已登錄為國家有形文化財，另有獨棟包場的方案，可入住舊大洲藩主的後代加藤家所建造的大正建築宅邸。
☎0120-210-289 ㉔大洲市大洲378

武家屋敷與商家的倉庫

③ 貿易商人所建造的別墅
盤泉莊(旧松井家住宅)
盤泉荘（舊松井家住宅）

大洲出身的松井家在遠渡馬尼拉後，透過貿易業與百貨公司的經營致富，於1926年建造這座別墅。隨處可見充滿國際色彩的設計。

☎0893-23-9156 ⑩大洲市柚木317 ⑱9:00～17:00 ⑭無休 ⑭550日圓

④ 和洋折衷的沉穩建築
おおず赤煉瓦館
大洲紅磚館

1901年作為大洲商業銀行而建。外牆是採用紅磚、屋頂則用了和瓦，為和洋折衷的構造。

☎0893-24-1281 ⑩大洲市大洲60 ⑱9:00～17:00 ⑭無休 ⑭免費

大洲 MAP

松根東洋城句碑　　♀伊予大洲駅

●大洲城
城山公園　　56　　197　　卍住吉神社

肱川橋　　肱川

●大洲城 苧綿櫓

おおず赤煉瓦館④

NIPPONIA HOTEL
大洲 城下町（フロント棟）

中一商店街　　おはなはん通り　②卍多聞天

●大洲市埋蔵文化財センター
大洲小⊗　　大洲歴史探訪館

⊗大洲高　　大洲市役所◎　　S大洲まちの駅
あさもや　大洲神社♀

①臥龍山荘

曹渓院卍　　大洲南中⊗　　法華寺卍　　卍清源寺

大禅寺卍　　寿永寺卍　　56

盤泉荘③
(旧松井家住宅)　　441

N

0　　200m

297

經過修復的街道

走在經過修復的戰國時代與室町時代的街道，親身感受舊時的城鎮樣貌與日常生活。

　　目前正在嘗試於當地復原中世紀陷入失能狀態的街道等。根據史料與挖掘調查重現城鎮區劃，街道上有武家與町民的住所、商店等櫛比鱗次，真實地傳遞舊時的生活。順帶參觀附設的資料館，即可更詳細地了解其歷史。長崎的出島因為填海造陸而改變了島嶼樣貌，目前也在推動修復事業並對外開放。

◐一乘谷朝倉氏遺跡博物館，在屋內以原尺寸部分復原了朝倉當家的宅邸。重現了建築物、庭園與室內的屏風畫等，傳遞戰國時代的生活樣貌

戰國時期的城下町復甦

一乘谷朝倉氏遺跡
一乘谷朝倉氏遺跡

福井縣福井市　MAP P.160

戰國大名朝倉氏所修築的城下町遺跡幾乎完整保留下來。已於遺跡一隅復原了戰國時代的城鎮景觀，還可參觀武家屋敷與町民的住家內部。離遺跡僅一箭之遙的一乘谷朝倉氏遺跡博物館中則展示出土品等資料。
☎0776-41-2330(朝倉氏遺跡保存協會) ㊞福井市城戶ノ內町 ㊞9:00～17:00(入館～16:30) ㊡無休 ¥330日圓 ㊫從JR北陸本線的福井站搭乘京福巴士需28分鐘，於復原町並巴士站下車

象徵鎖國時代的人工島復原整頓計畫

出島

長崎縣長崎市　MAP P.359

恢復在鎖國時代與西歐唯一的貿易據點的出島之舊時樣貌。有倉庫與商館長房間（Capitan部屋）等建築與現存的明治時期西洋建築並立。此島將來預定會恢復填海造陸前的扇形樣貌。

☎095-821-7200(出島綜合服務站) ㊞長崎市出島町6-1 ㊞8:00～21:00(最終入場20:40) ¥520日圓 ㊫於長崎電氣軌道的出島站下車

以實際大小復原約650年前的城鎮樣貌

草戶千軒展示室

廣島縣福山市　MAP P.247

中世紀的港町草戶千軒是於蘆田川河口繁榮起來，根據挖掘調查，以實際大小復原其城鎮一隅的景觀。售物小屋成排的市場、職人住所、佛堂與碼頭等林立。

福山草戶千軒博物館(廣島縣立歷史博物館)
☎084-931-2513 ㊞福山市西町2-4-1 ㊞9:00～17:00(入館～16:30) ㊡週一(遇假日則翌日休) ¥常設展290日圓 ㊫從JR福鹽線的福山站徒步3分鐘

草戶千軒展示室 實物大復原模型(全景)照片提供：廣島縣立歷史博物館

西海道・琉球

筑前・筑後・肥前・肥後・豐前・豐後・日向・薩摩・大隅・琉球

福岡・佐賀・長崎・熊本・大分・宮崎・鹿兒島・沖繩

筑前・豐前
肥前・筑後
　肥後・豐後
　　　日向
薩摩
　　大隅

琉球

有動態感十足的大自然環繞的城下町、港町、溫泉地及離島

九州地區有許多大友宗麟與島津義弘等獨具特色的武將所修築的城堡，九州各地仍留有不少別具魅力的城下町。

水鄉柳川、以天草四郎為人所知的島原、成為《荒城之月》之主題的岡城遺跡所在的竹田、昔日作為天領而繁榮不已的日田、有「九州小京都」之稱的秋月、飫肥、臼杵、杵築等地，皆保留著令人聯想到江戶時代的武家屋敷通。

在薩摩藩的外城、被稱作「麓」的出水、入來、知覽、加世田與蒲生等的武家屋敷集落中，可欣賞揉合南國風建築樣式的獨特街道。

塗抹灰泥的海參牆甚是優美的土藏造町家毗連而立的筑後吉井、八女、肥前濱宿與山鹿等，既是商家町，亦兼具宿場町、港町與溫泉町的一面，目前正在利用複合式繁榮街道上所保存的屋敷與倉庫來推動城鎮建設。

以伊萬里燒馳名的伊萬里與有田內山、以氤氳之城聞名全日本的別府等，當地特有產業與充滿日本特色的大自然更添旅遊情趣。與潛伏基督徒相關的世界遺產崎津集落與港町的山大島，皆保留著傳統的風景，若飛往沖繩的離島，可享受度假氛圍並親身感受琉球的歷史與文化。

⬆以倉庫之城而名聞遐邇的筑後吉井，海參牆配上格子，與白牆相映成輝

⬆伊萬里大川內山，奇岩窯場的紅磚煙囪高聳入雲

⬆杵築有「三明治型城下町」之稱，因其形狀就像是建於南北坡道高地上的武家屋敷包夾著商家町

東シナ海

多良間島

石垣島

西表島

竹富島 P.343

波照間島

伊江島

P.344 水納島 ●

名護

東シナ海

沖繩島

渡名喜島
P.343

太平

那覇 首里金城町 P.323

慶良間諸島

紅瓦與灰泥屋頂綿延的竹富島，守護著沖繩的原始風景

城下町 & 武家町

城下町・河港

柳川

福岡縣柳川市

北原白秋熱愛的水都，
溝渠縱橫交錯

　　以柳川城為中心發展的城下町。為了城堡防禦而建造無數溝渠，在明治以後被用作生活用水與水上交通要道，也開始盛行利用搖櫓船遊川。川上活動之所以作為觀光項目受到矚目，是因為於1954年上映的電影《枸橘之花》，描寫了柳川出身的詩人北原白秋的少年時代。透過川上活動來巡遊溝渠，即可邂逅從船上才看得到、四季分明且詩情畫意的水鄉風景。

ACCESS & INFORMATION

於西鐵天神大牟田線的西鐵柳川站下車。

柳川市遊客服務中心☎0944-74-0891

在此緬懷昔日
堅不可摧的名城

柳川城址
柳川城遺址

柳川藩主立花家10萬9600石的居城遺跡。以高大的石牆與5層天守閣著稱，但在1872年的火災中付之一炬。如今僅保留柳城中學校園一隅的小山丘與部分石牆。☎0944-77-8832（柳川市生涯學習課）⓪柳川市本城町82-2 ⏰⛔自由參觀

🔺奠基於戰國時代蒲池治久所修築的城堡

柳川城為了防禦而修築的石砌城堀水門十分狹窄，船長先生的本事可見一斑

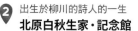
此地務必一訪！

1 舊藩主優雅的宅邸與庭園
柳川藩主立花邸 御花

1738年興建的柳川藩主立花家的私宅。目前仍原封不動地保留著1910年完成的西洋館、日式宴客茶室、庭園「松濤園」。還附設了立花家史料館、料亭與住宿設施等。☎0944-73-2189 ⓪柳川市新外町1 ⏰10:00～16:00 ⛔無休 💰1000日圓

立花家在明治維新後成為伯爵，建造這座西洋館作為迎賓館

2 出生於柳川的詩人的一生
北原白秋生家・記念館
北原白秋故居・紀念館

詩人北原白秋於1885年誕生於柳川一家富裕的酒坊，為童謠《枸橘之花》與《靜待》作詞而打響名號，此館便是以其故居修復而成。紀念館中展示著他的手稿與遺物等。☎0944-72-6773 ⓪柳川市沖端町55-1 ⏰9:00～17:00（入館～16:30）⛔無休 💰600日圓

TOWN 巡禮

水鄉的川上活動

搭乘樸實的搖櫓船巡遊流經柳川城鎮的溝渠，為60～70分鐘的船上旅程。穿過10多座橋，可欣賞海參牆、紅磚倉庫與成排柳樹等別具韻味的風景。

📞0944-74-0891(柳川市遊客服務中心) ⏰9:00～日落(依舉辦公司而異) 🚫2月中旬～下旬左右的落水期間(祭典期間可遊覽乘船處～水門之間)💴1560～1700日圓

環繞柳川藩主立花邸御花西側的海參牆「殿之倉」

上面放蒲燒蒸煮而成的柳川名產「蒸籠鰻魚飯」

---

③ 與白秋相關的文學資料館
松月文人館

展示曾走訪前料亭松月的北原白秋、野田宇太郎與劉寒吉等無數文人所留下的彩紙、書信與照片等。川上活動的乘船處就在眼前。

📞0944-72-4141 🏠柳川市三橋町高畑329 ⏰9:30～15:00 🚫無休 💴免費

④ 紅磚倒映在水面的味噌藏
鶴味噌釀造 並倉
鶴味噌釀造 並倉

建於明治時代後期的紅磚倉庫。至今仍作為熟成倉庫使用。

📞0944-73-2166 🏠柳川市三橋町江曲216 🚫截至2024年9月為止不對外開放

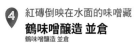

⑤ 為避免夏季水災的祭典
沖端水天宮

船型舞台漂浮在水天宮旁邊的溝渠中，5月為期3天、獻納傳統樂曲與戲劇表演的沖端水天宮祭十分著名。

📞0944-77-8832(柳川市生涯学習課) 🏠柳川市稲荷町東北町21

柳川 MAP

長滿青苔的石牆

舊田代家住宅前方的坡道又稱作「月見坂」，秋月上方升起的明月景致可謂一絕

城下町

秋月

福岡縣朝倉市
重要傳統建築群保存區

自然景觀豐富的山間城下町
以櫻花與紅葉名勝著稱

　　鎌倉時代，秋月氏於谷處山修築山城，自江戶初期由黑田氏統治，是座歷史悠久的城下町。江戶時代於山間小盆地開拓的城鎮中，秋月城下配置了武家屋敷，高地上開設了寺社，街道附近則形成商人町，甚至被形容為「秋月千軒五千人」熱鬧非凡。如今仍保留著自然景觀豐富的風景，周遭群山、流經城鎮的野鳥川與傳統街道和諧相融，還成為縣內屈指可數的櫻花與紅葉名勝。

☐ ACCESS & INFORMATION

從鹿兒島本線的基山站搭乘甘木鐵道需26分鐘，於甘木站下車。從甘木站搭乘甘木觀光巴士秋月線需18分鐘，於秋月巴士站下車。

朝倉觀光協會 ☎0946-24-6758

此地務必一訪！

1 茅葺的武家屋敷
旧田代家住宅
舊田代家住宅

秋月藩的上級武家屋敷，具備主屋、上藏、門、土牆與庭園等武家屋敷的所有要素。經過修復的建築物持續傳遞著江戶時代後期的佇立形姿。

☎0946-28-7341(朝倉市文化生涯學習課) 地
朝倉市秋月180-1 時 9:00～16:00 休無休 ※
無法確保園內安全的日子會休園 費免費

過去的城堡遺跡，
為櫻花與紅葉的名勝

秋月城跡
秋月城遺跡

1623年根據福岡藩主黑田長政的遺命，奉三男長興為秋月藩主，並修整了陣屋形式的城堡。如今仍保留著石牆、護城河、黑門與長屋門，於舊址建造了木造的秋月中學。

☎0946-24-6758(朝倉觀光協會) 地朝倉市秋月野鳥 時休費自由參觀

↑黑門，原本是秋月城的大手門

↑通往秋月城奧御殿的長屋門

↪通往秋月城正門的石造橋「瓦坂」。鋪滿了縱向排列的瓦片

於1810年竣工。
由來自長崎的石匠
所打造的花崗岩眼鏡橋

④ 上級武士質實剛健的屋敷
戶波半九郎屋敷跡
戶波半九郎屋敷遺跡

戶波半九郎的屋敷遺跡，他曾主導反抗明治政府的武士階級叛亂「秋月之亂」。主屋、長屋門與庭園等皆保留著當時的樣貌。
📞0946-25-0405(朝倉市秋月博物館)
🏠朝倉市秋月野鳥532 🕐9:30～16:30
🈺週一(遇假日則翌日休)、換展期間 💴免費

② 江戶時代的武家生活
秋月武家屋敷 久野邸

曾侍奉秋月藩初代藩主黑田長興的上級武士的屋敷。超過600坪的腹地中，已修復並重現了腕木門、仲間部屋、茅葺主屋、獨立日式廳堂、回遊式庭園與土藏等。是藩主下賜的2層樓房屋，地位之高可見一斑。
📞0946-25-0697 🏠朝倉市秋月83-2 🕐10:00～17:00(入館～16:30) 🈺週一(遇假日則翌日休) 💴300日圓

⑤ 傳承自江戶時代的本葛老店
廣久葛本舖

於1819年創業的本葛專賣店。充滿江戶時代商家特色的寬廣土間裡有本葛的販售區與可享用葛切等的茶房。
📞0946-25-0215 🏠朝倉市秋月532 🕐8:00～17:00(日式甜點店葛茶房「葛之花」，10:00～16:30LO) 🈺無休

③ 以白灰泥牆配上蟲籠窗的商家
石田家住宅

御用商人甘木屋遠藤家的房產，狹長腹地內建有成排町家，特色在於可合併為1棟亦可分隔為2棟的住宅構造。
📞0946-24-6758(朝倉觀光協會) 🏠朝倉市秋月519 🕐🈺💴內部不對外開放

秋月 MAP

秋月藩黑田家墓所
秋月溫泉 料亭旅館 清流庵 古心寺卍
日限地藏院卍 淨覺寺卍 大涼寺卍
須賀神社卍 長生寺卍
田中天滿宮

朝倉市秋月重要傳統建築群保存區

博物館前
石田家住宅❸ 杉の馬場
井村家別邸 月の離れ 秋月美術館 朝倉市秋月博物館
秋月❹戶波半九郎屋敷跡
眼鏡橋 廣久葛本舖❺
目鏡橋 野鳥川
秋月街道
甘木駅
西念寺卍 本善寺卍 ❷秋月武家屋敷久野邸
宮地嶽神社 秋月中
舊田代家住宅❶ 秋月城表御門跡(大手門跡) 瓦坂
長屋門
秋月城跡
佛願寺 秋月別院卍

N
0 200m

神代小路

長崎縣雲仙市
重要傳統建築群保存區

樹籬、石牆與水渠訴說著
長崎鍋島佐賀藩的故事

　　此地區是江戶時代在島原半島內唯一隸屬於佐賀藩的領地，於鍋島氏移居至神代的17世紀後期，以陣屋為中心整頓而成的武家町。以綠意成蔭的本小路為主街道，水路流經的街道與屋敷也整頓成枡形。此外，還可窺見武家町的功能性，樹籬中的笹竹與石牆中的圓石，都是考慮到戰時可作為武器的設計，其凜然肅穆的景觀至今猶存。

☐ ACCESS & INFORMATION

於島原鐵道的神代站下車。

雲仙觀光局 ☎0957-73-3434

枡形是讓道路彎曲呈直角而無法一看到底，藉此阻止敵人直接前進

神代小路 MAP

有明海
島原鉄道
251
神代駅
旧神代村立神代中学校舎跡
神代川
島原駅
国見神代小路
歴史文化公園鍋島邸 ❶
鶴亀城跡
帆足家長屋門 ❸
④ 雲仙市歴史資料館 国見展示館
諫早駅
雲仙市神代小路重要傳統建築群保存區
神代神社 ⛩
神代小 ⓈⒽ
島原街道
みのⱯ上神社⛩(大神宮)
永松邸 ❷
N
島原街道
下坊墓地
0　　200m
卍 光明寺

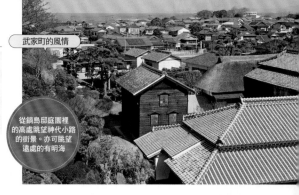

武家町の風情

從鍋島邸庭園裡的高處眺望神代小路的街景。亦可眺望遠處的有明海

❶ 石塀、長屋門與緋寒櫻
国見神代小路歴史文化公園 鍋島邸
国見神代小路歴史文化公園 鍋島邸

在佐賀藩神代領領主鍋島氏的陣屋遺跡中，以其宅邸與庭園為中心打造而成的公園。宅邸內部也已對外開放，春天有杜鵑花，冬天有緋寒櫻等，四季紛呈的花卉彩綴著庭園。
☎0957-61-7778 ⊕雲仙市国見町神代丙103-1 ⏰10:00～17:00(入場～16:30) 休週一(遇假日則翌日休) 費300日圓

❷ 寄棟造茅葺武家屋敷
永松邸

曾任鍋島家養育職務家族的屋敷，保有江戶時代後期大型武家屋敷的特色。從內部可以參觀茅葺屋頂的內側。
☎0957-38-3111(雲仙市觀光物產課) ⊕雲仙市国見町神代丙112 ⏰不定期開館(須洽詢) 費免費

❸ 世家老職的宅邸
帆足家長屋門

據說是一座模擬門，為的是讓入侵的敵人誤以為這是鍋島家大門。

⏰休 內部不對外開放

❹ 充滿昭和氣息之木造校舍
雲仙市歴史資料館 国見展示館
雲仙市歴史資料館 国見展示館

以於1948年開辦的舊神代中學的校舍復原而成，重現昭和時期的教室，並展示民俗資料與出土遺物。
☎0957-78-2334 ⊕雲仙市国見町神代丙178-1 ⏰9:00～17:00 休週六‧日與國定假日 費免費

館內展示著約3萬年前的石器、發現於市內遺跡的出土品與考古資料

城下町

島原

長崎縣島原市

水之都的城下町，
湧泉與鯉魚遍布城鎮各處

　　松倉重政自1618年起投注7年歲月修築了島原城。後來發展成松平氏7萬石的城下町。城堡西側還有昔日作為步槍組移居地而整頓的武家屋敷。建造時沒有圍牆，如步槍的槍筒般可一眼望盡屋敷町，因而又稱為鐵炮町。流經武家屋敷道路中央的水渠自不待言，城鎮裡湧泉無處不在，民房院子或道路兩旁有清水流淌而過，鯉魚悠游其中的樣子與街景融為一體。

☐ ACCESS & INFORMATION

於島原鐵道的島原站下車。

島原市島原觀光課 ☎0957-63-1111

湧泉豐富的新町通有條
全長100m的水
渠，鯉魚悠游其中

島原MAP

武家屋敷通
長約400m。左手邊
的房屋為山本邸。
道路中央的水渠為
生活用水

① 曾任砲術師範職務的家族
山本邸

代代以砲術師範擔任藩的要職。據說在下級武士中相當罕見的氣派門扉，是藩主特別允許的結構。有月亮與兔子圖案的雕刻窗等充滿武家屋敷特色的設計。
☎0957-63-1111(島原市島原觀光課) ⑭島原市下の丁1995-1 ⑲9:00～17:00 ⑯無休 ⑰免費

② 擔任過無數要職的家族
鳥田邸

曾任材木奉行、宗門方加役、船津往來番等要職的家族。屋頂為上部茅葺、下部瓦葺的罕見構造。五右衛門風呂至今猶在。
☎0957-63-1111(島原市島原觀光課) ⑭島原市下の丁1971-1 ⑲9:00～17:00 ⑯無休 ⑰免費

③ 曾擔任祐筆與代官的家族
篠塚邸

與初代藩主松倉重政一起從三河移居至此，直到明治時期共傳承11代。被稱為男座、女座的日式廳堂與廚房等，令人懷想起過去的生活。
☎0957-63-1111(島原市島原觀光課) ⑭島原市下の丁1994-1 ⑲9:00～17:00 ⑯無休 ⑰免費

煥然一新的天守閣與
築城至今的石牆都值得一看

島原城

島原城於2024年迎來築城400週年。天守閣內展示著日本屈指可數的吉利支丹相關資料等。從頂樓可將島原市街區一覽無遺。
☎0957-62-4766(島原觀光局) ⑭島原市城內1-1183-1 ⑲9:00～17:30(最終入館17:00) ⑯無休 ⑰700日圓

↑從天守可將有明海與雲仙岳盡收眼底

島原MAP

①山本邸
屋島原敷原
③篠塚邸
通り武家
②鳥田邸
一鐘撞堂(時鐘樓)
●文化会館
●島原市觀光案内所 ⓘ
●民具資料館
西惣構町通り
●島原城
●西の櫓
江戸丁通り
中村家屋敷● 快光院卍
白土湖通り
新町通り
島原鐵道
島原駅
国道251号
島原市役所◎
しまばら湧水館
島原港駅
N
0　　300m

杵築

大分縣杵築市
重要傳統建築群保存區

連接武家屋敷與商人町
坡道十分優美的城下町

　　能見松平家的杵築城聳立於岬角突出處，城下町的武家屋敷位於內陸南北兩側的高地上，商人城鎮則建於山谷間。南台側有條志保屋（鹽屋）之坂、北台側則有醋屋之坂，兩者名稱源於坡道下方入口處的商家。連接商人城鎮與武家屋敷城鎮的道路大多為坡道，從坡道上方俯瞰的景色自不待言，從石板路上土牆與石牆綿延的武家屋敷通望去的景致也動態感十足。

☐ ACCESS & INFORMATION

從JR日豐本線的杵築站搭乘國東觀光巴士需10分鐘，於杵築巴士總站下車。

杵築市觀光協會 ☎0978-63-0100

> 突出於海面
> 視野絕佳的城堡

杵築城

杵築的地名原本是「木付」，德川幕府的朱印狀上卻誤寫成「杵築」，此後便成了「杵築」城。本丸遺跡搖身一變成了城山公園，還可從天守上享受眺望的樂趣。
☎0978-62-4532 ⑮杵築市杵築16-1 ⑯10:00～17:00（入場～16:30）⑯無休 ⑯400日圓

⬆從天守可飽覽市內與守江灣

> 以山谷為界，往外擴展的街道

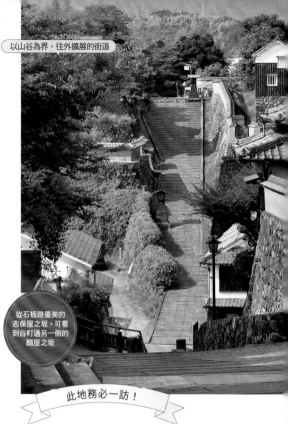

> 從石板路優美的志保屋之坂，可看到谷町通另一側的醋屋之坂

> 此地務必一訪！

❶ 庭園美麗不已的武家屋敷
大原邸

位於醋屋之坂上方的北台武家屋敷群中。是曾擔任家老等要職的上級武士的屋敷，有長屋門、茅葺屋頂與回遊式庭園等，以高規格著稱。
☎0978-63-4554 ⑮杵築市杵築207 ⑯10:00～17:00（入場～16:30）⑯無休 ⑯300日圓

❷ 四季紛呈而嚴謹的庭園
磯矢邸

作為藩主休息所而建造的御用屋敷，設計成從任一房間都能欣賞松竹梅。
☎0978-63-1488 ⑮杵築市杵築211-1 ⑯10:00～17:00（入場～16:30）⑯無休 ⑯300日圓

❸ 在武家屋敷享用和式甜點
能見邸

與大原邸相鄰，德川家直系名門別具格調的宅邸。附設日式甜點店，可一邊眺望庭園一邊享用甜點。
☎0978-62-0330 ⑮杵築市杵築北台208-1 ⑯10:00～17:00（入場～16:30）⑯無休 ⑯免費

志保屋之坂高台上的南台武家屋敷遺跡，石牆與長屋門等別具風情的屋敷綿延不絕

⑤ 家老的隱居宅
中根邸

代代擔任杵築藩筆頭家老等要職的中根氏的隱居宅。設有茶室與水屋等，充滿了昔日享受茶道的閒雅之趣。
☎0978-63-0100(杵築市觀光協會) 働杵築市南杵築193-1 働9:00～17:00(入場～16:30) 働週三 働免費

⑥ 坐望杵築城與海的宅邸
一松邸

成為杵築市初代名譽市民一松定吉的宅邸。可欣賞以未經拼接的單片杉木板打造的緣廊、格天井的御手洗等奢侈又精緻的建築。
☎0978-62-5761 働杵築市南杵築193-1 働10:00 ～ 17:00（入場～16:30） 働無休 働150日圓

④ 作為小學校門仍完好
藩校の門
藩校之門

第7代藩主親賢於1788年所設立的藩校「學習館」的藩主御成門。至今仍活用作為杵築小學的後門。
☎0978-63-0100(杵築市觀光協會) 働杵築市杵築 働休働自由參觀

北台武家屋敷遺跡，爬上醋屋之坂後右轉，高規格的屋敷一直延伸至勘定場之坂

勘定場之坂總共有53階，從上面數來第24階的石階上繪有富士山

杵築 MAP

杵築市北台南台重要傳統建築群保存區

北台武家屋敷跡
番所の坂 ⑧能見邸 49
大原邸 ❶ ④藩校の門 ⊓杵築神社
醋屋の坂 ❷碰欠邸
杵築駅
志保屋之坂 ⊙勘定場の坂
中根邸 ⑤ 青筵神社⊓
城山公園
きつき城下町資料館 杵築城
南台武家屋敷群● ●野上邸
❻一松邸 八坂川 杵築大橋
⊓天満宮元社 213

0 200m

309

臼杵

大分縣臼杵市

面向日豐海岸的城下町
可在石板坡道上漫步

　　在戰國時代曾是吉利支丹大名（指皈依基督教且接受洗禮的大名）的大友宗麟打造的城下町。憑藉明朝與葡萄牙商人往來的南蠻貿易繁盛一時，作為基督教傳教之地，經濟與文化遍地開花。現在的街道是江戶時代藩主稻葉氏所建，延續自過去的商人城鎮，以及從八町大路連結武家屋敷地區的二王座歷史之道，巷弄如迷宮般錯綜交織，可盡情享受風情萬種的散步之樂。

ACCESS & INFORMATION

從JR日豐本線的臼杵站下車。

臼杵市觀光協會 ☎0972-64-7130

八町大路是復古氛圍猶存的商店街，老字號醬油店、咖啡館與餐飲店等成排林立於石板路

臼杵 MAP

石板路黑得發亮，雨天也很愜意

此地務必一訪！

❶ 別具風格的上級武家屋敷
旧臼杵藩主 稻葉家下屋敷・旧平井家住宅
舊臼杵藩主 稻葉家下屋敷・舊平井家住宅

隨著廢藩置縣移居東京的舊藩主稻葉家在臼杵的住宿之處。毗鄰的舊平井家住宅是侍奉稻葉氏的上級武士的住宅。兩處皆保留著江戶時代武家屋敷的樣式。
☎0972-62-3399 ⓐ臼杵市臼杵6-6 ⓗ9:00～17:00(入館～16:30) ⓧ無休 ⓨ330日圓

❷ 酒藏裡有磁磚畫
久家の大蔵
久家的大藏

以江戶時代後期建造的酒藏翻修而成的文化觀光設施。有葡萄牙藝術家繪製、葡萄牙語稱作Azulejo的傳統裝飾磁磚彩綴牆面。
☎0972-63-1111(臼杵市產業觀光課) ⓐ臼杵市浜町 ⓗ9:30～17:00 ⓧ無休 ⓨ免費

二王座歷史之道的凝灰岩石板路上，有以白牆配屋頂瓦的武家屋敷與寺院等櫛比鱗次

5 土藏休息所
稻葉家土藏
稻葉家土藏

建於二王座歷史之道旁的免費休息所。擺放著觀光手冊等。

☎0972-63-1111(臼杵市都市設計課) ⓟ臼杵市臼杵片町212 ⓣ8:30～17:00 ⓗ無休 ⓨ免費

6 可將二王座的街道一覽無遺
旧真光寺
舊真光寺

作為免費休息所對外開放，從2樓可以盡覽二王座歷史之道。

☎0972-63-1111(臼杵市產業觀光課) ⓟ臼杵市臼杵二王座270 ⓣ8:30～17:00 ⓗ無休 ⓨ免費

臼杵藩第3代藩主稻葉一通於1602年建造的法音寺，作為其妻子的菩提寺

3 持續寫作至99歲的作家
野上弥生子文学記念館
野上彌生子文學紀念館

針對其故居小手川酒造做局部翻修後所開設的紀念館。展示其少女時代的書房、來自夏目漱石的書信與手稿等約200件遺物。

☎0972-63-4803 ⓟ臼杵市浜町 ⓣ9:30～17:00 ⓗ無休 ⓨ310日圓

小手川酒造的土藏，以白牆搭配海參牆，建於野上彌生子的故居隔壁

櫓與石牆十分優美的櫻花名勝

臼杵城跡
臼杵城遺跡

1556年，大友宗麟於漂浮在臼杵灣上的丹生島上築城。由於島嶼形狀和烏龜相似，因而又被稱作龜城。自江戶時代遺留下來的疊櫓、卯寅口門脇櫓與大門櫓皆已經過修復。

☎0972-64-7130(臼杵市觀光協會) ⓟ臼杵市臼杵 ⓣⓗ自由參觀

↑入春後櫻花爭相怒放的賞花景點

4 創業逾400年的老店
力二醬油
螃蟹醬油

1600年於八町大路上創業的味噌與醬油釀造老店。名稱獨特的調味料很適合作為伴手禮。名產是味噌霜淇淋。

☎0972-63-1177 ⓟ臼杵市臼杵218 ⓣ9:00～17:00 ⓗ週二

延寶6年（1678）左右
臼杵城下草圖（部分）

臼杵市教育委員會收藏

臼杵城

佐伯

大分縣佐伯市

歷史與文學之道

白牆土牆沿著城山山麓綿延的「歷史與文學之道」。入春後沿路有櫻花綻放

國木田獨步熱愛的城山
與在山麓延展開的城下町

　　國木田獨步在《豐後的國佐伯》中曾寫道：「佐伯入春後，我總會先走訪城山」，這裡的城山指的便是初代藩主毛利高政修築佐伯城所在的山。山麓的潮間帶泥灘被整頓成城下町，從大守門遺跡經山際通前往毛利家的菩提寺養賢寺、約700m的路上，至今仍有石牆與白灰泥的屋敷毗連而立。還保留獨步下榻過的住家與政治家矢野龍溪的故居遺跡，被命名為「歷史與文學之道」。

☐ ACCESS & INFORMATION

從JR日豐本線的佐伯站下車。

佐伯市遊客服務中心☎0972-23-3400

安井的水井，保留於山際通上。江戶時代的藩醫令泉元甫為了城下居民而挖擊的三義井之一

佐伯 MAP

N
0 300m
日豐本線
佐伯駅
養賢寺
217
城下町佐伯国木田獨步館 ②
若宮八幡宮
山際史跡広場 ①
佐伯城跡
安井的井戶
城山
歷史公園
土居邸
城山
卍善教寺
卍久成寺
矢野龍溪生家跡
卍四教堂跡
佐伯城三の丸櫓門 ③
佐伯市歷史資料館
217
潮谷寺 卍神明神社
大日寺跡

① 上級武家屋敷的舊時面貌
山際史跡広場
山際史蹟廣場

山中家屋敷遺跡位於佐伯藩上級武士的屋敷櫛比鱗次的街道上，現已經過修整並活用礎石與庭石打造成廣場。
☎0972-22-4234(佐伯市社會教育課)⑩佐伯市城下東町779⑱8:30～17:00 ㊡週一(遇假日則翌日休)㊎免費

② 獨步下榻過的武家屋敷
城下町佐伯
国木田独步館
城下町佐伯 國木田獨步館

明治文豪國木田獨步曾以教師身分在此住宿了10個月。他經常到相當於後山的城山散步並沉思。
☎0972-22-2866⑩佐伯市城下東町9-37⑱9:00～17:00(入館～16:30)㊡週一(遇假日則翌日休)㊎200日圓

③ 佐伯城的建築物至今猶存
佐伯城三の丸櫓門
佐伯城三之丸櫓門

佐伯城的城郭建築中僅存的櫓門。創建作為藩廳的正門，於藩政時代經過兩次重建，現在的櫓門為1832年所建。
☎0972-22-4234(佐伯市社會教育課)⑩佐伯市大手町 ㊡休 ㊎自由參觀

佐伯城跡
佐伯城遺跡

建於山上的城堡
全面以石牆守護

關原之戰後，毛利高政於標高144m的城山上修築了這座石牆環繞的山城。天守台遺跡、本丸與二之丸連接處的堀切、廊下橋遺跡與4層雛壇狀石牆至今猶存。
☎0972-22-4234（佐伯市歷史資料館）⑩佐伯市城山76-1 ㊡休 ㊎自由參觀

↑廊下橋遺跡，曾是通往本丸唯一的入口

竹田

大分縣竹田市

浪漫滿溢的岡城與武家屋敷成為《荒城之月》的原型

　　在阿蘇火山的碎屑流所形成的盆地裡所開拓的城下町。隧道眾多，別名為「蓮藕町」。於中世紀修築了岡城，江戶時代作為岡藩7萬石城下而繁榮不已。整頓成棋盤狀的城鎮裡，殿町武家屋敷通上至今仍有坐擁土牆與石牆的武家屋敷櫛比鱗次。行經武家屋敷、通往瀧廉太郎紀念館與岡城遺跡的途中，立有「歷史之道」的石碑引導遊客。

☐ ACCESS & INFORMATION

於JR豐肥本線的豐後竹田站下車。

竹田遊客服務中心（竹田市觀光tourism協會竹田分部）☎0974-63-2638

廉太郎隧道，漫步其中可聽到《荒城之月》與《花》等旋律

竹田 MAP

```
朝地駅
竹田温泉 花水月
豊後竹田駅
稲葉川
玉来駅
願成院本堂 観音寺
(愛染堂)卍 卍
①御客屋敷 月鐘楼
①竹田市城下町交流プラザ
豊音寺卍
瀧廉太郎記念館③  竹田市歴史文化館・由学館
廉太郎トンネル
歴史の道                 広瀬神社
旧竹田荘② 広瀬神社
         キリシタン洞窟礼拝堂
岡城跡
0  200m
N
```

殿町的「歷史之道」

殿町的武家屋敷通上，有江戶時代的土牆與沉穩的長屋門並列，綿延了100m

① 舊岡藩的迎賓咖啡館
三日月珈琲店 月鐘楼
三日月珈琲店 月鐘楼

屋齡200餘年的建築，昔日曾是岡藩的迎賓館，活用來作為咖啡館。在坐望庭園的沉穩日式廳堂裡，可享用荒城之月咖哩、咖啡與甜點等。
☎0974-63-1008 ⑱竹田市竹田町486-1 ⊕11:00～17:00 ⊗週三・四

② 南畫家田能村竹田的故居
旧竹田荘
舊竹田莊

江戶時代的南畫家田能村竹田的宅邸。位於俯瞰市街區的高地，從2樓10張榻榻米大的房間可盡覽漢詩裡歌頌的城下町景色。
☎0974-63-9699 ⑱竹田市竹田殿町 ⊕9:00～16:30 ⊗週四（遇假日則翌日休）⑲500日圓（與竹田市歷史文化館的由學館通用）

③ 緬懷早逝作曲家的故居
瀧廉太郎記念館
瀧廉太郎紀念館

《荒城之月》的作曲家瀧廉太郎於23歲時驟逝，12～14歲在此度過多愁善感的少年時期。展示著手寫樂譜與書信等。
☎0974-63-0559 ⑱竹田市竹田2120-1 ⊕9:00～17:00（入館至16:30）⊗無休 ⑲300日圓

岡城跡
岡城遺跡

石牆環繞的城堡成為《荒城之月》主題

相傳是為了迎接源義經而築城，建於由阿蘇火山的碎屑流所形成、海拔325m的岩山上。據說這座城是瀧廉太郎所作的民謠《荒城之月》的靈感來源而遠近馳名。
☎0974-63-1541（岡城收費亭）⑱竹田市竹田2761 ⊕9:00～17:00 ⊗無休 ⑲300日圓

⬆保留著如屏風般堆砌得十分厚重的石牆

飫肥

宮崎縣日南市
重要傳統建築群保存區

滿是青苔的飫肥杉、飫肥石點綴 沉穩的武家屋敷通與商人町

伊東氏憑藉著平定九州的功績，獲得豐臣秀吉賜予飫肥城並統治這座城下町。以從城西往東呈「ひ」字形蜿蜒的酒谷川作為外堀，從接近城堡的街道開始依序區劃成上級、中級家臣、商人町與下級武士的屋敷。石牆上加了瓦屋頂的源水圍牆與樹籬環繞的武家屋敷猶存，還有格子上綴飾壁式燈籠的商家毗連而立的商人町通等，可徜徉在仿若江戶時代的街道中。

☐ ACCESS & INFORMATION

於JR日南線的飫肥站下車。

日南市遊客服務中心 ☎0987-31-1134

> 城鎮之象徵的大手門、
> 杉木林與青苔備感療癒

飫肥城跡
飫肥城遺跡

坐擁使用百年杉木加以復原的大手門、松尾之丸與歷史資料館等，穿過延伸至舊本丸遺跡的石牆，林立的飫肥杉與整片青苔形成美麗對比的森林躍然眼前。
☎0987-25-1905(小村壽太郎紀念館) 地日南市飫肥10 開休費自由參觀

⬆通往舊本丸的登城路，沿途飫肥杉綿延

> 武家屋敷通盡頭處的大手門

> 此地務必一訪！

❶ 藩主伊東家的屋敷與庭園
豫章館

飫肥藩知事伊東祐歸與父親裕相於1869年末從城內遷居至此屋敷。設有藥醫門，還有座以借景方式融合了背後群山之景的廣大庭園等，形姿別具格調。
☎0987-25-1905(小村壽太郎紀念館) 地日南市飫肥9-1-1 開9:30～17:00(受理至16:30) 休無休 費300日圓

❷ 培育文武人才的藩校
振德堂

振德堂

於1831年開設的飫肥藩藩校。高大石牆環繞的廣大腹地內仍保存著長屋門與主屋。明治時期的外務大臣小村壽太郎也曾在此就學。
☎0987-25-1905(小村壽太郎紀念館) 地日南市飫肥10-2-1 開9:30～17:00(受理至16:30) 休無休 費免費

本町通上有在藩政時代憑藉飫肥杉致富的富商的商家與商家資料館

橫馬場通，上級家臣的武家屋敷林立。此地區還有「九州小京都」之稱

4 極盡奢侈的近代和風建築
旧高橋源次郎家
舊高橋源次郎家

曾任縣議會議員與貴族院議員等的實業家高橋源次郎的宅邸。保存並對外開放貼滿磁磚的浴室、杉戶繪、隔扇畫等講究風雅的明治建築。

☎0987-25-1905(小村壽太郎紀念館)⬆日南市飫肥5-2-12⏰9:30〜17:00(受理至16:30)🚫無休💴300日圓

5 傳遞屋主美學意識的明治商人屋敷
旧山本猪平家
舊山本猪平家

富商山本猪平於明治40年代建造的商家本宅。從門通往玄關與土間的通道上所鋪設的磁磚令人印象深刻。

☎0987-25-1905(小村壽太郎紀念館)⬆日南市飫肥5-2-26⏰9:30〜17:00(受理至16:30)🚫無休💴300日圓

3 武家屋敷的獨棟旅館
茜さす 飫肥
茜色 飫肥

翻修自江戶後期建造的舊伊東傳左衛門家武家屋敷的旅館。入住與退房皆自助，感覺就像別墅一樣。可容納8人，1天限定1組客人。

☎050-1743-2099⬆日南市飫肥4-4-1

飫肥城歷史資料館，展示著盔甲、刀劍、武具等與飫肥藩相關的資料

※豫章館、松尾之丸(飫肥城內)、飫肥城歷史資料館、小村壽太郎紀念館、舊高橋源次郎家、舊山本猪平家與商家資料館，7座有淵源的設施的共通入館券為800日圓

飫肥 MAP

日南市飫肥重要傳統建築群保存區

長久寺卍　卍願成就寺

舊伊東民部邸　②振德堂

飫肥城跡　●松尾之丸　③茜さす 飫肥

飫肥城歷史資料館●　飫肥城 大手門　日南酒造会館●

御敷屋　橫馬場通り

豫章館①　●小村壽太郎記念館　飫肥駅

舊伊東祐丙正家　宮崎駅

⑤舊山本猪平家　稲荷下橋

後町通り　飫肥街道

空也寺　大手門通り　④舊高橋源次郎家

商家資料館　本町通り　日南線

本町橋　岩崎稲荷神社

N　0　200m

酒谷川　日南駅

武家町(山麓集落)

知覽
知覽

鹿兒島縣南九州市
重要傳統建築群保存區

山腳下的武家屋敷群，
散發獨特的庭園文化氣息

　　武士占了4分之1人口的薩摩藩，其根據「眾志成城」的理念所修築的外城之一。以石塊與圓石砌成的石牆上配置了多樣樹籬之武家屋敷群，形成於島津久峰擔任知覽城主的江戶中期。屋敷入口有顆避免直視屋敷內部的屏風岩（沖繩式屏風），當時知覽的港口為琉球貿易據點，因此似乎深受影響。

⬚ ACCESS & INFORMATION

從JR鹿兒島本線的鹿兒島中央站搭乘鹿兒島交通巴士前往知覽的特攻觀音需1小時12分鐘，於武家屋敷入口巴士站下車。

南九州市商工觀光課 ☎0993-83-2511

TOWN 巡禮
巡遊7座武家屋敷庭園

可參觀已被指定為國家名勝、於江戶時代中期與後期建造的7座庭園。

知覽武家屋敷庭園
知覽武家屋敷庭園

☎0993-58-7878(知覽武家屋敷庭園辦公室)⌂南九州市知覽町郡 ⏰9:00～17:00 ⊗無休 💴 7座庭園通用券為530日圓

也很推薦漫步導覽服務

只須於1週前預約，導覽義工會提供武家屋敷庭園的精采看點與歷史解說。須支付庭園入園費530日圓，但導覽免費。約需1小時。洽詢請聯絡知覽武家屋敷庭園辦公室（☎0993-58-7878）。

如山水盆景般的街景

屋敷地區經過整地後高出大街一段，以石塊與圓石修築了石牆作為擋土牆

此地務必一訪！

❶ 漂浮海上般的鶴龜庭園
西鄉惠一郎庭園
西鄉惠一郎庭園

別名為鶴龜之庭園，是以修整過的羅漢松、擬作鶴頸的立石造景，加上栩栩如生的龜石（宛如在注入大海的谷川水岸上嬉戲的烏龜）與枯瀑布石造景詮釋。

❷ 延展想像力的枯山水
平山克己庭園

將母岳納入的借景庭園。無論取景何處，都能自成一座庭園，在和諧感與詮釋上十分出色。圍繞在漂浮於白砂上的岩島四周的修剪園藝則呈現出躍動感。

知覽 MAP

南九州市知覽重要傳統
建築群保存區

知覽小⊗

佐多美舟庭園 ④
旧高城家住宅
武家屋敷入口
龜甲城跡
龍川
豐玉姬陵

川口茶鋪 S
武家屋敷通り
⑦ 森重堅庭園

卍光寿寺
豐玉姬神社跡

大心寺卍
市役所 南九州市役所
⑥ 佐多直忠庭園

ホタル館
富屋食堂
(資料館)
③ 平山亮一庭園
佐多民子庭園

② 平山克己庭園

① 西鄉惠一郎庭園

N
0 —— 200m

知覽型二屋民房

知覽木匠的建築技術

旧高城家住宅
舊高城家住宅

利用一座小樓連接起居用的「OMOTE」與設有廚房的「NAKAE」，合為1棟，被稱作「二屋」，是知覽獨特的建築文化。

③ 修剪而成的借景庭園
平山亮一庭園

完全沒有石造景，僅以羅漢松與皋月杜鵑的修剪園藝打造的庭園。與作為借景的母岳的脊線融為一體，令人聯想到雄偉的連綿群山。

④ 立體的枯山水
佐多美舟庭園

庭園群中最豪華廣闊的。打造了高聳的枯瀑布，並以白砂與皋月杜鵑的修剪園藝詮釋人造山。下方則設置石造景，是座結構立體的庭園。

⑤ 巨石強而有力的庭園
佐多民子庭園

配置了大量據說是利用牛馬從麓川上游運來的巨石奇岩，並透過楓樹、松樹與羅漢松等植栽，呈現出深山幽谷的神祕景象。

⑥ 水墨畫般的庭園
佐多直忠庭園

將母岳納入借景的枯山水庭園。以高達3.5m的立石搭配枯瀑布的組合宛如一幅水墨畫，梅花盛放的初春特別值得一看。

⑦ 利用湧泉的池泉式庭園
森重堅庭園

7座庭園中唯一的池泉式庭園。利用山中湧泉而曲線優美的水池內，藉由奇岩異石呈現出近景的山與半島，對岸則運用洞石來詮釋洞窟。

武家町（山麓集落）

出水麓

鹿兒島縣出水市
重要傳統建築群保存區

薩摩藩最大的武家屋敷群
散發守衛國境的武士氣概

　　江戶時代，薩摩藩設置了外城作為統治地方的據點。既是負責政務與地方警備的武士之住所，亦是陣地的城鎮，即稱為「麓」。出水麓位於與肥後的國境交界處，是藩內規模最大的城鎮，讓精銳的武士遷居至此負責守衛。至今仍完好保存著修建「麓」時的棋盤狀街道與屋敷區劃，圓石牆與樹籬整齊延伸、被稱作「馬場」的路旁，聳立著充滿南國特色的高大常綠樹，散發靜謐氛圍。

☐ ACCESS & INFORMATION

於JR九州新幹線／肥薩橙鐵道的出水站下車。

（一般社團法人）出水市觀光特產協會
☎0996-79-3030

藩主巡視地方時的住宿之所「御假屋」的大門。現為出水小學的正門

出水麓 MAP

出水駅／出水駅
肥薩おれんじ鉄道
広瀬橋
447
出水歷史民俗資料館
九州新幹線
米之津川
諏訪神社 卍
西照寺 卍　　❸RITA出水麓
宮路橋
卍菅原神社
梁橋
❷稅所邸
●豎馬場通
●三原邸
竹添邸❶
●出水麓歷史館
出水宮邸
御假屋門
龜ヶ城跡（出水城）
出水市出水麓重要傳統建築群保存區
0　　300m　N

豎馬場通

武家屋敷通上的馬場是武術的訓練場，有抵禦入侵者的作用

❶ 大河劇《篤姬》的外景地
竹添邸

肥後國人吉出身，代代擔任鄉士年寄（曖）的要職。面向豎馬場通的主屋據判為明治初期的建築，還有馬廄、公共浴池、排練用的橫木等皆經過修復。
☎ 0996-62-5505　⚐出水市麓町5-17　🕐9:00～17:00（入館～16:30）　❌無休　💰510日圓（竹添邸、稅所邸與出水麓歷史館通用券）

❷ 出水麓具代表的武家屋敷
稅所邸

於關原之戰前一年從世田移居至此，曾代代擔任鄉士年寄（曖）的名門。射箭的雨天練習場、密室、捷徑等充滿武家風格的構造為其特色。庭院的紅葉蔚為壯觀。
☎ 0996-63-6142　⚐出水市麓町5-11　🕐9:00～17:00（入館～16:30）　❌無休　💰510日圓（竹添邸、稅所邸與出水麓歷史館通用券）

❸ 下榻武家屋敷
RITA出水麓

以屋齡超過100年的武家屋敷翻修而成，為3棟6室的分散型飯店。設有以牛小屋翻建而成的餐廳。
☎0996-68-8003　⚐出水市麓町18-35

武家町（山麓集落）

入来麓
入來麓

鹿兒島縣薩摩川內市
重要傳統建築群保存區

圓石牆成排相連的武家屋敷群
散發著中世紀與近世的氣息

　　薩摩藩在領地內設置的外城之一。清色城是中世紀修築的山城，以其遺跡及流經東側的樋脇川作為天然護城河，打造出山麓的武家屋敷群。城鎮區劃是讓戰國時代以前為了因應外來入侵而呈彎曲狀的街道與近世修整的街道相混共存，設有腕木門與石柱門的屋敷則透過圓石牆與栽種在石牆上的樹籬井然有序地加以區劃，形成與周遭群山融為一體的美麗綠地景觀。

☐ ACCESS & INFORMATION

從JR鹿兒島本線的川內站搭乘鹿兒島交通巴士前往入來站需48分鐘，於入來分所前巴士站下車。

薩摩川內市觀光物產課 ☎0996-23-5111

利用石牆與土壘加以整地的地頭館遺跡前，湖畔和與御仮屋馬場展於眼前

入來麓 MAP

N
0　300m

重光神社
龍游山寿昌寺跡（お石塔）
寿昌寺的仁王像
樋脇川
赤城之馬場
赤城神社
三十三觀音塔
旧增田家住宅 ❶　　　　❷ 入來院家 茅葺門
入來支所前
（入來麓）P　　❶ 入來麓觀光案內所
清色城跡　　　尾迫馬場
本丸跡
求聞持城跡
中之城跡
菅原神社
328

薩摩川內市入來麓重要傳統建築群保存區

圓石牆配上綠意盎然的樹籬

街道上有以樋脇川的石子等砌成的圓石牆，以及栽種其上的羅漢松等樹籬綿延

❶ 入來麓的傳統住宅
旧增田家住宅
舊增田家住宅

1873年左右建造，由2棟建築所構成，分別為名為「OMOTE」、用來待客的日式廳堂空間，以及名為「NAKAE」之作為客廳與廚房的土間部分，還復原了石藏與浴廁等。
☎0996-44-4111 ⊕薩摩川內市入來町浦之名77 ⊕9:00～17:00（入館～16:30）⊕週一（遇假日則翌日休）⊕免費

「OMOTE」那側建有石藏，存放著家產與工具等

❷ 保留鎌倉時代武家門的形式
入来院家 茅葺門
入來院家 茅葺門

曾是當地領主的入來院家的分支。武家門繼承了鎌倉時代的武家門形式，造型令人印象深刻。

☎0996-44-5200（入來麓遊客服務中心）⊕薩摩川內市入來町浦之名90 ⊕⊕自由參觀

中世紀的山城，以斷崖絕壁作為堀切

清色城跡
清色城跡

曾是中世紀薩摩地區在地豪族的入來院氏遺跡。有台地獨特的陡峭空堀，入口堀切則為防禦城堡的結構，令人驚嘆。
☎0996-44-5200（入來麓遊客服務中心）⊕薩摩川內市入來町浦之名 ⊕⊕自由參觀

↑ 入來小學的後側即為山城遺跡

加世田麓

鹿兒島縣南薩摩市 重要傳統建築群保存區

從石橋延伸出的武家門景致
有水渠、石牆與樹籬點綴

　　利用加世田川西岸包夾在別府城遺跡與新城遺跡2座山城之間的地形打造而成，是薩摩藩稱作「麓」的武家集落之一。平緩彎曲的2條街道沿路有石牆與羅漢松樹籬綿延不斷，通往沉穩腕木門的石橋橫跨在流經街道旁的民用水渠，醞釀出獨特風情。

石橋橫跨在連接街道與武家門的水渠上，此為加世田麓的一大特色

☐ ACCESS & INFORMATION

從JR鹿兒島本線的鹿兒島中央站搭乘南薩摩巴士直行需55分鐘，於加世田巴士站下車。

南薩摩市觀光協會 ☎0993-53-3751

❻祭祀島津忠良的竹田神社，他所作的《日新公伊呂波歌》成為薩摩藩鄉中教育的基礎

蒲生麓

鹿兒島縣姶良市

城鎮裡保留著無數武家門
還有株日本最大的樟樹

　　薩摩藩的「麓」之一，有樹齡超過1500年的日本第一巨木「蒲生的大樟樹」。以2條河川作為外堀，還有井然有序的西馬場與巴幡馬場等武家屋敷通。運用石塊砌成的牆與羅漢松樹籬的屋敷比鄰而立，並保留無數武家門，門的屋頂與形式則依家族的地位而異。

鋪設了石板的武家屋敷通，有以石塊與原石砌成的石牆與羅漢松樹籬成排相連

☐ ACCESS & INFORMATION

從JR日豐本線的帖佐站搭乘南國交通巴士需18分鐘，於蒲生分所前巴士站下車。

蒲生觀光交流中心 ☎0995-52-0748

⬆ 蒲生城遺跡位於標高160m的龍山上，春季為200株櫻花綻放的賞花名勝

⬆ 連接蒲生與蘭牟田的街道。在險關掛橋坂上鋪設石板，作為運送年貢米的道路

首里金城町

沖繩縣那霸市

**風獅爺守護著充滿石板與紅瓦
琉球王國的歷史性街道**

首里城的城下町曾是琉球王國的核心地區。於尚真王時代（1477～1527年）所鋪設的石板路，是國王與冊封使或外國來賓一同前往王家別邸「識名園」的必經之路。當時總長為10km，免於戰火蹂躪並記錄下悠久歷史的石板路至今猶存。位於坡道途中作為共用水井的金城大樋川、樹齡超過300年的巨大茄苳樹群等，皆為能量景點而備受矚目。

☐ ACCESS

於沖繩都市單軌電車YUI-RAIL的首里站下車，徒步15分鐘。

聳立於內金城嶽旁的5株巨大茄苳樹。推估樹齡超過200年，高約20m

路寬約4m且充滿韻味的石板坡道，與以相方疊砌技法砌成的石牆和諧相融。雨天容易滑倒

以琉球石灰岩鋪成的石板路

① 從首里城往南延伸的道路
首里金城町石疊道
首里金城町石板路

於16世紀琉球王國時代以琉球石灰岩鋪設而成的石板路。是從首里城通往那霸港的主要道路，現已毀壞大半，僅餘留約300m。路旁的石牆與紅瓦住家也別具韻味。
☎098-917-3501（那霸市文化財課）⑳那霸市首里金城町

② 古時的生活用水
金城大樋川

琉球王國時代所使用的傳統共用水井。一直以來都是透過導管從岩盤深處的水脈引水。
☎098-917-3501（那霸市文化財課）⑳那霸市首里金城町

首里金城町 MAP

- 一中健兒之塔 玉陵
- ⑤一中健兒之塔入口
- 首里金城町公園
- 首里城・
- ②金城大樋川
- 金城村学校所跡
- ⑤石疊入口
- 金城村屋
- 首里駅
- ●首里金城的大アカギ⑤
- 縣立芸術大⑧
- 新垣ヌカー
- ①首里金城町石疊道
- ●上又東門ガー
- 金城橋
- 繁多川公園

0 ── 100m

首里城

琉球王國的王城，建於1429年並繁榮了約450年。2019年10月31日凌晨發生火災，燒毀了正殿等9座設施。是歷史上第5次大火，目標是在2026年秋天之前完成重建。
☎098-886-2020（首里城公園管理中心）
⑳那霸市首里金城町1-2 ⑧免費區域8:30～18:00、收費區域9:00～17:30（最終入場17:00）⑭7月第1個週三及其隔天
⑩收費區域400日圓

正穩步推動復興專案

⬆從首里城眺望那霸市街

商家町 & 在鄉町

在鄉町

筑後吉井

福岡縣浮羽市
重要傳統建築群保存區

富商建造的土藏之城
傳遞著往日的繁榮

　　江戶時代作為連接久留米與天領日田的街道上的宿場町而繁榮不已，從筑後川引水的水渠完成後，釀酒與製麵等產業隨之蓬勃發展。街道上名為「居藏家」的土藏造住屋成排相連，海參牆粉刷白色灰泥呈現沉穩氛圍，這是1869年的大火後，富賈一方的商人們開始建造重視防火性的奢華商家所形成的街景。為此地帶來財富的多條水渠也傳遞著城鎮歷史。

此地務必一訪！

ACCESS & INFORMATION

於JR久大本線的筑後吉井站下車。

觀光會館 土藏 ☎0943-76-3980

建於1843年的矢野家被活用來作為倉庫藝廊

舊豐後街道，藏造町家沿著國道210號成排林立

---

❶ 亦可用餐的觀光導覽設施

町並み交流館商家
街道交流館商家

掛著「海產商松源本店」的招牌，是300年持續販售海產的商家建築。1樓為餐廳，還會推廣觀光資訊，街道漫步地圖等也一應俱全。
☎0943-75-2572 ⬣うきは市吉井町1153-1 ⏰參觀9:00〜17:00，用餐11:00〜16:00 ⏸週一（遇假日則翌日休）

❷ 以古民房旅館之姿重生

みなも
Minamo

利用3棟屋齡逾100年的古民房翻修而成，為6間房的分散型古民房旅館。以「沉浸於由水撐起的浮羽生活」為概念，可享受到與浮羽之「水」接觸的住宿體驗。
☎0943-76-9882 ⬣うきは市吉井町1302 ⏰9:00〜18:30 ⏸週二

海參牆為城鎮景觀之象徵

在白壁通上可以欣賞建築，有著海參牆且外牆加了鏝繪或獨具特色的裝飾

④ 活用屋敷型建築作為藝廊

鏡田屋敷
鏡田屋敷

此屋敷是建作郡役所的官舍。有紙拉門長達10m以上的日式宴客茶室，2樓則對外開放可飽覽耳納連山的日式廳堂等。
📞0943-75-3113（tsumugi）🏠うきは市吉井町若宮113-1 🕐11:00～16:30 ❌週一（遇假日則翌日休）

⑤ 耐火的土藏構造

居蔵の館
居蔵之館

憑藉精蠟業致富的富商於明治末期建造的住所。挑高的日式房間、偌大的神龕、箱式樓梯、壁龕的設計，甚至是保留著引水渠痕跡的庭園等，精彩看點多不勝數。
📞0943-75-3343（浮羽市生涯學習課）🏠うきは市吉井町1103-1 🕐9:00～16:30 ❌週一（遇假日則翌日休）🎫免費

③ 觀光資訊的發訊基地

観光会館 土蔵
觀光會館 土蔵

以酒藏改造而成的設施，會分發觀光手冊等、出租電動輔助自行車或販售商品等。還附設銅鑼燒專賣店兼咖啡館。
📞0943-76-3980 🏠うきは市吉井町1043-2 🕐9:00～17:00 ❌週一（遇假日則翌日休）

流經城鎮的災除川沿岸鋪設了步道，可享散步之樂

筑後吉井 MAP

吉井歷史民俗資料館
うきは市文化会館
天満宮
卍西巖寺
南新川
菊竹六皷記念館
卍宝琳院
古井東 鳴神社
清光寺
観光会館 土蔵 ③
光琳寺卍
④ 鏡田屋敷
筑後吉井町家宿 以久波
居蔵の館 ⑤
② みなも
本町
卍圓應寺
中町
上町
浮羽市筑後吉井重要傳統建築群保存區
久留米駅
町並み交流館商家 ①
上町
卍淨満寺
卍上吉井
210
福社神社 ⊞
久大本線
筑後吉井駅
N
0 200m
日田駅
210

八女

福岡縣八女市
重要傳統建築群保存區

居藏造白牆城鎮，
以八女茶與傳統工藝著稱

　　八女市的2個地區裡有白灰泥居藏造建築綿延不絕。八女福島是從福島城的城下町發展成商家町與職人町，生產和紙、茶、櫨蠟、提燈、佛壇、石工藝等五花八門的特產。此外，八女黑木的城鎮作為從久留米通往豐後的街道熱鬧不已，也作為在群山中生產的茶、楮、硬木炭等的集散地繁盛一時，至今仍可看到以當地產的青石砌成住家牆壁的居藏造町家。

🗒 ACCESS & INFORMATION

若要前往八女福島地區，從JR鹿兒島本線的羽犬塚站搭乘堀川巴士需17～21分鐘，於福島巴士站下車。若要前往黑木地區，從JR鹿兒島本線的羽犬塚站搭乘堀川巴士需42～49分鐘，於黑木巴士站下車。

八女市茶之國遊客服務中心 ☎0943-22-6644

> 為了解決空置町家的問題而推動保存措施，已有各式各樣的商店開業

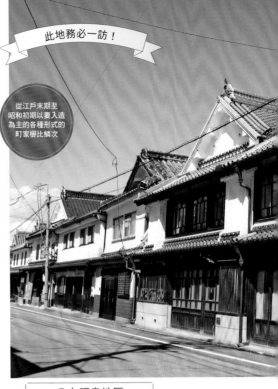

此地務必一訪！

> 從江戶末期至昭和初期以妻入造為主的各種形式的町家櫛比鱗次

八女福島MAP

八女福島地區

① 城鎮導覽的休息處
八女市橫町町家交流館
八女市橫町町家交流館

利用建於江戶末期的前酒坊建築物，打造成傳播城鎮魅力的空間。還附設可細細品味「八女傳統本玉露」的咖啡館。

☎0943-23-4311 ⑳八女市本町94 ⑩10:00～17:00 ⑭週一(遇假日則翌日休)

② 集結建築、設計、庭園與傳統技術精髓
旧木下家住宅(堺屋)
舊木下家住宅(堺屋)

江戶時代起家族代代憑藉釀酒業繁榮。乃木希典曾走訪這座1908年的建築。其獨立日式廳堂有上折式天花板、屋久杉雕刻窗、床柱等奢侈構造。庭園與外牆也很講究。

☎0943-23-7611 ⑳八女市本町184 ⑩10:00～17:00 ⑭週一(遇假日則翌日休) ⑲免費

MAP標示
羽犬塚駅　大東卍
正福寺卍　福島城跡・八女市役所◎
八女署✕　八女公園
八女署　八女小
福島　福島
八女福島重要傳統建築群保存區
無量寿院卍　今里家住宅
うなぎの寝床
旧丸林本家Ｓ　八女市橫町町家交流館❶
明永寺　西勝寺
古松祇園社卍　京町
NIPPONIA HOTEL❸　②旧木下家住宅(堺屋)
八女福島 商家町(フロント棟)　新町
紺屋町　旧往還道
町家CAFE しおや　旧檢番平田
稻荷神社　福島八幡宮
0　200m

白牆城鎮景觀

黑木地區

④ 明治時代的居藏造町家

黑木まちなみ交流館 旧松木家住宅
黑木街道交流館 舊松木家住宅

於1880年黑木大火隔年建造，是較具代表性的居藏造町家。曾是酒類零售店，目前展示著貿易工具與家具日用品等。

☎0943-42-0004 地八女市黑木町黑木80-2 時10:00～17:00 休週一 費免費

⑤ 地主農家較具代表性的大規模住宅

旧隈本家住宅
舊隈本家住宅

建於1883年的農家住宅。堆砌於屋敷四周的大小圓石、主屋使用八女地區的杉、松、橡木、樟木與黑柿打造的建築也是亮點。

☎0943-23-1982(八女市文化振興課) 地八女市黑木町今1053 時9:00～17:00(入館～16:30) 休週一(遇假日則翌日休) 費免費

③ 可盡情感受茶之魅力的旅館

NIPPONIA HOTEL
八女福島 商家町

以前身為老字號茶鋪、酒窖與土藏等建築物翻修而成的旅館。從迎賓茶、地產地銷的晚餐、檜木製茶風呂、早餐的茶泡飯等，住宿時可盡情享受八女茶的樂趣。

☎0120-210-289 地八女市本町204

位於重要傳統建築群保存區東側的素盞嗚神社，以黑木大紫藤而聞名

黑木 MAP

⑤旧隈本家住宅
学びの館
卍観音院
宗真寺卍

S ホームプラザナフコ
国鉄矢部線
黑木駅跡
専勝寺卍
護国神社
专勝寺卍
吉泉園 S
S 丸宗菓心庵
素盞嗚神社
大藤前
卍津江神社
栄町
中町
上町
上町
S 旭松酒造
黑木の大藤
S まる昌醬油醸造元
覚法寺卍
黑木
八女市黑木重要傳統
建築群保存區
黑木まちなみ交流館
旧松木家住宅 ④
八女福島
羽犬塚駅
黑木交番 ⊗
地域交流センター
ふじの里

N

0   200m

有田内山
有田内山

佐賀縣有田町
重要傳統建築群保存區

瓷器的生產發源地，和洋交織的窯爐與商家林立

一般認為日本的瓷器歷史可追溯至17世紀初，豐臣秀吉進軍朝鮮所帶回來的陶匠李參平等人，於有田的泉山發現了陶石。此後便在佐賀藩的支持下正式生產瓷器，甚至有「有田千軒」之稱盛極一時。粉刷灰泥的商家、西洋館、有耐火磚圍牆的窯爐等相混共存的街道，形成於1828年的火災之後，醞釀出瓷器之城特有的風情。

有耐火磚圍牆的窯爐

後巷有耐火磚圍牆，是使用耐火磚、一次性窯燒工具、陶片等並塗抹紅土加固製成

ACCESS & INFORMATION

於JR佐世保線的上有田站下車。

有田觀光協會 ☎0955-43-2121

泉山磁石場，朝鮮陶匠李參平等人於17世紀初發現了瓷器的原料陶石

此地務必一訪！

❶ 代代單傳的彩繪瓷器
今右衛門窯

已延續380年的窯爐，今右衛門曾在佐賀鍋島藩擔任御用赤繪師，製造主要獻給將軍家的色鍋島。
☎0955-42-3101 ⑩有田町赤繪町2-1-15 ⑧8:00〜17:00 ⑯第1個週日

皿山通上有成排塗刷了白灰泥與黑灰泥等的店家，各店都陳列著獨具特色的陶瓷器

❷ 在明治館欣賞有田燒
有田陶磁美術館
有田陶瓷美術館

以建於1874年的陶瓷器倉庫改建而成，並於1954年開館，是佐賀縣最古老的美術館。
☎0955-43-3372 ⑩有田町大樽1-4-2 ⑧9:00〜16:30（入館〜16:30）⑯週一（4月29日〜5月5日有田陶器市集期間照常開館）⑩120日圓

灰泥牆的和洋折衷建築

香蘭社 有田本店
香蘭社 有田本店

1905年建造的總店。是以木牆板與灰泥牆所組成的洋館，1樓為經手販售傳統工藝品乃至於家用餐具的展示室，2樓則為古陶瓷陳列館。

☎0955-43-2132 ⓓ有田町幸平1-3-8 ⓣ8:00～17:25、週六・日與國定假日9:30～17:30(10～3月～17:00) ⓗ無休

講述著深川製鐵的歷史與傳統

FUKAGAWA-SEIJI本店

以「深川藍」為人所知的深川製瓷的展示室。有大正時期建造的抓紋磁磚牆、灰泥玄關，與富士彩色玻璃相映成輝。

☎0955-42-5215 ⓓ有田町幸平1-1-8 ⓣ9:00～17:00 ⓗ無休

露台正在進行修復工程

③ 境內有各種有田燒

陶山神社

祭祀陶祖神的神社。從鳥居、狛犬、燈籠、欄杆乃至護身符與御朱印帳，皆為陶瓷器。境內還供奉著李參平。參道上有個平交道，火車會經過。

☎0955-42-3310 ⓓ有田町大樽2-5-1 ⓣ ⓗ自由參拜

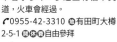

為了外國商人打造的西洋館

旧田代家西洋館
舊田代家西洋館

為了外國商人的住宿與接待，有田的富商田代紋左衛門之子助作於1876年建造的和洋折衷洋館。館內有螺旋階梯、榻榻米地板，壁紙則是使用和紙。獲指定為國家重要文化財。

☎0955-43-2899(有田町文化財課) ⓓ有田町幸平1-2-6 ⓣ週六・日與國定假日、有田陶瓷器市集期間(4月29日～5月5日)、秋季有田陶瓷器祭典期間10:00～16:00 ⓥ免費

有田內山 MAP

伊万里大川內山

伊萬里大川內山

佐賀縣伊萬里市

「祕窯之鄉」孕育出
特色豐富的伊萬里燒

以有田為中心所生產的瓷器會從伊萬里港出貨至西歐，因此江戶時期的產品皆統稱為伊萬里燒。佐賀藩為了製造家具日用品與貢品，讓精銳職人移居至此，選擇背倚著連綿險峻岩峰之地作為藩窯，並在村裡設置關所，防止職人技術外流至其他藩。製造出雅致的「鍋島樣式」，並將這項技術與傳統傳承至今。

☐ ACCESS & INFORMATION

從JR筑肥線／松浦鐵道的伊萬里站搭乘計程車約需10分鐘（約5km）。

伊萬里市觀光協會 ☎0955-23-3479

伊萬里燒之道

陡峭奇岩加上紅磚煙囪所形成的祕窯景觀。石板路沿途的畫廊十分華麗

自然景觀豐富的里山中匯集了30座窯爐，窯場的煙霧蒸騰而上

伊萬里大川內山 MAP

市川冬山窯 Ⓢ ❾伊万里駅／
伊萬里市陶器商家資料館

伊萬里有田燒伝統産業会館 ●

Ⓢ251

Ⓝ

0　　　100m

鍋島藩窯橋
Ⓢ 太一郎窯

鍋島藩窯関所跡

太一郎窯 Ⓢ
藩窯坂
権現神社坂

鍋島藩窯公園 ● ●岳山窯 Ⓢ 鍋島藩窯 十五代金仙窯

福岡大五窯 Ⓢ
Ⓢ 長春青磁陶窯

以陶瓷器點綴城鎮的藩窯之鄉

鍋島藩窯公園

重現登窯、關所與陶匠之家等，有展望設施、陶瓷器廣場，還有座「Meotoshi之塔」，每每走過陶匠橋，感應器就會有反應，使14個伊萬里燒風鈴作響。
☎0955-23-7293（伊萬里市鍋島燒會館）地伊万里市大川內町26 開休費自由參觀

╲　保留於裝貨港的商家建築　╱

傳遞陶器商人的生活樣貌

伊万里市陶器商家資料館

伊萬里市陶器商家資料館

犬塚家曾是伊萬里首屈一指的陶器商人，此設施便是以其住所復原而成。江戶時期的家具日用品與古伊萬里講述著當時的繁榮盛況。
☎0955-22-7934 地伊万里市伊万里町甲555-1 時10:00～17:00 休週一（遇假日則翌日休）費免費

🚶建於從伊萬里站徒步5分鐘處

塩田津
鹽田津

佐賀縣嬉野市
重要傳統建築群保存區

憑藉長崎街道與河港而繁榮
商人與職人之城

作為長崎街道的宿場町，以及善用有明海水潮差的鹽田川的河港繁盛不已的商人之城。河港被稱作「鹽田津」，是將瓷器的原料天草陶石運至有田或伊萬里的卸貨場，亦是回程運送陶瓷器與稻米等的中繼站，繁盛一時。街道上有大型町家（耐火災、風災與水災的灰泥構造，有「居藏家」之稱）的船運商行與商家櫛比鱗次，石匠與鍛造職人的技術也傳承至今。

🔲 ACCESS & INFORMATION

從JR長崎本線的肥前鹿島站(鹿島巴士中心)搭乘祐德巴士需12分鐘，於嬉野市公所鹽田廳舍前巴士站下車。

鹽田津街道交流集會所 ☎0954-66-3550

鹽田港遺跡，仍保留著舊檢量所與移動式起重機的遺留物。船隻會在有明海漲潮時駛往上游、退潮時航向下游

鹽田津MAP

嬉野市鹽田津重要傳統建築群保存區

長崎街道沿途有巨大的居藏造白牆建築物林立，綿延了約400m

作為物資集散地而熱鬧不已

① 居藏造的富商住家
西岡家住宅

經營航運業的富商於1855年建造的居藏造大型町家。巨大梁柱、挑高的日式房間、組子雕刻窗、箭羽紋天花板等，傳遞著昔日的繁榮盛況。為國家重要文化財。

☎0954-66-3550(鹽田津城鎮保存會) 🏠嬉野市塩田町馬場下甲725 🕐休費內部不對外開放

② 3層樓的陶瓷器店
杉光陶器店

由1855年建造的3層樓主屋與3座倉庫所組成的大型居藏構造，密集陳列著以波佐見燒為主的陶瓷器。
☎0954-66-2071 🏠嬉野市塩田町馬場下甲728 🕐9:00～17:00 休不定期公休

③ 蓮池藩的米藏
御蔵
御蔵

佐賀藩的支藩蓮池藩裡用以存放年貢米的米藏。卸貨場被稱作御藏濱，從碼頭直接將物資裝進倉庫。

☎0954-66-3550(鹽田津城鎮保存會) 🕐休費內部不對外開放

肥前浜宿
肥前濱宿

佐賀縣鹿島市
重要傳統建築群保存區

酒藏通與漁村的茅葺民房
2種截然不同的古老街道

　　位於坐臨有明海的濱川河口，作為長崎街道多良往還的宿場町兼港町繁盛一時。自江戶時代憑藉仰賴豐富地下水的釀酒業蓬勃發展，留有白牆土藏造酒藏的濱中町八本木宿俗稱為「酒藏通」，參觀酒藏、試飲、酒藏甜點等都很受觀光客喜愛。此外，濱庄津町與濱金屋町2個城鎮合稱為「庄金」，茅葺的小型民房集中於港口的狹窄巷弄，形成獨特的風景。

▢ ACCESS & INFORMATION

於JR長崎本線的肥前濱站下車。

鹿島市觀光協會 ☎0954-62-3942

TOWN 巡禮

巡覽鹿島的酒藏

　　「鹿島酒藏巡禮®」是配合每年3月開窖日程所安排的活動，可搭乘免費的巡迴巴士或徒步巡覽矢野酒造、光武酒造場、富久千代酒造、幸姬酒造與馬場酒造場這鹿島市的5大酒藏，以及嬉野市的3座倉庫，一邊與藏人（釀酒工人）或當地人互動，一邊享用美酒。

鹿島酒藏ツーリズム®
鹿島酒藏巡禮

☎0954-63-3412（鹿島酒藏巡禮®促進協議會事務處）

URL https://sakagura-tourism.com

煙囪上有著飯盛酒造昔日的品牌「玉之香」幾個字，為酒藏通的象徵性遺跡

此地務必一訪！

濱中町八本木宿

❶ 老店的聯名燒酒
光武酒造場

黑麴芋燒酒「魔界的邀約」為招牌品牌。與《北斗之拳》、《惡魔人》的聯名酒也是關注焦點。

☎0954-62-3033 ⓜ鹿島市浜町乙2421 ⓣ8：00～17：15 ⓧ週六・日與國定假日

❷ 可參觀酒藏
光武酒造場
観光酒藏 肥前屋
光武酒造場
観光酒藏 肥前屋

可參觀酒藏，有販售主要品牌「清酒光武」等，亦可試飲。還有間收集昭和雜誌與雜貨的房間。

☎0954-63-2468 ⓜ鹿島市浜町乙2761-2 ⓣ9：30～17：00 ⓧ無休

❸ 目標是代表日本的地酒
富久千代酒造

以2011年榮獲「IWC（英國倫敦世界葡萄酒競賽）SAKE部門」最優秀獎而大放異彩的「鍋島」為主要品牌。

☎0954-62-3727 ⓜ鹿島市浜町1244-1

❹ 酒藏參觀與地酒霜淇淋
幸姬酒造
幸姬酒造

於1934年創業。主要品牌為「幸姬」，另有酒藏參觀與試飲服務。地酒霜淇淋也頗受好評。

☎0954-63-3708 ⓜ鹿島市古枝甲599 ⓣ9：00～16：00（酒藏參觀～15：00）ⓧ無休

白牆建築連綿

被稱作酒藏通的多良海道。釀造場櫛比鱗次。左前方為山口醬油屋，右手邊則為中島酒造場

濱庄津町・濱金谷町

漁師町特有、錯綜複雜的狹窄巷弄中，仍保留着茅葺屋頂的町家

7 港町裡茅葺屋頂的町家

茅葺きの町並み
茅葺城鎮景觀

此地區在有明海的河港作為鹿島藩的港町而繁華不已。由商人與船員居住的濱庄津町以及鍛造屋與木匠等職人居住的濱金屋町2個城鎮所組成，海岸沿線與小巷沿路皆有水渠縱橫，茅葺與棧瓦葺的町家醞釀出獨特風景。
☎0954-69-8004（肥前濱宿水與街景協會）⊕鹿島市浜町

庄金的城鎮景觀。右邊後方為相傳創建於1605年的淨立寺

5 被利用來作為町內遊客服務中心

継場
繼場

這座遊客服務中心是以在宿場進行人、馬與貨物等轉運作業的建築物修復而成。位於酒藏通上，因此可用作休息所。
☎0954-69-8004（肥前濱宿水與街景協會）⊕鹿島市浜町乙2696 ⏰10:00～17:00 ⏸週二

6 茅葺屋頂的武家屋敷

旧乗田家住宅
舊乘田家住宅

曾侍奉鹿島鍋島藩的藩士的住所，呈ロ字形的「竈造」茅葺住屋中也設有養蠶空間，地方武士的生活樣貌可窺見一二。
☎0954-69-8004（肥前濱宿水與街景協會）⊕鹿島市古枝甲115 ⏰10:00～17:00 ⏸週二 💰免費

肥前濱宿 MAP

鹿島市濱中町八本木宿重要傳統建築群保存區

富久千代酒造 **3**

繼場 **5**

若宮神社

旧乗田家住宅 **6**

4 幸姫酒造
淨安寺

肥前鹿島駅　肥前浜駅

肥前浜駅前

1 光武酒場
知恩寺
浜中町
山口醬油
醸造所
5 呉竹酒造
酒藏通り
御宿富久千代

2 光武酒造
観光酒蔵 肥前屋

旧池田家
淨立寺

浜川
中島酒造場

飯盛酒造

茅葺きの町並み **7**

旧筒井家

泰智寺　光厳寺

長崎本線

諫早駅

鹿島市濱庄津町濱金屋町重要傳統建築群保存區

天満神社

0　150m N

日田

大分縣日田市
重要傳統建築群保存區

豆田町與三隈川的河畔風景，
散發天領時代的商人文化氣息

　　這座於三隈川流經的日田盆地中開拓出的城鎮，是在江戶時代作為幕府直轄地繁榮起來的水鄉。於江戶中期設置了西國筋郡代，與鄰近諸國、京都與大阪商人貿易而致富的商人們紛紛崛起。據說獲選為負責將幕府公款借貸給諸藩的掛屋而獲得巨額財富。其經濟實力雄厚，城鎮整頓成棋盤狀，至今仍有居藏造的沉穩商家被活用作為資料館或伴手禮店。

🗒 ACCESS & INFORMATION

於JR久大本線的日田站下車。

日田市觀光協會 ☎0973-22-2036

豆田町的上町通，已實現無電線杆化並重現了古老城鎮景觀

豆田町在2月中旬～3月底期間會舉辦「天領日田女兒節」，一口氣對外開放世代代相傳的雛人形

此地務必一訪！

1 九州最古老商家。公開雛人形的鼻祖
草野本家

從事精蠟業且擔任江戶幕府郡代的掛屋與御用商的商家，有300多年的歷史。每年會對外開放4次裝飾於內廳的178座雛人形等珍藏品。主屋、3棟倉庫與庭園尸,被指定為國家重要文化財。
☎0973-24-4110 ⬤日田市豆田町11-4 ⏰僅限天領日田女兒節、日田川開河觀光祭、日田祇園祭與日田天領祭期間對外開放（10:00～16:30）❌週四❎700日圓

2 傳遞豆田町的景觀保護
豆田まちづくり歷史交流館
豆田社區發展歷史交流館

以昔日作為醫院使用的復古洋館復原而成，介紹重要傳統建築群保存區在保存修繕工程中所用的傳統工法與工具。
☎0973-23-8922 ⬤日田市豆田町9-15 ⏰9:00～17:00 ❌週三（遇假日則翌平日休）❎免費

3 醫藥資料館
日本丸館

於1855年創業的岩尾藥鋪所販售的萬能藥「日本丸」的資料館。此館為4層3樓的木造建築，頂樓有座天守閣。
☎0973-23-6101 ⬤日田市豆田町4-15 ⏰2月15日～5月、9～11月10:00～16:00 ❎350日圓

4 釀酒廠直營商店與咖啡館
薰長酒藏資料館
薰長酒藏資料館

以1826年建造的酒藏作為資料館對外開放。在釀酒廠商店中可試飲日本酒，在咖啡館則屬甜酒霜淇淋最受青睞。
☎0973-22-3121 ⬤日田市豆田町6-31 ⏰9:00～16:30 ❌無休

御幸通

御幸通上仍保留著江戶時代以來的商家與土藏。咖啡館與雜貨店等獨具特色的店櫛比鱗次

N
0　250m

永山城跡
月隈神社 ⛩
永山布政所跡（日田陣屋跡）
花月川 薰長酒藏資料館 ❹
日本丸館 ❸ 長福寺 卍
豆田まちづくり歴史交流館（旧船津歯科）
豆田まちづくり歴史交流館 ❷
廣瀬資料館 ❺
天領日田資料館
草野本家 ❶
長善寺 卍
うきは駅 →
長善寺
花月川大橋
久大本線
上町通
豆田町商店街
廣瀬淡窓舊宅南家
淡窓不動尊明王社 卍
日田市豆田町重要傳統建築群保存區
咸宜園 ❻
咸宜小 ⛫
妙栄寺 卍
若八幡社 ⛩
日田駅
専念寺 卍
願正寺 卍 眞光寺 卍
日隈城跡
亀山公園 卍西教寺
原次郎左衛門 ❼
卍広円寺
照蓮寺 卍
日田温泉 ♨ 卍浄満寺
豊後林駅

---

❺ 先進教育家的故居
廣瀬資料館
廣瀬資料館

創設私塾咸宜園的江戶時代儒家學者廣瀬淡窗，他弟弟久兵衛是位實業家，此館即其故居。除了淡窗的遺物，還展示著掛屋文書與來自大名的御賜之物等廣瀬家的傳家寶。
☎0973-22-6171 地日田市豆田町9-7 時9:00～17:00 休週一（遇假日則翌日休）、2・3・10・11月無休 費450日圓

❻ 江戶時期規模最大的私塾
咸宜園

推行入門時不問出身年齡與學歷的「三奪法」、以每月成績進行評估的「月旦評」、透過住宿生活賦予全員任務的「職任制」等，成為近代教育之先驅。
☎0973-22-0268 地日田市淡窗2-2-13 時10:00～16:00 休無休 費免費

長福寺，坐擁九州最古老的真宗寺院本堂

❼ 可供參觀的味噌醬油藏
原次郎左衛門

已傳承100多年的醬油、味噌與彈珠汽水的製造商。僅以香魚與鹽製成的香魚醬是巴黎與紐約的3星主廚認可的調味料。
☎0973-23-4145 地日田市中本町5-4 時9:00～17:30（工廠參觀受理至16:30）休無休

↑香魚醬為100㎖ 864日圓（含稅）

三隈川沿岸有溫泉旅館林立，5～10月會在此進行鵜飼活動，全年皆可享受遊船之樂

宿場町

木屋瀬
木屋瀬

福岡縣北九州市

憑藉街道與水運繁榮
連白象都住過的宿場町

這座熱鬧非凡的宿場町既是遠賀川的水運要衝，亦是長崎街道筑前六宿之一，江戶時代街道上有本陣、脇本陣、問屋場與郡屋等櫛比鱗次，為了抵禦外敵而彎曲呈「く」字形的街道，以及被稱作「矢止」的鋸型房屋為其特色。不僅西博德與伊能忠敬，還有紀錄顯示曾有白象下榻於此。

ACCESS & INFORMATION

於筑豐電鐵的木屋瀬站下車。

長崎街道木屋瀬宿紀念館 ☎093-619-1149

令人聯想起江戶時代、厚重感十足的懷舊宿場町街道

⬆舊高崎家住宅。太宰治的好友兼劇作家伊馬春部的故居。為江戶時代的宿場建築遺跡

⬆長崎街道木屋瀬宿紀念館。以體驗長崎街道之旅或歷史之旅為主題，展示與宿場相關的史料

宿場町

赤間

福岡縣宗像市

舊唐津街道的宿場町
有白牆兜造町家林立

在沿著玄界灘沿岸從北九州通往唐津的唐津街道上繁盛一時的宿場町。由北往南平緩上升的街道在整個江戶時期作為參勤交代的交通要道熱鬧不已。開放式的街道沿途有白灰泥兜造町家林立，並沒有其他宿場常見的鉤狀或枡形的彎道。街燈與街井散布各處，宿場町特有的風情至今猶存。

ACCESS & INFORMATION

於JR鹿兒島本線的教育大學前站下車。

街道驛站赤馬館 ☎0940-35-4120

塗籠白牆兜造町家等屋齡超過200年的建築物櫛比鱗次

⬆有日本石油大王之稱的出光興產創始人出光佐三的故居

⬆街道驛站赤馬館為觀光資訊據點。亦有伴手禮商店、飲茶區與用餐區

山鹿

熊本縣山鹿市

惣門一帶的街道

豐前街道的惣門一帶作為稻米的集散地蓬勃發展。至今仍有米藏、酒藏與麴屋等老建築林立

從優質溫泉中獲得療癒
在韻味十足的街道漫步

　　自平安時代便享有「山鹿千軒何須木盆」的讚譽，是以湯量豐富著稱的溫泉地。此外，此地為由菊池川水運撑起的稻米集散地，江戶時代則作為藩主細川氏參勤交代的宿場町蓬勃發展。延續自江戶時代的麴屋與酒坊等仍有營業，加上由當地居民提供以「稻米」為主題的導覽服務與各種活動，熱鬧非凡。還有以昔日商家打造而成的餐飲店與伴手禮店林立，令人懷想昔日繁榮景況。

■ ACCESS & INFORMATION

從JR熊本站經由熊本櫻町巴士總站搭乘九州產交巴士約需1小時20分鐘，於山鹿巴士總站下車。

山鹿溫泉觀光協會 ☎0968-43-2952

每年8月15、16日所舉辦的山鹿燈籠祭，會有頭戴著金燈籠、身穿浴衣的女性翩翩起舞

山鹿 MAP

```
48
❸ 桑坂神社卍
  天聰の藏●
山鹿バス
ターミナル 山鹿溫泉
        觀光協会   ◎山鹿市役所
金剛乘寺卍 ●❹八千代座
          卍光顯寺
山鹿灯籠民芸館❷→  ●真覚寺
                375
        ●❶山鹿溫泉 さくら湯   ⊗山鹿小
          卍長源寺
        圓頓寺卍
卍宗方八幡宮
  光專寺卍 ●山鹿城跡
         山   ●❸千代の園酒造
         鹿   豐前街道 山鹿惣門跡
0    300m  橋
N              菊池川
```

---

① 九州規模最大的木造溫泉
山鹿溫泉 さくら湯
山鹿溫泉 櫻湯

唐破風樣式的玄關別具特色的木造溫泉，重現了與細川藩主有淵源的元湯，特色在於讓肌膚滑順、偏溫和的溫泉。☎0968-43-3326 地山鹿市山鹿1-1 營6:00～24:00(受理至23:30) 休第3個週三(遇假日則翌日休) 費350日圓

② 細膩的和紙傳統工藝品
山鹿灯籠民芸館
山鹿燈籠民藝館

山鹿燈籠是只用和紙與糨糊製作。利用大正時代建造的銀行建築，展示不計其數的山鹿燈籠作品。☎0968-43-1152 地山鹿市山鹿1606-2 營9:00～18:00(受理至17:30) 休無休 費300日圓

③ 前稻米批發店釀造的酒
千代の園酒造
千代之園酒造

於1896年創業的酒藏。經手販售「熊本神力」與傳統酒「赤酒」，腹地內還有座釀酒史料館，可供參觀。☎0968-43-2161 地山鹿市山鹿1782 營9:00～17:00(週六・日與國定假日～16:30) 休無休

④ 現役的明治復古劇場
八千代座

1910年建造的劇場。使用德國製導軌製成的旋轉舞台、西洋吊燈以及色彩斑爛的穹頂畫令人嘆為觀止。☎0968-44-4004 地山鹿市山鹿1499 營9:00～18:00(受理至17:30) 休第2個週三 費530日圓

溫泉町

別府

大分縣別府市

溫泉熱氣蒸騰而上，
震撼力十足的地獄巡禮

城鎮處處都蒸騰著溫泉熱氣，是充滿旅遊情趣的溫泉地。從阿蘇延伸至島原的火山活動所造成的斷層帶來豐富的溫泉，湧出量與源泉數都堪稱日本第一。其中明礬、鐵輪、柴石、龜川、堀田、觀海寺、別府與濱脇這8座溫泉地統稱為「別府八湯」，據說早在1000多年前就已經噴出，可享受泉質各異且有藍有紅等湯色多樣的「地獄巡禮」。

ACCESS & INFORMATION

若要前往鐵輪溫泉，從JR日豐本線的別府站搭乘龜之井巴士需16～30分鐘，於鐵輪巴士站下車。若要前往明礬溫泉則從別府站西口搭乘龜之井巴士需25分鐘，於地藏湯前巴士站下車。

別府市觀光協會 ☎0977-24-2828

從鐵輪溫泉的泉霧展望台眺望的景致。夜景也值得推薦

出湯坂

溫泉療養旅館、泡湯費100日圓的公共浴場、足湯公園、地獄蒸餐廳等錯落分布於「出湯坂」的坡道兩側

1 地獄巡禮的5個地獄聚集

鉄輪温泉
鐵輪溫泉

號稱是別府八湯中湯量最多的。相傳是鎌倉時代由一遍上人發現的，有單純的溫泉、鹽化物泉等，泉質十分多樣。可享受「地獄巡禮」中的鈷藍色海地獄等5個地獄。

2 湯之花小屋分散各處

明礬温泉
明礬溫泉

最自豪的便是從設於標高350m、有散發硫磺味的白濁溫泉湧出的「大露天岩浴池」眺望的景致，以及「泥湯露天浴池（混浴）」。散落於溫泉地的湯之花小屋所製造的天然入浴劑湯之花也是名產。

茅草屋是用來採集作為入浴劑與美容商品之原料的湯之花，亦可參觀

鐵輪溫泉・明礬溫泉 MAP

溫泉町

湯平溫泉
湯平溫泉

大分縣由布市

石板坡傳來潺潺河水聲
懷舊的溫泉地

沿著流淌於山間的花合野川，在閑靜的集落坡道上鋪設石板，形成懷舊感十足的溫泉地。為歷史悠久的溫泉療養地，據說是從鐮倉時代發現了泡湯的猴子開始的。種田山頭火也來過此地並留下俳句。江戶時期所鋪設的石板兩側至今仍保留著木造旅館，可窺見其歷史。

☐ ACCESS & INFORMATION

從JR久大本線的湯平站開車10分鐘。

由布院溫泉觀光協會 ☎0977-85-4464

「石疊通」為溫泉街之象徵，長度超過300m。點亮燈籠的夜景如夢似幻

↑復古威猶存的石疊通每晚都會點亮紅燈籠，營造出讓訪客都能愜意散步的氛圍

溫泉町

日奈久溫泉
日奈久溫泉

熊本縣八代市

令熊本藩主與山頭火都
著迷不已的「孝順」溫泉

約有600年歷史的溫泉療養城鎮。相傳是為了祈求治癒父親刀傷的兒子在向神祈禱時於潮間帶泥灘發現的。江戶時代作為熊本藩主專用的藩營溫泉而繁榮。也以大正昭和的俳人種田山頭火所熱愛的溫泉而聞名。冬季可在各家旅館享受漂浮著八代特產晚白柚的浴池。

☐ ACCESS & INFORMATION

於肥薩橙鐵道的日奈久溫泉站下車。

溫泉遊客服務中心（日奈久之夢倉庫內）
☎0965-38-0267

1910年創業的3層樓木造老字號旅館：金波樓。國家登錄有形文化財的建築物與庭園等都很值得一看

↑舊薩摩街道沿途保留古老町家，有著海參牆的村津家住宅令人印象深刻

↑「休憩廣場」中有機關燈籠，還有種田山頭火的俳句碑與足湯

港町

的山大島 神浦

長崎縣平戶市
重要傳統建築群保存區

憑捕鯨繁盛的離島街道
住家屋簷下的裝飾豐富多彩

　　這座漁村集落漂浮在平戶市以北10㎞處的玄界灘。自古開闢作為海上的交通要道，江戶時代則憑藉捕鯨而盛極一時。明治時代廢除捕鯨後，改以水產加工業蓬勃發展。海灣沿岸的神浦地區成為有眾多漁船匯集「海上宿場町」而熱火朝天。至今狹巷中仍有明治與大正建造的木造町家並排相連，房屋雖然樸素，但屋簷下的托座設計饒富趣味。

▢ ACCESS & INFORMATION

從JR長崎本線的佐世保站搭乘西肥巴士前往平戶棧橋需1小時32分鐘，於平戶棧橋巴士站下車。從平戶棧橋搭乘渡輪大島需40分鐘，抵達的山港。從的山港前往神浦集落則搭大島村產業巴士約需20分鐘。

平戶觀光協會 ☎0950-23-8600

好好享受在寧靜島嶼巷弄中漫步
並感受集落歷史的樂趣

的山大島 神浦 MAP

・ふるさと資料館
159
卍真教寺
卍金剛院
天降神社
H ゲストハウス
せの川
卍西福寺
城山公園
平戶市大島村神浦重要
傳統建築群保存區
事代主神社 ⛩
N
⛩和多津見神社
神浦灣
0　　200m

精緻的托座為關注焦點

神浦地區，平緩彎曲的狹窄巷弄中有自江戶時代以來的木造屋簷相連

捕鯨漁業興盛的建築遺跡
天降神社

鎮坐於神浦的高地，仍保留平戶藩主所獻納的石鳥居與鯨魚組織的當家井元氏獻納的石燈籠與梵鐘等。
☎0950-55-2865 ⓐ平戶市大島村前平1366 圓休憩 自由參拜

神浦灣沿岸的狹窄巷弄中有房屋密集地毗連而立

道路兩旁的房屋皆致力於防火，甚至連房簷與托座都已採用塗抹灰泥的「塗籠」手法

港町

美々津
美美津

宮崎縣日向市 **重要傳統建築群保存區**

京風町家構造猶存的
船運商行雲集的港町

　　面向日向灘，自江戶時代便作為瀨戶內與近畿地區的玄關口，憑藉船運業繁榮一時的港町。上町、中町與下町這3條路上都有名為「突拔」的防火用道路交錯，形成的街道景觀獨特而沉穩。白牆土藏構造加上匠心獨具的蟲籠窗與格子，還有折疊式長凳「BANKO」與屋簷下的托座「MATURA」等，京風的町家櫛比鱗次。

ACCESS & INFORMATION

從JR日豐本線的美美津站下車，徒步10分鐘。

日向市觀光協會 ☎0982-55-0235

↑相傳美美津港便是神武天皇東征大和國時的出港地

↑高鍋藩在名為突拔的大道上修築共用水井作為防火措施

漁村集落

松合
熊本縣宇城市

不知火海沿岸的白牆土藏

　　此城鎮因為可看到柑橘不知火而聞名，從江戶至明治時期憑藉漁業與釀造業繁盛一時。房屋密集建在狹窄土地上而多次遭逢祝融，因此防火的海參牆與白牆土藏這種家屋日益普及。當地的志工與行政部門將這種白牆土藏傳承至今。

ACCESS & INFORMATION

從JR鹿兒島本線的松橋站搭乘九州產交巴士前往三角產交需16分鐘，於松合巴士站下車。

宇城市商工觀光課 ☎0964-32-1111

港町

崎津集落
崎津集落
熊本縣天草市

與扎根於漁村的信仰共存

　　潛伏基督徒之鄉，佇立於羊角灣的哥德式建築崎津教堂為城鎮的地標。集中於山海之間的住屋、巷弄、漁師町的生活、崎津諏訪神社等，不計其數的史蹟講述著信仰共存的故事。

ACCESS & INFORMATION

從本渡開車約30分鐘。或從本渡巴士中心搭乘產交巴士需53分鐘，於一町田中央巴士站下車。轉乘產交巴士前往下田溫泉需18分鐘，於崎津教堂入口巴士站下車。

天草寶島觀光協會 ☎0969-22-2243

農村 & 山村

山村集落

新川田篭
新川田籠

福岡縣浮羽市 **重要傳統建築群保存區**

茅葺民房與梯田形成
古老而美好的山村風景

在筑後川的支流隈上川沿岸擴展開的山村集落，自然景觀相當豐富。集落的建築屋頂如今大多是以白鐵皮覆蓋，但仍保留不少江戶時代至昭和前期的寄棟茅葺民房。此外，還可看到因湧泉與豐沛河水而興盛的梯田，150m的高低差及石牆砌成的約300片水田持續傳遞著懷舊的日本風景。

> 18世紀後期建造的平川家住宅。從上方俯瞰，屋脊形似爐灶（竈），因而被稱作「竈造」

ACCESS & INFORMATION

從JR久大本線的浮羽站搭乘計程車約需20分鐘（約11km）。

觀光會館 土藏 **☎**0943-76-3980

↑青藤梯田。9月中旬會有約50萬株彼岸花綻放，與稻穗的對比美不勝收

↑利用曾是山林地主的野上家江戶時代的屋敷打造而成的餐廳&藝廊「Gallery安政」。週六～一與國定假日營業

山村集落

椎葉村

宮崎縣椎葉村 **重要傳統建築群保存區**

石牆與傳統民房林立的隱世鄉
至今仍流傳平家落人的傳說

有日本馬丘比丘之稱的「仙人的梯田」等，村落有96%的面積為山林所覆蓋的祕境。流傳著逃亡的平家鶴富公主與追捕她的源氏武將那須大八郎的悲戀故事。集落中有名為椎葉型的成排平瓦屋頂的住家建於陡坡上，層層疊疊的石階、石牆與群山的自然景觀，得以一窺古代的生活樣貌。

> 十根川集落，坐落於山林環繞、標高約550m的陡坡上。有充分利用石牆的成排房屋

ACCESS & INFORMATION

從JR日豐本線的日向市站搭乘宮交巴士需2小時30分鐘，於上椎葉巴士站下車。

椎葉村觀光協會 **☎**0982-67-3139

島嶼農村集落

渡名喜島

沖繩縣渡名喜村 重要傳統建築群保存區

福木林蔭道、白砂與紅瓦屋頂
是座沖繩原始風景猶存的島嶼

　　位於沖繩本島以西與久米島之間，周長 12.5㎞ 的離島。島上仍保存著豐富多彩的集落景觀，比如用以防颱的福木林蔭道綿延的白砂之道、珊瑚石牆配上紅瓦屋頂的傳統住屋等。還有可邂逅海龜的海灘，以及日落後腳燈會照亮集落的街道等，有別於都市，島嶼時間流逝的速度變得悠緩。

☐ ACCESS & INFORMATION

從那霸泊港搭乘渡輪需1小時55分鐘。

渡名喜村遊客服務中心 ☎098-996-3758

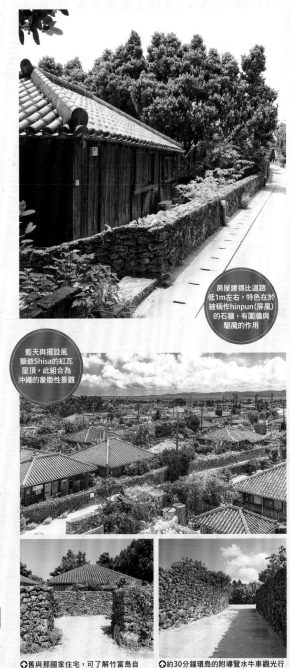

房屋建得比道路低1m左右，特色在於被稱作hinpun(屏風)的石牆，有圍牆與驅魔的作用

藍天與擺設風獅爺Shisa的紅瓦屋頂，此組合為沖繩的象徵性景觀

島嶼農村集落

竹富島

沖繩縣竹富町 重要傳統建築群保存區

在藍天碧海的南國，
白砂、石牆與花卉彩綴街道

　　位於石垣島西南6㎞、周長9.2㎞的小島。有星砂的皆治濱、透明度極高的KONDOI海灘、夕陽名勝西棧橋等，是很受歡迎的渡假島嶼。石牆配上紅瓦屋頂的成排房屋為島民對島嶼依戀的結晶。島民每大都會清掃鋪滿珊瑚的白砂之道，讓南國繁花盡情綻放。屋頂的風獅爺Shisa與水牛車都強而有力。

☐ ACCESS & INFORMATION

從石垣港離島總站搭乘渡輪需10～15分鐘。

竹富町觀光協會 ☎0980-82-5445

⬆舊與那國家住宅，可了解竹富島自大正時代以來的居住型態

⬆約30分鐘環島的附導覽水牛車觀光行程很受歡迎。亦有提供自行車租借服務

鋪有石板路的城鎮與村落

沒有便利商店或咖啡館，是宿場町亦是港町的離島。尚未轉為觀光景點的懷舊街道。

京都與奈良等地的神社佛閣參道上自古以來都鋪設了石板，目的在於讓泥濘的道路易於行走，舊街道與越嶺的峠道等處仍保留著石板路，沿途大多還留有傳遞過去樣貌的街道。

在沖繩還可欣賞使用珊瑚所形成的石灰岩鋪成的石板路。

○美保關的青石疊通(→P.235)是江戶時代以開採自海裡的青石鋪設而成

只有大自然與4棟茅葺民房
板取宿

福井縣南越前町
MAP P.160

昔日的宿場町，作為北國街道入口而設有關所。鋪設不規則亂石的石板路兩側僅存4棟茅葺民房，皆為考慮到通風與採光的兜造建築，散發著沉穩氛圍。
☎0778-45-0074(南越前町今庄觀光協會)

無數旅客來來往往的街道
宇津ノ谷
宇津之谷

靜岡市駿河區　**MAP** P.135

豐臣秀吉為了讓小田原征伐大軍通過而整修了宇津之谷峠，成了翻越垇口的人們經常使用的宿場町。家家戶戶屋簷前所掛的商號招牌與石板都令人懷想舊東海道的風情。
☎054-252-4247(靜岡市靜岡站遊客服務中心)

最大坡度約40%的「酷道」
暗峠

奈良縣生駒市／大阪府東大阪市
MAP P.193

從大阪通往奈良或前往伊勢參拜的舊主幹道，至今仍用作國道308號。垇口中有小型集落，江戶時代鋪設的石板路至今猶存。松尾芭蕉也為此留下了俳句。
☎0743-74-1111(生駒市觀光協會)

熊本藩與岡藩參勤交代必經路
今市宿

大分縣大分市　**MAP** P.301

作為肥後街道的宿場町而繁榮不已，有本陣、代官所、茶屋等櫛比鱗次。全長660m、寬8.5m的道路中央有寬2.1m的石板路綿延，途中2個直角轉彎處設的「防火帶」是為了防止火勢延燒。
☎097-549-0880(大分市歷史資料館)

因海上運動熱鬧滾滾
水納島
水納島

沖繩縣本部町　**MAP** P.300

位於沖繩本島北部的海上，珊瑚礁環繞且形似可頌的小型離島。從紅瓦屋頂的古民房分布各處的集落連接至海灘的道路上，有白色石板路綿延，可徜徉於南國的風景之中。
☎0980-47-3641(本部町觀光協會)

近代的街道

小樽・函館・橫濱・舞鶴・神戶・門司港懷舊・長崎

小樽

函館

舞鶴

橫濱

神戶

門司港懷舊

長崎

運河沿岸奪目的倉庫群與
傳遞繁榮景況的舊銀行通

小樽

北海道小樽市

　　以小樽港為中心，從明治後期至昭和初期作為日本首屈一指的灣岸都市蓬勃發展。於1923年竣工的小樽運河對其成長有莫大貢獻。作為港口貨物的運輸通道而熱鬧不已，運河沿岸有石造倉庫比鄰而立。曾一度衰退，卻憑藉重生運動再度復活，成為熱門的觀光景點。延伸至運河的市街區裡遍布舊銀行等歷史性建築，隱約可見當時的繁榮盛況。

❶ 小樽運河

全長1140m、寬20～40m的運河。是填海打造而成，所以呈平緩彎曲狀。步道上設置了煤油燈，石造倉庫群則活用作為餐廳或店鋪。

日銀通上有舊日本銀行與舊三菱銀行等的分行毗連而立。鼎盛時期曾有多達19間銀行，被比擬為美國的金融街，又稱作「北方華爾街」之稱

❸ 旧第一銀行小樽支店
舊第一銀行小樽分行

1924年的建築，為4層樓的鋼筋混凝土構造。外觀已翻修成現代風。

❷ 旧安田銀行小樽支店
舊安田銀行小樽分行

1930年的建築。為昭和初期典型的銀行建築，4根巨大的圓柱別具特色。

❹ 旧三菱銀行小樽支店
舊三菱銀行小樽分行

於1922年完工。最初外牆上鋪設了磚瓦，直到昭和初期才成了如今所見的樣貌。6根石柱令人印象深刻。

❺ 旧北海道銀行本店
舊北海道銀行總行

1912年建造。與現在的北海道銀行無關。目前用作北海道中央巴士的總公司，以及葡萄酒咖啡館&商店。

TOWN 巡禮

水上周遊懷舊的城鎮

除了有可詳細觀察石造倉庫群的日間航班,可欣賞煤油燈熠熠生輝的夢幻空間的夜間航班也很受歡迎。冬季的雪中倉庫群也顯得格外迷人。

小樽運河クルーズ
小樽運河遊覽船

📞0134-31-1733 🅟小樽市港町5-4 🕐電話受理時間依航行時間而異 🚫會臨時停駛 💴小樽運河周遊行程(40分鐘)日間航班1800日圓／夜間航班2000日圓 URL otaru.cc

DATA

⑥⑦⑧⑨ 小樽藝術村 📞0134-31-1033 🅟小樽市色内1-3-1 🕐9:30～17:00、11～4月10:00～16:00 🚫第4個週三(11～4月的週三)※會臨時休館 💴4館共通券2900日圓

☐ ACCESS & INFORMATION

於JR函館本線的小樽站下車。

小樽觀光協會 📞0134-33-2510

←亦可乘坐人力車巡遊

小樽藝術村

⑥ 旧三井銀行小樽支店
舊三井銀行小樽分行

1927年完工。有著沉穩的石砌外觀、挑高空間及環繞四周的迴廊,內部景觀别具特色。2022年被指定為國家重要文化財。

⑦ 似鳥美術館

活用大藏省的建築師矢橋賢吉等人所設計的舊北海道拓殖銀行小樽分行作為美術館。銀行時期,作家小林多喜二曾在此任職。

⑧ ステンドグラス美術館
彩色玻璃美術館

由1923年建造的舊高橋倉庫與1935年建造的舊荒田商會的木造建築所構成。前者為防火性絕佳的木骨石造結構。

⑨ 西洋美術館

坐落於小樽運河旁、1925年建造的木骨石造倉庫建築。特色在於圓形的小屋頂與內部強而有力的木柱。

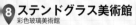

小樽 MAP

光明院卍　　色内埠頭公園

小樽港　　第三号埠頭

旧大家倉庫　　①小樽運河

旧前堀商店

総合博物館 運河館

旧安田銀行小樽支店②　　小樽運河クルーズ

旧第四十七銀行小樽支店　　⑥旧三井銀行小樽支店

⑧ステンドグラス美術館

似鳥美術館⑦　　⑨西洋美術館

旧北海道銀行本店⑤　　④旧三菱銀行小樽支店

小樽駅　　小樽文學館　　③旧第一銀行小樽支店

おたる屋台村　　旧百十三銀行小樽支店

レンガ横丁　　日本銀行旧小樽支店金融資料館

卍妙照寺　　→札幌駅　　旧光亭

N

0　　200m

講述著北海道近代化的歷史
充滿異國情調的港町

函館 元町周辺
函館 元町周邊

北海道函館市
重要傳統建築群保存區

函館（舊箱館）曾設置了江戶幕府的奉行所而成為周邊地區的政治經濟中心。1855年開港後，隨著各國領事館紛紛設立，西方文化因而傳入。元町末廣町的保存區位於從函館山山麓通往港口的斜坡，有條從基坂延伸至大三坂的コ字形道路，洋溢著異國情調的街區在此延展。領事館、教堂等西式建築與和洋折衷樣式的建築多不勝數，可感受到北海道的近代化氣息。

❶八幡坂

延伸至函館港、長達270m的筆直道路。坐望函館港與函館市青函渡輪紀念館 摩周丸的優美坡道，經常出現在電影與廣告中。

❷旧函館区公会堂
舊函館區公會堂

取代於1907年大火中焚毀的商業會議所而建的設施，是仰賴富商相馬哲平氏與居民的捐款而建成。於2021年翻新。

❸函館市旧イギリス領事館
函館市舊英國領事館

於1859年箱館開港時設立，現在以白牆搭配瓦屋頂的和洋折衷建築是1913年重建的。

❹函館ハリストス正教会
函館哈利斯特斯東正教堂

以白牆搭配綠色屋頂，優美不已的函館哈利斯特斯東正教堂，是元町象徵性的存在。為歷史悠久的歷史性建築物，現存的聖堂則是建於1916年。

⑤ 金森赤レンガ倉庫
金森紅磚倉庫

以明治末期建造作為函館首座營業倉庫的建築物改造而成，為灣區最受歡迎的景點。

⑥ はこだて明治館
函館明治館

為舊函館郵局的建築，是建作北海道第一家郵局。目前則作為購物中心。

⑦ 函館市地域交流 まちづくりセンター
函館市地區交流城鎮發展中心

1923年建造作為丸井今井吳服店函館分店，現在成為觀光導覽或地區資訊的發訊據點。

從函館山山頂展望台眺望的函館市街區。除了空中纜車，亦可搭乘巴士前往展望台。函館山空中纜車從山麓站通往山頂展望台約需3分鐘。125人座的纜車通常每隔15分鐘一班。

DATA

② 舊函館區公會堂 ☎0138-22-1001 ⬤函館市元町11-13 ⏱9:00～18:00(週六一一~19:00，11～3月~17:00) ㊡無休(會臨時休館) ￥300日圓

③ 函館市舊英國領事館 ☎0138-27-8159 ⬤函館市元町33-14 ⏱9:00～19:00(11～3月~17:00) ㊡無休 ￥300日圓

④ 函館哈利斯特斯東正教堂 ☎0138-23-7387 ⬤函館市元町3-13 ⏱10:00(週日13:00)~17:00(週六·日~16:00)，聖堂舉辦祈禱會時開放參觀 ㊡12月末~3月末 ￥200日圓

⑤ 金森紅磚倉庫 ☎0138-27-5530 ⬤函館市末広町14-12 ⏱9:30～19:00(依季節或店家而異) ㊡無休

⑥ 函館明治館 ☎0138-27-7070 ⬤函館市豊川町11-17 ⏱9:30～18:00 ㊡週三、第2個週四

⑦ 函館市地區交流城鎮發展中心 ☎0138-22-9700 ⬤函館市末広町4-19 ⏱9:00～21:00 ㊡無休(會臨時休館) ￥免費

函館山山頂展望台 ☎0138-23-3105(綜合服務) ⬤函館市函館山 ⏱10:00～22:00(10月1日~4月19日~21:00) ㊡無休 ￥空中纜車搭乘費用為1800日圓(往返)、1200日圓(單程)

ACCESS & INFORMATION

於JR函館本線的函館站下車。若要前往元町地區，搭乘函館市電從函館站前到十字街停靠站需5分鐘，到末廣町停靠站需7分鐘。

函館市遊客服務中心 ☎0138-23-5440

⬆經過傳統建築相馬股份有限公司總公司前的市電

○函館

函館MAP

349

自開港一直是外國人居留地
近代的西式建築成排並立

横浜 関内～山手
横濱 關內～山手

神奈川縣橫濱市

　　幕末時期因為開港而在橫濱設置了外國人居留地。獲得海外貿易許可的開港場內側被稱作關內，推動了近代式的城鎮建設。周邊則有港灣設施、廳舍與銀行這類近代建築刻畫著歷史的足跡。另一方面，自從1862年的生麥事件後，山手地區也發展出外國人居留地。外交官的住宅等約70棟西式建築保留了下來，形成散發著異國情調的街道。

❶ 横浜赤レンガ倉庫
横濱紅磚倉庫

明治末期至大正初期，集結磚造建築技術之精髓建造而成的磚造倉庫。於2002年以1號館作為文化設施、2號館作為商業設施而重獲新生。

❷ ドックヤードガーデン
船塢公園

從開港至昭和時期為止，對橫濱港的發展頗有貢獻的石造船塢。到了平成時代，於橫濱地標大廈的腹地內重獲新生。已被指定為國家重要文化財。

❸ 神奈川縣立歷史博物館
神奈川縣立歷史博物館

舊館部分是建於1904年，作為橫濱正金銀行總行。象徵性的巨大圓頂被暱稱為「王牌圓頂」。已被指定為國家重要文化財，並列為史蹟。

❹ 神奈川縣庁 本庁舍
神奈川縣廳 本廳舍

於1928年竣工。是棟萊特樣式而風格獨具的建築，特色在於表面刻有凹槽的褐色磁磚與獨特的幾何學裝飾圖案。與橫濱稅關、橫濱市開港紀念會館並稱為橫濱三塔而為大眾所熟知。暱稱為「國王之塔」。

❺ 横浜税関
横濱稅關

以「皇后之塔」的暱稱為人所知。於1934年竣工，已登錄為橫濱市認定歷史建築物。圓頂充滿伊斯蘭寺院的異國氛圍。廳舍1樓設有展覽室。

❻ 横浜市開港記念会館
横濱市開港紀念會館

以「傑克之塔」的暱稱聞名。結合了紅磚與白花岡岩，為辰野風格的代表性作品，在東京車站也能看到。建於1917年。

⑦ エリスマン邸
艾利斯曼邸

生絲貿易商社的橫濱經理艾利斯曼的宅邸。1926年由近代建築之父安東寧·雷蒙所設計並建造，後移築至元町公園並加以復原。

⑧ 外交官の家
外交官之家

以1910年建於東京澀谷的外交官內田定槌的宅邸遷移並復原而成。為美國建築師詹姆斯·麥克唐納·加德納之作。

⑨ ベーリック・ホール
貝利克公館

建於1930年。英國貿易商貝利克的宅邸，是現存的戰前山手外國人住宅中規模最大的。以西班牙風格為基礎的設計等，是在建築學上也頗具價值的建築。

DATA

❶ 橫濱紅磚倉庫 ☎045-227-2002（2號館資訊）⚲橫浜市中区新港1-1 ⏰10:00～19:00（1號館），11:00～20:00（2號館），餐飲店則依店家而異 ⊗無休

❸ 神奈川縣立歷史博物館 ☎045-201-0926 ⚲橫浜市中区南仲通5-60 ⏰9:30～17:00（入館～16:30）⊗週一（遇假日則照常開館）⍰300日圓（特別展費用另計）

❺ 橫濱稅關（資料展覽室）☎045-212-6053（稅關宣傳諮詢室）⚲橫浜市中区海岸通1-1 ⏰10:00～16:00 ⊗設施安檢日 ⍰免費

❼ 艾利斯曼邸 ☎045-211-1101 ⚲橫浜市中区元町1-77-4 ⏰9:30～17:00 ⊗第2個週三（遇假日則翌日休）⍰免費

❽ 外交官之家 ☎045-662-8819 ⏰9:30～17:00 ⊗第4個週三（遇假日翌日休）⍰免費

❾ 貝利克公館 ☎045-663-5685 ⚲橫浜市中区山手町72 ⏰9:30～17:00 ⊗第2個週三（遇假日翌日休）⍰免費

🔲 ACCESS & INFORMATION

於JR根岸線的關內站、港未來線的馬車道站、日本大通站、元町的中華街站等處下車。

橫濱觀光會議局 ☎045-221-2111

⬆橫濱中華街主要街道上的善鄰門

經過遷建的街道

在江戶、明治與大正的建築物齊聚一堂的歷史主題公園裡，穿越時空至各個時代。

加賀百萬石的庶民生活
金沢湯涌江戶村
金澤湯涌江戶村

石川縣金澤市　MAP P.160

加賀藩在江戶時代以擁有最多石高著稱。其藩內等處的民房集中組成的舊江戶村已由金澤市接管並遷建，2010年起對外開放。園內劃分為2個區域，農家區有4棟農家，町家與武家區中則有2棟武士住宅、2棟商家、1棟宿場問屋與1棟武家門。

☎076-235-1267 ⚑金沢市湯涌荒屋町35-1 ⏰9:00～17:30(入園～17:00) ✖週二(遇假日則翌日休) ¥310日圓

↑舊鯖波本陣石倉住宅為舊北陸道的本陣，還經營人馬繼立問屋

↑江戶時代庶民文化遍地開花，從古民房可窺探當時的生活樣貌

↑舊園田家住宅，可認識獻納加賀奉書(高級紙張)給藩的紙抄農家的樣貌

↑知名建築師法蘭克‧洛伊‧萊特著手打造的帝國旅館的中央玄關

↑明治的文豪森鷗外與夏目漱石先後居住過的住宅

展示60多座明治的珍貴建築
博物館 明治村

愛知縣犬山市　MAP P.134

建築師谷口吉郎與當時的名古屋鐵道副社長土川元夫，兩人將明治時期的珍貴建築物遷移並復原後創設的戶外博物館。廣大腹地內有60多座歷史性建築，11件已獲指定為國家重要文化財。

☎0568-67-0314 ⚑犬山市內山1 ⏰9:30(8月、12～2月10:00)～17:00(11～2月～16:00)※依時節而異，須上官網確認 ✖不定期公休(須上官網確認) ¥2000日圓

↑八角形的金澤監獄，是遵循明治時期制定的「監獄則並圖式」建造

飄散大正浪漫的建築與街道
日本大正村

岐阜縣惠那市　MAP P.72

保存於大正時代憑藉當地製絲產業繁榮一時的街道，是傳遞昔日生活與風俗的景點。復古的建築自不待言，連巷弄與街燈等都散發著大正浪漫的風情而別具魅力。城鎮的志工與行政體系共同致力於管理。

☎0573-54-3944 ⚑惠那市明智町1884-3 ⏰9:00～17:00，12月15日～2月10:00～16:00(入場皆截至30分鐘前) ✖無休 ¥收費設施4館通用券為700日圓(只入場1館則為300日圓)

↑大正浪漫館中有展示大正時代的歐洲家具與音樂盒

↑中馬街道UKARE橫町，繁盛時期曾有販售酒或烏龍麵的店家林立

↑前身為舊明智町公所的大正村公所。是1906年建造的木造洋館

作為舊海軍據點蓬勃發展
成排紅磚倉庫群令人嘆為觀止

舞鶴

京都府舞鶴市

舞鶴港的灣口狹窄適合防禦，因此於1901年設置了鎮守府，成為日本靠海處唯一的海軍據點。自此以東舞鶴地區為中心發展為軍港都市。許多紅磚建築至今猶存，明治至大正為止所建造的12棟舊舞鶴鎮守府倉庫中，有8棟為國家重要文化財，目前已將其整頓成「舞鶴紅磚公園」。

☐ ACCESS & INFORMATION

從JR舞鶴線的東舞鶴站搭乘京都交通巴士需4分鐘，於市公所巴士站下車。

舞鶴觀光協會 ☎0773-75-8600

↑海上自衛隊的護衛艦停靠在舞鶴港

舞鶴。

舞鶴 MAP

N
0　　500m

海上自衛隊舞鶴飛行場 ✈
海上自衛隊
舞鶴航空基地

雁又トンネル

舞鶴灣

菖蒲丘城跡
─旧海軍舞鶴鎮守府
　特一号官舎
赤れんが博物館 ②
海軍ゆかりの港めぐり遊覧船
東郷邸
③ 海軍記念館
舞鶴赤れんがパーク ①
東舞鶴駅
夕潮台公園
市役所
北吸城跡
舞鶴
地方総監部
余部愛宕山城跡
27
三笠神社 ⛩

❶ 舞鶴赤れんがパーク
舞鶴紅磚公園

對外開放從1901年至1918年期間所建造的8棟紅磚倉庫群。有舞鶴市政紀念館、舞鶴智慧藏、紅磚工坊等，精彩看點無數。
☎0773-66-1096 地舞鶴市北吸1039-2 時9:00～17:00，外觀可自由參觀 休無休 費免費

❷ 赤れんが博物館
紅磚博物館

1903年建造作為舊舞鶴海軍的魚雷倉庫。據說是日本現存的鋼筋紅磚構造建築中最古老建築之一。館內有介紹國內外紅磚建築及其歷史。
☎0773-66-1095 地舞鶴市浜2011 時9:00～17:00（入館～16:30）休無休 費400日圓

❸ 海軍記念館
海軍紀念館

1964年利用舊海軍機關學校大講堂的一部分所設置的資料館。展示著約200件與舊海軍相關的資料等。
☎0773-62-2250（海上自衛隊舞鶴地區總監部宣傳推進室）地舞鶴市余部下1190 時週六・日與國定假日10:00～15:00（有時會休館）費免費

TOWN 巡禮　從海上眺望護衛艦或海上自衛隊設施

搭乘遊覽船巡遊與海軍有淵源的港口。近距離觀察艦船等超震撼。

海軍ゆかりの港めぐり遊覧船
與海軍有淵源的軍港遊覽船

☎090-5978-8711（舞鶴紅磚公園遊覽船窗口）地舞鶴市北吸 時週六・日與國定假日11:00～15:00的整點出航（1天5班）※平日11:00、13:00、14:00各3班，12～3月須上官網確認 休12～3月的週二・三、天候惡劣時 費1500日圓

延展於風光明媚的山手地區
充滿異國情調的街道

神戶 北野

兵庫縣神戶市
重要傳統建築群保存區

　　兵庫港於1862年開港。周邊地區允許日本人與外國人混居。還在可盡覽港口的山手高地上建設外國人住宅，以北野町為中心形成充滿異國情調的街道。異人館（西洋風外國人住宅）中有約200棟建築是建於明治至昭和初期，保留有33棟。自1970年代保存意識高漲，開始對外開放建築物或活用作為餐廳、商店等。

❶ 北野異人館街

林立於山本通上的異人館皆採取木板橫向鋪設的殖民風格。街燈與步道都修整得美輪美奐，令人彷彿置身於歐美街角。

❸ うろこの家・展望ギャラリー
魚鱗之家＆展望藝廊

舊 Harrier 邸。明治後期建於居留地，並於大正時期遷移到現在的場所。為神戶最早對外開放的異人館，以天然板岩所砌成的外牆形似魚鱗，故以「魚鱗之家」的暱稱為人所熟悉。已登錄為國家有形文化財。

❷ 風見鶏の館
風見雞之館

建於1909年左右，作為德國貿易商的私宅。是北野異人館中唯一的磚砌建築。尖塔上的風見雞為此館的象徵，已被指定為國家重要文化財。
※因需進行修繕工程，直至2025年3月內部不對外開放。

❹ 萌黄の館
萌黄之館

1903年作為美國總領事亨特・夏普之宅邸而建的洋館。有萌黄色外牆環繞的建築，左右各異的突窗、位於建築中央的磚造煙囪等，可窺見當時極其細膩的設計。

DATA

❷ 風見雞之館　☎078-242-3223　⑩神戸市中央区北野町3-13-3　働9:00～18:00(入館～17:45)　休2、6月的第1個週二(遇假日則翌日休)　錢500日圓

❸ 魚鱗之家&展望藝廊　☎0120-888-581(異人館魚鱗集團營運中心)　⑩神戸市中央区北野町2-20-4　働10:00～17:00　休無休　錢1050日圓

❹ 萌黃之館　☎078-855-5221　⑩神戸市中央区北野町3-10-11　働9:30～18:00　休2月第3個週三與隔天　錢400日圓

❺ 英國館　☎0120-888-581(異人館魚鱗集團營運中心)　⑩神戸市中央区北野町2-3-16　働10:00～17:00　休無休　錢750日圓

❻ 萊茵之館　☎078-222-3403　⑩神戸市中央区北野町2-10-24　働9:00～18:00(最終入館17:45)　休2、6月的第3個週四(遇假日則翌日休)　錢免費

❼ 義大利館(柏拉圖裝飾藝術博物館)　☎078-271-3346　⑩神戸市中央区北野町1-6-15　働10:00～17:00　休週二、其他日子不定期公休　錢800日圓

ACCESS & INFORMATION

從JR神戸線的三之宮站、阪神本線的神戸三宮站、阪急神戸線的神戸三宮站等處徒步約需15分鐘。

北野遊客服務中心　☎078-251-8360

⬆從三宮站通往北野異人館街的北野坂。沿途林立著與周邊景觀融為一體的店鋪與咖啡館

❺ 英国館
英國館

1909年建造的洋館。出自英國建築師之手的典型殖民風格，庭園內展示著已故伊麗莎白女王愛用的同型車款Daimler Limousine。

❻ ラインの館
萊茵之館

此為建於1915年的舊J. R. Drewell公館。此洋館繼承延續自明治時期的異人館樣式。2016年起展開修繕與耐震措施等翻新作業。

❼ イタリア館(プラトン裝飾美術館)
義大利館(柏拉圖裝飾藝術博物館)

至今仍居住其中的屋主將大正初期建造的住宅對外開放。與白牆相映成輝的華麗裝飾、日用器具與古董美術品皆為精彩看點。還有座附設泳池的花園露台。

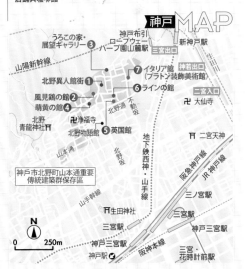

神戸MAP

355

以大陸貿易蓬勃發展的港町
昭和時期憑藉復古建築重生

門司港レトロ
門司港懷舊

福岡縣北九州市

　　門司於1889年被指定為煤炭與稻米等的特別出口港，2年後開通了九州鐵道，成為國際物流據點都市。車站周邊陸續建造了商社、銀行分行、海關等行政機構。港口隨著大陸貿易萎縮而衰退，行政與民間機構於1985年起致力保存歷史性建築物，以「門司港懷舊」之姿再度復活。西洋建築林立的街道仍保留著繁盛時期的面貌，吸引了無數觀光客。

１ 門司港レトロ展望室
門司港懷舊展望室

位於高樓大廈的31樓，從離地103m的高處可將懷舊地區與對岸的下關一覽無遺。

２ JR門司港駅
JR門司港站

於1914年竣工。1988年成為第一個被指定為國家重要文化財的鐵路車站。經過保存修繕工程後，於2019年3月恢復為創建時的樣貌。

TOWN
巡禮　　眺望海洋與橋梁的景致

　　從門司港懷舊地區起訖，約20分鐘的周遊觀光船。可盡情飽覽門司港、下關市的街道與海峽風景。

門司港レトロクルーズ
門司港懷舊周遊觀光船

☎093-331-0222（關門汽船門司營業所）🅿北九州市門司区港町5-1 海峽廣場前的乘船受理處 ⏰10:00～隨時出航（需20分鐘）※日落後有1～2班的夜間航班 🈹不定期公休（有時會依潮位而停駛）💴1000日圓

３ 旧門司税関
舊門司海關

1912年建造的海關廳舍，一直使用至昭和初期。特色在於紅磚新文藝復興風格與瓦葺的和洋折衷建築。1樓有挑高而寬闊的出入口大廳、休息區、展望室與咖啡館等。

━━ DATA ━━

① 門司港懷舊展望室 ☎093-321-4151(門司港懷舊綜合諮詢) ⑭北九州市門司区東港町1-32 ⑲10:00～22:00(入場～21:30、咖啡館～16:30,週五～日與國定假日～20:30) ⑭年4回不定期公休 ⑲300日圓

② JR門司港站 ⑭北九州市門司区西海岸1-5-31 ⑲⑭⑲自由入場(2樓9:30～20:00,有時不開放參觀)

③ 舊門司海關 ☎093-321-4151(門司港懷舊綜合諮詢) ⑭北九州市門司区東港町1-24 ⑲9:00～17:00 ⑭無休 ⑲免費

④ 大連友好紀念館 ☎093-321-4151(門司港懷舊綜合諮詢) ⑭北九州市門司区東港町1-12

⑤ 舊大阪商船 ☎093-321-4151(門司港懷舊綜合諮詢) ⑭北九州市門司区港町7-18 ⑲9:00～17:00 ⑭無休 ⑲免費(渡瀨政造藝廊須收150日圓)

⑥ 舊門司三井倶樂部 ☎093-321-4151(門司港懷舊綜合諮詢) ⑭北九州市門司区港町7-1 ⑲9:00～17:00(餐廳11:00～15:00、17:00～21:00,各1小時前LO) ⑭無休(餐廳不定期公休) ⑲免費(2樓須收150日圓)

🔲 ACCESS & INFORMATION

於JR鹿兒島本線的門司港站下車。

門司港懷舊綜合諮詢
☎093-321-4151

門司港懷舊

↑從門司港懷舊展望室眺望的關門大橋

④ 大連友好記念館
大連友好紀念館

為紀念北九州市與大連市締結友好都市15週年而建造。是帝政俄羅斯時代於大連市建造的東清鐵道汽船事務所的複製品。

⑤ 旧大阪商船
舊大阪商船

1917年建造的大阪商船門司分行。有外國航線的旅客候船室。橙色瓷磚與八角形塔屋甚是優美,被譽為港都美人。

⑥ 旧門司三井倶楽部
舊門司三井倶樂部

1921年建造作為三井物產的社交倶樂部。1樓有和洋餐廳,2樓則重現了愛因斯坦博士夫婦下榻當時的客房。另設有門司出身的作家林芙美子的紀念室。

門司港懷舊 MAP

關門海峽めかり駅
甲宗八幡神社
筆立山
關門トンネル
北九州銀行レトロライン
門司メディカルセンター
渋澤倉庫
北九州港
出光美術館
門司港レトロ展望室①
大連友好記念館④
ブルーウィングもじ
旧門司税關③
山光美術館駅
プレミアホテル門司港
老松公園②
旧大阪商船⑤
門司港旅客船ターミナル
門司港レトロクルーズ
門司港レトロ
海峽プラザ
門司老松局③
旧門司三井倶樂部⑥
九州鉄道記念館駅
貴船神社
②JR門司港駅
九州鉄道記念館
東本願寺
地蔵寺
門司駅
三宜楼

舊居留地的領事館與住宅遺跡
成排佇立於俯瞰港口的高地

長崎 東山手・南山手

長崎縣長崎市
重要傳統建築群保存區

　　幕末時期締結《安政條約》後，長崎港開港，並於丘陵地上的東山手與南山手建造外國人居留地。位於海岸沿途高地的東山手居留地中有各國的領事館與學校櫛比鱗次。坐望港口的南山手地區則保有珍貴的歷史性建築，比如日本現存最古老的基督教教堂大浦天主堂、蘇格蘭商人哥拉巴所建造的西式建築等。

① オランダ坂
荷蘭坂

昔日只要是位於外國人居留地的坡道皆稱作「荷蘭坂」，不過現在則是活水女子大學下之坂、活水坂與誠孝院前之坂的通稱。

② グラバー園
哥拉巴園

開港不久後來到長崎的湯瑪士・布雷克・哥拉巴於1863年所建造的舊哥拉巴住宅等，當時的建築加上錯落分布於市內的6座西式建築，遷移後復原而成，共9座建築佇立。

↑舊哥拉巴住宅。湯瑪士・布雷克・哥拉巴於25歲時所建造。為日本現存的木造西式建築中最古老的，已成為國家重要文化財

↑於2021年12月完成時隔約半世紀的耐震保存修繕工程，還一併更新室內展示。根據舊照片與資料重現當時氛圍的展示值得一看

人物FILE

湯瑪士・布雷克・哥拉巴

1838～1911年。21歲時創設哥拉巴商會。建造小菅修船廠、實現高島礦坑的商業化等，在日本的工業革命中也留下不少功績。

↑舊林格住宅。木材與石材和諧相融的木骨石造結構，在日本是相當罕見的建築風格。已獲指定為國家重要文化財

↑舊三菱第2船塢。為明治初期的典型西式建築，長崎市於1972年接受當時的三菱重工長崎造船所的捐贈，遷建並復原而成

↑舊沃克住宅。明治中期從大浦天主堂旁遷移至此。從屋頂延伸出來的屋簷與日本瓦等，從細節可窺見和風品味

③ 東山手洋風住宅群
東山手西式住宅群

7棟是建於明治20年代後半葉。一般推測是建來作為公司宿舍或出租住宅。於昭和後期經過保存修繕，目前將其中6棟作為資料館或餐廳對外開放。

④ 東山手甲十三番館

建造於明治中期，到了昭和時期成為法國代理領事的住宅。除了展示當時的照片與家具日用品，還可欣賞荷蘭坂的眺望景致。

⑤ 長崎市旧香港上海銀行長崎支店記念館 長崎近代交流史と孫文・梅屋庄吉ミュージアム
長崎市舊香港上海銀行長崎分行紀念館
長崎近代交流史與孫文・梅屋庄吉博物館

於1904年竣工的石造洋館，已獲指定為國家重要文化財。附設了長崎近代交流史與孫文・梅屋庄吉博物館，可學習近代海外交流史以及與中國之間的深厚關係。

⑥ 南山手レストハウス
南山手休憩所

有著石砌外牆且具備外國人居留地初期特色的住宅。從大門可眺望長崎港。館內則展示著長崎的歷史資料。

⑦ 大浦天主堂

根據1858年的《日法修好通商條約》，專為住在居留地的法國人而建。於1879年改成磚砌外牆等，搖身一變成為哥德式建築。

DATA

② 哥拉巴園 ☎095-822-8223 ⑮長崎市南山手町8-1 ⑩8:00～18:00(入園～17：40)※關於夜間開園須上官網確認 ⑭無休 ⑱620日圓 園內遊覽 ⑩11:00～、13:00～、15:00～ ⑱免費

③ 東山手西式住宅群 ☎095-820-0069(東山手地區街道保存中心) ⑮長崎市東山手町6-25 ⑩9:00～17:00 ⑭週一(遇假日則照常開館) ⑱免費(舊照片資料館與埋藏資料館須收100日圓)

④ 東山手甲十三番館 ☎095-829-1013 ⑮長崎市東山手町3-1 ⑩10:00～16:00 ⑭週一(遇假日則翌日休)

⑤ 長崎市舊香港上海銀行長崎分行紀念館 長崎近代交流與孫文・梅屋庄吉博物館 ☎095-827-8746 ⑮長崎市松が枝町4-27 ⑩9:00～17:00 ⑭第3個週一(遇假日則翌日休) ⑱300日圓

⑥ 南山手休憩所 ☎095-829-2896 ⑮長崎市南山手町7-5 ⑩9:00～17:00 ⑭無休 ⑱免費

⑦ 大浦天主堂 ☎095-823-2628 ⑮長崎市南山手町5-3 ⑩8:30～18:00(11～2月～17:30)※受理皆截至30分鐘前休 ⑱1000日圓

⬚ ACCESS & INFORMATION

從JR長崎本線的長崎站下車。若要前往東山手與南山手地區則搭乘長崎電氣軌道，於大浦天主堂或石橋電車站等處下車。

長崎國際觀光集會協會
☎095-823-7423

長崎MAP

索引

［英］
FUKAGAWA-SEIJI 本店 ‧‧‧‧‧‧ 329
Ideha文化紀念館 ‧‧‧‧‧‧‧‧‧‧ 53
JR門司港站 ‧‧‧‧‧‧‧‧‧‧‧‧‧ 356
KATALYZER 大原本邸 ‧‧‧‧‧‧‧ 262
Kimomo堂 ‧‧‧‧‧‧‧‧‧‧‧‧‧ 140
Minamo ‧‧‧‧‧‧‧‧‧‧‧‧‧‧ 324
NIPPONIA HOTEL
　八女福島 商家町 ‧‧‧‧‧‧‧‧‧ 327
NIPPONIA HOTEL 大洲 城下町 296
NIPPONIA 出雲平田 木棉街道 233
NIPPONIA五個莊 近江商人之町129
RITA出水麓 ‧‧‧‧‧‧‧‧‧‧‧‧ 320
THE FUJIYA GOHONJIN ‧‧‧‧‧ 122

［1］
一松邸(杵築) ‧‧‧‧‧‧‧‧‧‧‧ 309
一乘谷朝倉氏遺跡 ‧‧‧‧‧‧‧‧ 298
一粒丸二橋藥局 ‧‧‧‧‧‧‧‧‧‧ 66
一番街(藏造街道) ‧‧‧‧‧‧‧‧ 88
二寧坂(二年坂) ‧‧‧‧‧‧‧‧‧ 195
入交家住宅(伊賀上野) ‧‧‧‧‧ 151
入來院家 茅葺門 ‧‧‧‧‧‧‧‧‧ 321
入善的散居集落 ‧‧‧‧‧‧‧‧‧‧ 244
八三館 ‧‧‧‧‧‧‧‧‧‧‧‧‧‧‧ 100
八千代座 ‧‧‧‧‧‧‧‧‧‧‧‧‧‧ 337
八女市橫町町家交流館 ‧‧‧‧‧ 326
八坂庚申社(金剛寺) ‧‧‧‧‧‧‧ 194
八坂塔(法觀寺) ‧‧‧‧‧‧‧‧‧ 194
八幡坂 ‧‧‧‧‧‧‧‧‧‧‧‧‧‧‧ 348
八幡堀巡覽 ‧‧‧‧‧‧‧‧‧‧‧‧ 104
三日月咖啡店 月鐘樓 ‧‧‧‧‧‧ 314
三木屋 ‧‧‧‧‧‧‧‧‧‧‧‧‧‧‧ 240
三角家 ‧‧‧‧‧‧‧‧‧‧‧‧‧‧‧ 183
三嶋和蠟燭店 ‧‧‧‧‧‧‧‧‧‧‧ 100
上下基督教堂 ‧‧‧‧‧‧‧‧‧‧‧ 277
上田城跡公園 ‧‧‧‧‧‧‧‧‧‧‧ 113
上田藩主居館遺跡 ‧‧‧‧‧‧‧‧ 113
上有知湊 ‧‧‧‧‧‧‧‧‧‧‧‧‧‧ 103
上問屋史料館 ‧‧‧‧‧‧‧‧‧‧‧ 76
上賀茂神社 ‧‧‧‧‧‧‧‧‧‧‧‧ 196
下津家住宅長屋門 ‧‧‧‧‧‧‧‧ 156
丸山千枚田 ‧‧‧‧‧‧‧‧‧‧‧‧ 280
久家屋 ‧‧‧‧‧‧‧‧‧‧‧‧‧‧‧ 98
久米的大藏 ‧‧‧‧‧‧‧‧‧‧‧‧ 310
千代之園酒造 ‧‧‧‧‧‧‧‧‧‧‧ 337
千光寺 ‧‧‧‧‧‧‧‧‧‧‧‧‧‧‧ 268
千光寺新道 ‧‧‧‧‧‧‧‧‧‧‧‧ 268
口羽家住宅(萩) ‧‧‧‧‧‧‧‧‧ 254
土佐屋「工藝之館」 ‧‧‧‧‧‧‧‧ 117
土管坂 ‧‧‧‧‧‧‧‧‧‧‧‧‧‧‧ 145
土藏群「藏迴廊」 ‧‧‧‧‧‧‧‧‧ 182

大井谷梯田 ‧‧‧‧‧‧‧‧‧‧‧‧ 280
大內宿 三澤屋 ‧‧‧‧‧‧‧‧‧‧‧ 46
大內宿展望台 ‧‧‧‧‧‧‧‧‧‧‧ 44
大內宿街道展示館 ‧‧‧‧‧‧‧‧ 46
大手町(郡上八幡) ‧‧‧‧‧‧‧‧ 115
大仙堀 ‧‧‧‧‧‧‧‧‧‧‧‧‧‧‧ 206
大正浪漫夢通 ‧‧‧‧‧‧‧‧‧‧‧ 91
大正浪漫館 ‧‧‧‧‧‧‧‧‧‧‧‧ 217
大村家住宅(內子) ‧‧‧‧‧‧‧‧ 289
大和川酒藏 北方風土館 ‧‧‧‧‧ 41
大洲城 ‧‧‧‧‧‧‧‧‧‧‧‧‧‧‧ 296
大洲紅磚館 ‧‧‧‧‧‧‧‧‧‧‧‧ 297
大原邸(杵築) ‧‧‧‧‧‧‧‧‧‧‧ 308
大原美術館 ‧‧‧‧‧‧‧‧‧‧‧‧ 263
大原美術館 兒島虎次郎紀念館 263
大浦天主堂 ‧‧‧‧‧‧‧‧‧‧‧‧ 359
大連友好紀念館 ‧‧‧‧‧‧‧‧‧‧ 357
大森街道交流中心 ‧‧‧‧‧‧‧‧ 231
大橋家住宅(倉敷) ‧‧‧‧‧‧‧‧ 262
大澤家住宅(川越) ‧‧‧‧‧‧‧‧ 90
小田野家(角館) ‧‧‧‧‧‧‧‧‧‧ 34
小坂造酒場 ‧‧‧‧‧‧‧‧‧‧‧‧ 103
小林家長屋門 ‧‧‧‧‧‧‧‧‧‧‧ 215
小泉八雲故居(Hearn故居) ‧‧‧ 223
小原酒造 ‧‧‧‧‧‧‧‧‧‧‧‧‧‧ 41
小栗家住宅(半田) ‧‧‧‧‧‧‧‧ 144
小堀屋本店 ‧‧‧‧‧‧‧‧‧‧‧‧ 65
小樽運河 ‧‧‧‧‧‧‧‧‧‧‧‧‧‧ 346
小樽運河遊覽船 ‧‧‧‧‧‧‧‧‧‧ 347
小藍美術館 ‧‧‧‧‧‧‧‧‧‧‧‧ 237
山王俱樂部 ‧‧‧‧‧‧‧‧‧‧‧‧ 49
山本邸(島原) ‧‧‧‧‧‧‧‧‧‧‧ 307
山寺常山邸 ‧‧‧‧‧‧‧‧‧‧‧‧ 111
山居倉庫 ‧‧‧‧‧‧‧‧‧‧‧‧‧‧ 48
山鹿溫泉 櫻湯 ‧‧‧‧‧‧‧‧‧‧ 337
山鹿燈籠民藝館 ‧‧‧‧‧‧‧‧‧‧ 337
山路酒造 ‧‧‧‧‧‧‧‧‧‧‧‧‧‧ 87
山際史蹟廣場 ‧‧‧‧‧‧‧‧‧‧‧ 313
山邊古徑 ‧‧‧‧‧‧‧‧‧‧‧‧‧‧ 279
川越人力車ITSUKIYA ‧‧‧‧‧‧ 88
川越城本丸御殿 ‧‧‧‧‧‧‧‧‧‧ 91
川越祭會館 ‧‧‧‧‧‧‧‧‧‧‧‧ 90
川豐本店 ‧‧‧‧‧‧‧‧‧‧‧‧‧‧ 66
中山道杉木林蔭道 ‧‧‧‧‧‧‧‧ 77
中山道鵜沼宿町屋館 ‧‧‧‧‧‧‧ 84
中山道鵜沼宿脇本陣 ‧‧‧‧‧‧‧ 84
中江準五郎邸 ‧‧‧‧‧‧‧‧‧‧‧ 128
中村邸(奈良井) ‧‧‧‧‧‧‧‧‧‧ 76
中村屋商店 ‧‧‧‧‧‧‧‧‧‧‧‧ 65
中村龜吉 ‧‧‧‧‧‧‧‧‧‧‧‧‧‧ 38
中町小見世通 ‧‧‧‧‧‧‧‧‧‧‧ 158
中町通 ‧‧‧‧‧‧‧‧‧‧‧‧‧‧‧ 112
中根邸(杵築) ‧‧‧‧‧‧‧‧‧‧‧ 309
中萬 ‧‧‧‧‧‧‧‧‧‧‧‧‧‧‧‧ 153
丹波古陶館 ‧‧‧‧‧‧‧‧‧‧‧‧ 216
丹波杜氏酒造紀念館 ‧‧‧‧‧‧‧ 216
丹波篠山市立歷史美術館 ‧‧‧‧ 215
五新鐵道遺跡 ‧‧‧‧‧‧‧‧‧‧‧ 204
井波雕刻綜合會館 ‧‧‧‧‧‧‧‧ 181
今井町屋館 ‧‧‧‧‧‧‧‧‧‧‧‧ 198
今右衛門窯 ‧‧‧‧‧‧‧‧‧‧‧‧ 328
今市宿 ‧‧‧‧‧‧‧‧‧‧‧‧‧‧‧ 344
今西家住宅(今井町) ‧‧‧‧‧‧‧ 198
今西家書院 ‧‧‧‧‧‧‧‧‧‧‧‧ 202
元帥酒造本店 ‧‧‧‧‧‧‧‧‧‧‧ 229

內子座 ‧‧‧‧‧‧‧‧‧‧‧‧‧‧‧ 289
內藤家庄屋屋敷 ‧‧‧‧‧‧‧‧‧‧ 241
化野念佛寺 ‧‧‧‧‧‧‧‧‧‧‧‧ 197
天王寺 ‧‧‧‧‧‧‧‧‧‧‧‧‧‧‧ 154
天降神社 ‧‧‧‧‧‧‧‧‧‧‧‧‧‧ 340
太田久助吟製 ‧‧‧‧‧‧‧‧‧‧‧ 207
太田家住宅(鞆之浦) ‧‧‧‧‧‧‧ 271
太田宿中山道會館 ‧‧‧‧‧‧‧‧ 83
戶波半九郎屋敷遺跡 ‧‧‧‧‧‧‧ 305
戶隱神社 中社 ‧‧‧‧‧‧‧‧‧‧ 121
戶隱神社 寶光社 ‧‧‧‧‧‧‧‧‧ 121
文武學校(信州松代) ‧‧‧‧‧‧‧ 111
日下部民藝館 ‧‧‧‧‧‧‧‧‧‧‧ 99
日本丸館 ‧‧‧‧‧‧‧‧‧‧‧‧‧‧ 334
日本大正村 ‧‧‧‧‧‧‧‧‧‧‧‧ 352
日本庭園 有樂苑 ‧‧‧‧‧‧‧‧‧ 149
日吉大社 ‧‧‧‧‧‧‧‧‧‧‧‧‧‧ 123
日和山公園 ‧‧‧‧‧‧‧‧‧‧‧‧ 48
月桂冠大倉紀念館 ‧‧‧‧‧‧‧‧ 200
木之下城傳承館‧堀部邸 ‧‧‧‧ 148
木之本地藏院 ‧‧‧‧‧‧‧‧‧‧‧ 87
木戶孝允舊宅 ‧‧‧‧‧‧‧‧‧‧‧ 253
木村邸(岩村) ‧‧‧‧‧‧‧‧‧‧‧ 116
木鳥神社‧千歲座 ‧‧‧‧‧‧‧‧ 292
木棉街道交流館 ‧‧‧‧‧‧‧‧‧‧ 233
木蠟資料館 上芳我邸 ‧‧‧‧‧‧ 288
水納島 ‧‧‧‧‧‧‧‧‧‧‧‧‧‧‧ 344
片倉家中武家屋敷(舊小關家) ‧ 30
片倉家御廚所 ‧‧‧‧‧‧‧‧‧‧‧ 30
代官所地方官員遺宅 舊河島家 231
出石史料館 ‧‧‧‧‧‧‧‧‧‧‧‧ 218
出石永樂館 ‧‧‧‧‧‧‧‧‧‧‧‧ 219
出石明治館 ‧‧‧‧‧‧‧‧‧‧‧‧ 219
出石城遺跡 ‧‧‧‧‧‧‧‧‧‧‧‧ 218
出石家老屋敷 ‧‧‧‧‧‧‧‧‧‧‧ 218
出石酒造酒藏 ‧‧‧‧‧‧‧‧‧‧‧ 219
出羽三山神社 ‧‧‧‧‧‧‧‧‧‧‧ 53
出島 ‧‧‧‧‧‧‧‧‧‧‧‧‧‧‧‧ 298
出雲平原上的築地松 ‧‧‧‧‧‧‧ 244
加納家(步槍鍛造) ‧‧‧‧‧‧‧‧ 116
北之總門 ‧‧‧‧‧‧‧‧‧‧‧‧‧‧ 254
北町交流藝廊 ‧‧‧‧‧‧‧‧‧‧‧ 207
北原白秋故居‧紀念館 ‧‧‧‧‧ 302
北國街道妻入會館 ‧‧‧‧‧‧‧‧ 173
北野異人館街 ‧‧‧‧‧‧‧‧‧‧‧ 354
北齋館 ‧‧‧‧‧‧‧‧‧‧‧‧‧‧‧ 93
古橋酒造 ‧‧‧‧‧‧‧‧‧‧‧‧‧‧ 225
史蹟 寺田屋 ‧‧‧‧‧‧‧‧‧‧‧‧ 200
史蹟 足利學校 ‧‧‧‧‧‧‧‧‧‧ 67
史蹟 郡山城遺跡 ‧‧‧‧‧‧‧‧‧ 208
史蹟 舊崇廣堂 ‧‧‧‧‧‧‧‧‧‧ 151
四谷千枚田 ‧‧‧‧‧‧‧‧‧‧‧‧ 280
外交官之家 ‧‧‧‧‧‧‧‧‧‧‧‧ 351
外村繁邸 ‧‧‧‧‧‧‧‧‧‧‧‧‧‧ 128
外町史料館田鐵 ‧‧‧‧‧‧‧‧‧‧ 35
平山克己庭園 ‧‧‧‧‧‧‧‧‧‧‧ 318
平山亮一庭園 ‧‧‧‧‧‧‧‧‧‧‧ 319
平田家(脇町) ‧‧‧‧‧‧‧‧‧‧‧ 285
平安橋 ‧‧‧‧‧‧‧‧‧‧‧‧‧‧‧ 255
弁天參道 ‧‧‧‧‧‧‧‧‧‧‧‧‧‧ 229
弘前城(弘前公園) ‧‧‧‧‧‧‧‧ 24
末光家住宅(宇和島卯之町) ‧‧ 290
末廣酒造 嘉永藏 ‧‧‧‧‧‧‧‧‧ 42
本居宣長宅遺跡 ‧‧‧‧‧‧‧‧‧‧ 153
本芳我家住宅(內子) ‧‧‧‧‧‧‧ 289

本家 叶屋 ・・・・・・・・・・・・・・・・ 46
本家 松金 ・・・・・・・・・・・・・・・・ 259
本間美術館 ・・・・・・・・・・・・・・・ 49
本間家舊本邸 ・・・・・・・・・・・・・ 48
民俗資料館(五條新町) ・・・・・・ 204
民宿 他郷阿部家 ・・・・・・・・・・・ 231
永松邸 ・・・・・・・・・・・・・・・・・・ 306
甘露醬油資料館 ・・・・・・・・・・・ 265
田村家(脇町) ・・・・・・・・・・・・・ 284
田部美術館 ・・・・・・・・・・・・・・・ 223
田鹽家(高取) ・・・・・・・・・・・・・ 209
白山麓民俗資料館 ・・・・・・・・・ 188
白川南通 ・・・・・・・・・・・・・・・・・ 10
白木屋漆器店 ・・・・・・・・・・・・・ 43
白石城 ・・・・・・・・・・・・・・・・・・ 30
白牆倶樂部 ・・・・・・・・・・・・・・・ 227
矢掛郷土美術館 ・・・・・・・・・・・ 274
石火矢町故郷村 ・・・・・・・・・・・ 250
石田家住宅(秋月) ・・・・・・・・・・ 305
石田家住宅(美山) ・・・・・・・・・・ 237
石見銀山群言堂本店 ・・・・・・・・ 231
石見銀山(龍源寺間步) ・・・・・・・ 230
石場家住宅(弘前) ・・・・・・・・・・ 25
石塀小路 ・・・・・・・・・・・・・・・・ 195
仲村家住宅(富田林) ・・・・・・・・ 199
伊呂波丸展示館 ・・・・・・・・・・・ 271
伊根灣巡遊遊覽船 ・・・・・・・・・ 234
伊能忠敬紀念館 ・・・・・・・・・・・ 64
伊能忠敬舊宅 ・・・・・・・・・・・・・ 64
伊賀上野城 ・・・・・・・・・・・・・・・ 151
伊勢河崎商人館 ・・・・・・・・・・・ 146
伊萬里市陶器商家資料館 ・・・ 330
伏見十石舟 ・・・・・・・・・・・・・・ 200
光武酒造場 ・・・・・・・・・・・・・・ 332
光武酒造場 觀光酒藏 肥前屋 ・ 332
全生庵 ・・・・・・・・・・・・・・・・・・ 154
吉川史料館 ・・・・・・・・・・・・・・・ 259
吉田邸(鹽飽本島) ・・・・・・・・・・ 292
吉田家住宅(藍商佐直) ・・・・・・ 284
吉島家住宅(高山) ・・・・・・・・・ 99
宇和民具館 ・・・・・・・・・・・・・・・ 290
宇陀市松山地區城鎮建設中心
「千軒舍」 ・・・・・・・・・・・・・・・ 205
宇陀市歷史文化館「藥之館」・・ 205
宇津之谷 ・・・・・・・・・・・・・・・・ 344
安藝城遺跡 ・・・・・・・・・・・・・・ 295
安藤醸造本店 ・・・・・・・・・・・・・ 35
寺內町 ・・・・・・・・・・・・・・・・・・ 149
寺村家住宅(伊賀上野) ・・・・・・ 151
寺町商家(舊金箱家住宅) ・・・・ 111
帆足家長屋門 ・・・・・・・・・・・・ 306
庄屋敷(日下家住宅) ・・・・・・・ 287
成田山新勝寺 ・・・・・・・・・・・・・ 66
有田陶瓷美術館 ・・・・・・・・・・・ 328
有鄰莊(倉敷) ・・・・・・・・・・・・・ 262
有鄰館 ・・・・・・・・・・・・・・・・・・ 92
江戶城下町之館 勝川家 ・・・・・ 117
江戶屋旅館 ・・・・・・・・・・・・・・ 120
池波正太郎 真田太平記館 ・・・・ 113
百六里庭·眺關亭 ・・・・・・・・・・ 140
竹原市歷史民俗資料館 ・・・・・・ 267
竹添邸(出水麓) ・・・・・・・・・・・ 320
竹鶴酒造 ・・・・・・・・・・・・・・・・ 267
米清舊邸 ・・・・・・・・・・・・・・・・ 149
羽黑山 荒澤寺正善院 黃金堂 ・・ 53

臼杵城遺跡 ・・・・・・・・・・・・・・ 311
艾利斯曼邸 ・・・・・・・・・・・・・・・ 351
西川庄六邸 ・・・・・・・・・・・・・・ 107
西川甚五郎本店史料館 ・・・・・ 107
西川甚五郎邸 ・・・・・・・・・・・・ 107
西村屋本館 ・・・・・・・・・・・・・・ 240
西周故居 ・・・・・・・・・・・・・・・・ 225
西岡家住宅(鹽田津) ・・・・・・・ 331
西洋美術館(小樽) ・・・・・・・・・ 347
西鄉惠一郎庭園 ・・・・・・・・・・ 318
似鳥美術館 ・・・・・・・・・・・・・・ 347
佐多民子庭園 ・・・・・・・・・・・・ 319
佐多直忠庭園 ・・・・・・・・・・・・ 319
佐多美舟庭園 ・・・・・・・・・・・・ 319
佐伯城三之丸櫓門 ・・・・・・・・ 313
佐伯城遺跡 ・・・・・・・・・・・・・・ 313
佐原三菱館 ・・・・・・・・・・・・・・・ 64
佐渡國小木民俗博物館·
千石船展示館 ・・・・・・・・・・・ 183
佐藤邸(越後下關) ・・・・・・・・・ 172
吹屋銅山笹畝坑道 ・・・・・・・・・ 264
志賀直哉故居 ・・・・・・・・・・・・ 203
志摩 ・・・・・・・・・・・・・・・・・・・・ 16
杉光陶器店 ・・・・・・・・・・・・・・ 331
村上城遺跡 ・・・・・・・・・・・・・・ 166
村田清風別邸遺跡 ・・・・・・・・・ 255
沃里斯紀念館 ・・・・・・・・・・・・ 107
沖端水天宮 ・・・・・・・・・・・・・・ 303
町之藏 ・・・・・・・・・・・・・・・・・・ 185
町屋館 ・・・・・・・・・・・・・・・・・・ 204
町家物語館 ・・・・・・・・・・・・・・ 208
町家通(宮島) ・・・・・・・・・・・・ 279
角正 ・・・・・・・・・・・・・・・・・・・・ 98
角長 ・・・・・・・・・・・・・・・・・・・ 206
角屋待客文化美術館 ・・・・・・・ 13
角館人力社 ・・・・・・・・・・・・・・・ 32
角館歷史村·青柳家 ・・・・・・・・ 34
谷中水小道 ・・・・・・・・・・・・・・ 114
豆田社區發展歷史交流館 ・・・ 334
貝利克公館 ・・・・・・・・・・・・・・ 351
赤井家住宅(伊賀上野) ・・・・・・ 151
足助中馬館 ・・・・・・・・・・・・・・ 136
辰鼓樓 ・・・・・・・・・・・・・・・・・・ 218
京都市嵯峨鳥居本街道保存會 197
來當屋生薑糖本舖 ・・・・・・・・・ 233
函館山山頂展望台 ・・・・・・・・・ 349
函館市地區交流城鎮發展中心 349
函館市舊英國領事館 ・・・・・・・ 348
函館明治館 ・・・・・・・・・・・・・・ 349
函館哈利斯特斯東正敎會 ・・・ 348
和田家(白川鄉) ・・・・・・・・・・ 124
坡場之坂 ・・・・・・・・・・・・・・・・ 182
奈良町格子之家 ・・・・・・・・・・ 202
奈良町熱鬧之家 ・・・・・・・・・・ 202
妻籠宿本陣 ・・・・・・・・・・・・・・・ 81
宗祇水 ・・・・・・・・・・・・・・・・・・ 115
居藏之館 ・・・・・・・・・・・・・・・・ 325
岡田紀念館 ・・・・・・・・・・・・・・・ 60
岡城遺跡 ・・・・・・・・・・・・・・・・ 314
岡崎酒造 ・・・・・・・・・・・・・・・・ 113
岩手銀行紅磚館 ・・・・・・・・・・・ 27
岩村本通 ・・・・・・・・・・・・・・・・ 117
岩村城遺跡 ・・・・・・・・・・・・・・ 116
岩村美術館(舊柴田家) ・・・・・・ 117
岩松院 ・・・・・・・・・・・・・・・・・・ 93

岩座神的梯田 ・・・・・・・・・・・・ 280
岩國城 ・・・・・・・・・・・・・・・・・・ 259
岩橋家(角館) ・・・・・・・・・・・・・ 34
帕弐奧大門 ・・・・・・・・・・・・・・ 122
幸姬酒造 ・・・・・・・・・・・・・・・・ 332
府中市上下歷史文化資料館 ・・ 277
明治殿 ・・・・・・・・・・・・・・・・・・ 175
明礬溫泉 ・・・・・・・・・・・・・・・・ 338
服部民俗資料館 ・・・・・・・・・・・ 90
東山手甲十三番館 ・・・・・・・・・ 359
東山手西式住宅群 ・・・・・・・・・ 359
東近江市近江商人博物館·
中路融人紀念館 ・・・・・・・・・ 129
東桂苑 ・・・・・・・・・・・・・・・・・・ 172
杵築城 ・・・・・・・・・・・・・・・・・・ 308
松山西口關門 ・・・・・・・・・・・・ 205
松之湯交流館 ・・・・・・・・・・・・・ 38
松月文人館 ・・・・・・・・・・・・・・ 303
松代城遺跡 ・・・・・・・・・・・・・・ 110
松代屋 ・・・・・・・・・・・・・・・・・・ 81
松本家(角館) ・・・・・・・・・・・・・ 34
松江城 ・・・・・・・・・・・・・・・・・・ 223
松坂城遺跡 ・・・・・・・・・・・・・・ 152
松浦氏屋敷 ・・・・・・・・・・・・・・ 109
板取宿 ・・・・・・・・・・・・・・・・・・ 344
武家屋敷(松江) ・・・・・・・・・・・ 223
武家屋敷「石黑家」 ・・・・・・・・・ 34
武家屋敷青柳家史料館 ・・・・・ 214
武家屋敷遺跡 野村家 ・・・・・・・ 162
武家屋敷舊內山家 ・・・・・・・・・ 167
武家屋敷舊田村家 ・・・・・・・・・ 167
河原田家(角館) ・・・・・・・・・・・ 34
河原町妻入商家群 ・・・・・・・・・ 216
河崎 川之站 ・・・・・・・・・・・・・・ 147
河崎商人倉庫 ・・・・・・・・・・・・ 147
油傳味噌 ・・・・・・・・・・・・・・・・・ 60
臥龍山莊 ・・・・・・・・・・・・・・・・ 296
花見小路通 ・・・・・・・・・・・・・・・ 11
花菖蒲通商店街 ・・・・・・・・・・ 118
近水園 ・・・・・・・・・・・・・・・・・・ 249
金子屋 ・・・・・・・・・・・・・・・・・・ 183
金堂大樋川 ・・・・・・・・・・・・・・ 323
金堂街道保存交流館 ・・・・・・・ 129
金魚街柳町商店街 ・・・・・・・・・ 208
金森紅磚倉庫 ・・・・・・・・・・・・ 349
金津市足輕資料館 ・・・・・・・・・ 163
金澤城公園 ・・・・・・・・・・・・・・ 162
金澤湯涌江戶村 ・・・・・・・・・・・ 352
長府毛利邸 ・・・・・・・・・・・・・・ 258
長府庭園 ・・・・・・・・・・・・・・・・ 258
長府藩侍屋敷長屋 ・・・・・・・・・ 258
長崎市舊香港上海銀行長崎分行
紀念館 長崎近代交流史與孫文·
梅屋庄吉博物館 ・・・・・・・・・ 359
長濱分寺 大通寺 ・・・・・・・・・・ 119
長濱城歷史博物館 ・・・・・・・・・ 119
長瀨家(白川鄉) ・・・・・・・・・・ 124
門司港懷舊周遊觀光船 ・・・・・ 356
門司港懷舊展望室 ・・・・・・・・・ 356
門脇家住宅(所子) ・・・・・・・・・ 239
青山歷史村 ・・・・・・・・・・・・・・ 215
青木周弼舊宅 ・・・・・・・・・・・・ 253
前田土佐守家資料館 ・・・・・・・ 163
南山手休憩所 ・・・・・・・・・・・・ 359
咸宜園 ・・・・・・・・・・・・・・・・・・ 335

361

城下町佐伯 國木田獨步館････ 313
城山天守閣展望台･･････････ 124
城和町博物館 ･･････････････ 149
城東舊町家(舊梶村邸)･･････ 251
室屋之園 ･･･････････････････ 265
昭和會館 ･･･････････････････ 175
柳川城遺址 ････････････････ 302
柳川藩主立花邸 御花 ･･････ 302
柳井街道資料館 ･･･････････ 265
柳井西藏 ･･･････････････････ 265
柳町通 ･････････････････････ 115
栃木市立文學館 ･･･････････ 61
栃木歌麿館 ････････････････ 61
栃尾雁木通 ････････････････ 158
津山城(鶴山公園) ････････ 251
津山城下町歷史館 ････････ 251
津和野天主教堂 ･･････････ 225
津和野城遺跡 ･････････････ 224
津浦家(舊內傳麴店) ･･････ 207
津野邸(越後下關) ･･･････ 172
洲咲 ･･･････････････････････ 98
甚風呂 ････････････････････ 207
相倉民俗館 ･･･････････････ 186
秋月武家屋敷 久野邸･････ 305
秋月城遺跡 ･･･････････････ 304
秋田角館西宮家 ･･････････ 35
紅磚博物館 ･･･････････････ 353
紅磚銀行(舊富山銀行總行)･･ 169
美山民俗資料館 ･････････ 236
美甘家住宅(所子) ･･･････ 239
美濃和紙電飾藝術館 ･････ 102
若林家住宅(村上) ･･･････ 166
若狹鯖街道
熊川宿資料館 宿場館･･････ 178
若喜商店 ･･････････････････ 41
若槻環濠集落 ････････････ 210
若櫻民工藝館 ･･･････････ 242
若櫻鄉土文化之鄉 ･･･････ 242
英國館 ･････････････････････ 355
茅葺城鎮景觀(肥前濱宿)･･ 333
風見雞之館 ･･･････････････ 354
飛驒高山市博物館 ･･･････ 98
首里金城町石板路 ･･･････ 323
首里城 ････････････････････ 323
香川家長屋門 ･･･････････ 259
香蘭社 日本店 ･･････････ 329
倉吉白牆土藏群 ･････････ 228
倉吉淀屋 ･････････････････ 229
倉見屋 荻野家住宅････････ 178
倉庫通 ････････････････････ 174
倉庫街市民畫廊 ･････････ 61
倉庫街遊覽船 ････････････ 58
倉敷川遊船 ･･････････････ 260
倉敷市倉敷物語館 ･･･････ 262
倉敷民間工藝館 ･････････ 262
倉敷考古館 ･･････････････ 262
倉敷常春藤廣場 ･････････ 263
原田二郎舊宅 ････････････ 152
原次郎左衛門 ････････････ 335
哥拉巴園 ･････････････････ 358
射和 ･･･････････････････････ 153
島原城 ････････････････････ 307
振德堂 ････････････････････ 316
旅館 永澤平八 ･･･････････ 51
時之鐘(鐘樓) ･･･････････ 89

栗山家住宅(五條新町) ･････ 204
桑田醬油釀造廠 ････････････ 228
枡一市村酒造場 ･････････ 93
海軍紀念館 ･･･････････････ 353
海野宿本陣遺跡 ･････････ 86
海野宿玩具館 ･･･････････ 86
海野宿資料館 ･･･････････ 86
真田邸 ････････････････････ 110
真田家舊本陣TUBATAYA････ 131
神部家(白川鄉) ･･･････ 124
神奈川縣立歷史博物館 ････ 350
神奈川縣廳 本廳舍 ･････ 350
翁座 ･･･････････････････････ 277
能見邸(杵築) ･･････････ 308
能登屋旅館 ･･････････････ 51
脇本陣奧谷 ･･････････････ 80
脇町劇場(Odeon座) ･････ 285
茜色飫肥 ･････････････････ 317
草戶千軒展示室 ･････････ 298
草野本家 ･････････････････ 334
郡上八幡城 ･･････････････ 114
郡上八幡舊廳舍紀念館 ･･･ 115
郡廳遺跡(津和野) ･･････ 224
酒田町奉行所遺跡 ･･･････ 49
酒持田本店 ･･････････････ 233
釜定 ･･･････････････････････ 27
馬籠脇本陣史料館 ･･･････ 82
高山陣屋 ･････････････････ 98
高井鴻山紀念館 ･････････ 93
高木家住宅(犬山) ･･････ 148
高杉晉作出生地 ･････････ 253
高取城遺跡 ･･････････････ 209
高岡市鑄物資料館 ･･･････ 170
高岡御車山會館 ･････････ 169
高梁市商家資料館 池上邸 ･･ 250
高源 逸見源右衛門家･････ 178
高橋家住宅(松本) ･･････ 112
高橋家住宅(黑石) ･･････ 38
高橋家長屋門 ････････････ 109
鬼木梯田 ･････････････････ 280
⑪ 商業與生活博物館(內子町歷史
民俗資料館) ･･･････････ 289
國見家(脇町) ･･･････････ 285
國見神代小路歷史文化公園
鍋島邸 ･･･････････････････ 306
國盛 酒文化館 ･･･････････ 144
國森家住宅(古市金屋) ･･･ 265
國寶 犬山城 ････････････ 148
國寶 松本城 ････････････ 112
國寶 彥根城 ････････････ 118
國寶 舊閑智學校校舍 ･･･ 112
宿坊極意 ･････････････････ 121
專修寺 ････････････････････ 156
常高寺 ････････････････････ 171
彩色玻璃美術館 ･････････ 347
御城番屋敷 ･･････････････ 152
御徒士町武家屋敷群 ･････ 215
御宿 伊勢屋 ････････････ 76
御袚町 ････････････････････ 147
御藏 ･･･････････････････････ 331
梅屋七兵衛舊宅 ･････････ 273
深川屋 ････････････････････ 141
清九郎 ････････････････････ 183
清水屋 ････････････････････ 120
清水屋資料館 ････････････ 82

清色城遺跡 ･･････････････ 321
產寧坂(三年坂) ････････ 195
盛岡町家故事館 ･････････ 27
盛岡啄木與賢治青春館 ･･ 27
笠島街道保存中心 ･･･････ 292
紺屋町番屋 ･･････････････ 26
船塢公園 ･････････････････ 350
船運商行 瀧田家 ･････････ 145
莫蓙九 森九商店 ･････････ 26
荷蘭坊 ････････････････････ 358
野上彌生子文學紀念館 ･･ 311
野外博物館 合掌造民家園･･･ 125
野村家(安藝) ･･････････ 295
野良鐘樓 ･････････････････ 295
陶山神社 ･････････････････ 329
陶舖YAMAWA ･････････････ 90
魚鱗之家&展望藝廊 ･････ 354
鳥田邸(島原) ･･････････ 307
備中松山城 ･･････････････ 250
博物館 明治村 ･･･････････ 352
善光寺 ････････････････････ 122
善光寺郵局 ･･････････････ 122
善德寺 ････････････････････ 182
喜多院 ････････････････････ 91
壺阪寺 ････････････････････ 209
富久千代酒造 ････････････ 332
富田酒造 ･････････････････ 87
富商之館 田中本家博物館････ 94
復古館賴家住宅･
春風館賴家住宅 ･･･････ 266
普明閣 ････････････････････ 267
森重堅庭園 ･･････････････ 319
森野舊藥園 ･･････････････ 205
森鷗外舊宅･森鷗外紀念館 ･･･ 225
植村家長屋門 ････････････ 209
渡邊邸(越後下關) ･･････ 172
渡邊酒造店 ･･････････････ 100
湖北觀光資訊中心 ･･･････ 119
滋賀院門遺跡 ････････････ 123
番薯代官博物館 ･････････ 230
登窯(陶榮窯) ･･････････ 145
稅所邸(出水麓) ････････ 320
筏井家住宅(高岡) ･･････ 168
筏燒本舖正上 ････････････ 65
菅家長屋門 ･･････････････ 258
菅野家住宅(高岡) ･･････ 168
菊屋家住宅(萩) ････････ 252
菊屋橫町 ･････････････････ 252
菓子屋橫丁 ･･････････････ 90
萊茵之館 ･････････････････ 355
萌黃之館 ･････････････････ 354
街道交流館商家 ･････････ 324
街道傳承館 ･･････････････ 204
街道藝廊山田家住宅 ･････ 102
越井家住宅(富田林) ･･･ 199
越志旅館 ･････････････････ 121
越前大野城 ･･････････････ 167
越前今庄 若狹屋
(舊旅籠若狹屋) ･････ 175
越後屋旅館 ･･････････････ 76
鄉土館(吹屋) ･･････････ 264
開明學校 ･････････････････ 290
雁木通(上越市) ････････ 158
雲仙市歷史資料館 國見展示館 306
須坂古典美術館 ･････････ 94

飫肥城遺跡 316
飯豐的田園散居集落 244
黃櫻紀念館Kappa Gallery 200
黑木街道交流館 舊松木家住宅 327
黑髮庵 181
黑壁廣場 119
傳統旅館 古山閣 51
塚田歷史傳說館 61
愛宕町雁木通(佛壇通) 158
愛宕神社 197
慈眼堂 123
新橋通 10
暗峠 344
會津松平氏庭園 御藥園 43
極樂坆 99
源泉館 湯本旅館 131
溫泉寺 240
瑞泉寺 181
稗田環濠集落 210
義大利館
(柏拉圖裝飾藝術博物館) 355
萩八景遊覽船 254
萩的明倫學舍 255
萩城遺跡(指月公園) 252
鈴木屋利兵衛 42
寧寧之道 195
對潮樓 271
滿觀峰 157
熊川宿若狹美術館 179
熊川番所 179
熊谷家住宅(石見銀山) 230
福山草戶千軒博物館
(廣島縣立歷史博物館) 298
福西本店 43
福新吳服店 65
稱念寺 198
箕作阮甫舊宅 251
聚遠亭 248
與海軍有淵源的軍港遊覽船 353
舞娘茶屋 相馬樓
竹久夢二美術館 49
舞鶴公園 166
舞鶴紅磚公園 353
鳴海釀造店 38
廣久葛本舖 305
廣瀨資料館 335
德利屋 77
樂山園 109
盤泉莊(舊松井家住宅) 297
稻葉家土藏 311
諏訪町本通 174
16 橫山鄉土館 61
橫濱市開港紀念會館 350
橫濱紅磚倉庫 350
橫濱稅關 350
歷史之宿 金具屋 131
歷史探訪博物館 30
歷史與五郎兵衛 173
興正寺分寺 199
螃蟹醬油 311
豫章町 316
賴久寺 250
賴惟清舊宅 266
龍野市 武家屋敷資料館 248
龍野城 248

龜菱屋 287
澀川批發店 42
磯矢邸(杵築) 308
禪林街 25
篠山城遺跡 214
篠山能樂資料館 216
篠塚邸(島原) 307
膽澤的散居集落 244
鍋島藩窯公園 330
織本屋 286
職人町／鍛冶屋町 115
舊八十五銀行總店本館 90
舊三井銀行小樽分行 347
舊三菱銀行小樽分行 346
舊久保田家住宅(萩) 252
舊大阪商船 357
舊小池家土藏 273
舊小松屋吉田家住宅 83
舊小津清左衛門家 153
舊山中家住宅(濱崎) 273
舊山本猪平家 317
舊山村家住宅(濱崎) 273
舊山岸家住宅(白峰) 188
舊山崎家別邸(川越) 90
舊中埜半六邸 144
舊今井家住宅・美濃史料館 102
舊太田脇本陣 林家住宅 隱居家 83
舊太田宿本陣門 83
舊木下家住宅(堺屋) 326
舊片山家住宅 264
舊加賀藩士高田家遺跡 162
舊北海道銀行總行 346
舊永井家庄屋製 286
舊田口家住宅(足助) 136
舊田中別邸(萩) 255
舊田代家西洋館 329
舊田代家住宅(秋月) 304
舊甲斐家藏住宅 41
舊白井家正門 111
舊目加田家住宅(岩國) 259
舊矢掛本陣石井家住宅 274
舊矢掛脇本陣高草家住宅 274
舊伊東家住宅(弘前) 24
舊安田銀行小樽分行 346
舊成田家住宅(村上) 166
舊竹田莊 314
舊竹林院 123
舊米谷家住宅(今井町) 198
舊臼杵藩主
稻家家下屋敷・舊平井家住宅 310
舊西川家住宅(近江八幡) 106
舊伴家住宅(近江八幡) 106
舊吹屋小學 264
舊杉山家住宅(富田林) 199
舊足守商家 藤田千年治邸 249
舊足守藩侍屋敷遺跡 249
舊京藤甚五郎家住宅 175
舊函館區公會堂 348
舊岩田家住宅(弘前) 24
舊岸名家(三國湊) 185
舊松阪家住宅(竹原) 267
舊武藏 290
舊油惣商店 65
舊金子家住宅(豐町御手洗) 272
舊長谷川治郎兵衛家 153

舊門司三井俱樂部 357
舊門司海關 356
舊南部鑄造所的化鐵爐與煙囪 170
舊厚狹毛利家萩屋敷長屋 254
舊室崎家住宅(高岡) 169
舊彥根藩足輕組辻番所 118
舊津和野藩家老 多胡家正門 224
舊乘田家住宅(肥前濱宿) 333
舊柴屋家住宅(豐町御手洗) 272
舊栖原家住宅(FUJIICHI) 207
舊益田家物件矢倉 254
舊真光寺 311
舊脇坂屋敷 248
舊高城家住宅(知覽) 319
舊高橋原次郎家 317
舊梅田家住宅(弘前) 25
舊第一銀行小樽分行 346
舊笹森家住宅(弘前) 25
舊曾我織物工廠 92
舊森川家住宅(竹原) 267
舊森田銀行總行 185
舊越原家住宅(山丸一番館) 94
舊逸見勘兵衛家住宅 179
舊隈本家住宅(八女) 327
舊萩藩御船倉 273
舊鈴木家住宅(足助) 136
舊增田家住宅(入來麓) 321
舊樋口家住宅(信州松代) 111
舊橫田家住宅(信州松代) 111
舊磯部家住宅(犬山) 148
舊警察署 277
薰長酒藏資料館 334
鎮神社 76
瀧小路 279
瀧廉太郎紀念館 314
繭藏交流館 MAYUGURA 94
藤井彥四郎邸 129
藤木神社 196
藤村紀念館 82
藩校之門(杵築) 309
藩校養老館 224
鏡田屋敷 325
關之山車會館 141
關宿旅籠玉屋歷史資料館 141
關街道資料館 141
鯖街道博物館(資料展示館) 179
嚴島神社 279
礪波平原上的散居村 244
繼場 333
21 鐵輪溫泉 338
鍐阿寺 67
鶴乃江酒造 42
鶴味噌釀造 並倉 303
鶴城城址公園 43
鹽硝之館 187
鹽飽勤番所遺跡 292
觀光會館 土藏 325
觀音寺 154
26 讚州井筒屋敷 287

日文版STAFF

編輯製作 Editors
(株)K&Bパブリッシャーズ

取材・撰稿 Writers
遠藤優子　沖崎松美　岡崎佐智子
塩田陽子　嶋嵜圭子　森井真紀子

攝影 Photographers
acute　アトリエオップ(渡辺俊)
studio FREESTYLE(平野谷雅和)
中村雅和　成沢拓司

內文設計 Editorial Design
(株)K&Bパブリッシャーズ

地圖製作 Maps
トラベラ・ドットネット(株)

照片協助 Photographs
各相關市町村觀光課・觀光協會
各相關施設
PIXTA
photolibrary

綜合企劃 Total Producer
河村季里

TAC出版負責人 Producer
君塚太

TAC出版海外版權負責人 Copyright Export
野崎博和

執行製作人 Executive Producer
猪野樹

REKISHI ARU UTSUKUSHII MACHINAMI
Copyright © TAC 2023
Chinese translation rights in complex characters arranged with TAC Co., Ltd
through Japan UNI Agency, Inc., Tokyo

日本古街道全攻略
傳統建築 × 昔日風華 × 古今歷史

2024 年 10 月 1 日初版第一刷發行
2025 年 1 月 15 日初版第二刷發行

著　　　者　TAC 出版編輯部
譯　　　者　童小芳
副　主　編　劉皓如
發　行　人　若森稔雄
發　行　所　台灣東販股份有限公司
　　　　　　<地址>台北市南京東路 4 段 130 號 2F-1
　　　　　　<電話> (02)2577-8878
　　　　　　<傳真> (02)2577-8896
　　　　　　<網址> https://www.tohan.com.tw
法　律　顧　問　蕭雄淋律師
總　經　銷　聯合發行股份有限公司
　　　　　　<電話> (02)2917-8022

國家圖書館出版品預行編目（CIP）資料

日本古街道全攻略：傳統建築×昔日風華×古今歷史
/TAC出版編輯部著；童小芳譯. -- 初版. -- 臺北市：臺
灣東販股份有限公司, 2024.10 364面；14.8×21公分
ISBN 978-626-379-517-4(平裝)

1.CST: 老街 2.CST: 旅遊 3.CST: 日本

731.9　　　　113010959